Tatiana Metternich-Wassiltchikov

Keime der Hoffnung

Tatiana
Metternich-Wassiltchikov

Keime der Hoffnung

Das wahre Rußland

Langen Müller

Mit Dank an Gr. I. Zouboff. TM

2. Auflage 1990

Umschlaggestaltung: Christel Aumann, München,
unter Verwendung eines Fotos der ZEFA, Düsseldorf
Satz: Satzbetrieb Günther Wirth, München
Gesetzt aus der 10/12' Aldus
Druck und Binden: Mohndruck Graphische Betriebe GmbH., Gütersloh
Printed in Germany 1990
ISBN 3-7844-2268-3

Inhalt

PROLOG

Andau 1956

»Über die unsicheren Planken der Brücke von Andau floh die Seele eines Volkes.«
James A. Michener

»In der modernen Tragödie geht nicht der Held zugrunde, sondern der Chor.«
Brodsky

»SOS! SOS! Dies ist unser letzter Hilferuf aus Budapest. Die Sowjet-Armee ist in die Stadt eingedrungen. Wir kämpfen bis zum Ende! Massenverhaftungen haben begonnen. Mit den bloßen Händen ist Widerstand unmöglich. Helft! Helft! Ungarische Schriftsteller und Denker appellieren an alle westlichen Schriftsteller und Intellektuellen. Denkt an uns! Unterstützt unseren Kampf für die Freiheit. Helft! SOS! Gott sei mit Euch und mit uns!« Dann Stille.

Erschüttert saßen wir da und hörten diese Botschaft wie von einem sinkenden Schiff, ausgestrahlt von einem freien Sender irgendwo im belagerten Budapest.

Nach ihrer spontanen Erhebung und fünf Tagen der Freiheit – wie im Taumel – hatten die Ungarn ihr Militärbündnis mit den Sowjets aufgekündigt und sich an die Vereinten Nationen um Hilfe gewandt. Die Sowjet-Armee marschierte ins Land, zögerte aber noch zu handeln. Am 4. November 1956 drangen die westlichen Alliierten in Suez ein und gaben damit ein Musterbeispiel der Mißachtung von Anordnungen der Vereinten Nationen. Der Zeitpunkt war katastrophal, nichts hätte für die Sowjets günstiger sein können: Sie schlugen sofort zu. Zu Hause hatten sie schon viele Aufstände wie den ungarischen unterdrückt – es war für den NKWD eine reine Routineangelegenheit.

Vierzehn Tage hielt die Welt den Atem an, um den Fortgang der ersten echten und spontanen »Volksrevolution« gegen eine blutige Tyrannei zu verfolgen. In diesem Augenblick fanden sich selbst jene linksgerichteten westlichen Presse- und Informationsmedien, die so eifrig bemüht sind, alles gutzuheißen, was Sowjet-Rußland macht, zu betroffenem Schweigen oder zu trockenen Kommentaren genötigt. Bald würden sie wieder vergessen, daß es die Rolle der Intellektuellen ist, Unterdrükkung zu verurteilen, von welcher Seite sie auch kommen mag; bald würden sie murmeln: »Was sind schließlich schon einige Millionen Ungarn? Es war halt wieder eine Rebellion; unsere Angelegenheit ist es nicht.«

Und doch bestand da ein Unterschied: Es hatte keine Führer gegeben, keine Demagogen, keine Finanzierungen und keine Bestechungen. Als ob die Erde geschaudert hätte, um schmarotzende Läuse abzustoßen, war eine plötzliche Erhebung gegen die Unterdrückung und gegen das Böse erfolgt. Eine Woge von beseelter Brüderlichkeit ergoß sich über das Land, jeder half seinem Nachbarn, kein Opfer schien bei dieser Anstrengung zu groß, um mit bloßen Händen die erstickende Decke von Lüge, Mißbrauch und Dummheit, die zu politischer Doktrin erhoben worden waren, abzuschütteln. Vor allem wurde die Revolte fast ausschließlich von Studenten und Arbeitern durchgeführt, die vorher für den Kommunismus geschult worden waren.

Alles hatte am 18. Oktober 1956 begonnen, als das Zentralkomitee der Studenten die Abschaffung der russischen Sprache und der marxistischen Lehre an der Universität forderte. Mittlerweile konnte durch die Machtübernahme Gomulkas vermieden werden, daß ähnliche Proteste in Polen am 19. Oktober sich zu einer Revolte ausweiteten. Die Polen waren ebenso verärgert über das aufgezwungene kommunistische Regime und ebenso leidenschaftlich, mutig und patriotisch wie die Ungarn, aber es war zwischen Gomulka und dem Primas von Polen, Erzbischof Wyszynski, geglückt, den polnischen Protest davor zu bewahren, über die Grenzen des für die Sowjets Annehmbaren hinauszubrechen. Den Ungarn fehlte es an mäßigenden Einflüssen: Kardinal Mindszenty war im Gefängnis und die ungarischen Führer Moskau völlig hörig.

Die ungarischen Studenten verkündeten ihre Solidarität mit den Polen in ihrem Streben nach Liberalisierung und ließen sich nicht besänftigen. Am 22. Oktober verlangte der Schriftstellerverband den Rückzug der sowjetischen Truppen vom ungarischen Territorium und die Freilassung von Kardinal Mindszenty.

Am 23. Oktober strömten über 10000 unbewaffnete Studenten auf dem Parlamentsplatz zusammen, wo sich drei russische Panzerwagen aufhielten. Anfangs wurde nicht geschossen. Papierstreifen mit der auf Russisch verfaßten Inschrift: »Ein Volk, welches andere unterdrückt, kann nicht frei sein!« warf man in die Sehschlitze der Panzer. Die russischen Soldaten öffneten ihre Türme und begannen herauszuklettern: Es gab eine spontane Verbrüderung mit der anfangs feindlichen Menge.

Die AVO (die Geheimpolizei), die sich auf den Dächern um den Platz eingerichtet hatte, feuerte nun in die Menge und tötete eine Anzahl von Menschen. Die Russen kletterten in ihre Panzer zurück, richteten ihre Geschütze auf die Dächer und schossen die AVO herunter. Sie hatten sie bei der Arbeit gesehen – nicht nur in Ungarn, sondern auch zu Hause. Diese unerwartete Reaktion zeigte allerdings auch, wie unberechenbar ihre Loyalität sein mochte.

Die friedliche Demonstration hatte sich in eine ausgewachsene Revolte verwandelt. Plötzlich kamen auch noch Arbeiter des sogenannten »roten« Csepel, eines Zentrums der Schwerindustrie, welches als Hochburg des Kommunismus galt, dazu, ebenso andere Arbeiter aus dem ganzen Land. Sie wurden von den Brüdern Pongranz und Sandor Angyal angeführt, die selbst Arbeiter in Csepel waren. Ungarische Soldaten verteilten spontan ihre Waffen an die Menge.

Danach wurde die AVO aufgelöst und die Sowjets schienen bereit zu verhandeln. Inzwischen war unter der Leitung des sowjetischen Botschafters Andropow die Zahl aller ungarischen Funktionäre durch russische Berater verdoppelt worden. Nachdem Gomulka in Polen von den Sowjets akzeptiert war, hofften die Ungarn, daß auch ihr Vertreter Imre Nagy anerkannt würde. General Kiraly, der unter Rakosi eine lebenslängliche Strafe erhalten hatte, wurde zum Haupt der ungarischen

Armee ernannt und Pal Maleter zum Verteidigungsminister. Sie verlangten, daß die sowjetischen Truppen das ungarische Territorium verlassen sollten.

Am 25. Oktober kamen Suslow und Mikoyan zu Verhandlungen. Sie erklärten sich mit den Forderungen einverstanden, und diese willkommene Nachricht veröffentlichten sogar die neuen, unabhängigen Zeitungen. Kardinal Mindszenty wurde freigelassen und betrat seine Residenz am Dienstag, dem 30. Oktober.

Inzwischen nahmen die Straßenkämpfe an Heftigkeit zu. Die Garnison der Killian-Kaserne hatte sich dem Aufstand angeschlossen und gab Waffen an die Bevölkerung aus. Sie lehrte sie auch, Handbomben aus Benzin gegen die Panzer herzustellen, welche sich als bemerkenswert wirksam erweisen sollten. Obwohl eine große Zahl von Ungarn in der darauffolgenden Schlacht umkam, hielten sowohl die Killian-Kaserne als auch das Corvin-Kino stand und es gelang den Verteidigern – fast mit bloßen Händen – eine Anzahl von sowjetischen Tanks zu vernichten: Junge Freiheitskämpfer kletterten mit der Behendigkeit von Katzen auf die schwerfälligen Fahrzeuge und schleuderten handgemachte Sprengkörper in die Türme.

Die Stadt war in den Händen der Aufständischen, aber die AVO übte Vergeltung, indem sie in Fahrzeugen in voller Geschwindigkeit durch die Straßen jagte und Schlangen von Frauen vor Lebensmittelläden, Kinder und zufällige Passanten wahllos unter Maschinengewehrfeuer nahm. Wenn AVO-Leute in die Hände der Aufständischen fielen, wurden sie ihrerseits ohne Gnade massakriert.

Um die Freiheitskämpfer zu verpflegen, wurden Lebensmittel vom Lande hereingebracht. Unbewacht standen Blechdosen, die sich schnell füllten, auf den Bürgersteigen, um Geld für die Hinterbliebenen der Gefallenen zu sammeln: Eine Welle der Hoffnung strich über das Land.

Mittlerweile rückten große Kontingente sowjetischer Truppen unter dem Vorwand von Manövern in Ungarn ein. Dies wurde als eklatanter Bruch des Warschauer Paktes betrachtet, den Imre Nagy kündigte und einen Protest an die Vereinten Nationen richtete. (Kadar war noch an diesen Verhandlungen beteiligt.) Die Sowjets wiederholten, daß ihre Truppen bald wieder das Land verlassen würden und verlangten, daß der Protest bei den Vereinten Nationen zurückgezogen würde. Der sowjetische Armeestab unter General Malinin richtete sich in Tököl, 25 km von Budapest entfernt, ein.

Am Freitag, dem 2. November, gab Kardinal Mindszenty die Bedingungen bekannt, unter denen er bereit wäre, die Regierung zu übernehmen. Maleter und drei weitere Unterhändler erhielten von den Sowjets weitgehende Zugeständnisse. Nachdem man ihnen Immunität zugesichert hatte, wurden sie aufgefordert, nach Tököl zur Bestätigung zu kommen. Danach hörte man nichts mehr von ihnen.

Ein weiterer Unterhändler wurde mit einer weißen Fahne hinter ihnen hergeschickt, um Budapest drahtlos über jeden Schritt zu informieren. Als er ankam, gab es ein hörbares Handgemenge und auch von ihm hat man nie mehr etwas gehört.

Chruschtschow schien zwar ungern zu handeln, aber nach Suez zögerte er nicht mehr. Am 4. November griff die Sowjet-Armee Budapest an.
Von diesem Augenblick an verließen die ausländischen Korrespondenten das Land. Ihr mutige Berichterstattung war zu gefahrvoll geworden, und der französische Journalist de Prémonville kam bei Straßenkämpfen zwischen den Fronten um. Der Eiserne Vorhang, der sich wie durch ein Wunder gehoben hatte, fiel mit mörderischem Krachen wieder herab. Erst später hörten wir von den Flüchtlingen, welche über die noch offenen Grenzen besonders nach Österreich strömten, was sich abgespielt hatte. Sie kamen zu Tausenden.
Die Österreicher vergaßen alle alten Rivalitäten und öffneten den ehemaligen k. u. k. Brüdern in der Not ihre Herzen: Die Ungarn wurden mit einer Welle von Solidarität und Hilfsbereitschaft aufgenommen. Im ersten Dorf, welches sie erreichten, teilte man alles mit ihnen. Tatsächlich gab es nach Jahren sowjetischer Besatzung, die erst kürzlich durch äußerst geschickte Diplomatie abgeschüttelt worden war, nicht mehr viel zu teilen. Um nicht die eigene Befreiung in Gefahr zu bringen, wurde es Österreichs Hauptanliegen, ein behutsames Balancieren zwischen aktiver Hilfe und politischer Neutralität zustande zu bringen. Es gereicht ihnen zu hoher Ehre, daß trotz des Risikos jeder Flüchtling willkommen war.

Ich konnte keine Ruhe finden, ohne den Versuch einer persönlichen Hilfeleistung zu machen, wie unbedeutend er auch sein mochte. Andererseits wäre eine solche Hilfe noch wirksamer, wenn sie von planenden Organisationen unterstützt würde, welche alle für sofortige Hilfsaktionen mobilisierten.
Das Deutsche Rote Kreuz organisierte Schnellkurse, um Helfer, die sich einer Flut von Flüchtlingen gegenübersahen, in die Grundbegriffe von reibungsloser Improvisation einzuführen. Es wurden ganz bestimmte Prioritäten gesetzt: zuerst ein heißes Getränk, dann Obdach, dann Essen, dann Kleidung und Eintragung in vertrauliche Listen; medizinische Fürsorge konnte diese Reihenfolge, falls erforderlich, unterbrechen. Jeder dieser Aspekte der Hilfe war sorgfältig geplant und mit nützlichen Tips versehen: »Gehen Sie stets hinter einen Tisch, wenn Sie etwas verteilen; versichern Sie sich, daß sowohl Sie als auch die Empfänger ungehindert kommen und gehen können; sorgen Sie dafür, daß Sie immer einen Dolmetscher und einen Botengänger zur Hand haben. Vor allem, sich Zeit lassen zu denken und zu planen, wenn die Dinge außer Kontrolle geraten.«
All das mag selbstverständlich erscheinen, aber es war für fast jede Situation tauglich und befähigte auch den unbegabtesten Organisator, ein großes Durcheinander in kürzester Zeit zu entwirren.
Unterdessen strömten die Spenden herein, und es wurden Vorbereitungen für die Reise einer Abordnung des Deutschen Roten Kreuzes zur Unterstützung des Verbandes in Wien getroffen. Sie folgte unmittelbar einem speziellen Lazarettzug.

Eine große Zahl von Flüchtlingen hatte schon die Gegend um Salzburg erreicht. Als ersten Beitrag aus unserem Gebiet lieh die Firma Asbach in Rüdesheim zwei Lastwagen, welche schnell mit den gesammelten Kleidungsstücken beladen wurden. Mertens, unser Fahrer, und ich begleiteten sie in unserem Wagen, der auch mit Säcken und Paketen vollgestopft war, hinunter nach Österreich.
Als wir Salzburg am Abend erreichten, trafen wir unsere Gastgeber in Glanegg, von der Großmutter bis hin zu zahlreichen Enkeln, bei der Arbeit, die sie in den schleunigst eingerichteten Flüchtlingslagern in den ehemaligen amerikanischen Kasernen des »Camp Roeder« ausführten.
In den nächsten Tagen hörte man das fröhliche »Kölsch«, den Kölner Dialekt, des lieben alten Mertens deutlich zwischen den österreichischen und ungarischen Stimmen, als wir in bunter Folge Kleidungsstücke, Süßigkeiten für die Kinder, freundliche Ermutigungen und Ratschläge an Mütter und Worte der Hoffnung für die jungen Menschen austeilten.
Die erste Welle von Flüchtlingen bestand größtenteils aus jungen Leuten, welche bei der Erhebung gekämpft hatten. Sie traten so stolz auf, als ob sie gesiegt hätten und gingen glücklich einer ungewissen, aber freien Zukunft entgegen. Viele sahen gut aus, mit ausdrucksvollen, individuellen Gesichtern. Obwohl sie in den letzten zehn Jahren für den Kommunismus geschult und vorbereitet worden waren, trugen sie alle das Kossuth-Abzeichen und sangen Lieder mit den Worten ihres Nationaldichters Petöfi.
Die älteren Leute waren vom Leid gezeichnet, menschlich und liebenswert; sehr natürlich im Umgang, die Familien schienen eng verbunden zu sein, zutiefst besorgt beim Gedanken an jene, die sie hatten zurücklassen müssen und welche sie anrufen oder brieflich erreichen wollten.
Das ansteckende Gefühl von Tragik und Mitleid schuf eine unglaublich erhebende Atmosphäre von gegenseitigem Verstehen und Vertrauen.
Bald begannen die Erwartungen der Flüchtlinge zu steigen, und junge Männer, die die Grenze in den Kleidern überschritten hatten, die sie gerade trugen, wurden wählerisch. Einer fragte mich im Vertrauen, ob dies oder jenes »die Mode« wäre. Er strahlte beim Anblick von neuen Tennisschuhen und durchsuchte den Haufen sorgfältig nach einem weißen Pullover.
»Aber warum weiß? So unpraktisch!« protestierte ich schwach. »Ich wandere nach Australien aus. Und dort – natürlich – Tennis!«
Ich war entwaffnet und wir suchten zusammen nach einem passenden Paar Shorts. Ich habe nie erfahren, ob er nach Australien gelangte und ein Tennisstar wurde, aber ich überredete ihn zu einem warmen, dunklen und scheußlichen Wintermantel: »Für die Reise!« fügte ich entschuldigend hinzu.
Alle waren auffallend mager, verglichen mit unseren westeuropäischen Bürgern, die vor Wohlleben zur Fettsucht neigen. Die angebotenen Kleidungsstücke hingen

schlaff herunter, die Hemdkragen gähnten. Eine schnell eingerichtete Nähecke versuchte Geschlossenheit zwischen den einzelnen Teilen zu erreichen. Schuhe paßten besonders schlecht – die jüngeren Mädchen wollten nur welche mit hohen Absätzen, aber während des Anprobierens gab es viel Gelächter, das sie im Augenblick ihre Sorgen vergessen ließ. Halbwüchsige stiegen in weite Hosen und hopsten wie die Clowns im Raum herum.

Die älteren Leute sprachen deutsch – dieses köstliche, willkürliche Ungarn-Deutsch. Die jüngeren hatten alle Russisch gelernt, so daß ich, wenn der erste Versuch auf deutsch nicht auf Verständnis stieß, zum ersteren überwechselte, froh, den Unterschied zwischen den beiden Arten von Russisch betonen zu können. Bald lernten wir auch eine Anzahl von ungarischen Worten, aber Dolmetscher konnte man immer finden und die Kinder wurden unsere fliegenden Boten.

Auf dem Weg zurück nach Hause las ich eine ungarische Familie auf, die nach Deutschland wollte. Sie erwiesen sich als eine enttäuschende Gruppe und schienen zu erwarten, daß man alles für sie täte, ohne daß sie auch nur ein Wort des Dankes fanden. Es mag an einer Art von erschöpftem Pessimismus gelegen haben, der uns alle in das Unglück mit einbezog, das sie getroffen hatte. Eine solche Haltung erwies sich jedoch als Ausnahme und nicht als Regel.

Bald war ein neuer Transport unterwegs und meine Nachbarin und Vorgesetzte beim Roten Kreuz und ich reisten wieder nach Österreich mit dem Auftrag, als Freiwillige an der ungarischen Grenze zu arbeiten.

Um stets selbständig zu sein, aber auch um nicht aufzufallen, nahm ich den abgefahrenen und verbeulten VW-Käfer, der auf dem Gut benutzt wurde. Ich trug dunkle Ski-Kleidung und den dicken, grauen Mantel, den Habig in Wien 1945 für mich angefertigt hatte. Keine Pelzsachen, außer einer alten Pelzweste, die früher bei winterlichen Jagden getragen wurde. Am Ziel angelangt kam ein Rot-Kreuz-Kittel darüber.

Wie das »Glück« es so wollte, hatte es zuerst heftig geschneit, dann abwechselnd geregnet und gefroren, und die Autobahn war in eine Schlittschuhbahn verwandelt. Lastwagen drehten sich vor uns und mein VW schlitterte oft gefährlich nah an riesengroßen, mahlenden Rädern.

Es war eine der schlimmsten Fahrten, die ich je unternommen hatte, und wir brauchten zehn statt der üblichen sieben Stunden, um Salzburg zu erreichen.

Seit unserem letzten Besuch vor zwei Wochen hatte sich der Ton verändert. Das lange Warten ging den Flüchtlingen auf die Nerven. Es waren viele junge Leute zusammengepfercht, und nachts fanden in den Kellern Orgien statt wie im alten Rom. Eine Freundin führte mich zu einem der riesigen Schlafsäle: »Du wirst es nicht glauben, wenn Du es nicht selbst gesehen hast!« Auf jedem zweiten oder dritten Feldbett waren Paare »beschäftigt«, während daumenlutschende Kinder fasziniert zuschauten.

Kurz darauf ging der Erzbischof von Salzburg in vollem Ornat mit erhobenem Kreuz durch diese Schlafsäle und mahnte die Leute, sofort zu heiraten oder sich zu trennen. Viele heirateten freudig: So etwas war ihnen nicht eingefallen. Es gab tatsächlich eine Art Unschuld inmitten der Auswüchse, denn es wurde nie ein Mädchen bedrängt und auch kein verlobtes oder verheiratetes Paar belästigt.
Über verschneite Straßen schlitternd fuhren wir weiter zum internationalen Sammelplatz des Roten Kreuzes in Wien. Das übliche, geschäftige Durcheinander herrschte im Hof: leuchtend weiße Lastwagen wurden mit Hilfsgut-Paketen, Nahrungsmitteln und Kleidung beladen; jedes Fahrzeug in Sichtweite, jede Kiste war mit dem Zeichen des Roten Kreuzes versehen – ein behagliches Gefühl.
Als Neuankömmlinge jedoch wurden wir mit einem gewissen Mißfallen gemustert. Man fühlte das Mißtrauen des überarbeiteten Professionellen, der nur widerwillig bereit ist, eine Ecke seines Schreibtisches herzugeben. Da es keine Stühle gab, hockten wir auf den Tischen, froh, das kostbare Recht auf Initiative und unabhängiges Denken in unserer Organisation zu betonen.
Überlastet, wie unsere Kollegen waren, schien es ihnen zuerst schwerzufallen, uns einzuplanen. Während wir darauf warteten, daß die aufgestörte Bürokratie sich wieder faßte, ölten riesige Tassen mit dickem schwarzen Kaffee das Räderwerk des menschlichen Kontakts. Meine Kollegin sollte alle Lager in der Nähe der Grenze inspizieren, während ich, nachdem ich einen Bericht über beklagenswerte Zustände in Andau eingesandt hatte, berechtigterweise für meine Sünden bestraft wurde durch den Auftrag, dort so weit wie möglich Ordnung zu schaffen.

Abends wurde ein Treffen in den schönen Räumen im obersten Stock des Freyung-Palais, neben der Gemäldegalerie, veranstaltet. Die anderen Gäste waren mehrere junge Malteserritter, die schichtweise an der ungarischen Grenze arbeiteten, Pam und Derek Cooper, die bei der »SOS-Rettet die Kinder«-Organisation in Andau selbst stationiert waren, und eine Anzahl von Österreichern, welche ich gut kannte und die sich alle mit glühender Hingabe eingesetzt hatten. Mein österreichischer Partner in Andau war ein Freund unserer Familie, Graf Erwein Carl Eltz, der viele Nächte hintereinander Flüchtlinge entlang der nicht genau festgelegten Grenze aufsammelte.
Am nächsten Tag fuhr ich zeitig los. Wien tauchte aus dem frühen Morgennebel gespenstig auf. Die noch schwer vom Krieg lädierte Stadt blieb jedoch beeindrukkend majestätisch, obwohl die bröckelnden Fassaden angesengter Paläste an hängende, geknickte Straußfedern am Hut einer alternden Lebedame erinnerten.
Eingemummte, formlose Gestalten eilten den Bürgersteigen entlang oder drängten sich in unzulänglichen Wartehäuschen an den Straßenbahnhaltestellen, um vergeblich dem beißenden Ostwind zu entgehen. Das sowjetische Denkmal für den Sieg von 1945 stach kraß wie eine erhobene Faust hervor, vor dem Hintergrund des

schwer angeschlagenen Schwarzenberg-Palais, ehemalige Zierde der Stadt. Wie gewöhnlich hatten die Österreicher einen Kompromiß gefunden, und im Frühling und Sommer war es diskret verborgen hinter einer aufsteigenden Säule von windgepeitschtem Gischt aus dem Springbrunnen, den man wie zufällig genau davor gesetzt hatte. Von weitem gesehen, war der liebliche Anblick wiederhergestellt und die symbolische Drohung diskret verschleiert.

Aber jetzt war die Fontäne stillgelegt und der Palast in Nebel gehüllt. Unangefochten beherrschte das sowjetische Denkmal allein den weiten Platz, ganz in Einklang mit dem gnadenlosen Niederwalzen, das ganz in der Nähe Ungarn zerschlug.

Vierzig Kilometer von Wien entfernt zeigte ein Wegweiser in drei Richtungen: nach Neusiedel, Eisenstadt und Budapest. Die Entfernung nach Budapest war ursprünglich nicht angegeben, jetzt markierte ein dünner Blechkreis, mit einem Stück Draht an dem Schild befestigt, die fehlende Kilometerzahl, als ob die Stadt plötzlich nähergerückt wäre.

Das Land erstreckte sich flach wie ein zerknittertes, grau-weißes Bettuch und verschmolz im Hintergrund undeutlich mit dem Himmel. Diese Gegend war berühmt für ihren Wildreichtum und ihre Schönheit im Frühling, die man jetzt nur undeutlich erahnen konnte. Eigenartige Vögel, halb Truthahn, halb Wildgans, flatterten neben der einsamen Straße. Vielleicht waren es die seltenen Trappen, die man sonst nur noch in Süd-Spanien findet.

Ein großes, viereckiges Schild kündigte »Andau« an. Von windzerzausten, besenartigen und von Rauhreif überzogenen Bäumen eingesäumt, schien die Straße entlang der langen Reihen niedriger Häuser auf beiden Seiten ins Nichts zu führen. Von hier bis Wladiwostok würde das Land vermutlich völlig gleich aussehen.

Dieser Winkel von Österreich, der Andau umgab, ragt nach Ungarn hinein. Ein Kanal, einige Kilometer vom Dorf entfernt, entwässerte angeblich das sumpfige Land. Es gab hier keine Straßen und keine Bahnlinie und doch sollten über 20000 Menschen über den Einserkanal fliehen. Es war eine einmalig offene Grenze, besonders wenn die Sümpfe zufroren. Anscheinend hatte bis jetzt nur gelegentliches und fast widerwilliges Gewehrfeuer mit überraschenden Kontrollen stattgefunden. Am 21. November wurde die Brücke von Andau gesprengt, aber es war noch nicht kalt genug, um den Kanal zufrieren zu lassen, und man fragte sich, wie die Flüchtlinge es anstellen würden, die Grenze zu überwinden.

Zwischen den Hauptstraßen und den Gehwegen auf beiden Seiten gab es tiefe Gräben, die in regelmäßigen Abständen von engen Übergängen aus wackligen Brettern überbrückt wurden. Es herrschte ein geschäftiges Leben und Treiben. Schlaffe Fahnen, die von den Hauptgebäuden herabhingen, bezeichneten den Standort verschiedener Organisationen. Die englische »SOS-Rettet die Kinder« war in der Dorfschule untergebracht.

Etwas weiter unten brachte mich ein Schild: »Kleiderausgabestelle des Deutschen Roten Kreuzes« zum Anhalten. Hier konnte man sich gut orientieren. Eine fröhliche Schwester, deren Käppchen etwas schief saß, schaute über ihre silbergefaßten Brillengläser und deutete auf den größeren der beiden Dorfgasthöfe, wo das Hauptquartier des Deutschen Roten Kreuzes untergebracht war. Ich sollte dort nach einer Frau Oberin S. in der ehemaligen Waschküche fragen, die jetzt der einzige Ort war, an dem gekocht werden konnte. Die sogenannten »Gulasch-Kanonen«, die Feldküchen, waren alle in die überfüllten Lager gebracht worden.
Ich war nach Andau gekommen, um Frau S. abzulösen. Als ich sie kennenlernte, wußte ich sofort, daß jede Art von Zusammenarbeit überaus schwierig gewesen wäre. Träge und selbstgerecht, mit einem ständig klagenden Unterton, mußte ich jede Auskunft Stück für Stück aus ihr herausziehen.
Wohlwollend in ihrer schwerfälligen Art, bot sie mir an, ihr Zimmer mit mir zu teilen. Das war nett, aber nicht verlockend, so daß ich mich freiwillig zum Nachtdienst anbot. Sie schien darüber erleichtert zu sein. Ich begab mich wieder zur Kleiderstelle, wo die Nachtschwester, Schwester Veronika, inzwischen von Schwester Leni abgelöst worden war, die mich zuerst mit Mißtrauen musterte: »Da kommt schon wieder eine dieser Damen an, um herumzuschnüffeln, nichts Vernünftiges zu tun und allen im Weg zu sein«, muß sie gedacht haben. Ich konnte sie gut verstehen, denn wir sollten es in der nächsten Zeit mit einer ganzen Reihe solcher sensationsgierigen »Touristen« zu tun haben. Mittlerweile ging ich von einer Rot-Kreuz-Schwester zur anderen, um sie kennenzulernen, und es gelang mit sogar, am Nachmittag ein paar Stunden Ruhe auf einem Tisch im Laden zu erhaschen.
Gegen Abend bezog Schwester Veronika wieder ihren Posten. Ihr Gesicht bestand aus einem Spinnengewebe von feinen Runzeln; eine rosa Nasenspitze zuckte unter der unsicher balancierten Brille, wenn sie mit indiskreter und gewinnender Hingabe klatschte. Wir verstanden uns bald bestens.
Dann kam Erwein Carl Eltz zu uns. Als wir unsere weiteren Tätigkeiten planten, gaben sie mir einen Überblick über die Geschehnisse in diesem abgelegenen Ort. Als die Revolution zusammenbrach, fegte ein gewaltiger Ansturm von Flüchtlingen über die Brücke, welche den Einser-Kanal bei Andau überspannte, ebenso an vielen anderen offenen Stellen der österreichisch-ungarischen Grenze. Die Freiheitskämpfer strömten zu Tausenden herüber und mit ihnen kam der größte Teil des Budapester Balletts, das Nationalorchester, ganze Fußballmannschaften, Zigeunerkapellen, Ingenieure und Wissenschaftler, ebenso alle Studenten und der gesamte Lehrkörper der Universität von Ödenburg, die dann nach Kanada auswanderten. Später folgte eine Welle von Angehörigen des Mittelstandes, welche vor der unerträglichen Unterdrückung und der Sackgasse einer Zukunft ohne Hoffnung flohen. Obwohl die österreichische Haltung brüderlichen Mitgefühls jede Form von Hilfe förderte, waren die Helfer zuerst überwältigt. Während Obdach

improvisiert wurde, mußten in aller Eile Wärmestrahler aufgestellt werden, um die wartenden Menschengruppen in den Straßen von Andau zu wärmen. Jedes öffentliche Gebäude wurde beschlagnahmt, alle Einwohner stellten freie Betten zur Verfügung. Internationale Organisationen waren zu Hilfe geeilt; aber die folgenden chaotischen Zustände hatten auch einer Zahl von zwielichtigen Gestalten ebenso wie lokalen und internationalen Gaunern die Möglichkeit gegeben, sich nicht registrierter Bestände zu bemächtigen. Penicillin wurde auf dem Schwarzen Markt in Ungarn verkauft, Schmuggel erreichte seinen Höhepunkt, während Spione nach Flüchtlingslisten Ausschau hielten.

Es war eigenartig, sich wieder darüber klar zu werden, daß, so wie helles Licht die dunkelsten Schatten wirft, sich in Zeiten großer Krisen und großen Drucks an beiden Enden des menschlichen Spektrums die Heiligen wie die dem Bösen Verfallenen herauskristallisieren.

Als die AVO die Brücke über den Einser-Kanal sprengte, wurden viele im letzten Augenblick ergriffen – oder drehten ab, um einen anderen Übergang zu suchen. Die Studenten und die Helfer beeilten sich, die zerbrochene Brücke auszubessern, aber dann wurde sie niedergebrannt. Noch einmal repariert, bestand sie jetzt aus einigen wenigen, roh zusammengenagelten Brettern, die halb im Wasser versunken waren. Die helfenden Gruppen, Malteser, Studenten und andere Freiwillige, lagen wartend im Schilf und den Binsen entlang des Kanals; mit kleinen Booten halfen sie den Flüchtenden herüber, die allein oder in Gruppen wie Gespenster aus der Landschaft auftauchten.

Zwei amerikanische Jungen waren in der Nacht als ich ankam von kommunistischen Agenten entführt worden; eine Gruppe bewaffneter Soldateska ritt von drüben genau bis an den Punkt, wo Erwein Carls Wagen die letzten paar Tage geparkt hatte. Er hatte ihn zufällig am gleichen Abend weggefahren. Es gab ganz offensichtlich Informanten auf unserer Seite, und Agenten bewegten sich in beiden Richtungen über die Grenze.

Ich hatte nicht erwartet, daß meine Aufgaben über Rot-Kreuz-Hilfe hinausgehen würden, aber jetzt begriff ich, daß sie auch den Scharfsinn eines Sherlock Holmes erforderten. Erwein Carl begab sich bald wieder auf seinen Grenzposten, und wir wurden völlig von unseren Flüchtlingen in Anspruch genommen, welche anfangs zu zweit und zu dritt, später in größeren Gruppen eintrafen. Man hatte den Eindruck, in einem Laden zu verkaufen, in dem niemand zahlte. An den Wänden waren Schachteln und Kisten aufgereiht, die aus allen europäischen Ländern stammten, auch aus Nord- und Südamerika. Es war eine erfreuliche Arbeit, kalte und nasse Menschen in warme, gute Sachen zu kleiden und ihnen zu erlauben, sich auszusuchen, was sie mochten, während wir bemüht waren, sie nach den langen Stunden von Unglück und Angst, die sie hinter sich hatten, wieder zum Lächeln zu bringen.

Gegen zwei oder drei Uhr morgens ließ der Flüchtlingsstrom etwas nach. Eine der letzten war eine arme Frau, die zwei kleine Kinder an der Hand führte. (Ihr Mann wurde gerade in unserer Küche gespeist.) Die Babies waren zerkratzt und verdreckt und wimmerten vor Kälte und Erschöpfung.
Ich brachte sie schnell über die Straße zum englischen Zentrum, froh, für einen Augenblick in die beißende Luft zu kommen.
Wie durch den Zauberstab einer Fee hatte sich der große Klassenraum der vormaligen Schule – bevor die Wellen von Flüchtlingen das Leben des Dorfes jäh unterbrochen hatten – in eine englische »Nursery«, eine Kinderstätte, verwandelt. Elektrische Kerzen eines Weihnachtsbaumes beleuchteten sanft helle und dunkle Köpfchen auf den Kissen der Feldbetten, die an den Wänden aufgereiht waren; Spielsachen waren säuberlich auf Regalen aufgebaut, ein Kessel sang auf dem Herd und Miss Hawkins, mit knubbeligen, tüchtigen Händen, einem runzeligen freundlichen Gesicht und grauem Haar, welches eng zu einem strengen Knoten gebunden war, schielte über ihre Brille, als sie lesend in ihrem rechtwinkligen Lehnstuhl saß. Ich übergab ihr meine Knirpse und versprach, nachher wiederzukommen, um zu sehen, ob sie etwas aus unseren Beständen nötig hatten. Bald danach fand ich die Kinder geschrubbt und sauber, in elefantenbedruckten Pyjamas, mit einem Teddybär im Arm, ins Bett gesteckt, wo sie heiße Milch schlürften. Es gab kein fließendes Wasser, es mußte von der Dorfpumpe geholt werden; es gab keinen Komfort irgendwelcher Art. Miss Hawkins schien Wunder zu vollbringen: Für mich stand eine Tasse kochend heißen Tees bereit und ich entspannte mich, als ob ich nach Hause gekommen wäre. Wir sprachen mit leiser Stimme und sie sagte mir, daß »ihre Mädchen« ruhten. Ich lernte sie am nächsten Tag kennen: es waren Celia Monckton, Patsy Cherry und Judy, eine Kanadierin. Sie schliefen in einem Hause, welches einige Meilen entfernt war, und als Cherry in den frühen Morgenstunden erschien, fuhr sie mich in einem offenen Jeep dorthin. Reihen von Feldbetten waren in einer Art von Scheune aufgebaut, welche von einem rauchenden Ofen in einer Ecke nur mäßig erwärmt wurde. Ich breitete meine mitgenommenen rosa Bettücher über das erste freie Bett aus, und sank erschöpft hinein. Etwas später erwachte ich und hörte Flüstern und Gekicher, und als ich über meine rosa Laken lugte, sah ich eine Gruppe von Leuten am Eingang. »Sie sehen aber behaglich aus!« Unterdessen hatten sich die anderen Betten gefüllt, ihre Inhaber ließen sich nieder wie sie dastanden. Bald gewöhnten sie sich auch an meine rosa Bettücher.
Einige Tage danach mußte ich nach Wien zurückfahren, um letzte Anweisungen entgegenzunehmen. Der Begleiter der beiden entführten Amerikaner, Alec France, fuhr mit und ich setzte ihn bei der amerikanischen Botschaft ab. Wir wurden in unseren Ämtern bestätigt und erhielten die Zusicherung voller Unterstützung. Auf meiner Fahrt zurück übernachtete ich in Bruck und erreichte Andau bei Anbruch der Morgendämmerung, was immer und bei jeder Organisation einen guten

Eindruck macht. Es gab einen heftigen Schneesturm, und die Straße wurde mörderisch rutschig unter dem niedrigen, bedrückenden, bleiernen Himmel, der über dem dunklen und unfreundlichen Ödland hing. Ich hatte das Gefühl, in einer Wolke zu fahren. Im Lager Traunkirchen hielt ich an, um Cherry mitzunehmen, die dort eine Gruppe von Flüchtlingen abgeliefert hatte. Sie war immer noch im gleichen Armee-Dufflecoat gekleidet, mit hohen Stiefeln und Hosen, eng über rundliche Formen gespannt. Ihr blondes Haar quoll unter der hohen ungarischen Schaffellmütze hervor, die unverkennbare Bezeichnung aller Helfer. Fröhlich erzählte sie vertrauliche Geschichten aus Andau, welches eine Brutstätte von Intrigen zu sein schien.

Ich händigte Frau S. ihre Instruktionen aus und verbrachte mehrere Stunden mit der Prüfung von Listen, wobei ich im stillen einige grundlegende Änderungen plante. Sie freute sich zu hören, daß ich wieder die Nachtschicht übernehmen wollte. Was mich betraf, so war es eine gute Tat aus eigensüchtigem Grund: Ich wollte ihr einfach aus dem Weg gehen. Infolge von zu wenig Schlaf benebelt, übernahm ich die Magazine am nächsten Tag. Die ganze Nacht über hatte es in weichen, bauschigen, daunenleichten Flocken geschneit. Ich versuchte gar nicht erst, meinen Wagen in Bewegung zu setzen und wurde von den Maltesern zu unserem Nachtquartier gefahren. Celia Monckton brachte mich und Cherry zurück im Landrover, den Michael Astor für ihren Gebrauch dagelassen hatte. Er hatte auch seinen Fahrer dagelassen, aber das wuchs sich zu einer Komplikation aus, denn er wurde zudringlich zu den Mädchen. Frau S. ihrerseits hatte sich allzusehr mit den Ortsgrößen angefreundet und veranstaltete jetzt eine Reihe von Abschiedstreffen. Ich blieb lange auf, aber eine Art von Routine konnte eingehalten werden, da die meisten Dinge sich nachts abspielten.

Schließlich reiste Frau S. verspätet ab und ich zog in ihr eisiges, aber sauberes Zimmer, um einen guten Nachtschlaf zu genießen. Es waren zwei Betten darin; so schlug ich der reizenden Celia Monckton vor, mit mir zusammenzuziehen, da es jeden Tag kälter wurde und die Fahrt zu den Schlafquartieren in Albrechtsfeld nicht immer durchführbar war. Auch bewahrten wir in unserer jeweiligen Organisation mehr Autorität, wenn wir nicht mit unseren Kolleginnen zusammenwohnten. Sie war gern damit einverstanden, und wir hatten während der unregelmäßigen Zeiten, in denen wir zufällig beide da waren, viel miteinander zu lachen. Mein Wecker streikte. Ein Uhrmacher in Wien hat mir später gesagt, daß das Öl darin hart gefroren war. Da wir in Ski-Pullovern und unter riesige Federbetten gekuschelt schliefen, hatten wir nicht wahrgenommen, daß die Temperatur in unserem Zimmer oft weit unter dem Gefrierpunkt lag.

Dann begann ich zu reorganisieren: Zuerst Großreinemachen und Neu-Anstreichen von Küche und Hauptschlafsaal, dem ehemaligen Tanzsaal des Dorfgasthofes, der mit dreistöckigen Lagerbetten möbliert war. Danach folgte eine Verteilung von

Decken und Heizmaterial an die Schwestern, welche bisher ganz unnötigen und demoralisierenden Entbehrungen ausgesetzt gewesen waren. Sie sollten auch kürzere, aber intensivere Arbeitszeiten bekommen, mit viel häufigerer Ablösung. Zu ihrer Überraschung beschnitt ich ihnen ihre örtlichen Zusammenkünfte, bei denen sie in Uniform zu erscheinen pflegten. Stattdessen sollten sie immer zu zweit Urlaub in Wien ohne Uniform machen dürfen und zu diesen Ausflügen die Fahrten benutzen können, die der Wagen des Roten Kreuzes sowieso dorthin machte. Dies erwies sich als eine überaus populäre Maßnahme. Unsere Einheit bestand aus sechs bis acht Schwestern, einem Wiener Arzt (einem besonders netten Mann), der die Ambulanz leitete, einem Fahrer und dem Roten-Kreuz-Bus. Wir waren verantwortlich für Erste Hilfe, Nahrung und Kleidung, sowie für den Schlafsaal, in dem die Flüchtlinge die ersten Nächte verbrachten. Später wurden sie dann in größere und leistungsfähigere Lager verlegt. Eine unserer Schwestern war bei den Maltesern stationiert oder begleitete die fliegenden Einheiten wo immer es nötig erschien. Diese Einheiten waren recht zahlreich und ihre Arbeit sowohl spannend als auch nützlich, aber sie standen unter keiner internationalen Kontrolle und dies verursachte den österreichischen Grenzwachen, deren Aufgabe es war, die Neutralität zu gewährleisten, viel Kopfzerbrechen.

Die deutschen Malteserritter unter Baron Boeselager und Graf Landsberg arbeiteten energisch und mutig und schauten weder nach rechts noch nach links. Sie verbrachten jede Nacht draußen in der Eiseskälte, zogen die Leute aus dem Schnee, dem Wasser oder dem Gestrüpp und dem Kieselstrand am Kanal und brachten sie dann eiligst zu unserer Station. Sie arbeiteten in Schichten von vier Tagen, in schneidige Schaffellmäntel gekleidet fuhren sie in aufregenden Landrovern herum, schliefen komfortabel in Neusiedel. Diejenigen Gruppen, die frei hatten, kehrten nach Wien zurück – glückliche Burschen – aber ... sie hatten keine Kontrolle über ihre Lagerbestände, die übrigens verschwunden waren. Sie hatten auch keine Beziehung zu der Bevölkerung und waren – abgesehen von ihren Grenzkontakten – schlecht darüber informiert, was um uns herum vorging.

Zuerst hatten sie mich entsetzt angesehen: »Was machen Sie denn hier?« Dann stellte ich ihnen dieselbe Frage. Aber bald brachte der Druck der Arbeit freundliche Beziehungen zustande, und nach kurzer Zeit baten sie mich, nach ihren fehlenden Vorratskisten zu suchen und Auskünfte über die Helfer zu sammeln, die mit ihnen hinaus an die Grenze gingen. Einer von ihnen hatte vier verschiedene Kennkarten in meiner Küchenschublade hinterlassen. Ich riet Landsberg, ihm ein Malteserkreuz um den Hals zu hängen und ihn in seiner unmittelbaren Nähe zu behalten, denn die Österreicher wollten vor allem »Ein-Mann-Ausflüge« nach Ungarn und die sich daraus ergebenden »Zwischenfälle« vermeiden.

Ein rührendes Paar, welches den »Weltrat der Kirchen« vertrat, lebte in einem kleinen Bus draußen im »Niemandsland«. Abgesehen von einigen Helfern waren sie

ganz auf sich selbst gestellt, aber sie brachten uns viele Flüchtlinge. Die zwei amerikanischen Jungen und Alec France waren ihnen zugestellt.
Meine Freunde aus Wien, Pam und Derek Cooper mit ihrem Sohn, arbeiteten auch auf eigene Faust, aber lose an Miss Hawkins' Organisation angeschlossen. Sie hielten Ausschau nach einer Anzahl von englischen Besuchern, welche nachts kamen, um zu helfen oder zu beobachten. Wir verabredeten, Empfehlungen oder Warnungen auszutauschen.
»Die Samariter« – eine Organisation, die von der Sozialistischen Partei gefördert wurde – betrieb ein Lager für diejenigen, die anderswo keinen Platz mehr gefunden hatten. Wenn die Arbeit nachließ, schliefen die jungen Männer und Frauen, die dieser Gruppe angehörten – größtenteils Studenten –, in den Betten des Flüchtlingslagers, manchmal zu zweit hinter sich bauschenden Vorhängen.
Als ich eine Bemerkung über diese Dinge zu Miss Hawkins machte und deren Fähigkeit bewunderte, so unterschiedliche Betätigungen in unpassenden Augenblicken zu vereinigen, schüttelte sie den Kopf und murrte: »Wicked« (»Lasterhaft!«), während sie uns mitten in der Nacht Tee eingoß. Bei ihr gab es immer heißen Tee für den Fall, daß jemand käme, um Kinder zu holen oder zu bringen. Ich wußte nie, wann sie schlief, denn zu jeder Tages- und Nachtzeit war sie stets da. Während einer Ruhepause fragte ich sie nach ihren Erfahrungen in Korea: »War es nicht ziemlich dasselbe wie hier?«
»Ja, meine Liebe, das war es. Aber dort hatten wir keine Aristokratie.«
Ich neckte sie: »Wenn Andau abgeschlossen ist, wird man einen Film drehen und Ihre Rolle von Ingrid Bergmann darstellen lassen. Der Held wird der Amtmann sein, vielleicht von Cary Grant gespielt, und Sie erleben eine stürmische Liebesaffäre miteinander.«
»Wicked!« murmelte unsere liebe Miss Hawkins und versuchte, nicht zu lachen.

Der Amtmann war unser Schreckgespenst. Als die Österreicher nach dem Ersten Weltkrieg das Burgenland übernahmen, sahen sie sich mit der ungarischen Einrichtung der »Amtmänner« konfrontiert, die auf Lebenszeit als höchste Autorität über die gewählten Bürgermeister berufen wurden. Immer auf Ausgleich bedacht, beschloß die österreichische Regierung, die noch lebenden »Amtmänner« aussterben zu lassen und sie dann nicht mehr zu ersetzen. Der letzte Träger dieses Amtes in der Gegend war der Vater des heutigen gewesen. Als er starb, hatte es sein Sohn auf irgendeine unbestimmbare Weise zuwege gebracht, sich von der SS wieder bestätigen zu lassen. Ich war vor ihm gewarnt worden. Es war schwer, zu beurteilen, in was er eigentlich verwickelt war, aber jeder Verdacht schien gerechtfertigt. Bislang konnte ihm nichts bewiesen werden, aber so manche offene Frage endete an seiner Türschwelle.
Wir waren alle aufgefordert worden, in seinem Büro zu erscheinen, um weitere

Anweisungen entgegenzunehmen. Da ich ein Neuankömmling war, schien das verständlich. Miss Hawkins bat mich, für sie zu dolmetschen.
Der Amtmann sah aus wie eine zusammengeschrumpfte Ausgabe von Goebbels: ein kleiner, dunkler Mann mit Fledermausohren und blitzenden, forschenden Augen hinter großen, dunklen Brillengläsern. Er schien sich auf unsicherem Grund zu befinden und behandelte uns mit der klassischen Zurschaustellung von honigsüßem Geschwätz, welches nur mangelhaft verdeckte, daß er uns unter Druck zu setzen versuchte und »nicht bereit wäre, die eigenmächtigen Methoden der Organisationen zu dulden«. Dies mag auf mich gemünzt gewesen sein, denn ich hatte schon angefangen, eine neue Bestandsaufnahme aller Vorräte zu machen, von denen viele unaufspürbar zu sein schienen. Das österreichische Rote Kreuz hatte mich gebeten, auch sein Vertreter in Andau zu sein, und das verpflichtete mich, alles zu überprüfen.
Tatsächlich erschien er schon am nächsten Morgen in meiner Küche; kurz bevor er ging, fauchte er: »Ich warne Sie! Sie mischen sich in Dinge, die Sie nichts angehen. Das wird Ihrer Karriere schaden!« Ich antwortete ruhig: »Sie sind falsch informiert. Nichts und niemand kann mir schaden, weder hier noch in Deutschland!« (Ich hoffte insgeheim, daß es stimmte.)
Erwein Carl sagte mir, er hätte ihn kurz danach immer noch wutschnaubend gesehen und ihm gesagt: »Nehmen Sie sich in acht! Sie haben es jetzt mit Leuten zu tun, die einen sehr langen Arm haben.«
Ich hielt es für klug, nacheinander alle einflußreichen Leute im Dorf zu besuchen. Die Chefs der Hilfsorganisationen kannte ich schon, jetzt war die Reihe am Bürgermeister, aber der war eine farblose Figur und völlig unter der Fuchtel des Amtmannes. Dann kamen der Pfarrer und der Arzt dran. Ich bot beiden Kleidung für die Armen an. Wir hatten so viel in unseren Beständen und die Dorfbewohner hatten anfangs so freigebig gespendet, daß sie jetzt fast schlimmer dran waren als die Flüchtlinge, über welche sie anfingen, sich zu ärgern.
»Es soll eine Entschädigung für das sein, was sie so großzügig gaben.«
Ich hoffte, daß diese Geste nicht »zweckentfremdend« war – ein lähmendes Wort mit der Bedeutung: »nicht in Übereinstimmung mit den Absichten der Spender«. Aber sie führte zu einer spürbaren Verbesserung in der Atmosphäre wachsender Verärgerung gegenüber den Organisationen, die das Leben des Dorfes gestört hatten. Ich hörte, daß der Priester einem Tropfen Alkohol nicht abgeneigt wäre und schickte ihm mehrere Flaschen Schnaps, die mir jemand dagelassen hatte. Auch der Arzt bekam einige.
Die Grenzwächter, die nachts in unsere Küche kamen, um sich aufzuwärmen, waren eine ziemlich unabhängige Einheit. Sie erhielten ihre Befehle direkt von ihren Vorgesetzten und nicht vom Amtmann. Mit meinem Schnaps gelabt, gaben sie viel nützlichen lokalen Klatsch zum besten.

Unter unseren nächtlichen Besuchern erschien ein Mr. Stone von der Ford Foundation. Wir führten ihn in einem dichten Schneesturm herum, aber als wir abfahren wollten, ließ sein Wagen sich nicht von der Stelle bewegen. Ich lieh ihm den meinigen, der vorher von zwei ungarischen Jungen aus einer Schneewehe ausgegraben worden war. Sie versprachen, am nächsten Morgen auch den seinen freizuschaufeln. Er fragte, wie er sich revanchieren könnte. Wir hatten für solche Fälle eine Liste bereit und ich schlug den obersten Posten davon vor: »Fahnen, um die Grenze zu bezeichnen.« Wir brauchten mindestens hundert, um den sich quälenden Flüchtlingen zu helfen, den Weg zu finden. Seinem Versprechen gemäß kam mein Wagen am nächsten Tag zurück; die Fahnen wurden kurz darauf geliefert und so hoch wie möglich an Pfosten und Bäumen, etwa alle hundert Meter, entlang der österreichischen Grenze aufgehängt. Sie mußten so hoch hängen, damit die Agenten der AVO nicht drankonnten, welche sie sogar auf österreichischem Boden stahlen oder herunterrissen. Es war für die Flüchtlinge schwer, bei dem schlechten Wetter den Weg zu finden, und die roten und weißen Streifen, die hoch an den völlig kahlen Bäumen wehten, fielen jetzt auf wie Leuchtfeuer.
Erwein Carl Eltz war in seinem Element. Er hätte einen außergewöhnlich tüchtigen Provinzgouverneur in schwierigen Regionen der ehemaligen k. u. k. Monarchie abgegeben, beispielsweise Bosnien-Herzegowina. Er war Offizier bei den Kosaken unter General von Pannwitz gewesen. Als der Krieg beendet war, lieferten die Engländer seine Leute dem sicheren Tod durch Stalins Schergen aus. General von Pannwitz, der zurückgekehrt war, um das Los seiner Kosaken zu teilen, wurde unter anderen neben dem alten Freund meines Vaters General Krasnov (emigriert seit der Revolution) in Moskau erhängt. Erwein Carl befand sich selbst in Gefahr und entkam nur durch den Schutz seiner zahlreichen Verwandten. Die Tragödie der Kosakenauslieferung hat er nie überwinden können. Er fühlte sich auch nach seiner glänzenden und abenteuerlichen Kriegskarriere bedrängt vom Mangel an Entfaltungsmöglichkeiten und fand sich in der jetzigen berauschenden Mischung von Abenteuer, Intrige und Unbehagen wohl wie ein Fisch im Wasser. Sein Umgangston, eine Mischung von väterlicher Autorität und höflicher Rücksichtnahme, wirkte wie ein Zauber auf alle, die mit ihm zu tun hatten.
Eines Abends, als es zu schneien aufhörte, fuhr er mich hinaus zum »Hansaghof«, einem Gutshof, der mitten auf der österreichisch-ungarischen Grenze lag. Lange, niedrige Wirtschaftsgebäude umgaben den Hauptbau. Sie waren weißgetüncht und müssen im Sommer zauberhaft ausgesehen haben, mit Blumen an den Fenstern, mit grünen Läden und Fliederbüschen unter hohen Bäumen, welche die Eintönigkeit der windgefegten Landschaft milderten. Gänse watschelten schnatternd um eine Ecke und aus den Ställen hörte man die friedlichen Geräusche von muhenden Kühen und grunzenden Schweinen.
Die Grenze verlief zwischen dem Gutshaus und einem Seitengebäude, so daß eine

große Menge von Flüchtlingen über den »Hansaghof« kam. Schon lange vor der Ankunft irgendwelcher internationaler Organisationen wurde ihnen hier großzügig geholfen.

Unser Gastgeber, der Verwalter Nadás, empfing uns an der Tür. Er war ein vornehmer alter Herr mit dicken Koteletten und einem an den Enden hochgezwirbelten Schnurrbart, im üppigen Kontrast zu seiner hohen, gewölbten Stirn mit schütterem Haar über freundlichen und klugen Augen. Wir folgten ihm in den Hauptraum, der von einem riesigen Tisch fast ausgefüllt war, bedeckt mit einem weißen, in rotem Kreuzstich gestickten Tischtuch, beladen mit Würsten, kaltem Fleisch, Schwarzbrot und sahniger, dicker Butter. Schnaps und der örtliche berauschende Weißwein standen vor uns, als wir uns auf beiden Seiten von ihm niederließen. An der Wand hinter uns hing eine überraschende Photographie. Er sah meinen Blick und sagte: »Unser Wohltäter, Erzherzog N.« Es hätte ein Portrait unseres Gastgebers in österreichischer Galauniform sein können.

Als wir nachher darüber sprachen, bestätigte Erwein Carl meine Vermutung einer nahen Verwandtschaft, nicht nur wegen der verblüffenden Ähnlichkeit, sondern auch wegen seiner einzigartigen Verbindung von höflicher und freundlicher Unbefangenheit mit unbestrittener Autorität. Seine lächelnde Frau und erwachsenen Kinder eilten umher und versorgten uns, bevor sie sich zu uns setzten. Wenn Nadás sprach, hörten wir alle zu. Er schien überraschend gut über das, was in Budapest geschah, informiert zu sein und warnte uns, daß die Grenze wohl bald hermetisch geschlossen würde.

Derzeit würde die Polizei »gesäubert« und man hörte entsetzliche Geschichten von grausamster Folter und Vergeltungsmaßnahmen. Was die örtliche Bevölkerung anging, sagte er uns, wem man trauen konnte und wie man vorgehen sollte. Er schien nirgends hinzugehen, um sich seine Auskünfte zu besorgen, alle kamen zu ihm.

Von da an blieben wir in engem Kontakt mit diesem bemerkenswerten Mann. Viele Jahre später noch tauschten wir Weihnachtskarten aus, bis ich zu meinem Kummer erfuhr, daß unser Freund gestorben war.

Im knietiefen Schnee stapften wir zum Wagen zurück und begaben uns zu unserem jeweiligen Nachtdienst. Als das Wetter aufklarte und der Schnee härter wurde, kamen die Flüchtlinge wieder über den Kanal geströmt. Die Hilfe war jetzt zur Routine geworden: Erst ein heißes Getränk, dann trockene Kleider, dann Essen, dann Schlaf. Drei Schwestern arbeiteten mit mir die ganze Nacht über: Eine in der Küche, eine im Schlafsaal und eine in der Kleiderkammer. Ich ersetzte sie abwechselnd, so daß sie etwas Ruhe finden konnten und gegen vier oder fünf Uhr morgens – für mich die schlimmste Zeit – übernahm die neue Schicht die Arbeit, ich meinerseits konnte dann kurz schlafen. Sie wollten immer nur Kaffee, um weitermachen zu können, aber ich überredete sie, große Gläser Orangen- oder

Zitronensaft zu trinken. Sie kochten köstliche heiße Suppen, die für die Flüchtlinge ebenso kräftigend waren wie für die Helfer. Sie bemutterten mich und hatten mich ganz akzeptiert, nachdem ich bewiesen hatte, daß ich zur gleichen Arbeit fähig war, die auch von ihnen verlangt wurde. Sie waren zwar viel leistungsfähiger als ich, aber schreckten vor jeder Verantwortung oder Initiative zurück und atmeten erleichtert auf, wenn jemand bereit war, die Schuld für einen Fehlschlag auf sich zu nehmen. Sie lachten gern und die Atmosphäre in unserer Einheit war allmählich ebenso ungezwungen und freundlich geworden wie in der englischen.

Die Flüchtlinge kamen jetzt nicht mehr zu Tausenden, sondern in kleinen Gruppen; oft wurden sie von den Hilfseinheiten gebracht. Einige Nachzügler, die sich verirrt hatten, folgten bei Tage. Viele hielten kleine Stückchen von Straßenkarten in Streichholzschachteln, in Zigarettenpackungen oder einfach in der hohlen Hand versteckt. Andau war von Budapest aus immer noch der nächste Übergangspunkt und der zugefrorene Kanal machte den Weg leichter. Es waren junge Paare darunter, die Hand in Hand gingen, ganze Familien, die ihre Babies trugen oder kleine Kinder an der Hand führten. Manchmal hatten die Kinder Pillen bekommen, damit sie still blieben, und mußten behutsam wieder geweckt werden. Ein kleines Kind fand man wimmernd, verloren und allein, in der Nähe des Kanals. Ein Polizist aus Andau, der selbst Kinder hatte, adoptierte es, bis seine Eltern gefunden werden konnten. Vielleicht waren sie abgefangen worden, während sie im Kreise gehend das Kind suchten? Als die älteren Kinder es in einem Schlitten umherzogen, in Schals und Wollsachen eingepackt, sah es wieder rosig und vergnügt aus.

Unser Arzt hatte mich gewarnt: »Bei Frost gibt es Erfrierungen, wenn es taut, Lungenentzündung, was gewöhnlich schlimmer ist.« Sobald ein Fall ernst aussah, und besonders wenn »der Fall« ein Baby erwartete, schickte ich ihn wegen meines Mangels an Erfahrung sofort mit unserem Rot-Kreuz-Bus ins nächste Krankenhaus: Ich war sehr erleichtert, als ich hörte, daß meine Angst, etwas zu verpfuschen, schon zwei Menschenleben gerettet hatte.

Die Flüchtlinge erschienen zuerst zu erschöpft, um sich um irgend etwas zu kümmern und nahmen abwesend alles an, was man ihnen gab – noch unvorbereitet für Emigration und ein neues Leben. Die Frauen waren sofort von den Bedürfnissen ihrer Kinder in Anspruch genommen. Mit Hilfe eines Dolmetschers versuchten wir, ihnen Ratschläge zu geben, wohin sie gehen und was sie tun sollten. Ihr Geld war wertlos, ihr Hauptwunsch irgendwie mit ihren Verwandten in Ungarn in Kontakt zu kommen.

Einige baten uns, ein paar Tage dableiben zu können, um sich mit Freunden oder Familienangehörigen zusammenzutun, welche auch unterwegs waren. Eine Anzahl junger Männer schloß sich für eine Weile den Hilfseinheiten an. Sie gingen sogar wieder über die Grenze zurück, um Flüchtlinge nach Österreich zu führen.

Wenn sie auf den Einbruch der Dunkelheit warteten, konnten wir uns länger mit ihnen unterhalten, und von ihnen hörten wir auch viele Einzelheiten von ihrem letzten heldenhaften Verteidigungskampf.
Eine Zeitlang – unvernünftigerweise, wie heute jeder sagt – hatten sie gehofft zu siegen. Später gaben sie diese Hoffnung auf und zogen es vor, kämpfend zu sterben. Schließlich war es unmöglich, mit den bloßen Händen weiterzumachen. Ihre Augen wurden wieder hell und blitzten, als sie uns erzählten, wie sie über dreihundert russische Panzerwagen zerstört hatten. Es war vor allem wichtig, die schwerfälligen Ungetüme zum Stehen zu bringen. Kleinere Jungen stießen Metallrohre in die Raupenketten, um sie anzuhalten, dann sprangen sie hinauf (es gab einen toten Winkel, den die Kanone auf geringe Entfernung nicht bestreichen konnte) und verschmierten die Sehschlitze mit Dreck oder Ruß. Sie verteilten umgekehrte, mit Erde bedeckte Teller auf den Straßen, welche die Panzerbesatzungen für Minen hielten und davor stehenblieben. Als die Zitadelle von Budapest belagert wurde, schmierten sie die Straße, die den Berg hinaufführte, mit Seife oder Öl ein, und die Tanks schlitterten in die Häuser oder Mauern. Dann kam der Nahangriff mit »Molotow-Cocktails«, handgefertigten Benzinbomben. Elektrischer Strom wurde an einem Panzer, der in einer Hauswand festsaß, kurzgeschlossen; ein Seil mit daranhängenden Handgranaten über eine Straße gespannt und im entscheidenden Moment fallengelassen. Wir hörten gespannt ihren Erzählungen von Einfallsreichtum und grenzenlosem Mut zu. Aber am Ende waren Tausende von Ungarn gestorben. Die letzten Verteidiger der Zitadelle hatten sich mit einer weißen Fahne ergeben und wurden sofort von Maschinengewehrfeuer niedergemäht. Danach, wenn aus einem Haus ein Schuß abgefeuert worden war, jagte man das ganze Haus und auch die Straße in die Luft. Achttausend Häuser soll man auf diese Weise in Budapest zerstört haben.
Dann traten alle Arbeiter von Ungarn, sogar die Bergleute der Kohlengruben von Tatabànya, in einen Generalstreik, der bis zum 22. November dauerte. Allmählich brach aller Widerstand unter den brutalen Repressalien zusammen. Der Abscheu der Ungarn vor dem Kommunismus und besonders der Geheimpolizei, der AVO, war ohne Grenzen. Obgleich es *ihre* Revolution gewesen war, ganz allein die ihre, fühlten sie sich durch das Ausbleiben der Hilfe aus dem Westen verraten. Die Jüngeren freuten sich, ein neues Leben anzufangen, unbehindert und fern von allem, was sie bis dahin kennengelernt hatten, aber die Älteren waren traurig und verzagt. In den Morgenstunden kam ein Bus, um so viele Flüchtlinge wie möglich in das nächste Lager zu bringen, damit es Platz für die kommende Nacht gäbe.

Obwohl ich mit unseren Kollegen Informationen austauschte, war es manchmal schwer zu durchschauen, ob die Inspektoren, die uns häufig besuchten, echt waren oder nicht. Die Engländer wurden heimgesucht von einer Flut von Pseudo-Journalisten und Pseudo-Parlamentsabgeordneten, darum war es für mich eine Erleichterung, als eine junge ungarische Nonne aus einem südamerikanischen Frauenkloster kam, um die Lager zu besichtigen. Sie saß in unserer Küche; ihr sanftes, zartes Gesicht war bekümmert. »Mein Volk war gottesfürchtig und gut, und jetzt – schauen Sie doch, was in den Lagern vor sich geht: Orgien! Und alle Kinder sehen zu!«

Ich erinnerte mich an Salzburg und versuchte sie zu trösten: »Sie zwingen niemals ein Mädchen und rühren nie die Braut oder Frau eines anderen an. Ich finde sie nicht so unmoralisch. Sie reagieren sofort auf ein freundliches Wort und sind nicht schwer zu behandeln, wenn man an ihre Ritterlichkeit appelliert.« Ich erzählte ihr dann, wie einer der jüngeren Knaben, nicht älter als zwölf Jahre, den Kanal durchschwommen hatte und ein Freund, der nicht schwimmen konnte, sich an seiner Schulter festhielt.

Die Jungen waren am Rande einer Lungenentzündung, darum hatten wir sie eine Zeitlang bei uns behalten. Sie hatten an den Kämpfen in Budapest teilgenommen und schwangen gefährlich aussehende Messer. Wild und zu jedem Streich bereit, hatte Piszta den Hund des Amtmanns mit einem Stück Wurst weggelockt und versucht, ihn zu verkaufen. Dann gewann er ihn lieb und heulte wie ein Kind, das er ja noch war, als er ihn zurückgeben mußte. Wir baten die beiden Jungen um ihre Hilfe, ließen sie etwas arbeiten und lehrten sie Englisch. Sowohl Piszta als auch Sandor waren bald unsere zuverlässigsten Botengänger geworden, und ich hoffte sehr, eine geeignete Ausbildung für solche Kinder zu erreichen, welche – wie es uns erschien – die am meisten gefährdeten Fälle darstellten.

Unsere Schwestern wurden immer wieder ermahnt, niemandem zu trauen, der nicht zweifelsfrei zu einer der bekannten Organisationen gehörte. Einige Tage später machte Schwester Leni, die auf dem Heimweg war, den »Anhalter« bei einem vorüberfahrenden Wagen, dessen »liebenswürdiger« Fahrer in ihre Richtung fuhr. Ich überredete sie, in Zukunft unseren Bus zu benutzen, und hörte später, daß der Mann von der Polizei steckbrieflich gesucht wurde. Ein anderes Mal tauchte ein »charmanter Baron« auf, welcher pelzgefütterte Stiefel verteilte und auch mir ein paar anbieten wollte. Ich sah mich bald einem zwielichtig aussehenden Individuum gegenüber – der Pelzkragen an seinem Mantel muß zu der leichten Anerkennung seines zweifelhaften Titels geführt haben –, welcher mich mit süßlichem Lächeln aufforderte, eine Quittung für die angebotenen Stiefel zu unterschreiben. Während ich das tat, bemerkte ich, daß ich durch Kohlepapier, das zwischen den Blättern des Quittungsblocks steckte, eine ganze Anzahl von gleichartigen Quittungen unterschrieb. Er konnte sich nicht ausweisen. Ich übergab die Stiefel offiziell dem Verteilungszentrum und warnte andere Organisationen ebenso wie die unsrige vor diesem kleinen Betrüger, der bald von der Polizei aufgegriffen wurde.

Zwischen Nacht und Dämmerung fingen junge Burschen an, aus unserem Schlafsaal zu verschwinden, nachdem sie ihr wertloses Geld zu hohem Kurs gewechselt hatten. Mit Hilfe unserer Verbündeten, Piszta und Sandor, gelang es, einen rechtzeitig abzufangen. Ich erlaubte ihm, sein Geld zu behalten, aber mahnte ihn eindringlich, uns zu sagen, wer es ihm getauscht hätte. Er zog eine Karte hervor, auf der »Großmetzgerei . . ., Wien« stand. Ich ließ ihn sofort ins nächste Lager bringen und behielt die Karte. Unsere jungen Freunde brachten mir nun einen Knaben nach dem anderen, und ich schickte sie mit ihrem gewechselten Geld fort. Eines Morgens, als der Bus abfuhr, sah ich mehrere verdächtig aussehende Männer, die sich mit enttäuschten Gesichtern dort herumtrieben. Wir kamen der Sache bald auf die Spur. Großmetzgereien in Wien und anderswo versuchten, das Möglichste aus der Tatsache herauszuschlagen, daß die Grenze noch offen war. Vieh war in Ungarn viel billiger, und ihre Abgesandten kamen, um Jungen in den Grenzlagern zu bestechen, auf die andere Seite zu gehen und gekaufte oder vielleicht auch gestohlene Viehherden nach Österreich herüberzutreiben.
Schnell und unauffällig wurde diesem lukrativen Geschäft ein Ende bereitet. Innerhalb weniger Tage saßen die Abgesandten hinter Schloß und Riegel.
Am Tage fuhr ich mit den Inventuraufnahmen fort und entdeckte unerklärliche Differenzen zwischen den Quittungen für ganze Ladungen, die nach Andau geschickt worden waren, und ihrer Weiterverteilung. Der Verlust ging weit über das hinaus, was man als Spielraum für Irrtümer und eine gewisse unvermeidliche Unordnung annehmen durfte. Wann immer der Amtmann für die Aufbewahrung und den Transport verantwortlich gewesen war, hatte man von den Vorräten nichts mehr gesehen oder gehört. Zu dem Zeitpunkt betrug der Verlust mehrere Wagenladungen, was mehr war, als man akzeptieren konnte. Unser Rot-Kreuz-Chauffeur schien von der Seite des Amtmanns abgeworben zu sein, denn ich konnte plötzlich über unseren Bus nur verfügen, wenn ich ihn lange vorher bestellte. Der Mann wurde zudem unverschämt und torkelte völlig betrunken in unsere Küche. Ich warnte ihn und sagte, wenn ich auch nur einmal noch den geringsten Grund für eine Klage hätte, müßte er innerhalb einer Stunde verschwinden, da ich an einem so schwierigen Ort wie Andau nicht mit jemandem zusammenarbeiten könnte, der unzuverlässig sei. Einige Tage später passierte es wieder. Ich rief am nächsten Morgen in Wien an und um die Mittagszeit war ein neuer Mann da. Dies war ein heilsamer Schock für alle, da es unserem Fahrer nicht einmal mehr Zeit ließ, den Amtmann zu verständigen.
Ich war erleichtert, ihn los zu sein: Der neue Mann erwies sich als eine Perle an Verläßlichkeit. Der Amtmann eilte die Hauptstraße rauf und runter, aber ohne unseren Wagen war er in seinen Unternehmungen äußerst behindert.
Der Vollmond schien auf die unebenen gefrorenen Felder unter verräterischem Schnee, als wir über Erdklumpen und versteckte Steine zu der Hütte hin holperten,

welche die Malteser direkt an der ungarischen Grenze gebaut hatten. Es war ein abenteuerlicher Augenblick: Graf Landsberg fuhr mich in seinem Landrover zur Besichtigung ihrer Außenposten.
Wir näherten uns einer Reihe von Unterständen, die als Heumieten getarnt waren und in denen die Fluchthelfer sich in verhältnismäßiger Wärme verstecken konnten, um über die weite, weißlichmalvenfarbige Fläche Ausschau zu halten, die sich bis nach Ungarn hinein erstreckte. Die Malteser hatten starke Taschenlampen und Feldstecher und trugen Schnapsflaschen und Zigarettenstangen in den weiten Taschen ihrer Lammfellmäntel. Sie waren unbewaffnet. Wir näherten uns zu Fuß dem Streifen Land, welcher Ungarn von Österreich trennt. Er war von der anderen Seite her frisch gepflügt, um Fußabdrücke deutlicher sichtbar zu machen. Meine Stiefel fühlten sich bleischwer an, als Landsberg und ich uns dem Streifen näherten, während seine Begleiter in einem Abstand auf beiden Seiten ausschwärmten. Innerlich war ich verärgert, denn man hatte uns davor gewarnt, daß die Grenze bald geschlossen würde, und diese Helden schienen mir unnötig viel zu riskieren.
»Wenn wir entführt werden, kommen Sie wahrscheinlich nach ein paar Wochen in einem Budapester Gefängnis wieder zurück, während ich nach Sibirien fahre«, bemerkte ich trocken.
Ich fürchtete, es würde feige erscheinen, wenn ich zurückbliebe, aber es war mir nicht wohl zumute, als wir schließlich auf jenem Streifen standen.
Die endlos weite Landschaft, welche in den Farbtönen grau-blau, lila und schwarz unter der vom Mond beschienenen Schneedecke deutlich zu sehen war, schien verlassen zu sein. Das war eine Täuschung, denn zwei ungarische Grenzwächter tauchten plötzlich aus dem Nichts in diesem »Trompe l'oeil« von Schatten auf. Sie waren voll bewaffnet, hielten die Maschinenpistolen bereit und hätten einfach sagen können: »Mitkommen!«
Jedoch waren sie noch von der freundlichen Sorte: Wir schüttelten uns die Hände, und sie nahmen dankbar die Gaben an, sagten uns aber auch, daß sie am nächsten Tag abgelöst würden und die Grenze mit der gefürchteten »neuen AVO« besetzt werden sollte. Wir hörten mit tiefer Besorgnis ihrem gebrochenen Deutsch zu. – Ich war froh, daß die Ablösung nicht an diesem Tage stattgefunden hatte.
Kurz darauf kam Miss Hawkins, um mir zu sagen, daß Lady Mountbatten an diesem Abend erwartet würde. Da ich sie kannte, wollte Miss Hawkins, daß ich helfe, sie zu empfangen. Ich beeilte mich, unsere Installationen in einen so guten Zustand wie möglich zu versetzen, für den Fall, daß sie auch uns zu besuchen wünschte. Jedoch hinsichtlich der Latrinen konnte nicht viel getan werden; obgleich wir sie hatten tünchen und desinfizieren lassen, waren sie immer noch in einem entsetzlichen Zustand. Andauernde Klempnerei und eingefrorene Rohre waren mehr, als einer bewältigen konnte. Lady Mountbatten war charmant und interessiert und wollte unbedingt mit verheerendem Übereifer unsere sanitären Anlagen inspizieren. Die

Dunkelheit war eingebrochen und in dem gedämpften Licht sahen sowohl Küche wie auch der Schlafsaal beinahe gemütlich aus. Aber es war nicht möglich, sie von dort zurückzuhalten. Als wir uns dem Latrinenverschlag näherten, brannte plötzlich die Sicherung durch. Wir mußten umkehren, und als unsere Laternen aufleuchteten, erhaschte ich ein Zwinkern im Auge eines der Helfer: Er hatte die Leitung aus der Wand gerissen, weil er wußte, wie besorgt ich über den Zustand dieses hoffnungslosen Ortes war. »Wir werden das Licht gleich wieder reparieren«, flüsterte er, als wir weitergingen. Ich klopfte ihm dankbar auf die Schulter.

Dann wollte Lady Mountbatten wissen, wohin sie als nächstes gehen sollte. Ich schlug die Außenposten der Malteser vor, aber es brauchte einige Zeit, um Graf Landsberg zu überreden, sie mitzunehmen. »Es wird eine Empfehlung für Ihre Einheit sein, und sie wird sicherlich etwas für Ihre Organisation tun.«

Endlich gab er nach, und die Malteser holten sie bei Miss Hawkins ab. Ich freute mich später zu hören, daß sie von »diesen Malta-Boys« hingerissen war. Aber als eine Spende in Wien eintraf, wurde sie an die österreichischen Malteser umgeleitet, was mir nicht ganz gerecht schien, auch wenn die es vielleicht nötiger brauchten.

Als ich am nächsten Morgen die Dorfstraße hinunterging, traf ich auf Abteilungen der österreichischen Armee, die Telefonleitungen verlegten. In Erinnerung an die eisigen Nächte an der Grenze bat ich ihren höchsten Offizier, für uns ein Feldtelefon zu installieren, das vor allem zur Brücke und zum Hansaghof führte. Er erklärte sich freundlich dazu bereit, falls ich ihm die in Frage kommenden Plätze zeigte. Wir fuhren in seinem Jeep los, und ich versorgte ihn und seine Freunde mit Schnaps und Zigaretten.

Die neue Leitung sollte sich sofort bewähren. Spät am Nachmittag – ich war gerade unter meinem Berg von Federbetten gekuschelt eingeschlafen – klopfte Erwein Carl an mein Fenster: »Nadás hat angerufen. Eine Gruppe von Flüchtlingen überquert den Kanal. Hol deinen Wagen!«

Es dunkelte, als wir die Brücke erreichten, und da stand eine Anzahl von verloren aussehenden Leuten. Von der anderen Seite des Kanals beobachteten uns zwei Wächter mit umgehängten Maschinenpistolen, zwanzig Meter und doch Welten auseinander – vielleicht sympathisierten sie noch mit uns?

Wir wendeten schnell unsere Wagen auf der vereisten, engen und unebenen Straße in der Hoffnung, daß die Wachen nicht ihre Meinung ändern und schießen würden. Ich stopfte vier Personen und ein Kind in meinen kleinen Wagen, während Erwein Carl den Rest in seinen größeren Bus verlud. Einer meiner Flüchtlinge war ein Schneider aus Budapest und das junge Mädchen eine Ballett-Tänzerin, blaunasig und zitternd. Als ich sie schleunigst zu unserem Zentrum fuhr, versuchte ich, sie aufzumuntern und ihnen das Gefühl eines persönlichen Willkommens zu geben. »Sie werden immer Arbeit finden!« Aber ihre Gedanken waren noch bei jenen, die sie hatten zurücklassen müssen.

Trotz heftiger Plagen wie eisige Zimmer, Mangel an Schlaf und Privatleben sowie zunehmender Erschöpfung wurde ich noch immer von einem Gefühl der Leichtigkeit und Befreiung getragen. Es schien mir, daß die Anziehungskraft von entgegengesetzten Polen – von Karneval und Pilgerfahrten, von hingebungsvoller Hilfe, ja sogar von Krieg – darin lag, daß sie ›Ferien vom Ich‹ waren, ein Abwerfen der eigenen Haut.

Ich fühlte mich bereit, es mit allem aufzunehmen, sogar mit dem Amtmann. Meine Inventaraufnahme der Sendungen und Spenden für Andau war nun abgeschlossen und sauber getippt. Die Fragezeichen hinsichtlich fehlender Vorräte zeigten alle in dieselbe Richtung, ohne daß etwas ausdrücklich gesagt war. Die beste Art vorzugehen schien mir, sie gleichzeitig dem Österreichischen und dem Deutschen Roten Kreuz zu überreichen (da ich in Andau ja beide vertrat) und eine Kopie an die Internationale Liga vom Roten Kreuz zu schicken; daraufhin mußte etwas geschehen. Ich beschloß, das vernichtende Dokument selbst zum österreichischen Hauptquartier in Eisenstadt zu bringen, um sicher zu sein, daß es in die richtigen Hände gelangte. Der Amtmann muß Wind davon bekommen haben, denn er bat mich, ihm unseren Rot-Kreuz-Bus am gleichen Tag für dringende Geschäfte in Eisenstadt zu leihen. Dies konnte ich nicht ohne Grund verweigern, aber ich mahnte unseren Fahrer eindringlich, erst drei Stunden nach mir dort einzutreffen; er sollte deshalb später starten und äußerst langsam fahren, indem er Glatteis vorgab. Mit einem breiten Grinsen deutete er an, daß er mich verstanden hatte.

Ich fuhr zeitig und erreichte Eisenstadt gegen zehn Uhr, begab mich geradewegs zum Büro der Frau Oberin S., welche praktisch ganz allein seit mehreren Wochen ein riesiges Lager betrieben hatte. Sie saß wie ein General hinter ihrem Tisch und erteilte knappe und vernünftige Befehle an jedermann, denn ihr Zimmer war voll von Leuten. Es gelang ihr jedoch, eine ruhige halbe Stunde für mich herauszuquetschen und wir hatten Zeit, eine Reihe von Einzelheiten durchzugehen. Sie sagte mir im Vertrauen, daß eine Menge von Korruption mit dem ersten Wunsch zu helfen parallel lief; zu viele Mitglieder der österreichischen Feuerwehr hätten Rot-Kreuz-Ämter ohne die nötige Vorbereitung übernommen: »Freunderlwirtschaft« nannte sie es milde.

»Übergeben Sie Ihre Inventaraufnahme ohne jeden Kommentar«, war ihr kluger Rat. Dann rief sie ihren unmittelbaren Vorgesetzten herein und gab ihm meinen Bericht.

Zu meinem Erstaunen war es derselbe Mann, der mich mit überschwenglicher Liebenswürdigkeit gebeten hatte, das Österreichische Rote Kreuz in Andau zu vertreten. Aber jetzt war sein Auge kalt und ich fühlte mich, als wäre ich auf einer

Schnecke ausgerutscht. Er sagte mir eisig, daß der Mann, der für alle Sendungen verantwortlich sei und der unter und vermutlich »mit« dem Amtmann gearbeitet hatte, befördert und belohnt werden sollte.
»Tatsächlich!« sagte ich, aber die Bedeutung war klar. Frau S. sah mich verständnisvoll an: Dies war eine Sackgasse. Beim Hinausgehen sagte ich leichthin: »Kopien sind nach Wien und Bonn und an die Liga gegangen.« Plötzlich sah er aus, als ob er auf einer Zitrone kaute und die Augen von Frau S. zeigten einen deutlichen Schimmer von Befriedigung.
Als ich nach Andau zurückkam, erzählten mir die Malteser, daß unser Rot-Kreuz-Bus im Schneckentempo an ihrem kleinen Hotel vorbeigekrochen sei und der Amtmann fuchsteufelswild protestierend darin herumgesprungen wäre.
Viele Monate später besuchten mich die Coopers in Johannisberg und erzählten, daß der Amtmann drei Monate Gefängnis für Veruntreuung bekommen hätte, nachdem eine Untersuchung vorgenommen worden war. Danach wurde er von seinem Posten abgesetzt. Es war uns wenigstens gelungen, die Gegend von diesem bösartigen Schädling zu befreien.
Obwohl die Nickelsdorfer Eisenbahnlinie von sowjetischen Soldaten bewacht wurde, war ein Zug mit Gefangenen, der sich auf dem Weg in russische Konzentrationslager befand, umgeleitet worden und überquerte die österreichische Grenze. Er war beschriftet: »Lebensmittel für Ungarn aus der Sowjet-Union.«
Der Zugführer öffnete alle Türen und setzte die Deportierten in die Freiheit.

Für mich kam die Zeit abzureisen. Ich verbrachte ein oder zwei Tage damit, meinen Nachfolger zu instruieren, welcher die Aufgabe hatte, die Station stillzulegen. Es gab ein rührendes Abschiednehmen von meiner Gruppe und von den Kollegen, von denen viele Freunde fürs Leben wurden.
Die ungarische Seite begann bereits von neuen bemannten Wachtürmen und Hekken von Stacheldraht zu strotzen. Kurz nach unserer Abreise entführte eine berittene Razzia aus Ungarn einige Wiener Studenten, die genau an der Stelle lagerten, wo vorher Erwein Carl gestanden hat. Sie kamen bald nach Österreich zurück: Man hatte es anscheinend auf andere abgesehen gehabt.
Ich war jetzt von einem drängenden Wunsch besessen: All die jungen Burschen, die im entscheidenden Alter die Schule hatten verlassen müssen, zu sammeln und zu erziehen. Bald wurden überall in Westdeutschland Einrichtungen gegründet, und in Johannisberg übernahm das Rote Kreuz die Schirmherrschaft über eine Schule, deren Vorsitz ich einige Jahre lang führte. Über 120 Jungen wurden dort über Jahre hinweg ausgebildet. Der verständnisvolle Direktor des Geisenheimer Gymnasiums richtete Klassen in Deutsch und Ungarisch ein, damit sie sich ihrer Heimat nicht entfremdeten. Ein reizender alter Oberst, ehemaliger Lehrer an der Killian-Militärakademie in Budapest, wurde der Leiter ihrer Schule und führte sie

durch manche Wirren zu einem geordneten Leben. Mit nur zwei Ausnahmen schafften sie es alle.

Die Ungarn sind ein männliches, ritterliches Volk und tapfer bis zur Unvernunft. Wenn sie von einem Ideal beflügelt wurden, stürzten sie sich ungeachtet aller persönlichen Rücksichtnahmen in Gefahr – mit einem Elan und einer begeisterten Unbeirrbarkeit, die schwer ihresgleichen finden. Ihr lodernder Patriotismus und ihr Ehrgefühl waren beispielhaft in ihrem Freiheitskampf. Ihrer Solidarität, ihrer Ehrlichkeit, ihrem starken Familiensinn und ihren bedingungslosen Zuneigungen konnte man nur mit der wärmsten Sympathie begegnen. Und doch waren sie durch ihre ganze Geschichte hindurch intolerant und streitsüchtig und standen mit all ihren Nachbarn auf Kriegsfuß. Selbst Österreichs leichte Hand konnte sie nicht dazu bewegen, friedlich mit den sie umgebenden slawischen Staaten der Donaumonarchie zusammenzuarbeiten.

Letztlich mußte man ihnen, genau so wie den Tschechen, die Schuld am Zusammenbruch des österreichischen Kaiserreiches anlasten, der sie gegen ihren Willen unter die sowjetische Vorherrschaft brachte. Aber niemals kann man ihren einsamen, heldenhaften Widerstand gegen die grausamste Unterdrückung vergessen. Als jede Gegenwehr unmöglich wurde, verließen rund 200000 Menschen das Land.

Jedoch nach dem ersten großzügigen Impuls zu helfen verlor die Welt das Interesse: Es gab keine Solidaritätskundgebungen empörter westlicher Jugend; Flüchtlinge wurden immer widerwilliger aufgenommen und enttäuschten oft die Gastgeber.

EINFÜHRUNG

Aus Rußland in frühester Kindheit emigriert, sollte es mir erst nach vielen Jahren wieder möglich sein, in meine frühere Heimat zurückzukehren. Meine Eltern hatten darauf bestanden, die französisch-englische Erziehung mit einer vorrevolutionären russischen Bildung zu vervollständigen, so daß ich viel über die Vergangenheit, die Geschichte und Probleme Rußlands wußte. Dies sollte mir bei späteren Reisen in das Land außerordentlich im Umgang mit den Menschen helfen, die mich als Brücke zu ihrer Vergangenheit, zu ihrer verlorenen Kultur betrachteten.

Erst zehn Jahre nach Stalins Tod wurde es möglich, daß ein internationaler Kongreß der Automobil-Federation – dessen Vize-Präsident mein Mann war – einer Einladung der »Stadt Moskau« – nicht der Regierung – Folge leisten durfte.

Es war mir vorher leise gesagt worden, daß die sowjetische Vertretung zuerst gefragt hatte, ob *ich* mitdürfte. Erst dann ging die »offizielle« Einladung heraus. Ich wollte aber meinerseits nicht nur als »Tourist« oder als Frau eines wichtigen Delegierten reisen und nahm daher einen Auftrag des Deutschen Roten Kreuzes an, ohne genau zu wissen, ob meine Lage dadurch erleichtert oder erschwert würde.

Später sollte ich viele vertrauliche Gespräche mit Kollegen auf internationaler Ebene auf weiteren Weltreisen führen.

Nach dieser ersten Reise kam ich nach fast zwanzig Jahren neuerdings in die Sowjet-Union, diesmal mit einer Gruppe von englischen Schriftstellern, die in den Fußstapfen russischer Schriftsteller wandern wollten. Dieses Thema machte uns außerordentlich beliebt, denn die genaueste Forschung nach den Biographien ihrer Schriftsteller und Dichter ersetzte den Russen ihre fehlende Geschichte.

Mich in Gegenden zu befinden, die große russische Schriftsteller so feinfühlig beschrieben hatten, war wie eine Heimkehr zu vertrauten Kindheitserinnerungen, durchflutet von Gemütsregungen und Gefühlen, welche die Helden der Romane

von Tolstoi und Turgeniew so intensiv durchlebt hatten. Sie sind das Erbteil jedes russischen Kindes.
Ich wußte kaum, ob diese Empfindungen, diese Landschaften, nicht Teil meiner persönlichen Erlebnisse waren, obwohl ich noch nie dort gewesen war.
In Spasskoje wanderte ich durch die Seiten von Turgeniews Roman »Erste Liebe«. Die Alleen um das Haus herum, die Seen und der Fluß, den man durch einen feinen Sprühregen spiegeln sah, wurden durch das »Tagebuch eines Jägers« lebendig. Tolstois Natascha lief durch die Wälder von Jasnaja Poliana und tanzte auf dem Ball im türkisblauen Palais der Adelsversammlung, der wie von Palladio erbaut erschien.
In Fürst Worontzows reichgeschmücktem Ballsaal in Tiflis fühlte sich Hadji Murad, der Tapferste von Schamyls Naibs, so fremd wie ein Reiher unter Dohlen und beschloß seinen endgültigen Verrat. Die berühmte Georgische Heerstraße, die mit solch einem Aufwand an Heldentum zunächst gebaut und in den folgenden Kriegen verteidigt wurde, brachte Abenteuer, Entschlossenheit und Hingabe mit sich, welche die Schrecken aller Kriege veredeln und viele große russische Schriftsteller inspiriert hatte. Im Tsinandali des Fürsten Chawchawadze waren sie alle zu Gast gewesen, bevor es zum Schauplatz des tragischen Überfalls wurde, als der Imam Schamyl Geiseln suchte, um sie gegen seinen geliebten Sohn Djemal-Edin auszutauschen.
Die einzigen Orte, an die ich mich aus meiner Kindheit fern erinnerte, Jalta und Alupka, schienen mir merkwürdigerweise am unwirklichsten.
Das Tauwetter, das unter Chruschtschow bei meiner ersten Reise einsetzte, war schon wieder vergangen. Er hatte zwar härteste antireligiöse Maßnahmen getroffen und sich brutal gegen Ansätze von Freiheit eingesetzt, jedoch war seine Entmythisierung Stalins seinen Kumpanen nicht geheuer und sie setzten ihn ab. Man brachte sich auf dieser höheren Ebene nicht mehr um, aber das System erstarrte wieder.
Nun war Breschnew an der Reihe, und man versicherte uns, daß wenigstens unter seiner Regie viele Wohnungen gebaut wurden – wenn auch von zweifelhafter Qualität und von anödender Gleichheit –, aber er ließ die Leute in Ruhe und der Korruption ihren Lauf.
Die nächsten drei Reisen unternahm ich unter Gorbatschow, der sich äußerst geschickt nach vorne manövriert hatte.
Eine französische Gruppe fuhr nach Zentralasien, Armenien und Georgien, mit einem kurzen Abstecher in alte Städte des »Heiligen Rußlands« – Wladimir und Suzdal. Einige Monate später rundete ich meine »Schriftsteller-Reise« mit einer Puschkin-Tour vor allem im Norden Rußlands ab.
Es war das Jahr des Millenniums der Christenheit in Rußland, und vielleicht ein Aufbruch in eine neue Zeit.

Mein Dialog mit dem wahren Rußland, der sich erst zögernd bei der ersten Reise anbahnte, wurde immer mehr zu einem vertraulichen und offenen Austausch.
Trotz der Millionen, die nach der Revolution umgebracht worden waren, blieb das Land irgendwie unverändert, wie abwartend. In Rußland fühlt man sich heute so, wie man sich in West-Europa nach der großen Pest im 14. Jahrhundert gefühlt haben muß, mit dem wichtigen Unterschied, daß die überlebenden zwei Drittel der Bevölkerung daran gehindert werden, ihre eigene Zukunft in die Hand zu nehmen, wie es Deutschland 1945 tat.
Sie befinden sich in einem riesengroßen Lager, von dem – wie in einem modernen zoologischen Garten – nur die sichtbaren Barrieren entfernt sind. Jedes industrielle Projekt, jedes Hotel, jeder der neuen Flugplätze, alles wird von ausländischen Firmen gebaut. Die ganze russische Nation ist eine ausgebeutete Kolonie, die ihrer Vergangenheit und ihrer Geschichte beraubt ist; nichts weiter als eine geographische Basis für politische Untergrundarbeit im Ausland.
Aber außerhalb der hermetisch in ihrer privilegierten Welt abgeschlossenen Nomenklatura – sogar mit eigener Währung – gibt es eine geheimnisvolle Welle, die C. G. Jung als »das kollektive Unbewußte« bezeichnet. Die Seele Rußlands hat sich nicht verändert.
Sechzig Jahre Anstrengung, um nicht nur die Erinnerung an die Religion, sondern auch ihren Geist und Tradition zu zerstören, scheinen keinen Erfolg gehabt zu haben. Man sagt, daß die Gefängnisse, ja sogar der Gulag selbst zu neuen Zentren von Jüngerschaft geworden seien.
Man kann Gorbatschow für die neue Entwicklung nicht dankbar genug sein. Der Granitblock des Kommunismus ist porös geworden. Wenn »Glasnost« (offenes Reden) nur anscheinend zugelassen wurde, um das unansehnliche Bild der Parteien von früheren Untaten freizuwischen, so ist es über alle Schranken hinausgeplatzt, und nie wieder wird das Volk die Hirnwäsche hinnehmen, die es durch so viele Jahre erlitten hat.
Es gibt vorerst eine »Perestroika« (Umstrukturierung) – außer in der Partei. Auch wenn er diesen Machtkampf gewinnt, ist es zu früh abzuschätzen, ob Gorbatschow das persönliche und politische Format haben wird, um mit dem Leninfetischismus fertig zu werden, um vom Gosplan (Parteiplanung) und dessen katastrophalen Folgen sich abzuwenden und Privateigentum und daraus entstehende Motivierung und Initiative sowie auch einem freien – wenn auch von fern kontrollierten – Markt den Weg freizugeben. In unserer modernen Welt der schnell wechselnden Wirtschaftsstrukturen und Begriffe gibt es keine andere Lösung für die bankrotte sowjetische Wirtschaft. Sowjet-Rußland rutscht zurück von Jahr zu Jahr, selbst wenn die westliche Welt den moribunden Kommunismus wirtschaftlich unterstützt.
Das Land im Ganzen weigert sich, sich mit der Partei, die man verächtlich die

»Mafia« nennt, und deren Ideologie zu identifizieren. Nach langen Jahren der negativen Propaganda über die vorrevolutionäre Epoche war mit am erstaunlichsten das ständige Zwiegespräch, das ich von einem Menschen zum anderen weitertrug und mit dem gleichen Gedankengang fortsetzte, als gäbe es keine Trennung zwischen ihnen selbst und auch keine Trennung zwischen ihnen und mir.
Am »homo sovieticus« vorbei hört man wieder ein wirkliches Rußland. Es ist das Lied dieses Rußlands, das Puschkin festhielt und welches sechzig Jahre der Unterdrückung nicht ersticken konnte.
Es war für mich wie ein Lauschen auf den leicht rauschenden Wind in den Bäumen an einem Frühlingstag oder ein tiefes Seufzen Rußlands.

TEIL I

Chruschtschow: Das Tauwetter, das nicht kam. 1963

»Die bewußte und unwiderrufliche Rückkehr zum Multiplen.«
Teilhard de Chardins Bezeichnung der Hölle

Vom ersten Augenblick an wird man in Sowjet-Rußland in das entmutigende, düstere Grau dieses »freudlosen Gebildes« getaucht. Menschen, Häuser und Vegetation – alles wirkt schäbig und traurig, ohne Farben oder ein Lächeln, physisch wie psychisch erstickt. Aber wie Regenpfützen nach dem Sturm eine fahle Sonne widerspiegeln, so begegnet man doch bald einer beruhigenden und tröstlichen Wärme, die eine menschlichere Zukunft verspricht.
Trotz der Verbesserung der Lebensbedingungen, aber immer noch bedrängt, eingeschränkt und kontrolliert, fühlen sich die Sowjet-Russen – ohne zu einer schon entfernten Vergangenheit zurückkehren zu wollen – vor allem von ihren Ursprüngen und ihrer Geschichte abgeschnitten und forschen danach mit tiefer Sehnsucht, als ob sie ihre eigene Seele suchten.
Als Ehrengäste auf Verwaltungsebene wurde unsere internationale Gruppe von Bürgermeistern und Stadträten sowohl von Vertretern der Städte Moskau als auch Leningrad empfangen. Soweit es mich betraf, verwandelte sich der Besuch in einen ausgedehnten, wenn auch unzusammenhängenden Dialog, denn ich fand mich unerwartet als Sinnbild dieser Vergangenheit wieder, als ein Stück ihrer verstümmelten Geschichte. Als ob ich ein Reiterstandbild wäre.
Wir sollten unsere Reisegefährten nach Moskau auf dem Flugplatz von Paris treffen. Es waren die Vertreter der Mitgliedstaaten der F. I. A. (Fédération Internationale de l'Automobile).
Bevor wir einstiegen, besorgten wir noch einige kleine Geschenke wie Parfum, Maniküre-Garnituren, Kugelschreiber und Modejournale. Einer der Stewards des Flugzeuges sagte mir, daß er einmal wöchentlich nach Moskau fliege. »Wie lange bleiben Sie jedesmal dort?« – »Nur eine Nacht, aber auch das ist schon zuviel!« Nicht allzu ermutigend.
Hinter uns saßen der französische Vertreter und der deutsche technische Spezialist. Sie neckten sich unaufhörlich. Im Laufe der Reise sollten sie unzertrennlich werden und mit dem witzigen, ehemaligen Meister-Rennfahrer Chiron unserer Fahrt eine überaus willkommene, heitere Note geben.
Bei einem Zwischenaufenthalt in Warschau durften wir weder den Flugplatz verlassen noch Briefmarken kaufen oder Briefe abschicken. Daher sahen wir außer einigen gutgekleideten, höflichen Angestellten nichts.
Wir erreichten Moskau bei Einbruch der Dunkelheit und landeten auf dem überraschend kleinen, von Birkenwäldchen umgebenen Flugplatz von Scheremetewo. Vor Erregung zitternd erwartete uns unser Gastgeber.

Sofortige und totale Verwirrung: Wir standen ratlos zwischen einigen Sowjet-Russen, die wir im Ausland kennengelernt hatten, und einer Reihe von anderen, unbekannten Beamten herum. Es wurde viel geredet, und Paul und ich bestanden darauf, auch nach Leningrad zu fahren, was in unserem Programm nicht vorgesehen war. Von diesem Augenblick an wurden dem Generalsekretär unserer Vereinigung besondere Privilegien zuteil, da hier diesem Titel viel mehr Bedeutung zugemessen wird als ihm zukommt. Unsere Kollegen waren verärgert, der links angehauchte Sekretär jedoch entzückt.

Schließlich hieß es, alles sei in Ordnung. In der nächsten Halle lernten wir dann die Frau unseres Gastgebers und ihre Nachbarin kennen, mit denen wir uns später anfreunden sollten. »Ich habe so viel von Ihnen gehört«, sagten sie und nahmen Paul und mich mit, um uns gleich einen Eindruck von der Stadt zu vermitteln, während die anderen zum Hotel fuhren.

Die Nacht war plötzlich hereingebrochen und hüllte die Stadt in einen geheimnisvollen Hauch von Poesie, den wir am nächsten Tag mit Bedauern vermissen sollten. Man erzählte uns, daß Moskau ein wichtiger Binnenhafen sei und daß eine Anzahl riesiger Wohnhäuser für Arbeiter kürzlich erbaut worden sei. Man zeigte uns das Institut, das unseren Verband betraf, wo Millionen von Studenten immatrikuliert waren. Dann fuhren wir durch die Gorki-Straße, die frühere Twerskaja, die man verbreitert hatte, indem man ganze Häuser versetzte, ohne die Bewohner zu evakuieren. Wir erreichten den schon für die bevorstehende Parade beflaggten Roten Platz.

Von unserem Interesse angeregt brachten sie uns auch zu den Worobiowo-Hügeln, die von der Moskauer Universität gekrönt sind, und von denen sich ein weiter Rundblick über die Stadt darbietet.

Sie liebten »Aussichten« und wollten uns noch weitere »Fernsichten« bieten; der nächste Schritt wäre vermutlich ein Hubschrauberflug gewesen, während wir es vorzogen, möglichst vieles aus der Nähe zu betrachten.

Schließlich fuhren wir zum Hotel, einem gewaltigen, 32-stöckigen Gebäude, wo die anderen uns erwarteten. Der Architekt war großzügig mit dem Raum umgegangen und eine Menge davon war für geräumige Hallen verschwendet, deren Teppiche und Steinfliesen einen Frühjahrsputz dringend nötig hatten. Die breiten, staubigen Gänge rochen nach gekochtem Kohl. Wir erfuhren, daß dieses Hotel erst vor wenigen Jahren entstanden war. Man brachte uns zu unserem Zimmer – mit persönlichem Telefon verziert, das allerdings außer Betrieb war, so daß wir nicht einmal unsere Kollegen anrufen konnten. Das Zimmer selbst war sauber und mit einer für seine Größe unverhältnismäßig hohen Decke. Die Russen lieben Raum, vielleicht war dies eine Art, das auszudrücken. Die Vorrichtungen im Badezimmer waren vorrevolutionär, obwohl sie erst kürzlich eingerichtet worden waren. Man hatte mir geraten, Allzweckgummistöpsel mitzubringen, um die Abflußrohre zu

verschließen, welche ihrer Verschlüsse beraubt sind. Im flachen Schrank war der spärliche Platz mit einem Bügel pro Person ausgestattet. Ich fragte nach mehr und man brachte mir sofort dutzende, die man anderen Damen unserer Gruppe verweigerte. Diese holten mich zu Hilfe, um mit den dicken Frauen zu verhandeln, die in jedem Stockwerk saßen und absolut nichts taten, außer uns vielleicht zu überwachen.
Jeder, an den ich mich wandte, war äußerst freundlich, und das steigerte sich noch im Laufe der Tage. Die Leute höflich und unvoreingenommen in ihrer eigenen Sprache anzureden wirkte wie ein »Sesam-öffne-Dich« oder ein Zauberstab.
Andere dicke Frauen betätigten die Fahrstühle, ohne ihre ständige Unterhaltung miteinander über die Aufzugstelefone zu unterbrechen. Ihr Gespräch dehnte sich wie Kaugummi. Mit einem abwesenden Blick in unsere Richtung drückten sie auf einen Knopf und fuhren mit ihrem weinerlichen Getratsche fort, das sie völlig in Anspruch nahm.
Im Erdgeschoß, gleich neben den Aufzügen, war eine Bar fünfzehnten Ranges. Eine Anzahl von zweifelhaft aussehenden Individuen aller Rassen und Farben lümmelte sich auf klapprigen Gartenstühlen herum und schlürfte bunte, alkoholfreie Getränke. Wegen der bevorstehenden Feiern zum 1. Mai waren sie wahrscheinlich zahlreicher als sonst. Es war bestürzend zu sehen, was für eine Sorte von Menschen dieses Land als seine Freunde betrachtete.
Zwei grün aussehende Chinesen, mit ganz gleichen, uneingedellten braunen Filzhüten, stiegen aus dem Fahrstuhl mit einem riesigen, länglichen Überseekoffer, den sie dann in Richtung auf die Straße hin zerrten. Was in aller Welt konnte der wohl enthalten?
Wir aßen äußerst schlecht in einem der Restaurants des Hotels. Diese Restaurants wurden den Neuankömmlingen ihrer Kategorie gemäß zugeteilt, und es schien, daß wir nicht zur höchsten gehörten. Selbst wenn man die Preisdifferenzen zahlte, war es unmöglich, zu wechseln und es war auch verboten, sich mit Freunden an einem benachbarten Tisch zusammenzusetzen, denn dann wurde man nicht bedient. Ebenso unmöglich war es auch, die Kellner zur Eile anzutreiben, oder etwas am Menu zu ändern. Man wartete ewig; die zahlreichen Serviererinnen blieben freundlich und mütterlich, aber sie bewegten sich langsam, ohne jeden Anflug von Eifrigkeit.
Als wir endlich ziemlich klebrige Fleischbällchen, »Bitki«, serviert bekamen, verschlang unser sowjetischer Dolmetscher sie mit größtem Behagen und erklärte mit vollem Mund: »Sehr schmackhaftes Hauptgericht!«
Ein Emigrant bestellte auf Russisch »Blinis« für sich und einen ausländischen Freund. Der Freund bekam sie schließlich, aber ihm wurde streng gesagt: »Wie Sie wissen sollten, essen Russen sie nicht, außer in der Maslenitza«, der ›Butterwoche‹ vor der Fastenzeit.

Am nächsten Morgen waren wir alle schon um halb acht auf, stolz auf unsere disziplinierte Pünktlichkeit, obwohl unsere Begleiter uns bald sagten, sie hätten das Gefühl, einen Sack voller Flöhe zu hüten. Dann warteten wir anderthalb Stunden auf das Frühstück. Der Kaffee erinnerte an den sogenannten »Negerschweiß« im Krieg und war, wie der Tee, von erbärmlicher Qualität.
Trotzdem gab es scheele Blicke, als ich meinen Nescafé herauszog und ihn an alle am Tisch austeilte, weil das an Kritik grenzte, auf die sie schmerzhaft empfindlich reagieren. Die geringste Änderung verursacht Verwirrung: Man muß immer eine Herde von gehorsamen Schafen sein.
Der Speisesaal glich dem Erfrischungsraum eines Provinzbahnhofes. Ein fadenscheiniger, gestreifter Teppich führte zu einer kleinen Bühne, die von zwei anaemischen Palmen flankiert war, was auf bevorstehende Festlichkeiten hindeutete.
Unser französischer Freund war schon ausgegangen, um sich Geschäfte anzusehen, und seufzte: »Man braucht kein Fachmann zu sein, um festzustellen, daß das System wirtschaftlich ein völliger Fehlschlag ist. Allein schon die Schaufensterauslagen würden jeden Bauern im Westen ›frémir d'horreur‹ (vor Entsetzen erschaudern) lassen. Es gibt keine kommerzielle Reklame, nur der Staat wirbt für sich selbst mit Spruchbändern, Schlagworten, im Radio und sogar in Unterhaltungsprogrammen.«
Wir stiegen in zwei Busse und fuhren zu einer Stadtbesichtigung. Das Wetter war schön, frühlingshaft warm, und es wehte eine sanfte Brise. Auf dem Sperlingshügel bemerkte ich eine spielzeugartige Kirche. Ich zupfte einen unserer sowjetischen Begleiter, mit dem ich mich schon angefreundet hatte, am Ärmel und bat ihn, sie mit mir zu besichtigen. Er zögerte, aber endlich gingen wir beide davon. Obgleich weder ein Sonntag noch ein Feiertag war, wurde eine Messe gelesen. Wir blieben einen Augenblick und kehrten dann zu den anderen zurück. Er erzählte mir, er sei von Beruf Ingenieur und ginge nicht oft zur Messe, aber der Chor der Patriarchatskirche sei ausgezeichnet, viel besser als der, den wir gerade gehört hätten.
Zu Fuß begaben wir uns dann zur Lomonossow-Universität, einem Riesengebäude, in dem die meisten Studierenden beiderlei Geschlechts auch wohnen. Als Adlai Stevenson, der amerikanische Präsidentschaftskandidat, Moskau besuchte, fragte er: »Bringt dieses Zusammenleben nicht Probleme?« und bekam die Antwort: »Babies – ja; Probleme – nein!« Als wir auf die Frage noch näher eingingen, sagte man uns, daß die moralische Haltung der jungen Leute puritanischer sei als im Westen, aber daß es nachteilig wäre, so nah an der Arbeitsstelle zu wohnen, da es manche Dinge zu einfach mache und sie darum heute weniger gewissenhaft arbeiteten als noch vor einigen Jahren, als es ein Privileg war, unter solchen Bedingungen zu studieren.
Wir gingen um die Gebäude herum, wurden aber nicht hineingeführt.
Unser nächstes Ziel war der Rote Platz, wo die Kirche des hl. Basilius besichtigt

wurde. Ich wollte hineingehen, wurde aber gebeten, es nicht zu tun: »Es würde Sie nicht interessieren; außerdem wird sie gerade restauriert ...« (In Wirklichkeit beherbergte sie eine antireligiöse Ausstellung und sie wollten verhindern, daß ich sie sähe.) Ich gab nach, aber als wir weitergingen, kam einer nach dem anderen an meine Seite und es folgten merkwürdig unzusammenhängende Gesprächsfetzen: »Sie tragen einen Namen, der oft in unserer Geschichte erscheint! Auch ›Ivan der Gestrenge‹ hatte eine Frau dieses Namens, wohl eine Verwandte von Ihnen?« – »Das arme Ding muß selten gelächelt haben!« sagte ich, ›Ivan der Gestrenge‹ war immer noch in Mode, eine traurige Erbschaft der Stalin-Ära.
»Welche Oper werden Sie heute abend sehen?«
»Boris Godunow.«
»Wie schade, daß es nicht Fürst Igor ist.«
»Aber warum denn? Boris Godunow wird sicherlich wunderbar sein.«
»Im Fürst Igor gibt es eine Arie, die man jeden Tag hören könnte. Man wird ihrer nie überdrüssig.«
»Welche?«
»Daite mne svobodou!« (Gebt mir Freiheit.)
(Die folgenden Worte lauten: »Ja svoi pozor sumeiju iskupits« – »Ich wüßte, wie ich meine Schande tilgen könnte!«)
... »Sie finden sicher nicht viele Leute, mit denen Sie offen sprechen können?« fragte ich vorsichtig. »Oh doch. Wenn man nicht redet, ist es unmöglich, zu wissen, was der andere denkt. Er ist da und sagt nichts. Wer ist er? Was hat er im Sinn? – Man muß sprechen.«
Die anderen schlossen sich uns wieder an. Wer waren diese anderen? Sie umgaben uns in wechselnder Zahl. Zuallererst die »Freunde«, die Spezialisten auf ihrem Gebiet, die uns eingeladen hatten. Einer von ihnen war aus Leningrad und betonte, um wieviel schöner jene Stadt wäre als Moskau. Dann gehörten dazu mehrere Ehefrauen und eine Dame, welche unsere westlichen Freunde »Elena Elenowitsch« nannten, sowie einige Mitglieder des »Intourist« und zwei oder drei nervöse Dolmetscher, denn wir sprachen in drei oder vier Sprachen auf einmal. Sie pflegten ängstlich in meine Richtung zu schauen, bevor sie etwas erklärten, und milderten es dann zweifelsohne ab. Auch die allgegenwärtige Geheimpolizei trieb sich um uns herum; sie umgab uns wie eine Gummiwand, war aber wegen ihrer merkwürdigen Kopfbedeckungen, die vermutlich in einer besonderen Staatsfabrik hergestellt wurden, leicht zu erkennen: weiche Biberhüte, maulbeer- bis rotbraun, breitkrempig, aber nicht eingedellt, oder Baskenmützen, bis zu den Augenbrauen heruntergezogen, in den Farben Leuchtendrot, Flaschengrün, Maisgelb und Königsblau.
Über ihre wachsweichen, maskenähnlichen Gesichter wehte kein Hauch von Intelligenz. Wie in Sartres Schauspiel »mußte es dunkel und leer in ihren Köpfen

sein.« Manchmal vergaßen sie, uns zu umringen und versammelten sich zu einem Haufen, um miteinander zu tuscheln. Plötzlich standen sie alle um mich herum und fragten wie im Chor einer griechischen Tragödie: »Erzählen Sie uns Ihre Eindrücke, Tatiana Illarionowna! Wie finden Sie Rußland? Wie gefällt es Ihnen, wieder hier zu sein?« Das waren nun allerdings kniffige Fragen.

Um wieder in Übung zu kommen, hatte ich vor der Abreise eine Reihe von Büchern gelesen, Puschkins Märchen und das »bucklige Pferdchen« in Versen, und darum kam mir der Einfall, zu sagen:

»Der Held in Euren Märchen wandert durch die Wälder, und zu seinem größten Staunen versteht er plötzlich die Sprache der Vögel. Das ist genau das, was ich hier empfinde.«

Sie waren einen Augenblick verdutzt, denn sie hatten gedacht, mich in die Enge getrieben zu haben, aber das Märchen gefiel ihnen, und viele Tage später sagten mir Leute, die gar nicht dabei gewesen waren: »Sie haben etwas Seltsames gesagt bei Ihrer Ankunft; aber es war eine poetische Bemerkung.« – Der Klatsch schien zu blühen – die Neuigkeiten wurden einfach von Mund zu Mund weitergegeben.

Als wir weitergingen, fragte ich meinen Nachbarn: »Langweilt es Sie nicht, in allen Zeitungen dasselbe zu lesen? Es muß schwierig sein, einen Eindruck davon zu bekommen, wie die Nachricht in Wirklichkeit aussieht.« – »Wir lesen das Weiße in der Zeitung eher als das Schwarze.« (Mit anderen Worten: »Zwischen den Zeilen«.)

Ein argentinischer Freund von uns, Mitglied bei einem Kongreß südamerikanischer Architekten in Moskau, hatte uns berichtet, daß die Argentinier bei ihrer Suche nach einem Nachtlokal in einem besonders finsteren Loch gelandet wären. Sie tranken dann zu viel und kamen beim Morgengrauen mit trüben Augen wieder zum Vorschein. Sie fanden den Roten Platz leer, bis auf einige Frauen in Steppjacken, die unter den kalten und gleichgültigen Augen von Kreml-Wachen Schnee kehrten.

Mit dem Ruf »Caballeros españoles no permiten eso!« (Spanische Herren können das nicht erlauben!) rissen sie ihnen die Besen aus den in Fausthandschuhen steckenden Händen und begannen mit fröhlicher Begeisterung zu arbeiten. Die Wächter starrten mit offenem Mund, aber für solch einen Fall hatten sie keine Instruktionen und darum wagten sie nicht, einzuschreiten.

Der Schnee war jetzt geschmolzen und der Frühling schien neue Hoffnung zu bringen.

Der Rote Platz heißt »rot« (krasnoye), weil das »schön« bedeutet und nicht »Blut«, obwohl er unter Ivan dem Gestrengen im 16. Jahrhundert entsetzliche Hinrichtungen gesehen hatte. Später wurde er glücklicherweise berühmt für die Jahrmärkte, Prozessionen und Paraden, die auf ihm stattfanden. Mehr als einmal in seiner Geschichte hat Moskau gewaltige Feuersbrünste erlebt. Napoleons

Armeen konnten in der brennenden Stadt keine Winterquartiere finden, und das zwang sie, sich aus Rußland zurückzuziehen. Und dennoch ist es immer wieder zu Ansehen und Schönheit gelangt, ähnlich dem Feuervogel im russischen Märchen. Vielleicht wird es einmal in nicht zu ferner Zukunft die graue Unterdrückung abschütteln können, die es wie eine dicke Aschendecke erstickt.
Unauffällig schlüpfte Paul hinter Lenins Mausoleum, um auf die Tafel zu treten, die Stalins Namen trug.
Über uns erhob sich die großartige Kreml-Zitadelle, die wir zu einem späteren Zeitpunkt besichtigen sollten. Moskau rühmte sich früher seiner vierzig mal vierzig Kirchen, aber nur eine kleine Zahl hat die Revolution überlebt. Als wir begannen, die Hauptstadt zu besichtigen, sahen wir endlose »Prospekte« (Boulevards), gesäumt von scheußlichen Gebäuden. Es wirkte wie ein nicht endenwollender Vorort; eine durch nichts aufgelockerte Häßlichkeit, trotz dem eindrucksvollen Plan, nach dem die neue Stadt konzipiert war. Wagen in größerer Zahl als wir erwartet hatten, fuhren die Straßen entlang. Da diese so breit waren, schien der Verkehr viel geringer zu sein, als er in Wirklichkeit war. Die Bauten zeigten weder Stil noch Persönlichkeit; Läden gab es keine außer dem GUM und einigen wenigen anderen, alle ohne Schaufenster. An einem Hause konnte man das Wort »Möbel« lesen, an einem anderen »Bücher«. Bänder von rotem Stoff trugen die treffenden Schlagworte: »Freiheit, Gleichheit, Brüderlichkeit, Arbeit, Glück« – oder: »Wir müssen die amerikanische, kapitalistische Aggression bekämpfen!«
Ich übersetzte das unserem amerikanischen Kollegen und er seufzte: »Wenn's nur wahr wäre!«
Man zeigte uns ein Schwimmbad, das das ganze Jahr hindurch auf 27°C erwärmt wird. Es war ausnahmsweise von blauen Fahnen zu Ehren des Sports umgeben. Es ist an dem Platz erbaut, wo früher die berühmte Erlöserkathedrale gestanden hatte, sternförmig angelegt, und wäre wahrscheinlich großartig, wenn es nicht von allen Seiten von zu hohen Gebäuden umgeben wäre. Daneben fand ein Schachturnier zwischen dem russischen Meister und einem jungen Armenier statt. »Wem wünschen Sie den Sieg?« – »Nicht unserem Meister, nadojel! (Er langweilt uns!) Es ist höchste Zeit, daß mal ein anderer gewinnt.«
»Haben Sie hier viele Georgier?«
»Die Georgier ›raspojassilis‹ (sind zu groß für ihre Stiefel geworden). Es ist Zeit, ›datj po morde‹ (ihnen eins auf die Nase zu geben.)« – Sie waren neidisch auf einige Privilegien, die die Georgier errungen hatten.
Die Unterhaltung wandte sich dann technischen Fragen aller Art zu.
Immer, wenn wir an einem Privathaus vorbeikamen, das jetzt von einem Parteibüro besetzt ist, oder in ein Museum gingen, das meist dringend reparaturbedürftig war, stupsten sie mich an und sagten: »Schauen Sie! Etwas für Sie!«
Beim Mittagessen sagte Paul zu einem der Dolmetscher: »Sie singen sehr gut!« Er

wurde scharlachrot und erstickte fast an seinem Essen: »Wie können Sie das wissen?« – »Aus Wien. Sie sangen in Grinzing.« – »Ach, Vena!« seufzte er erleichtert. Was in aller Welt konnte ihn so erschreckt haben?
Die Dolmetscher waren in Schwierigkeiten. Sie konnten gewöhnlich nur eine fremde Sprache, höchstens zwei. Und wir sprachen vier oder fünf und wechselten von der einen zur anderen in schneller Folge über. Ein Mann saß an einem benachbarten Tisch und schrieb fieberhaft. Wir sahen ihn abwechselnd bleich und rot werden, schließlich lief er vor Anstrengung lila an – wie ein Chamäleon, das sich auf einen Perserteppich verirrt hatte.
Wir hatten erklärt, daß wir die Botschaft besuchen müßten. Sie wurden sichtlich unruhig: »Müssen Sie das wirklich?«
Um das zu tun, hielten wir vor dem Hotel ein Taxi an. Vor der Botschaft wurden wir von zwei Soldaten aufgehalten, die uns zwar durchgehen ließen, aber sofort zu einem Telefon in einer kleinen Kabine neben dem Eingang rasten. Wir hinterließen unsere Karten für den abwesenden Botschafter und kamen bald wieder heraus. Wieder rannten sie zum Telefon in der Kabine. Dann gingen wir spazieren. Eltern kamen uns mit ihren kleinen Kindern entgegen. Dieser Teil der Stadt war wie ein großes Dorf, mit winzigen Holzhäuschen und gelegentlich einem sogenannten »Palais«, kaum zwei Stock hoch, mit einem von Säulen eingefaßten Portal und umgeben von verlassenen Gärten. Auch neu erbaute Häuser nahmen gleich dieses schäbige Aussehen an; alles wirkte freudlos.
Am Abend sollten wir »Boris Godunow« im Bolschoi-Theater sehen. Wir kleideten uns so, wie wir es auch im Ausland getan hätten: schwarzes Nachmittagskleid, Pelze; die Herren in Dunkelblau. Die meisten von uns waren einen Kopf größer als die Zuschauermenge und zum ersten Mal machten die Leute große Augen. Das Theater war märchenhaft, ganz in Rot und Gold und schön gepflegt. Hier hatte sich nichts verändert außer dem Publikum, aber auch das hatte etwas Erwartungsvolles und Festliches an sich. Wir bekamen hervorragende Plätze und waren von der ersten Note an hingerissen. Alles war vollkommen: das Orchester, Petrow, die Dekorationen und die prunkvollen Kostüme. Jeder Sänger mimte, auch wenn er halb von einer Säule verdeckt war. Das Engagement jedes einzelnen bereitete Paul die größte Freude. Während der Pause aßen wir Kaviarbrötchen und tranken lauwarmes Bier. Wir hatten Hunger; obwohl wir im Hotel genug zu essen bekamen, war die Kost ja nicht verlockend.

Am 1. Mai waren wir zeitig auf, mußten dann aber auf unsere englischen Kollegen warten, die eine zweite Revolution verursachten, indem sie »frühen Morgentee« verlangten, den sie schließlich auch bekamen: »Wir waren fest entschlossen!« triumphierten sie, aber es gab dadurch für uns alle eine Verzögerung von einer halben Stunde und wir fürchteten, unsere Plätze zu verlieren. Mit Bussen wurden wir zum Fuß des Kremls gebracht, von der Rückseite her, da aller Verkehr in der Innenstadt abgesperrt war. Es herrschte eine Atmosphäre von erregter Erwartung, wie vor einem Stierkampf. Das Wetter war außergewöhnlich schön – strahlender Sonnenschein seit dem frühen Morgen. Wir schickten uns an, den Hügel hinaufzusteigen und wurden sogleich von der ersten Polizeikontrolle überprüft, dem KGB. Voll bewaffnet standen sie neben ihren Militärfahrzeugen, die mit KGB-Reservetruppen besetzt waren und auch bis an die Zähne bewaffnet schienen. Ihre rotbesetzten dunkelblauen Uniformen standen kartonsteif um uns herum. Auf den ausdruckslosen Gesichtern wäre ein Lächeln so unangebracht gewesen wie ein Grinsen auf den Wasserspeierfratzen einer Kathedrale. Eisig prüften sie alle Pässe und Einladungskarten und verglichen die Namen auf einer Liste. Dann durften wir weitergehen.

Einige hundert Meter weiter, außer Hörweite, stand die zweite Kontrolle, diesmal der Armee. In der Tat war diese vollständig von dem KGB umzingelt und als wir weitergingen, hörte ich, daß genau die gleiche Aufstellung zum gleichen Zeitpunkt in allen größeren Städten der Sowjet-Union eingenommen wurde. Das deutet nicht auf großes Vertrauen zur Armee, deren Haltung vergleichsweise viel entspannter war, obwohl sie vollkommen korrekt und gründlich für die Gelegenheit aufgeputzt war. Man hatte das Gefühl, es wieder mit menschlichen Wesen zu tun zu haben anstatt mit Robotern. Unsere Begleiter schienen auch einen Seufzer der Erleichterung von sich zu geben.

»Prochodite Kniazj!« (Gehen Sie weiter, Fürst!) sagte der Offizier höflich. Wir glaubten zu träumen, als Paul und ich, Arm in Arm, unserer Vergangenheit voll bewußt, zum Mausoleum hinschritten, als ob es das Natürlichste der Welt wäre, unseren Platz auf einer der Stufenreihen daneben einzunehmen.

Hinter uns gab es einen Augenblick Verwirrung: »Nou kakoi je tut Baron! W pasporte ne napisano!« (Er ist gar kein Baron; im Paß steht nichts davon!) Auf der Einladungskarte war unser belgischer Kollege baronisiert worden. Die ganze Reihe von Soldaten kicherte, als der Offizier laut verkündete: »Er mußte hierher kommen, um geadelt zu werden!«, aber sie ließen ihn durch. Er hatte den Witz nicht verstanden und zitterte bei dem Gedanken, er könne auf irgendeiner schwarzen Liste stehen.

Wir ließen uns auf unseren Plätzen nieder und nach einer halben Stunde begann die Parade; vorneweg die Formationen der Militärakademie. Ihre Haltung war makellos, ihre Gesichter wie von einer anderen Rasse, viel feiner geschnitten, ihre Gestalten schlank und groß. Die untersetzten, stämmigen Generäle und Marschälle mit ihren riesigen Schulterstücken und vorstehenden Bäuchen wirkten neben ihnen wie aus einer vergangenen Epoche.

Auf dem Mausoleum, in unserer Nähe, hatte die Obrigkeit Aufstellung genommen, in der ersten Reihe Fidel Castro neben Chruschtschow und seinen Genossen.

Sie sahen wie ausgestopft aus. Ihre schlechtsitzende Kleidung entsprach nicht ihrem Körperbau, denn die Ärmel waren zu lang und die Hosen zu weit. Filzhüte saßen auf den Köpfen wie auf hölzernen Schaufensterpuppen. Genau ausgerichtet standen die Vertreter der Armee in steifen Uniformen neben ihnen. Ihre Orden bildeten farbenfrohe Mosaike auf den breiten Brustkästen. Fidel Castro, der dazwischen herumsprang und gestikulierte, fügte der Szene eine erheiternde Note hinzu, wie bei einem Banditen in einer Operette fiel der krause Bart in Kaskaden über das weite verblichene Tarnhemd. Die Lautsprecher brüllten »Hurra!«, aber die Menge griff es nicht auf. Sie empfand Neugier, aber keine Begeisterung. Kinder stiegen auf die Schultern ihrer Eltern, um besser sehen zu können.

Marschall Malinowsky hielt dann eine schallende und aggressive Rede. Die Russen um uns herum bemerkten, daß ich zuhörte und sagten: »Wir können Ihnen alles erklären, was Sie wissen möchten!« – Sie wollten mich ablenken, obwohl ich die Rede in jeder Zeitung kurz darauf nachlesen konnte. Der Kommandant von Moskau und der Marschall inspizierten dann die Truppen in »Moskwitsch«-Wagen, die von Chrom und Neuheit blitzten. Dann folgte die Parade, die kurz war und so eindrucksvoll wie jede Parade. Wir fragten uns, was Fidel beim Anblick der Raketen empfinden mochte, die angeblich aus Kuba abgezogen worden waren.

Es gab keine Fliegerparade. Ich fragte, warum. Man hatte das vor einigen Jahren fallenlassen (noch in Stalins Tagen?) »weil es ›otwlekalo‹ – die Aufmerksamkeit ablenkte.« Wir fragten uns, ob nicht die Vorstellung, ein Düsenjäger könnte das Mausoleum abrasieren, der Vater des Gedankens gewesen war.

Wassja Dschugaschwili, Stalins jüngstem Sohn, war das Fliegen wegen seiner Trunksucht verboten worden, er blieb aber immer noch Kommandeur der Luftstreitkräfte in der Moskauer Region. Am 1. Mai 1952 ließ er eine Staffel von Kampfflugzeugen während der Parade in niedriger Höhe über den Kreml fliegen. Er führte selbst das Kommando und war offensichtlich total betrunken. Seine Befehle führten zu einem falschen Manöver und sechs Flugzeuge stießen zusammen. Eins davon stürzte in den Kreml und beschädigte den Turm des Arsenals. Zehn Menschen wurden getötet und in den Reihen der Kampfflieger brach eine Panik aus.

Wassja wurde zuerst degradiert, aber Beria kam ihm zu Hilfe, und er bekam seinen Generalsrang wieder. Als er dreißig war, kam er in die Akademie des Generalstabs. Sein Alkoholmißbrauch hinderte ihn am Lesen und machte ihn unfähig, auch nur irgend etwas zu lernen.

Auf Grund seiner verlogenen Denunziationen wurde General Nowikow und eine Anzahl von Luftwaffenoffizieren verhaftet. Erst nach Stalins Tod kamen sie wieder frei, und Wassja wurde degradiert, von jedem verantwortlichen Posten entfernt und aus Moskau verbannt. Man fand ihn im März 1962 tot in einer Kneipe in Georgien. (Anton Kolenditsch: Die letzten Tage, Fayard)

Ich hatte gehört, daß der junge Iljuschin, der Sohn des berühmten Flugzeugkonstrukteurs, sich freiwillig für den ersten »Sputnik« gemeldet hatte. »Was geschah mit ihm?« – Ein Finger zeigte bedeutungsvoll zum Himmel. »Sie meinen, er ist niemals zurückgekehrt?« Ein Nicken. »Warum sagt man das aber nicht?« beharrte ich. »Einige Dinge sind schlecht in anderen Ländern und einige sind schlecht in unserem«, war die ausweichende Antwort.

Als die Parade weiterging, wurden die Kadetten der Marine und des Heeres, die »Nachimowzy« und die »Suworowzy« (benannt nach berühmten vorrevolutionären Helden), mit ehrlichem Beifall bedacht.

Nach einer kurzen Pause folgte eine eher dürftige Vorführung von Leichtathletik. Kinder liefen aus den Gliedern heraus und hinein und einer von unseren etwas zwielichtigen Dolmetschern murmelte: »Wenn ich Kinder sehe, kommen mir immer Tränen in meine Augen, denn Kinder sind die Wirklichkeit!«

Wir saßen auf unseren Stufen und ruhten uns aus, während ein ziemlich ungeordneter Haufen von »Trudiaschtschishsia« (Arbeitern) vorbeitrottete, gefolgt von Zuschauern, die Luftballons trugen. Der Rote Platz begann wie ein Jahrmarkt auszusehen, während man uns abwechselnd Eiskrem und Glühwein servierte. Chruschtschow winkte uns von der Spitze des benachbarten Mausoleums zu. Die Parade hatte sich in ein Picknick verwandelt.

»Wie gefiel es Ihnen?« fragte man uns gespannt.

»Eine interessante Parade, aber es verlief viel gemütlicher, als ich erwartet hatte.«

»Gemütlich!« – Sie waren ganz entsetzt!

Der Lautsprecher fuhr fort, über unseren Köpfen zu plärren, aber niemand nahm auch nur die geringste Notiz davon.

Als wir am Spasski-Tor vorbeikamen, sagte ich zu unserem Gastgeber: »Mein Vater erzählte mir, daß nach der Wahl des Patriarchen 1917 aus diesem Tor alle in einer Prozession auf den Roten Platz herauskamen.« Es war ein erinnernswerter Augenblick, denn die Revolution und die Straßenkämpfe waren in vollem Gang. Als sie heraustraten und die Hymne »Gott ist mit uns« sangen, erwarteten sie gelyncht zu werden. Aber die Menge auf dem Platz sang die Hymne mit. Er sagte sanft: »Ich erinnere mich gut. Ich war damals ein kleiner Junge und befand mich auch in der Menge auf dem Platz.«

Wir gingen weiter und bekamen ziemlich zerdrückte Zweige von weißem Flieder geschenkt, der auf der Krim gewachsen war. Es war eine rührende Geste. Straßenjungen baten um Kaugummi und wir gaben ihnen auch Kugelschreiber. Sie liefen uns nach und bestanden darauf, uns zum Dank kleine Abzeichen zu geben; sie machten zwar gerne Tauschhandel, aber sie waren keine Bettler.

Man muß sich fragen, wie die Armee auf die Einzingelung durch den KGB wohl reagieren mag.

Ein ehemaliger Offizier, ein Freund und Kamerad meines Onkels, war in Paris

Priester geworden. Er war ein wunderbarer Mann von hoher Kultur und ein Born des Wissens, wenn es um russische Dichtung und Literatur ging. Er erzählte mir einmal, daß er als kleiner Junge in der Tiefe großer Wälder lebte, Teilen einer kaiserlichen Domäne, die sein Vater verwaltete. Von Zeit zu Zeit kamen kleine Gruppen von Offizieren der Petersburger Eliteregimenter zur Jagd dorthin. »Sie erschienen mir wie göttliche Wesen aus einer anderen Welt«, erinnerte er sich, »sie tätschelten mir nachlässig die Wange, während sie mit meinem Vater sprachen und hinterließen einen köstlichen Duft von Saffianleder und englischer Seife. Sie erhoben niemals die Stimme – trotzdem gehorchte man ihnen sofort. ›Nun, Saschenka, kommst du heute mit uns?‹ Das war die größte Ehre und wurde einem nicht so leicht zuteil, aber gegen ihre Art gab es auch keinen Widerstand. Am Abend bat ich meine Mutter, mir das Gesicht nicht zu waschen, um den Duft zu behalten. Ich war fest entschlossen, auch ein Offizier zu werden, wenn ich erwachsen wäre.«
Sein Wunsch ging in Erfüllung, aber die Schrecken des Krieges und der Revolution brachten ihm eine andere Berufung.
Nach etwa 30 Jahren im Ausland reiste er wieder nach Rußland. Als er im Zug einem sowjetischen Offizier gegenübersaß, fiel ihm ein, daß ein Freund aus seiner Kindheit, mit dem er jahrelang dieselbe Schulbank teilte und auch manche Jagd, manchen Fischzug – und nebenbei auch manchen Bubenstreich –, einen hohen militärischen Rang in der Sowjet-Armee erreicht hätte. Er fragte sein Gegenüber: »Haben Sie von M. gehört?«
»Oh ja! General M. Er ist seit kurzem pensioniert.«
»Wo kann ich ihn finden?«
»Im Telefonbuch!«
Als er dann in Moskau die Nummer wählte, fiel ihm seine glückliche Kindheit ein. Zehn Jahre lang waren sie unzertrennlich gewesen und dann kamen Krieg, Revolution, Bürgerkrieg und Emigration.
Eine barsche Stimme antwortete am Telefon.
»General M.? Mitja? Hier ist Sascha, ich bin ein paar Tage hier!« –
»Was wollen Sie?« (er sagte »Sie«) –
»Wenn es ›Sie‹ ist, nichts. Ich würde mich freuen, *dich* zu sehen!« Es gab eine kurze Pause, dann: »Ich auch.« – »Wo? In deiner Wohnung?« – »Nein, außerhalb.« – »Ich muß dich warnen; ich bin ein ›Pope‹. – »Du meinst ein Priester?« – »Ja, wenn du das vorziehst.« – »Trägst du die Soutane?« – »Nein, zivile Kleider.« – Es gab noch ein Zögern, aber dann verabredeten sie sich in einer öffentlichen Anlage.
»Mitja« war der klassische Sowjet-General geworden: Steinernes Gesicht, breiter Brustkasten, gepflastert mit Orden, vierschrötig in seinen hohen Stiefeln, wie er so neben dem asketischen Priester mit seinen tiefen, nachdenklichen Augen saß. Ein halbes Jahrhundert war vergangen; die Jahre waren schwer zu überbrücken. »Es ist meine Aufgabe, nach Seelen zu fischen ...«, sagte unser Freund. »Nach einiger

Zeit hatten wir das alte Verhältnis fast wieder erreicht. Schließlich stellte ich ihm die Frage: ›Wie konntet *Ihr,* wie konnte die Armee es zulassen, daß Rußland all dieses zugestoßen ist?‹«
Er sprang auf die Füße, rot vor Wut im Gesicht (oder war es Verzweiflung?), packte Sascha an den Schultern und rief: »Du bist fortgegangen, Du weißt nicht, niemand hat je gewußt, in welche Tiefen das Land gesunken war. Banden von verwahrlosten Waisenkindern (die Besprizorny) plünderten und mordeten. Man mußte sie wie tollwütige Hunde abschießen. Es waren Jahre von unglaublichem Chaos, Hunger, Mord und Verrat. Die schlimmsten Instinkte wurden freigesetzt. In unserer ganzen Geschichte haben wir so etwas nicht kennengelernt. Und wir waren es, wir, die Armee, die die Ordnung wiederherstellte und nie, niemals werden wir erlauben, daß sich so etwas wiederholt!«
Anna Achmatowas Dichtung »Requiem« beschreibt diese Zeit:

»Nicht unter fremden Himmelsweiten
bot fremder Schutz mir Hilfe dar –
ich lebte meines Volkes Leiden
dort, wo mein Volk zum Unglück war.

Dies war die Zeit, da gab es ein Lächeln
nur für den Toten im ruhigen Grab
und als Anhängsel von den Gefängnissen
pendelte unnütz die Stadt Leningrad.

...

Über uns standen die Sterne des Sterbens
schuldlos wand sich in Qualen das Land
unter dem blutigen Schritt des Verderbens
und der Transportzüge stählernem Band
Als sie Dich holten im Dämmern des Tags ...

Ich sah manch ein Gesicht vor Leid verfallen
ich sah die Angst, die unter Lidern blickt,
ich sah auf Wangen, blaß und eingefallen
des Leidens scharfe Keilschrift eingedrückt ...«

Als Vater A. mir diese Begegnung beschrieb, fügte er milde dazu:
»Wir können ihnen keinen Vorwurf machen, denn wir sind wie von einer tödlichen Krankheit geheilt. Aber sie sind bis auf den heutigen Tag nicht genesen.«
Und doch waren es vor allem die desertierenden Soldaten, die die Revolution entfesselt hatten, aber diese Unterhaltung erklärt jedes Eingreifen der Sowjet-Armee, wohin man diese auch einsetzt. Sie würde immer die Ordnung verteidigen ohne Partei zu ergreifen.

Nach dem Mittagessen bat ich um einen Wagen, um mit der Frau des Präsidenten durch die Stadt zu fahren. Es schien unmöglich, einen zu beschaffen. Ich schlug dann ein Taxi vor und schließlich erklärte sich ein großer, breitschultriger Chauffeur, mit einer Lederjacke und einem groben Gesicht unter zerzaustem Haar, ziemlich unwillig bereit, uns zum Nowodewitschi-Kloster zu fahren. Obwohl es geschlossen war, konnten wir in die Umfassung hinein. Es war wie ein Kreml im kleinen, den die Stadt jetzt überdeckt hatte. Peter der Große hatte seine rebellische Schwester hier einschließen lassen. Mehrere Dekabristen waren auf dem kleinen Friedhof beerdigt, ebenso Stalins Frau, die er angeblich umgebracht haben soll, aber solange er lebte, wurde das Grab von einem Soldaten bewacht. Der ganze Ort schien zu zerfallen. Ich ging in ein kleines Holzhaus, um zu fragen, ob wir die Kirche besichtigen könnten. Es hatte die Größe eines Stalles und am Türpfosten prangten sechs Namen.

Ich hatte keinen Erfolg, und wir baten unseren Chauffeur, uns andere Kirchen zu zeigen. »Ich weiß nichts von Kirchen« – aber er fuhr uns geradewegs zur Patriarchatskirche, dem Elochowski-Sobor.

»Sie erinnern mich an einen Freund im Ausland, der auch aus Moskau stammt.«

Er errötete bei dieser persönlichen Bemerkung, wurde aber etwas freundlicher.

»Sind Sie verheiratet?« – »Ja.« – »Haben Sie Kinder?« – »Zwei Jungen, der zweite ist vor kurzem geboren.« – »Sind Sie getauft?« – Er schien zusammenzuzucken. Dann sagte er mit gedämpfter Stimme: »Ich weiß es nicht.«

»Sie sind klug! Es ist besser, manche Dinge nicht zu wissen.«

Stille. (Ich hatte bemerkt, daß sie nur ungern ihre Sklaverei zugeben.) Dann kam es barsch: »Der Älteste ist getauft, das weiß ich!«

Wir baten ihn dann, uns die Untergrundbahn zu zeigen. Ein besorgtes Stirnrunzeln zog seine Brauen zusammen: »Sie werden verlorengehen!«

»Warum denn? Ich werde mich schon zurechtfragen. Sagen Sie uns, wo Sie uns wieder erwarten werden.«

An der Station kaufte er unsere Fahrkarten und wollte nicht, daß wir ihm das Geld erstatteten. Wir stiegen in den ersten Zug.

Die Stationen, durch die wir kamen, sahen aus wie eine Folge von Krematorien: Üppiges Stuckwerk, Marmor und Mosaiken, dazu vergoldete Leuchten, die sich für Trauerfeiern eignen mochten. Der Stil der Stalinzeit war wirklich der von Krematorien – sowohl innerlich wie äußerlich.

Die Züge waren sauber und schnell. Ich befand mich bald in Unterhaltung mit anderen Fahrgästen. Sie antworteten mir ungezwungen und fragten: »Ist das Ihr erster Besuch?« und »Woher kommen Sie?«

Wir fanden unseren Chauffeur dort, wo er es uns angegeben hatte, und ein erleichtertes Lächeln erhellte sein derbes Gesicht. Als wir uns trennten, überreichte ich ihm kleine Geschenke für seine Familie.

Obwohl er am nächsten Tag frei hatte, wie er es uns erzählt hatte, wartete er stundenlang vor dem Hotel, und als ich vorbeikam, drückte er mir unbeholfen eine Medaille mit der Aufschrift »Leningrad« in die Hand; es war ein Preis, den er in einem Motorradrennen gewonnen hatte. »Vielleicht wird es Ihnen Freude machen, weil es aus Ihrer Stadt ist!« Paul klopfte ihm auf den Rücken und gab ihm eins seiner Klub-Abzeichen.

Anscheinend sind alle Chauffeure Mitglieder der Polizei, aber diesen hatten wir sicher für uns gewonnen.

Am Abend gab es ein Diner in unserem Hotel. Es schien der richtige Augenblick zu sein, unsere Geschenke zu überreichen, und ich wurde zaghaft gefragt, ob ich ihnen wohl die Modezeitschrift borgen könnte, die sie bei der Ankunft bei mir gesehen hatten. »Wir sind auch Frauen!« sagten sie lächelnd. (Ich hatte gefürchtet, es würde ihnen eine falsche Vorstellung vom Westen geben und sie in Versuchung führen, mit Kleidern, die sie niemals bekommen könnten.) Natürlich schenkte ich sie ihnen und sie blätterten begierig darin.

Das Menu bestand aus Zakuski, immer den gleichen hors d'oeuvres, aber »schmackhaft«, wie sie sagen würden. Kaviar und Wodka waren lauwarm, aber der georgische Wein aus Tsinandali ganz köstlich. Wir sprachen über die kaukasischen Kriege und über Schamil, sie hörten gebannt zu und waren stolz, Puschkin im Versmaß zitieren zu können. Ich fragte, ob wir Ewtuschenko hören würden: »Er macht Ferien auf der Krim.« Das war die offizielle Version, und sie würden wahrscheinlich nie die Wahrheit kennen. Er schien dauernd im Wechsel zwischen Gnade und Ungnade zu stehen.

Einige Jahre später wurde ein junger, französischer Ingenieur russischer Abstammung vom »Schriftstellerverband« gebeten, über die »Ereignisse vom Mai 1968« in Paris zu sprechen. Von seiner Begeisterung beflügelt, beschrieb er diese heroischen Tage: »Wir bauten Barrikaden; wir forderten das Establishment heraus; wir legten Frankreich für einen Monat lahm!«

In diesem Augenblick kam Ewtuschenko herein. Er schlenderte gemächlich auf das Podium und ließ eine schwere Hand auf die Schulter des Redners sinken: »Los, junger Mann, erzählen Sie uns noch mehr über diese Barrikaden, über diese Revolution. Ihr Franzosen scheint sie nötig zu haben. Aber wir hier, wir haben unsere Barrikaden schon gehabt, unsere Revolution. Schauen Sie um sich und bewundern Sie das Ergebnis: Völlige Freiheit und allgemeines Wohlergehen! Jeder kann sagen, was er möchte, besonders die besten Schriftsteller. Bringen Sie also diese Ideen nicht hierher. Wir brauchen sie nicht!«

Es gab unüberhörbares Gelächter unter den Zuschauern und zur Erleichterung seiner Familie hat der junge Ingenieur »la révolution de Mai« nie mehr erwähnt.

Paul unterhielt sich glänzend mit seiner Tischdame, der imposanten und wie ein Standbild wirkenden Frau des Generals S. Sie schrieb ihm schließlich ein »billet-doux« auf ihre Tischkarte: »Kommen Sie wieder, wenn die Blumen blühen. Wir werden glücklich sein, Sie wiederzusehen!« Wer hätte das gedacht?

Total erschöpft begaben wir uns endlich zu Bett, angeekelt von der Gesellschaft, die um die vergammelte Bar neben den Fahrstühlen herumlungerte: Chinesen, Afrikaner – alle sahen sie wie gedungene Mörder aus, denn das war der Typ, den sie vertraten. Es war verständlich, daß die sowjetische Jugend – wie man uns erzählte – rassistisch zu werden begann.

Als unser Bus am nächsten Tag am Stroganow-Palais vorbeifuhr – jetzt ein Teil der Universität –, erwähnte ich, daß die Familie meines Vaters hier zu wohnen pflegte, wenn sie in Moskau war. Der Bus hielt sofort an, damit ich einen Schnappschuß davon machen konnte. Alle waren entzückt.

Dann begaben wir uns zu einer ausführlicheren Besichtigung des Kremls und begannen mit dem Arsenal. Eine unangenehm aussehende Frau befahl mir grob, meinen Mantel auszuziehen. Nur um zu sehen, was geschehen würde, sagte ich: »Mir ist kalt, ich möchte ihn anbehalten.» – »Man ist verpflichtet, ihn abzunehmen.« – »Betrachten Sie ihn doch als einen Teil meines Kleides.« – »Es ist kein Kleid, es ist ein Mantel.« – »Das ist Ansichtssache!« Einer unserer Freunde sagte beschwichtigend: »Ach bitte, würde es Ihnen etwas ausmachen, den Mantel auszuziehen?«

Ich tat es sofort und er sagte: »Bitte verzeihen Sie diesen Zwischenfall.« – »Aber natürlich. *Ich* muß mich entschuldigen. Aber sehen Sie, wir pflegen niemandem zu gestatten, uns herumzukommandieren, und im Moment hatte ich vergessen, daß es Ihnen Verdruß bereiten kann.«

Wir traten in das Museum ein, das unsere ganze russische Vergangenheit vor uns ausbreitete: Der Helm von Boris Godunow, Rüstungen, Harnische, Juwelen, Ikonen, ein Wunder nach dem anderen; alles herrlich gepflegt und in Ordnung gehalten! Wenn einiges seit der Revolution fehlen sollte, war es jedenfalls nicht zu bemerken. Die Erklärungen waren recht primitiv: »Hier sehen Sie das Emblem (es war die Kaiserkrone), getragen von zwei Genien.« Ich griff ein: »Schau her, Natascha, in jeder Sprache wird das, was Sie beschreiben, Engel, angel, ange genannt. Versuchen Sie doch, das richtig zu sagen.«

Eine andere Dolmetscherin fragte mich leise, wer wohl die Kinder in den diamantengeschmückten Rahmen sein könnten, die wie Blätter einer Blüte in einer kostbaren Fabergé-Komposition neben einem Osterei hingen.

Ich sagte ihr: »Olga, Tatiana, Maria, Anastasia und Alexei, die Kinder des letzten Kaisers. Das Ei war vermutlich ein Ostergeschenk für seine Frau, die Kaiserin.« – »Was geschah mit ihnen?« – »Sie wurden in einem Keller in Ekaterinburg (Swerdlowsk) 1918 erschossen.« – »Oh!« Es verschlug ihr vor echtem und spontanem Schrecken den Atem. Sie hatte noch nie etwas davon gehört. »Wen hätte ich fragen können?« erklärte sie.

Einer der KGB-Offiziere, die um uns herum waren, rund und rosig wie ein dressiertes Weihnachtsferkel mit einem Ringelschwanz und einem vierblättrigen Kleeblatt im Rüssel, nichtssagend, undurchschaubar und ohne Ahnung von irgend etwas, fragte: »Wer ist der Mann von Tatiana Illarionowna?« Ich blieb etwas zurück, um die Antwort von einem unserer Freunde zu hören. »Ein international wohlbekannter Sportsmann, sehr einflußreich in der Automobilwelt, und ein berühmter Weinproduzent.«

Ein anderer KGB-Bursche stieß mich an und sagte: »Tatiana Illarionowna, da ist etwas, was Sie interessieren wird. Der Thron eines Zaren.« – »Welches Zaren?« – »Das weiß ich nicht.«

Ein stämmiger Funktionär in Zivilkleidern hatte mich schon einige Zeit mit einem kalten, durchbohrenden Blick beobachtet. Ich fragte unsere sowjetischen Gastgeber, ob er ein Freund von ihnen sei. »Oh nein!« riefen sie aus. »Ein Kollege vielleicht« – verlegene Pause: »Nicht ganz ...« Daher mußte er einer der KGB-Spitzel am Rande der Gruppe sein. Ich wandte mich an ihn und fragte: »Was geschah mit der Familie des letzten Zaren?« In dem singenden Tonfall, den sie anlegen, wenn sie offen lügen, sagte er: »Wer weiß ...? Es gibt verschiedene Versionen. Manche sagen dies und andere das ...« Er leierte weiter, aber ich unterbrach ihn entschieden: »Vielleicht wissen *Sie* nicht, was geschah, aber wir wissen es.« Er bestand nicht mehr darauf.

Es muß tatsächlich schwer sein, es der jungen Generation zu erklären, daß der heilige Lenin das Massaker befohlen hatte. Es scheint ein Tabu geworden zu sein, da sogar die Fremdenführerin niemanden nach dem Schicksal der Kaiserfamilie fragen konnte. Die umlaufenden »Versionen« stammen vermutlich alle aus derselben »Desinformationsabteilung« des KGB, die bereitwilligst jede Theorie unterstützt, die geeignet ist, die Tatsachen zu verschleiern.

Im weiteren Verlauf des Rundganges war es traurig, eine Anzahl wunderbarer Ikonen, vor allem die »Muttergottes von Wladimir«, zwischen anderen Gegenständen tiefster Verehrung vergangener Generationen in Glaskästen gesteckt zu sehen, oft ihrer wunderschönen »Risas« (goldene oder silberne juwelengeschmückte Rahmen) beraubt. Ich blieb etwas hinter der Gruppe zurück, um einen Augenblick vor ihnen zu beten.

Eine der vielen Fremdenführerinnen kam zu mir und fragte: »Warum interessiert Sie das so?« – »Sehen Sie, das sind die Überreste davon, was man das ›Heilige Rußland‹ nannte. Tausende von Pilgern sind in Prozessionen hinter ihnen hergezogen; sie wurden in die Schlacht getragen ... Ich versuche, mir zu vergegenwärtigen, was sie bedeuteten – und auch zu beten.« – »Darf ich hier bei Ihnen bleiben?« fragte sie zaghaft.

Dann gingen wir, die Kathedralen anzuschauen. Dauernd wurden wir fotografiert, denn es sollte ein »Erinnerungs-Album« angefertigt werden, das vielleicht auch für

die Polizei hätte nützlich werden können. Ich rief Paul auf Französisch zu: »Hier sind die schönsten Rublew-Ikonen. Komm und schau sie dir mit mir an.«
Eine dichtgedrängte Menschenschlange schob sich neben uns hinein. Eine Frau mittleren Alters sagte laut mit einer schneidenden Stimme: »Das gibt eine feine Fotografie! Eine Atheistin vor einem geschändeten Tempel!« Alle konnten es hören.
Ich schlüpfte gleich hinter ihr hinein und sagte in der gleichen, trockenen Art: »Sie irren sich, ich bin eine gläubige Orthodoxe!« – Sie fuhr herum, ihr Gesicht hatte sich völlig verändert: »Bitte verzeihen Sie mir, so etwas gesagt zu haben!« – »Ja, natürlich. Sie konnten es ja nicht wissen.«
Es war wirklich traurig, diese »geschändeten« Kirchen zu sehen, so schön sie auch waren. Wenigstens waren sie nicht in antireligiöse Museen verwandelt worden. Alle, die hindurchgingen, taten es schweigend, die Männer mit entblößten Köpfen. Aber da sie ihre Mützen auch abnehmen müssen, wenn sie ein Museum betreten, ist es schwer, zu beurteilen, ob diese Regel nicht eine Sitte legitimiert, die auszurotten unmöglich ist. Dies scheint auf anderen Gebieten auch der Fall zu sein, da alles entweder verboten oder erlaubt ist. Dazwischen gibt es keinen Freiraum.
Wir waren zum Mittagessen in die österreichische Botschaft eingeladen. Das Taxi fuhr im Kreise herum und es wurde immer später. Man hätte fast meinen können, der Fahrer mache das absichtlich, aber später hörten wir, daß er neu in Moskau war. Die anderen Gäste saßen schon und, noch schlimmer, Paul wurde klar, daß er unseren Gastgeber nicht zu dem Fußballspiel würde begleiten können, das zu Ehren von Fidel Castro gegeben wurde. Die Botschaft war ein zauberhaftes, kleines Palais mit einem runden Bogenfenster an der Ecke der Ostrowsky-Straße und der Staraja Koniuschnia. Pasternak beschreibt diesen runden Salon in seinem Schiwago. Ich wurde nachher zur Nationalen Wirtschafts-Ausstellung mitgenommen, während Paul ins Hotel zurückkehrte, um unseren Gastgeber zu suchen, den er ohne Erfolg versucht hatte, telefonisch zu erreichen.
Die Ausstellung befand sich am Rande der Stadt und bestand aus einer eindrucksvollen Reihe von scheußlichen Pavillons. Vor dem Haupteingang wurden Lokaltänze in schäbigen Trachten aufgeführt. Alles wirkte improvisiert, obwohl die Ausstellung ständig ist. Immerhin waren die Tänzer selbst ganz hervorragend und tanzten mit bemerkenswertem Elan und Rhythmus.
In den Pavillons war alles Gezeigte von geringer Qualität: Schuhe, Bücher usw. Aber als ich in den Pavillon der Elektrizität und des atomgetriebenen »Ledochod«-Eisbrechers hineinschlüpfte, änderte sich die Szene. Ich befand mich in der Welt der Zukunft: Pläne, Modelle und Zeichnungen von Fabriken, weit entfernt von dem Papiermaché und falschen Plüsch, die alles andere unterwandert hatten. Es gelang mir dann nicht mehr, unsere Gruppe wiederzufinden, die man von diesen Pavillons weggescheucht hatte, den einzigen, die wirklich von Interesse waren.

Man wollte uns eine besondere Freude machen und brachte uns zu einem »Konzert« im einzigen modernen Gebäude im Kreml, dem »Kongreßpalast«. Obwohl sehr umstritten, ist es das einzige gute, moderne Gebäude, das wir auf der ganzen Reise zu sehen bekamen. Zum ersten Mal hatte man sich hier angestrengt, Qualität zu bieten; alles war geschmackvoll und funktionierte. Die Rolltreppen sausten so schnell wie Expreßzüge, der riesige Kongreß- oder Konzert-Saal unten war mit bequemen und schlichten Sesseln versehen und das große Foyer oder der Ballsaal oben waren luxuriös ausgestaltet.

Unsere Gesellschaft von etwa zwanzig Leuten wurde in Vierergruppen im Saal verteilt, was einem das angenehme Gefühl gab, überall auf Freunde zu treffen. Alle anderen gehörten zur »Créme« der »Nomenklatura«, der etablierten regierenden Bürokratie, aufgeblasen, mit Topfgesichtern, selbstzufrieden in ihrer uneleganten Pracht. Ein berühmter Sänger des Bolschoi-Theaters, der jetzt im Ausland lebt, hatte mir erzählt, daß keiner einem mehr traue, wenn man sie auch nur kannte – und das war bei »Staatskünstlern« unvermeidlich, weshalb man auf Freundschaften außerhalb des Berufsstandes verzichten mußte. Das Land erstickte unter ihrer schwerfälligen und korrupten Unfähigkeit, die allen Fortschritt vereitelte. Sie selbst waren zu jedem Vorteil berechtigt, von Konzertkarten bis hin zu Spezialläden, Spezial-Kliniken, Spezial-Hotels und -Wohnhäusern, Ferien auf der Krim in speziellen Erholungsheimen und pseudo-westlichem Überfluß. In jedem Land und zu allen Zeiten sind immer einige besser dran gewesen als andere, aber hier ist die Tür für diese anderen hermetisch verschlossen. Die Trennung ist vollkommen und wird durch die brutalste Unterdrückung gesichert. Unsere sowjetischen Freunde auf der Verwaltungsebene genossen kleine Vergünstigungen, wie z. B. jetzt zu Ehren von ausländischen Gästen, aber auch sie hatten keinen Zugang zu den Privilegien, in denen die höheren Ränge der Partei schwelgten. Doch auch diese »Nomenklatura« konnte bei dem leisesten Verdacht, sie könnte die letzten Anweisungen des Politbüros nicht befolgt haben, aus dem Gleichgewicht geworfen werden. Der Ehrengast, Fidel Castro, flankiert von seinen bärtigen Gefolgsmännern, tänzelte auf einer Seitentreppe hinab auf die Bühne. Er schien sich seit dem Vortage gewaschen zu haben, sah aber immer noch aus wie ein Bandit aus einer komischen Oper. Das Publikum erhob sich von seinen Sitzen, um ihm zu applaudieren. Wir schauten uns gegenseitig an, standen auch auf, aber klatschten nicht und erwarteten darum wütende Blicke. Nicht im geringsten! Unsere unmittelbaren Nachbarn zögerten, als sie sahen, daß wir nicht klatschten, schauten ängstlich umher und bemerkten hochrangige Genossen in der ersten Reihe, die eifrig applaudierten. Aber neben ihnen standen wieder welche, die es nicht taten: Als Folge davon gingen Wellen von Unsicherheit durch die zahlreiche Zuhörerschaft dank zwanzig Nonkonformisten. Wir waren erfreut, die Ursache ihrer kurzen Verunsicherung gewesen zu sein.

Von der anderen Seite der Bühne stürzte ein »Kosmonaft« herein. Klein von Wuchs, mit einem netten, offenen Gesicht, rannte er zu Fidel hin, um nach Art der Sowjet-Helden seine Hand und seinen Ellbogen zu ergreifen. Auch er wurde mit Ovationen empfangen, die diesmal ehrlicher waren und an denen wir uns ihm zu Ehren beteiligten. Vielleicht war sein Auftritt absichtlich geplant.
Das Programm bestand aus einer willkürlichen Folge von unzusammenhängenden Stücken. Einer Ballettnummer der Alexandrowsky (Armee) folgten Volkstanzgruppen und klassisches Ballett. Die Star-Solo-Tänzer und -Sänger der Oper führten dann ausgewählte Stücke von »Pas de deux« bis hin zu italienischen Arien auf, die besonders beliebt schienen, auch das Kinderballett der »Pioniere« war prachtvoll. Aber die erste und die letzte Programmnummer, ebenso wie jede vierte oder fünfte, waren einer massiven Propaganda vorbehalten. Der Ton steigerte sich dann bis zur Hysterie und jede Spur von Kunst oder Talent schwand ins Nichts. Wir wurden mit einer Tremolo-Ballade zum Ruhme Kubas traktiert, gefolgt von einer Hymne an Lenin, Hymnen an die Partei, die mit erhobenen Fäusten gesungen wurden und, last not least, ein niederschmetterndes Gedicht von Majakowsky, vorgetragen mit schwülstigem Pathos:

> »Was ist der Mensch, als nur ein armer Wurm? Wer kann sein schwaches Piepsen hören? – Aber die Masse, vertreten von der Partei, schaltet den einzelnen aus und verbürgt Sicherheit und Glück für alle.«

Ein Dogma, welches den Parteiführern den Hebel zur Macht liefert, unzähligen Mittelmäßigen Beruhigung gibt, aber das Individuum zerstört und unentrinnbar zum Massenmord führt.
Dieses Prinzip ist das genaue Gegenteil von jeder religiösen Haltung wie auch von Demokratie, die die Würde des Menschen und freiwillige Mitarbeit festlegt. Wissenschaftlich gesehen ist es ein mottenzerfressener Rest von Theorien des 19. Jahrhunderts. Die Biologie hat in unseren Tagen die wesentliche Bedeutung des Mikrokosmos innerhalb des Makrokosmos bewiesen und den Irrtum des entgegengesetzten Denkens.
Bei allen, die wir getroffen hatten, konnten wir auf gefühlsmäßiger Ebene eine heftige Reaktion gegen diese verheerende Abwertung des menschlichen Wesens feststellen. Persönliche Beziehungen schienen ein einziger Luxus zu sein; auf organisatorischer Ebene strebten sie danach, mehr Vollmacht zu erlangen, aber das Monopol der Macht konnte bisher nicht erschüttert werden, und Majakowskys Worte drückten sein Glaubensbekenntnis aus.
Es machte einen krank, das zu hören. In dem Augenblick war ich fast erleichtert, daß ich mit einer Rot-Kreuz-Mission betraut war, denn ich hätte mich schämen müssen, solchen Kundgebungen als zustimmender oder zumindest passiver Tourist beizuwohnen.
Als wir zum Ausgang strebten, fragte ich einen von unseren sowjetischen Freun-

den, über alle dazwischenkommenden Köpfe hinweg: »Wie endete Majakowsky?« (Ich wußte es, aber ich wollte es laut ausgesprochen hören!) »Er schoß sich eine Kugel durch den Kopf.« – »Ah! Sehr verständlich«, sagte ich, in der Hoffnung, daß viele es hörten.

Paul bemerkte meine Verzweiflung und sagte: »Weißt du, diese Hymne an Lenin wäre gar nicht so schlecht, wenn sie synkopiert wäre«, und da er sich, wo er auch sein mochte, ganz zu Hause fühlte, begann er, sie »verjazzt« zu summen, ohne die erstaunten Blicke von hochrangigen Funktionären und ihren Frauen zu beachten, die neben uns das Foyer durchquerten.

Wir stiegen wieder in unseren Bus, der neben einem anderen stand, der für die Kubaner bestimmt war, die der Bodensatz von Havanna zu sein schienen. Sie schrien nur so herum. Paul fand sie wenigstens fröhlich, aber die Russen waren zutiefst über ihr Benehmen schockiert.

In unserem Bus fuhren Paul und ein Freund fort, an der Lenin-Hymne zu improvisieren. Es heiterte uns etwas auf nach dem bedrängenden Eindruck, den der Abend in uns hinterlassen hatte.

Unser nächstes Ziel war, unsere Pässe zurückzubekommen und Fahrkarten nach Leningrad zu erwerben. Sieben oder acht junge Frauen arbeiteten im Intourist-Büro im ersten Stock. Als ich merkte, daß wir in eine Sackgasse geraten waren, setzte ich mich zu ihnen hinter ihren Tisch und wir freundeten uns an. Eine von ihnen schrieb an einer Diplomarbeit, während sie sich gleichzeitig um die ausländischen Kunden kümmerte.

»Wie können Sie bei dem Lärm um Sie herum arbeiten?«

»Es ist das gleiche zu Hause und überall«, antwortete sie gleichgültig. Es waren keine Dolmetscher in der Nähe, so daß ich mehrmals für sie in verschiedene Sprachen übersetzte.

»Tatiana Illarionowna, bitte kommen Sie und sagen Sie diesem Herrn, daß ich gern seine ausländischen Münzen hätte für meinen kleinen Sohn, der sie sammelt; ich gebe ihm natürlich den genauen Gegenwert.« Mißtrauisch im falschen Augenblick und gegenüber der falschen Person, weigerte sich der Kunde. »Na, egal! ›Tschort s nim‹! (Hol ihn der Teufel!) Laßt ihn, wenn er so stur ist.«

Ihre Arbeitsweise war sehr umständlich. Sie rechneten auf dem Abakus (einem Rahmen voller hölzerner Perlen, die auf horizontalen Stangen liefen). Obwohl ihre Finger darüber flogen, fühlte man sich um einige Jahrhunderte zurückversetzt. Die Pässe konnten nicht gefunden werden. Es gab einen Augenblick der Panik, die echt zu sein schien, bis eine sich die Stirn wischte und rief: »Hier sind sie ja – in dieser Schublade.« Aber dann mußten noch Dutzende von Papieren unterschrieben und gegengezeichnet werden. Als ich endlich alles zusammenbekommen hatte und sie verließ, waren wir die besten Freunde.

Danach versuchte ich, einen Wagen zu bekommen, um zum Kloster des hl. Sergius in Zagorsk zu fahren, etwa 70 km von Moskau – obwohl man eigentlich nicht weiter als 30 km über Moskau hinausdarf – und zweitens, das Rote Kreuz anzurufen. Wir schlossen Wetten ab, ob ich Erfolg haben würde oder nicht. Das Telefon klingelte, die Nummer meldete sich, dann Stille – die Verbindung war unterbrochen. Ich versuchte es nochmals von einem anderen Telefon, mit dem gleichen Resultat. Eine sowjetische Dame, die dazugekommen war, sagte: »Sie müssen nicht telefonieren. Die wissen, daß Sie hier sind und es ist an ihnen, Ihnen die Ehre zu erweisen.« – »Aber ich habe nicht viel Zeit für Ehre, da wir morgen abreisen.« – Endlich nahm sie die Sache in die Hand und rief ihren Mann an, der uns einen Wagen besorgte. Plötzlich kam auch eine Mitteilung vom Präsidenten des sowjetischen Roten Kreuzes, der mich um 4 Uhr 30 abholen wollte. Sie hatten mich »mit Ehre« behandelt und alle waren froh.

Paul erzählte mir später, daß während ihrer Arbeitssitzungen ständig das Telephon klingelte. Irgend jemand nahm dann den Hörer ab und legte ihn gleich wieder auf. Schließlich machten es die ausländischen Delegierten ebenso. Das erklärt z. T. die Schwierigkeiten, denen man ausgesetzt ist, wenn man versucht, irgendwo anzurufen. Für die abhörende Polizei dürfte das ein mühseliges Geschäft sein.

Da wir so viel wie möglich verbinden wollten, fuhren wir dennoch nach Zagorsk ab, obwohl es schon nach 11 Uhr war und wir uns beeilen mußten. Es gab keinen Platz mehr für Elena, die sich vor Enttäuschung die Tränen aus den Augen wischte. Als wir aus der Stadt herausfuhren, änderte sich das Bild auffallend, schlagartig und ohne Übergang. Wir folgten einer engen Asphaltstraße, gesäumt von kleinen Holzhäusern ohne Gärten, überwuchert von Fernsehantennen, an denen man abzählen konnte, wieviele Familien unter den niedrigen Dächern hausten. Sehr selten trafen wir auf ein modernes Haus, das in unseren Ländern zwei Familien beherbergen würde. Hier standen die Antennen so dicht wie die Haare des Struwwelpeters. Ich zählte bis zu zwanzig auf einem Dach.

Die Felder entlang der Straße waren unbestellt, die Bäume in französischer Art »en taillis« beschnitten. Ich fragte: »Warum gibt es hier keine Wiederaufforstung?« – »Es bringt nichts.« – »Aber das tat es doch früher, als all diese Besitzungen mit bezahlten Kräften betrieben wurden und trotzdem Einkünfte abwarfen!«

Da alles vom Staat betrieben wird, bebaut er nur fruchtbare Gebiete. Das erklärt den Mangel an frischem Gemüse und die Schlangen vor den spärlichen Läden. Wenn man sich an die ehemalige russische Provinz Litauen erinnert, die nach der Unabhängigkeitserklärung ein blühendes kleines Agrarland mit wohlhabenden Gemeinwirtschaften wurde, versteht man, bis zu welchem Ausmaß eine gelähmte Initiative die Wirtschaft zerstören kann.

Hin und wieder sahen wir Überreste von Schloßeinfahrten, ein paar Baumreihen, eine Spur von einem Park, aber im großen und ganzen war die Gegend Litauen nicht unähnlich, ziemlich flach und öde – nur sehr viel ärmer.

Die Polizei hielt uns zweimal an. Der Chauffeur sprang aus dem Wagen, um zu erklären, daß wir »sehr wichtige Gäste« wären. Man glaubte ihm und wir fuhren weiter, dabei schien unsere Gastgeberin viel beunruhigter als wir zu sein. Wir brauchten zwei Stunden, um unser Ziel zu erreichen (70 km). Zagorsk war eine Industriestadt geworden. Wir suchten irgendeinen Ort, wo wir etwas hätten essen können, fanden aber nichts außer einem übel aussehenden »Traktir« (Wirtshaus). Wir gaben es auf und beschlossen, unsere Besichtigung fortzusetzen. Der Fahrer verließ uns und wir betraten diese alte Zitadelle, einen zweiten Kreml, der uns schon vom Horizont zugewinkt hatte.

Wir betraten eine ganz andere Welt. Stille und Meditation erfüllten den ummauerten Bezirk. Mehrere schöne Kirchen, die wundervoll gepflegt waren, erschienen viel kleiner als auf den Fotografien. Ich klopfte an die Tür des Sekretärs des Patriarchen, denn alle anderen Türen waren geschlossen, und ein junger Mann mit einem angenehmen offenen Gesicht öffnete mir. Ich erklärte, wer wir wären, und daß wir unbedingt den Ort sehen wollten. Wir hatten wirklich die Welt betreten, in der alles möglich ist, denn er ging gleich seine Schlüssel holen und fragte mich unterwegs leise, wer die sowjetische Dame sei, die mit uns war. Er führte uns dann herum und hielt eine kurze Rede, in der er sagte, daß die Kirche zu allen Zeiten mit dem Schicksal des russischen Volkes eng verbunden gewesen sei und daß sie in allen nationalen Krisenzeiten das Zentrum sei, um das alle sich scharten.

Am Grabe des hl. Sergius wird ständig Gottesdienst gehalten. Eine Anzahl alter Frauen saß in der Sonne vor Rastrellis schönem Turm. Das Seminar war voll besetzt, aber unser Führer sagte, daß im Augenblick die Religion bei der Jugend etwas an Boden verloren hätte. »Die Babuschki sterben aus«, denn die Großmütter in jeder Familie erzogen die Kinder und unterwiesen sie in Religion.

Er führte uns dann zum »Pokoi«, den privaten Räumen des Patriarchen, der zur Zeit in Odessa war. Er zeigte uns jeden Raum, sogar das Schlafzimmer, und gab uns besonders schöne Erklärungen der Architektur des Klosters. Der Palast des Patriarchen ist in einem ansprechenden, strengen »Rokoko«-Stil errichtet, den ich noch nie anderswo gesehen hatte. Die Farben der Gebäude leuchteten in herrlicher Frische: Erdbeer, Pistazie, Erdölblau, Lachs, Eigelb mit gröberen Stuckverzierungen als im Ausland. Die Paläste waren niedrig, nicht höher als zwei Stock, mit einem massiven dreieckigen Giebeldach über einem unvergoldeten Mittelbalkon auf Säulen.

Es war bezaubernd, rustikal und fröhlich – wie ein leckerer Kuchen.

Beim Abschied dankte ich unserem Führer herzlich und sagte, ich würde gern etwas Geld für das Kloster dalassen. Er führte mich zurück zum Grab des hl. Sergius und bat mich, es selbst in den verschlossenen Kasten zu tun. Er sollte wohl kein Bargeld annehmen. Wir kehrten mit Bedauern dieser Welt von Wahrhaftigkeit den Rücken, um wieder in die Verlogenheit zurückzukehren. Den Kontrast spürt man immer besonders stark, wenn man in Sowjet-Rußland eine Kirche betritt. Sie erscheinen als Oasen geistiger Ruhe in diesem ganz besonderen, vom Regime geschaffenen Klima, wo:

»groß klein ist,
hoch niedrig ist,
kalt heiß ist und
ja nein bedeutet«

und in dem unsere neuen Freunde versuchten, wenigstens persönliche Ehrlichkeit und Rechtschaffenheit zu bewahren.

Da es unmöglich gewesen war, ein anständiges Lokal zu finden, fuhren wir ohne Mittagessen die gleiche Straße zurück. Meine Freunde bestanden darauf, zu meiner Spende für die Kirche beizutragen. Auch unsere Gastgeberin wollte sich daran beteiligen. Zuerst protestierte ich: »Sie halfen uns, den Wagen zu bekommen, wir möchten nicht, daß Sie noch mehr für uns ausgeben.« – »Bitte verstehen Sie: Ich bin auch Russin!« Natürlich nahm ich an.

Während der Fahrt redeten wir über »erlaubte« Themen: Familienleben, Jugend, ihre Ferien, ihre Hoffnungen. Alle persönlichen Beziehungen waren für sie von ungeheurer Wichtigkeit. Lehrer, besonders auf einem höheren Niveau, widmeten sich voll und ganz ihren Schülern, und ihre Familien beklagten sich, daß sie so darin aufgingen. Es war interessant, festzustellen, daß diese neue Elite die Bildung als ihr Ventil und ihre Berufung erwählt hatte. Ich fragte, ob sie an den Universitäten politische Schulung machen müßten. »Wo soll man dafür Zeit finden? Die Lehrpläne sind sowieso schon übervoll!« (Dies dürfte für die Verbreitung der Parteilehre in der Zukunft Probleme mit sich bringen.) »Und wenn es erzwungen wird?« fragte ich. »Nun gut, wenn es besonders gewünscht wird« (mit einem verschmitzten Lächeln), »dann liest man in der Klasse gemeinsam einen Iswestija-Artikel.«

Höhere Studien bleiben darum von dieser Gehirnwäsche verschont, welche sich sowieso auf äußerst primitive Argumente stützt. Da die humanistischen Fächer und Philosophie nicht in den Lehrplänen enthalten sind (im Westen gehören sie zu den konkreten Wissenschaften), sind die russischen Studierenden dank Mathematik und Physik, die heute zu den theoretischen Wissenschaften zählen, im ganzen dem abstrakten und metaphysischen Denken viel näher als viele unserer westlichen Studenten, die durch Spinnweben von Denksystemen an geistigen Höhenflügen gehindert werden.

Paul hatte mir erzählt, daß in dem Institut, in dem seine Sitzungen stattfanden, die jungen Leute, die ihnen assistierten, frei und ungezwungen in ihren Umgangsformen waren und offen Dinge sagten, die auszusprechen Ältere zögern würden. Er hatte sich mit mehreren von ihnen auf Englisch und Französisch unterhalten.

Die Zeit verrann, und als wir das Hotel erreichten, sagte man mir, daß der Wagen

vom Roten Kreuz schon auf mich wartete. Ich stieg sofort ein und sah mich einer ziemlich verschnupft aussehenden jungen Frau gegenüber, Ina Petrowna J., einer Assistentin von Prof. Miterew, dem Präsidenten des Sowjetischen Roten Kreuzes. Der Chauffeur war eine vierkantige, breitschultrige Frau in einem Kattunkleid, das ihre üppige Gestalt eng umspannte. Schlank, beinahe hübsch und beinahe elegant, war Ina Petrowna auf der Hut. Die Unterhaltung begann nur zögernd. Das Büro des Roten Kreuzes nahm eine bescheidene Ecke vom ersten Stock eines altmodischen und schäbigen Gebäudes ein. In der Halle beugte sich ein kleiner Mann in einem Cutaway und mit einem verschlagenen Ausdruck über meine Hand. Entweder ging er zu einer Beerdigung oder der »Cut« war mir zu Ehren angelegt. Der tierische Ernst in diesem Lande stößt einen zunächst ab: Ein Lächeln ist der Vorbote eines Lachens, aber nicht eine Höflichkeitsform.
Dann gingen wir alle in Miterews Büro. Von Beruf Arzt, wurde er unter Stalin Gesundheitsminister. Als Präsident des Roten Kreuzes in der UdSSR hatte er versucht, hilfreich und zur Zusammenarbeit bereit zu sein. Ein großer vierschrötiger Mann, mit einem Löwenkopf und einer klangvollen Stimme, weder boshaft noch gerissen, war er nicht der Mann, der eine Frau einschüchtern würde. Seine Arme ausbreitend donnerte Miterew: »Kniaginuschka, a wy otkuda k nam?« (»Prinzeßchen, von woher sind Sie zu uns gekommen?«)
Die Herzlichkeit der Begrüßung war unerwartet und brachte mich einen Augenblick aus der Fassung. Ich beeilte mich, um Entschuldigung für mein Zuspätkommen zu bitten, da ich die Entfernung nach Zagorsk falsch berechnet hätte, von wo ich gerade zurückgekommen sei.
»Nu kak-sche. Swiatinia Rossij!« (Nun, natürlich. Der heiligste Ort Rußlands!)
»Und haben Sie den heiligen Patriarchen gesehen?«
»Nein, ich hatte nicht die Absicht, ihn zu stören. Übrigens war er auf Reisen.«
Wir ließen uns an einem großen Tisch nieder, der praktisch sein kleines Büro ausfüllte. Er saß oben, ich daneben und die anderen gegenüber. Man bot mir eine Limonade an und wir einigten uns über die Form der Anrede: Tatiana Illarionowna und Georgi Andreewitsch. Das erleichterte die Verständigung. Von »Towaristch« scheint hier nie die Rede zu sein.
Miterew begann sofort: »Wir müssen jetzt Dinge besprechen, die alles andere als einfach sind!«
Ich unterbrach ihn, denn ich sollte zuerst meine wohlvorbereitete Botschaft vorbringen: »Der Präsident des Deutschen Roten Kreuzes hat mich gebeten, Ihnen seinen ausdrücklichen ›Priwet‹ (Gruß) zu übermitteln und möchte, daß ich Ihnen sage, wie dankbar wir für die bedeutende Arbeit sind, die Sie zu unserem Suchdienst beigetragen haben, wofür Sie, wie wir wissen, über hundert Mitarbeiter einsetzen. Wir fürchten, daß das noch nie deutlich genug zum Ausdruck gebracht worden ist, und wir wissen, daß diese Zusammenarbeit Ihrem persönlichen Ein-

greifen zu verdanken ist. Wir hoffen auch, daß diese Arbeit in der Zukunft weitergehen wird, angesichts der Zahl noch offenstehender Fragen.« Er schien ganz zufrieden zu sein, so daß ich schnell hinzufügte: »Wir wissen sehr gut, daß die Folgen des Krieges auch auf Ihrer Seite entsetzlich waren. Darum fordern wir auch nichts, sondern kommen mit Bitten.« (Ne trebujem, no prossim!)
Miterew dankte mir höflich »für diese freundlichen Worte« und erwiderte den »Priwet«, aber ... und dann begann er zu donnern und unsere Unterhaltung wurde stürmisch:
»Sie spucken uns ins Gesicht!« – »Wer tut das? Auf keinen Fall das Rote Kreuz.« – »Ihre Zeitungen schreiben beleidigende Dinge über uns! Und wenn es nicht die Zeitungen sind, dann sind es eine Anzahl von Organisationen!«
»Sie scheinen die Arbeitsweise der Demokratie nicht zu kennen«, versuchte ich zu sagen.
Er schlug mit der Faust auf den Tisch, daß die Limonade und die Mineralwasserflaschen vor uns fröhlich klirrten: »*Ich* soll die Demokratie nicht verstehen!« – »Immerhin scheinen Sie nicht zu wissen, wie das in Westdeutschland funktioniert, wo man nichts gegen die Pressefreiheit tun kann. Jeder schreibt genau das, was er will. Es hat den Vorteil, daß niemand dem Gesagten allzuviel Bedeutung beimißt – es ist einfach eine andere Meinung: Das ist alles. Wir können antworten und wir können protestieren. Nur verhindern können wir es nicht!« Und zur Bekräftigung schlug ich auch auf den Tisch.
»Ihr Präsident ist ein Minister gewesen!« – »Er ist nicht mehr Minister, und jedenfalls hätte er die Presse nicht beeinflussen können. Sagen Sie mir, welche Zeitungen was und wann geschrieben haben, und wir werden protestieren«, sagte ich entschieden, den Bleistift über mein Notizbuch gezückt.
»Ich erinnere mich nicht mehr; es geschieht so oft. Wir werden alle Zusammenarbeit einstellen, wenn das so weitergeht!«
»Mein lieber Georgi Andreewitsch, Sie machen diese Arbeit, ich mache sie auch. Wenn jemand uns fragte, warum wir sie tun, wußten wir selbst die Antwort nicht, aber Schwierigkeiten können uns nicht davon abhalten. Bitte sagen Sie mir, wo die Mißverständnisse liegen und auf welche Weise wir unsere Zusammenarbeit erleichtern und verbessern können.«
»Diese Sintflut von Fragen und Gesuchen! Wir antworten und Sie kommen auf Fälle zurück, die für uns längst ad acta gelegt sind!«
»Es sind die Mütter«, sagte ich sanft. »Wenn Mütter auch nur den leisesten Hinweis finden, daß ihr Sohn noch am Leben sein könnte, kommen sie geradewegs zu uns. Wir sind nur die Mittelspersonen und haben keine andere Wahl, als ihre Briefe an Sie weiterzugeben. Solange Mütter leben, werden sie keine abschlägige Antwort akzeptieren.«
Er beruhigte sich und warf einen Blick auf unseren schweigenden Zeugen im

Cutaway, als wollte er sagen: »Sehen Sie, jetzt ist es gesagt worden! Machen wir weiter.« – Er fuhr fort: »Ponimaju! (Ich verstehe.) Sie knieten vor mir in den Ruinen von München, diese Mütter, und baten mich um Nachrichten von ihren Söhnen.« – Er erzählte dann, was ich schon in Bonn gehört hatte. Er schien davon besessen und ich hörte ihm schweigend zu:

»Ich war Gesundheitsoffizier in Stalingrad. Als im Mai die Schneeschmelze einsetzte, lagen da acht- bis neunhunderttausend Tote auf einem Gebiet von nur wenigen Kilometern. Es hatte nach jeder Schlacht geschneit und da lagen sie nun in Schichten: 330000 von euren und 500000 oder mehr von unseren. Wir fürchteten Epidemien. Ich setzte die Flammenwerfer ein! Und jetzt kommen Sie und fragen nach Namen – und immer mehr Namen!« (Das Seltsamste ist, daß dieser Mann uns wie kein zweiter beim »Suchdienst« geholfen hat.)

»Wir machen Ihnen keinen Vorwurf deswegen. Die Umstände waren unmenschlich«, erwiderte ich.

»Fragen Sie Ihre Offiziere, wo sie geblieben sind!« – »Ihre Offiziere starben mit ihnen.« – »Waschy Nemzy ...« (Ihre Deutschen...) Ich unterbrach ihn: »Sie müssen zugeben, daß ›meine Deutschen‹ und ich eine schwere Erbschaft übernommen haben.« (Ich meinte die »Nazi-Vergangenheit«, und ich wollte darauf hindeuten, daß wir sie losgeworden wären, während hier ...)

Ich zog dann meine Liste von Vorschlägen heraus, aus Angst, irgendeinen wichtigen Punkt zu vergessen, vor allem die so dornenvolle Frage der Zurückführung. Unser unmittelbarer Wunsch betraf 20000 Leute, aber in Wirklichkeit waren das 150000 »Anwärter«.

»Würden Sie es vorziehen, wenn wir sie Ihnen nach Kategorien zusammenstellten?« fragte ich.

»Nein, das ist egal.« – Wir besprachen diesen Punkt noch eine Zeitlang und er wiederholte öfters: »Wenden Sie sich an uns, da wir für diese Fragen zuständig sind.«

»Auch wegen einer Frage, die so weit gespannt ist, daß sie, ehrlich gesagt, außerhalb unserer Kompetenz liegt?«

»Auch für diese Frage. Für alles!« (Es mag ein Mittel gewesen sein, die Wichtigkeit des Roten Kreuzes in diesem Lande herauszustreichen, in dem ja alle Anweisungen doch nur von der Spitze kommen.)

Dann sprachen wir über die Pakete: »Eine Zahl von Organisationen ertränkt uns in alten Kleidern. Sie halten uns für Bettler. Das ist eine Beleidigung und geschieht nur aus Propagandagründen!«

»Georgi Andreewitsch, ich arbeite auch auf diesem Sektor. *Wir,* das Rote Kreuz, schicken keine Pakete. Wir helfen denen, die es tun wollen, entsprechend den Übereinkünften zwischen Ihnen und uns; aber die Organisationen tun es manchmal auf ihre Weise, teilweise um ihre eigene Wichtigkeit zu betonen, aber oft auch mit den besten Absichten.«

»Aber wir haben Abkommen!« – Glücklicherweise hatte ich das Russische so oft kopiert, daß ich den Wortlaut auswendig kannte. Dem Klang der Worte nach entsprachen sie seinerzeit nicht den Absichten, aber inzwischen schienen sie ein unabhängiges und wohltätiges eigenes Gewicht erlangt zu haben. Ich zitierte ihm ganze Sätze daraus.

Dann kamen wir zu der allerschwierigsten Frage, der Frage der Kriegsgefangenen. Offiziell gab es nur noch 110 davon in den Lagern, zuzüglich jener, die wir immer noch suchten. Er zählte alle Listen auf, die sie geprüft hatten: Armee-Listen, Gefangenen-Register, Rote-Kreuz-Verzeichnisse. Das war alles nur zur Hälfte überzeugend, denn bis 1958 registrierten sie ihre eigenen Soldaten nur nach Nummer und Heimatort. Wenn der Ort zusammen mit den Registern zerstört war, konnte der Soldat nicht mehr identifiziert werden. Dieses System wurde möglicherweise ebenfalls für Gefangene angewandt – was ihnen dann allerdings auch die Möglichkeit gegeben hätte, die Identität oder gar die Lagernummern auszutauschen.

»Werden Sie nach Genf kommen, Georgi Andreewitsch?«

»Möglich, aber lassen Sie uns dann an einem Tisch zusammensitzen. Nur nicht diese Korridorgespräche!«

»Haben Sie noch irgendwelche Gründe, mit mir zu schimpfen? (Na menia pokrichatj.) Ich werde jeden Punkt zu Hause durchsprechen und vielleicht wird es uns gelingen, die Mißverständnisse auszuräumen.«

»Net, konchil« (Nein, ich bin fertig).

Wir erwähnten dann noch den Austausch von Medikamenten, aber das war eine Routineangelegenheit. Bevor ich ging, sagte er freundlich zu mir: »Sie hatten schon einen ›klangvollen‹ (gromkoje) Namen, und als wäre es nicht genug, haben Sie noch solch einen hinzugefügt!« (Sonderbare Bemerkung eines alten Bolschewiken.) Aber von da an konnten Pakete und Briefe ungehindert an die gemeldeten Gefangenen geschickt werden.

Bevor ich auf diese Reise ging, hatte das Deutsche Rote Kreuz mich gebeten, Frau Speer zu empfangen. Sie kam mit ihrem Sohn zum Tee; ganz der Nazi-Frauen-Typ wie Frau Scholz-Klink, und sie schien »nichts vergessen und nichts gelernt« zu haben. Der Sohn, ein ernster junger Architekt, erinnerte an seinen Vater in jungen Jahren. Sie glaubte, daß meine Mission in Rußland nur ihren Mann beträfe, wogegen unsere Leute mir gesagt hatten, die Sache läge völlig außerhalb unserer Kompetenz und ich sollte nur darüber reden, wenn es mir möglich erschiene.

Ich zeigte den Speers meine Unterlagen, welche der junge Mann begierig las. Das Deutsche Rote Kreuz hatte eine Liste aller größeren Greueltaten zusammengestellt, die von den Nazis und den Sowjets begangen worden waren, und zwar unterteilt in »Umstände« und »Absicht«. Die Nazis standen an der Spitze, was böse Absicht anbetraf, trotz allem, was auch die Sowjets verübt hatten, denn bei diesen lag vieles am Mangel an Transportmöglichkeiten und dem mörderischen Klima.

»Wessen wird mein Mann beschuldigt?« fragte Frau Speer in aller Unschuld.
»Für schlechte Behandlung der russischen sogenannten Sklavenarbeiter, die in seiner Organisation arbeiteten.«
Der Architekt von Pauls Bürohaus in Frankfurt hatte mir erzählt, daß er einer von Speers Assistenten gewesen wäre und sich geweigert hätte, mit den hungernden Russen zu arbeiten, die man ihm zugewiesen hatte. Daraufhin wurde er an die Front in eine Strafkompanie geschickt. Nach dem Kriege konnte er seine Laufbahn wieder fortsetzen. Speer hatte weder die Russen noch seine eigenen Leute in Schutz genommen.
»Wie werden Sie sich denn mit den Russen verständigen?« fragte Frau Speer.
»Ich bin selbst Russin!« – Peinliches Schweigen.
Als ich in Moskau dann das Wort »Spandau« erwähnte, wollte Miterew es auch nicht aufgreifen: »Eine politische und keine Rot-Kreuz-Angelegenheit.«
Die beiden Frauen begleiteten mich zurück zum Hotel. Ina sagte eisig zu mir: »Die SSoffzi versammeln sich wieder?«
»Verzeihen Sie, ich habe dieses Wort noch nie gehört, was meinen Sie damit?«
»Die Mitglieder der SS, natürlich!«
»Ach so, ich hatte Sie nicht verstanden. Ja, es ist gut möglich, daß sie sich treffen. Aber ich habe keine Verbindung zu ihnen und kann es darum nicht wissen. Ich glaube nicht, daß es verboten ist. Sie werden aussterben und niemand wird sie mehr erwähnen.«
Dann gerieten wir ins Fachsimpeln; über die Aufstellung von Rote-Kreuz-Schwestern in Rußland usw. Sie wurde allmählich etwas freundlicher, aber das brauchte Zeit.
Während ich Zagorsk besuchte, war Paul mit allen seinen Kollegen in das Automobilwerk Likatschew in der Nähe von Moskau gefahren. Sie wurden liebenswürdig vom Direktor empfangen, der bei Renault in Frankreich gearbeitet hatte und sich Rat »von diesen Spezialisten von internationalem Ruf« erbat.
Die erste Frage lautete: »Wie groß ist Ihre Produktion?«
»So und so viele Wagen am Tag.«
Mit Chronometern in der Hand standen sie dann an strategischen Punkten der Fabrik und sahen sich bald gezwungen, dem Direktor zu sagen: »Ihre Gesamtzahl deckt sich nicht mit der Wirklichkeit.«
»Ich weiß es«, sagte er traurig, »vielleicht könnten wir lieber über Arbeitsmethoden reden?« Vergrößerte Fotografien von »Stachanow-Arbeitern« (Rekordbrechern) zierten die Wände. Unter diesen Bildern saßen »rekordbrechende« Arbeiter und spielten Domino; in einer anderen Ecke lehnten sie an Maschinen und mampften Würstchen – im übrigen schauten sie zu, wie ihre Kollegen arbeiteten.
»Für jede Phase der Konstruktion könnte man die Arbeitskräfte um zwei Drittel verringern.«

»Leider«, seufzte der Direktor. »Aber ich muß eine bestimmte Menge von Leuten beschäftigen, ob ich sie brauche oder nicht. Wollen wir uns mal die Arbeitsbedingungen betrachten?«
»Gut, also erstmal braucht dieser Schweißer hier eine Schutzbrille. Ein Funke könnte ihm die Augen verletzen!«
»Sie sind seit vielen Monaten bestellt.«
Die Wagen liefen unter einem glockenartigen, durchsichtigen Zelt hindurch, in dem sie gebraust wurden, um festzustellen, ob sie wasserdicht seien. Die Zuschauer waren sofort durchnäßt, denn das Zelt war voller Löcher. Eine stämmige Frau mit einer über beide Ohren herabgezogenen Baskenmütze öffnete den Kofferraum, der voll von Wasser war, rief »Choroscho!« (O. K.) und warf ihn zu. Der Wagen wurde von Hand hinausgetragen, denn das Fließband lief nicht. Der ganze Arbeitsprozeß endete vor einer Wand und es erforderte Menschenkraft, ihn aus dem Weg zu schaffen und Platz für den nächsten zu machen.
»Lieber Freund, in unseren Ländern wären Sie in zwei Wochen pleite«, lachten die westlichen Kollegen.
Der arme Direktor ließ den Kopf hängen und konnte nur noch sagen: »Unser Werk ist nicht von nationalem Interesse. Aber die Wagen, die wir herstellen, sind nicht kaputtzukriegen.« Möglicherweise entsprach das der Wahrheit.
In dem Institut, wo unsere Vereinigung arbeitete, wurden auf dem Hof militärische Übungen in einer mehr als halbherzigen Art und Weise ausgeführt. An den Wänden hingen Statistiken, die niemals bewiesen werden konnten. Das ganze Regime schien infolge dieser falschen Statistiken sklerotisch geworden zu sein.
Wir wollten außer den Lackkästchen, die an Ausländer gegen kostbare Dollars verkauft werden, noch einige Andenken erwerben.
Der hohe Glaskrug auf dem Tisch in unserem Hotelzimmer hatte eine hübsche Form. Unsere Freunde, die den GUM besucht hatten, erzählten uns, daß man dort nur besonders scheußliche Gebrauchsgegenstände in beschränkter Menge bekäme. Sie waren erstaunt, als sie Kochtöpfe fanden, die mit soliden Schlössern ausgerüstet waren. »Das ist, um zu verhindern, daß die Nachbarn einem das Essen wegschnappen«, erklärte die Verkäuferin an der Theke, »denn mehrere Familien kochen oft auf demselben Herd.«
Ich fragte darum die gutmütige Wachhabende auf unserem Stock, wo ich solch einen Krug bekommen könnte. »Aber in jedem Laden! Schauen Sie, ich werde ihn für Sie besorgen«, sagte sie. Aber am nächsten Tag mußte sie zugeben, daß es unmöglich war, einen zu finden.
»Lassen Sie uns annehmen, Sie hätten Ihren zerbrochen. Schließlich kann man ja immer etwas zerbrechen, nicht wahr? Sie zahlen, was er wert ist und tun ihn in Ihren Koffer.« – »Würde niemand ihn dort finden?« – »Oh, nein.« (Um so besser, das bedeutete, daß unser Gepäck nicht untersucht würde.)

Ich zahlte (in Dollars natürlich) und unterschrieb ein Papier. Dann bemerkte ich, daß ich für vier Krüge unterzeichnet hatte; vielleicht waren sie inzwischen das Vierfache wert. Paul sagte lachend: »Wenn wir in Sibirien landen, dann nur wegen diesem Krug!«

Einer unserer österreichischen Kollegen erzählte mir, daß er auf einer Fahrt in die Provinz, fern von jeder menschlichen Behausung, die Straße von einem Lastwagen blockiert fand, von sechs kleinen Wagen umgeben. Sie waren an dessen Tank mit behelfsmäßigen Schläuchen angeschlossen und saugten sein Benzin wie Ferkel an den Eutern der Sau.

Lastwagenbetreiber müssen offenbar immer die monatliche Höchstmenge beantragen, aus Angst, nicht genug zu bekommen. Wenn sie dann gelegentlich weniger verbrauchen, verkaufen sie den Rest an jeden, der darum bittet. Dieser Schwarzmarkt stellt ein, wenn auch unsicheres Gleichgewicht in der verrückten Verteilung durch diesen blind-autoritären Staat wieder her.

Georgier kommen im Flugzeug nach Moskau, das Gepäck voller Blumen und Frühgemüse, welches sie mit großem Gewinn verkaufen, trotz der Reisekosten und den Schwierigkeiten, die Erlaubnis dafür zu bekommen.

Die Hauptstraßen werden streng kontrolliert, und wenn man die Grenzen überschreitet, darf man nur diese benutzen, auch im Verkehr mit den Ländern des Ostblocks.

Ein polnischer Kollege erzählte uns, daß er bei der Rückfahrt von einer geschäftlichen Reise nach Moskau an einem heißen Sommertag sehr durstig wurde. Es lagen keine Dörfer an der Straße, aber einige hundert Kilometer vor Moskau bemerkte er einen kleinen Weiler. Ein Mann stand an der Kreuzung, und er fragte ihn, ob er hier wohl etwas zu trinken finden könnte.

»Aber natürlich, Herr S. ...« (es war sein eigener Name!) war die liebenswürdige Antwort.

Seinen Durst vergessend, fuhr S. weiter, um so schnell wie möglich sein Heimatland zu erreichen.

Nie, niemals sah man einen Hund. Ich erwähnte das und man sagte mir, daß es tatsächlich nur wenige gäbe, aber daß »es wieder anfinge«, und die »Laikas« (die berühmten Eskimo-Hunde) wären besonders beliebt.

Wir fuhren alle zusammen zum Besuch der Tretjakow-Galerie, die sich in einem Haus befindet, das wie ein Gebäude von Bakst in einem Diaghilew-Ballett aussieht; so unwirklich wie ein Messepavillon. Sie beherbergt eine umfassende, wenn auch unkritisch zusammengestellte Ausstellung russischer Maler. Ein Teil der Bilder stammt sicher aus privaten Sammlungen. Rokotow, Lampi und Lewitzky lassen sich wohl mit westlichen Malern der gleichen Epoche vergleichen, ebenso der bezaubernde Impressionist Pochitonow sowie Repin und Serow.

Im Untergeschoß ist eine wunderbare Sammlung von Ikonen. Großmütter sah

man dort, gebeugt über kleine Kinder, denen sie die heiligen Bilder im Sinne des Evangeliums erklärten. Wie ein Bienenschwarm summend, drängte sich eine reizende Gruppe von kleinen Schulmädchen in dunklen Kleidern, weißen Kragen und weißen Schleifen im Haar um ihre Lehrerin. Sie waren frisch wie Blumen, ihre rosigen Gesichter leuchteten und sie wirkten wie aus dem vorigen Jahrhundert.
Unsere Führerin zog mich am Ärmel. »Tatiana Illarionowna, bitte kommen Sie mit mir in den nächsten Raum.« Ich war erstaunt, aber sie fuhr fort: »Ich hätte gern, daß Sie mir sagten, was Sie dort mögen und warum.«
Ich versuchte, dem Wunsch nachzukommen und erklärte die Banalität einiger glanzloser sowjetischer Maler und warum Rokotow z. B. immer noch entzückend ist.
»So, jetzt will *ich* Ihnen sagen, was Sie an der nächsten Wand bevorzugen würden, und Sie werden mir sagen, ob ich Recht habe.«
Lachend spielten wir das Spiel eine Zeitlang und dann sagte sie: »Danke sehr! Ich wollte es durch Ihre Augen sehen.«
Ich hatte einige unserer Damen überredet, mich nach Ostankino zum Palast der Scheremetews zu begleiten. Elena trieb ein Taxi auf und wir fuhren ab. Ostankino ist ein Vorort von Moskau geworden. Die Straße führt jetzt zwischen dem Schloß und der Kirche hindurch, läßt den See verloren auf der einen Seite und schließt den Garten aus.
Das Palais ist ein zauberhafter Landsitz aus dem 18. Jahrhundert. Die mit pompeianischen Fresken geschmückte Mittelhalle bildet ein recht großes Theater mit Bühne, Kulissen und allem Drum und Dran, denn der Scheremetew, der es erbaute, hatte eine Leidenschaft fürs Theater und heiratete eine seiner begabtesten Schauspielerinnen, ein schönes leibeigenes Mädchen namens Praskowja, auf das alle ihre Nachkommen stolz waren. Das Schloß war gut gepflegt und wir wurden ersucht, in Filzpantoffeln einherzuschlurfen, die uns dauernd von den Füßen rutschten, da an fast allen ein Band fehlte. Das Palais war voll von schönen Dingen und schien nicht geplündert worden zu sein. Es trug früher die Inschrift: »Beispiel der Wohnung eines Unterdrückers des Volkes.« Diese Inschrift ist jetzt ersetzt worden durch das Schild: »Eine Schöpfung des Volkes« (in einer glücklichen Laune?). Die Bezeichnung »Unterdrücker« war nach Stalins Tod in Ungnade gefallen.
Wir trafen unsere Freunde wieder beim Denkmal des Gründers von Moskau, Fürst Juri Dolgoruki, dann setzten wir uns auf eine Bank in der Sonne, um die anderen zu erwarten, oder gingen herum und unterhielten uns zwanglos.
»Tatiana Illarionowna, wir hoffen, Sie werden nicht beleidigt sein, aber wir nennen Sie ›unsere Tanitschka‹.« Ich war geschmeichelt, das zu hören. Dann fragte ich: »Warum stellen Sie mir eigentlich so viele Fragen? Warum wollen Sie wissen, was ich über dieses oder jenes denke?« – »Wir lesen die Klassiker. Sie beschreiben Leute wie Sie. Wir haben nicht gewußt, daß es sie noch gibt.«

Ich bekam ein Buch geschenkt, die Memoiren der Fürstin Wolkonskaja, die ihrem Mann, der zu den Dekabristen gehörte, nach Sibirien gefolgt war: »Es wird Sie interessieren, denn es handelt von ›Ihren‹ Leuten.«
Ich fragte: »Welche ausländische Besucher interessieren Sie am meisten?«
»Die Amerikaner natürlich. Sie haben dieselben Probleme wie wir (Entwicklung eines Landes von der Größe eines Erdteils), aber sie betonen immer, daß sie besser leben als wir. Vielleicht tun sie es ... aber wie kann man hier über solche Dinge reden?« (Ich konnte mir schon vorstellen, wie die Amerikaner fragten: »Warum sind Sie kein Demokrat?« und wer konnte schon antworten »Ich bin kein Kommunist«?)
»Die russische Geschichte ist eine ununterbrochene Entwicklung«, philosophierte einer von ihnen. »Wir sind zwar von ihr abgeschnitten, aber man hat so viel über die Probleme gehört, denen sich der Staat früher gegenübersah. Sie haben sich nicht so sehr geändert, aber man würde oft wünschen, mehr darüber zu erfahren, wie frühere Generationen damit umgingen.«
Bei einem Schwatz mit unserer Gastgeberin fragte ich: »Wie ist eigentlich Elenas Mann?« – »Gutaussehend, in seine eigene Schönheit verliebt, unfähig eine Frau zu verstehen, geschweige denn zu lieben.« Eine vernichtende Antwort.
Auf eine lässige Art fragte ich: »Was können Menschen guten Willens hier wirklich tun?« (Im Russischen haben die Worte »guter Wille« eine biblische Bedeutung.) Sie schauten mich von der Seite an, da sie genau verstanden, was ich meinte, und sagten: »Vor allem die Erziehung der Jugend. Es ist eine unerläßliche Pflicht, sie zu anständigen Menschen zu erziehen.« Das erklärt das hohe Niveau der Professoren mit ihren so engen persönlichen Beziehungen zu ihren Schülern und Studenten. »Und dann?« – »Ja, da gibt es die Wissenschaft, besonders die reine Forschung. Die Studienzentren liegen weit von der Hauptstadt entfernt und ein forschender Geist findet mehr Gelegenheit für freie Betätigung in diesem Bereich.« Mit anderen Worten, weit entfernt von der herumschnüffelnden Unwissenheit der Partei. Daher also die Sputniks und der eventuelle Flug zum Mond.
»Und weiter?« – »Vielleicht auch Musik.«
Also sind Erziehung, Forschung und Musik die letzten Zufluchtstätten ihrer geheimen Seelen.
Die Beziehungen zwischen Lehrern und Studenten schienen in der Tat außergewöhnlich eng zu sein. Einer unserer sowjetischen Freunde erzählte mir, daß seine Frau, die auch Professor an der Universität war, einen schweren Unfall erlitt, der sie einige Monate an einen Rollstuhl fesselte. Jeden Morgen kamen ihre Studenten, um sie abzuholen und trugen sie mitsamt ihrem Rollstuhl drei Treppen herauf und herunter in einen wartenden Wagen, dann über steile Treppen in der Universität hinauf und hinab.
»Ihre Namen,« murmelte einer. »Wassiltchikow und ebenso Wiasemsky! Pusch-

kin und Tolstoi verleihen diesen Namen Leben. Sie sind Teil unserer Geschichte, ... Borodino ... Sie erinnern uns an ein anderes Rußland ...« – »Und ich dachte, wir wurden hingemordet, weil wir diese Namen trugen! – Aber nicht von ihnen, nein, von anderen ...«

»Gibt es eine Hoffnung auf eine Änderung?« wagte ich zu fragen.

»Das Land lebt miserabel, aber ›sie‹ leben gut. Warum sollten ›sie‹ irgendeine Veränderung wünschen? Und alle Macht ist in ›ihren‹ Händen.«

Klare Sprache, in der Tat. Etwas gelockerter sagte ein anderer, daß seine Tochter heiraten wolle und der junge Mann gekommen wäre, um den Vater um ihre Hand zu bitten. »Wir lieben es, wenn diese Dinge noch ›po traditzi‹ (nach der Tradition) getan werden.« Ich konnte mir kaum vorstellen, daß das heute noch oft der Fall wäre, aber da sie immer lesen, vor allem die Klassiker, wann immer sich eine Gelegenheit dazu bietet, mögen sie darin ein Art von Fortbestand entdeckt haben.

Ein emigrierter Freund von uns, selbst Dichter und Schriftsteller, hatte eine Einladung vom Schriftstellerverband in Moskau bekommen. Dort fragte er, ob er wohl ein Buch von Solschenizyn finden könnte. »Sie werden ihn hier nicht finden«, sagte der Sekretär laut. Doch dann fügte er mit leiser Stimme hinzu: »... aber er ist unser Gewissen!«

Wir diskutierten ausführlich über die Stellung der Frauen. Im April 1918 hatte die »Iswestija« ein Dekret veröffentlicht, das Frauen über 18 Jahren zum Zwecke organisierter Prostitution »dienstverpflichtete«. Es war in einigen Gegenden in die Tat umgesetzt worden, begegnete aber totalem passiven Widerstand.

Diese Zeiten sind längst vorbei. Die sowjetischen Frauen behielten eine beinahe puritanische Einstellung zur Moral und haben Anerkennung und Autorität in ihren Familien und ihrem Beruf errungen. Auf der politischen Ebene jedoch nimmt man sie praktisch nicht zur Kenntnis. Obwohl das sowjetische Recht ihnen die gleichen Rechte wie den Männern zubilligt, werden sie im Vergleich mit den Männern systematisch unterbezahlt und mit Pflichten überhäuft, die ihre Kräfte weit übersteigen – nämlich wenn sie bis zu 16 Stunden täglich arbeiten müssen. Die Berufe von Ärzten und Lehrern werden oft von Frauen ausgeübt und folglich schlecht bezahlt. Der Schwerindustrie wird der Vorrang vor allen Verbesserungen in den Unterbringungs- und Lebensbedingungen eingeräumt; es gibt keine Cafés, keine Orte, an denen junge Leute sich treffen könnten, außer im Sommer auf Parkbänken und in den Bahnhöfen der Untergrundbahn. Dies bewirkt so manche überstürzte Heirat, von denen ein Drittel mit Scheidung endet. Wachsende Familien werden oft durch die Gegenwart der »Babuschka«, der Großmutter, gerettet, die für die Kinder sorgt, Schlange steht, kocht und oft genug liebevolle Gemütlichkeit in die verkrampfte und triste Atmosphäre hineinträgt. Aber die letzte Generation von »Babuschki« ist im Aussterben und in der Zukunft wird es vielleicht keine Zeit mehr für diese Rolle geben.

Russische Frauen haben zu allen Zeiten und auf jeder Ebene der Gesellschaft für ihre Männer eine Anzahl von gefühlsbetonten Rollen gleichzeitig spielen müssen: die der Ehefrau, der Geliebten, der Freundin – und gelegentlich auch der Tante.
Obwohl man jetzt von ihnen erwartet, daß sie jeden Beruf, vom Straßenbau bis zum Chirurgen oder Universitätsprofessor, bewältigen, ist es dennoch erstaunlich, festzustellen, daß sie – selbst wenn sie in die formlosesten Kleidungsstücke gepackt sind, die z. T. verkorkste Figuren verhüllen – selten ihre Weiblichkeit verlieren.
Die Rolle der Frau hat sich, wie man sagen könnte, vom Passiven zum Aktiven hin verschoben und darum wollen sie ihre Beschäftigungen, wie mühsam sie auch sein mögen, nicht aufgeben, denn sie bieten ihnen die Berührung mit der Außenwelt.
Die »Pille« ist schwer erhältlich oder von minderwertiger Qualität, so daß Abtreibung dann die einzige Lösung zu sein scheint.
Die Folge all dieser Faktoren ist, daß die Geburtenziffer in Sowjet-Rußland ein nie zuvor gekanntes Tief erreicht hat, außer in den mohammedanischen Gebieten im Süden.
Das ist die Ursache von echter Besorgnis geworden. Allerdings ist deswegen noch nicht viel unternommen worden, obwohl auf die Dauer die Vorherrschaft der Russen in der Sowjet-Union ernstlich bedroht ist.
»Tanitschka, sagen Sie uns: Wie leben Sie?«
Es war mir klargeworden, daß es für unsere Freunde nicht leicht war, sich ein Bild von unserer Welt zu machen, wenn sie unsere Gespräche und den scherzhaften Umgangston unserer Kollegen hörten. Bei Tag und Nacht von der Propaganda überschwemmt, die den Hintergrund des ganzen sowjetischen Lebens ausmacht – auch wenn sie sie nicht beachten oder sie beiseite schieben –, sind sie von jeder wirklichen Berichterstattung abgeschnitten. In einem Land, dessen Bewohner sich einer Bedrohung ihres Überlebens ausgesetzt sehen, müssen die meisten unserer westlichen Probleme, ob politisch, sozial oder persönlich, belanglos oder leichtfertig wirken. Die Vorstellung, genau das tun zu können, was man möchte, ist für sie schwer anzunehmen, denn sie sind an Freiheit nicht mehr gewöhnt.
Ich versuchte darum, mein Leben in wenigen Worten zu schildern: »Wir verließen 1945 die Tschechoslowakei zu Fuß. Wir wanderten 600 km, um dann unser Haus am Rhein zerstört zu finden. Seitdem haben wir es allmählich wieder aufgebaut. Vierzig Angestellte arbeiten auf dem Gut (30 ha Weingärten), was bedeutet, daß wir auch ihnen all ihre Häuser oder Wohnungen bauen mußten, und jetzt leben wir auch sehr bequem.«
Es erschien ihnen eine unwahrscheinliche Geschichte zu sein, aber da sie mich mochten, nickten sie und versuchten, sie zu glauben.
Unsere Männer kamen dazu, und wir gingen gemeinsam zum »Ispolkom« (Vollzugsausschuß) oder Rathaus, das früher die Residenz des Gouverneurs gewesen war. In der Mitte des vorigen Jahrhunderts war die Frau des Gouverneurs, des

Fürsten Galitzin, eine Tatiana Wassiltchikow gewesen, wie ich. Sie hatten das herausgefunden und waren begeistert von dieser Entdeckung. Im ersten Stock gingen wir durch einen großen Ballsaal, in dem meine Ahnen wohl getanzt hatten, und betraten eine lange Halle. An der einen Wand hing ein Bild von Lenin, in der gegenüberliegenden steckte ein leerer Nagel. Paul stieß mich leicht an, um mich darauf aufmerksam zu machen. Es war offenbar, daß dieser früher mit Lenin geziert war, und daß ein Portrait von Stalin dort hing, wo er jetzt aufgehängt war. Gut zu wissen, daß sie nicht für immer da hängen.

Am Kopfende des Tisches nahm der Bürgermeister Platz, an seiner Seite die Stadträte und ein Dolmetscher, von dem behauptet wurde, er spräche zehn Sprachen. Man bot uns Limonade an, und der Bürgermeister, ein angenehmer Mann, der überall hätte Bürgermeister sein können, hielt eine lange und ziemlich weitschweifige Rede. Er erläuterte seine Probleme ohne eine Spur von Propaganda und sagte, er würde sich glücklich schätzen, mit anderen Städten Vergleiche anstellen zu können. Dann berichtete er uns von großen Plänen für das Moskau der Zukunft, wobei Wohnraum für alle das vorrangigste Ziel wäre. (»Papier ist geduldig«, murmelte mein sowjetischer Nachbar.) Er gab auch ganz offen zu, daß das bis jetzt noch keineswegs erreicht sei. (Diesen letzten Satz ließ der Dolmetscher weg.) Er sagte uns, daß der »Ispolkom« anderthalb Millionen Menschen beschäftigte, worunter sich nur zehn Stadträte befänden.

Unser Präsident antwortete liebenswürdig und drückte unseren Dank für den freundlichen Empfang aus. Am Ende sagte er: »In unseren Ländern wächst der Automobilbau so schnell, daß die Straßen den Verkehr gar nicht mehr bewältigen können, wogegen in Moskau so breite Straßen gebaut worden sind, daß sie bereit sind, alle Wagen von morgen aufzunehmen.«

Als wir die Haupttreppe hinabstiegen, zeigten sie auf ein großes und häßliches Gemälde, das die Niederwerfung eines Aufstandes vor dem Petersburger Winterpalais im Jahre 1905 schilderte. Einige der Opfer lagen in auslaufenden Blutlachen im Vordergrund. »Eto ne nado bylo!« (Das hätte nicht geschehen dürfen!), sagten sie. Ich antwortete laut: »Sie haben recht, ›ne nado bylo‹, aber um soviel mehr Blut ist seitdem vergossen worden und wir können immer noch fragen ›essli nado bylo‹ (ob es nötig war).«

Kein Kommentar!

Zum Mittagessen gingen wir alle in das berühmte »Aragwa«. Das Essen war nicht allzugut; zweifelhafte Düfte schwebten durch die Schwingtür herein. Trotzdem war es eins der besten Restaurants. Die Georgier sagen: »Als Juri Dolgoruki Moskau gründete, hatte er den guten Einfall, es um das ›Aragwa‹ herum zu bauen.« (»Aragwa« und »Kura« sind kaukasische Flüsse.)

Ich wollte unbedingt nach Archangelskoje fahren, und jetzt war dafür die letzte Gelegenheit. Es gelang mir, eine unserer Übersetzerinnen zu überreden, die Frau

unseres Präsidenten und mich zu begleiten. Sie war ein sanftes, etwas geziertes Mädchen mit einem nervösen Augenzwinkern.
Wir winkten ein zufällig vorbeifahrendes Taxi herbei, und während der Fahrt fragte meine Freundin verbindlich, aber beharrlich unsere Dolmetscherin aus, deren Antworten stereotyp ausfielen. Alles stand zum besten in dieser besten sowjetischen Welt. Sie war Atheistin und Mitglied des Komsomol. Es war das offizielle Gelaber. Ich flüsterte meiner Freundin auf Englisch zu: »Es hat keinen Zweck! Man sieht, daß man nicht weiter kommt.«
Wir erreichten Archangelskoje und gingen die schöne Allee hinunter, die zum Schloß führt. Wir waren jetzt allein mit unserer Dolmetscherin, die plötzlich durchdrehte und zu mir gewandt fast schrie: »Wie können *Sie* Ihrer Freundin erlauben, mich diese Dinge zu fragen? Was für Antworten wollen Sie hören? Es macht mich verzweifelt, diese schrecklichen Fragen zu hören! Wir wissen wohl, daß unsere Bemühungen mißbraucht werden, aber wir müssen trotzdem leben!« Ihr Gesicht war weiß, und sie stand vor uns mit Tränen in den Augen. Wir waren bestürzt! Es war ja so leicht, den Panzer dieser Leute zu durchstoßen – dann reist man ab und hinterläßt sie inmitten ihrer Trümmer! Beschämt über unsere Gedankenlosigkeit versuchten wir, sie zu trösten, aber sie brauchte Zeit, um sich wieder zu fangen.
Archangelskoje ist ein schöner Ort, nach menschlichen Maßstäben geplant in der Gestalt eines Halbmondes im fröhlichen, russischen »Empire«-Stil. Das Schloß war wohnlicher als Ostankino, die Salons geräumig, aber nicht riesig. Alles war von Sonne durchflutet, und würde man die Hüllen von den Möbeln entfernen, hätte man sofort wieder einziehen können. Ich war glücklich, das Heim von »Fürstin Bou« (der Fürstin Zinaida Jussupow) zu sehen, und erinnerte mich voll Dankbarkeit an ihre liebevolle Güte. Der zauberhafte Park war auch verhältnismäßig gut gepflegt. Ich hätte gern noch die Schlafzimmer im oberen Stock aufgesucht, aber wollte nicht darauf dringen, da es mir sowieso gelungen war, so viele »Extras« in unser Programm hineinzubringen.
Bevor wir unser Taxi mit dem vermutlich parteitreuen Chauffeur erreichten, fragte ich, ob wir eigentlich ständig unter Beobachtung seien. »Es geschieht, um Ihnen Zwischenfälle zu ersparen«, sagte unsere Begleiterin. »Was ist eigentlich mit dem Dolmetscher, den wir im Ausland kennenlernten und der singt?« – »Er denkt nicht so wie ich.« – »Ah.« Das hatte ich mir zwar schon gedacht, aber es war nützlich, es zu wissen.
Im Taxi vermieden wir zweischneidige Fragen und hielten uns an Themen wie z. B. Kindererziehung. Als wir das Hotel erreichten, gab ich unserer Dolmetscherin ein paar Geschenke für ihre Neffen, von denen sie mir erzählt hatte. Sie umarmte mich zum Abschied und sagte: »Ich hatte mir schon immer gewünscht, etwas für Sie tun zu können. Ich hoffe, der Besuch in Archangelskoje hat Ihnen Freude gemacht.«

Paul wartete ungeduldig, denn wir mußten uns für das Abschiedsbankett im Hotel Metropol umziehen, das vom sowjetischen Sport-Präsidenten gegeben wurde. Ich hatte keine Zeit, darüber nachzudenken, ob ich müde war. In kürzester Frist waren wir fertig und erreichten pünktlich das Hotel Metropol. Ich saß rechts vom Gastgeber. (Ihrer Meinung nach hat eine russische Prinzessin Vorrang vor allen anderen.) Die Zakuski standen schon auf dem Tisch – Wodka wurde in kurzen Abständen in unsere Gläser eingeschenkt. Danach folgte ein verschwenderisches Gelage mit georgischen Weinen. Mein Nachbar, unser Gastgeber bei diesem Diner, sah aus wie eine verblüffende Mischung von Paganini und Trotzki. Wir vertieften uns sofort in eine Unterhaltung.

»Es scheint, daß Sie eine Gräfin oder Fürstin oder irgend etwas in der Art sind. Wie redet man Sie an?« – »Früher entsprach es einer Funktion, aber das ist heute unwichtig. Nennen Sie mich, wie alle es tun, Tatiana Illarionowna! – Und Sie?« – »Boris Nikolajewitsch ... Anscheinend sahen Sie gestern meinen Freund, Prof. Miterew?« Wieder das Buschtelefon.

»Ja, in der Tat. Ich kam mit einer Gruß- und Dankesbotschaft vom Präsidenten unseres Deutschen Roten Kreuzes, aber unsere Unterhaltung wurde stürmisch angesichts der schwierigen Fragen, die wir zu besprechen hatten. Ich finde es richtig, daß er mir offen seine Meinung sagte. Ich werde sie auf jeden Fall weitergeben. Als Mensch fand ich ihn sympathisch und kam gut mit ihm aus.«

»Wir achten Sie für Ihre Tätigkeit« (obschtschestwennoje deatelnostj). – Um so besser, denn ich hatte keine Ahnung, wie sie es aufnehmen würden.

»... Und Sie waren auch in Zagorsk?« Paul hatte recht, sie sind große Klatschmäuler.

»Natürlich. Das ist für eine Orthodoxe sehr interessant.«

»Sie wollen mir doch nicht erzählen, daß Sie an Gott glauben?«

»Mein lieber Boris Nikolajewitsch, es scheint mir, daß meine Auffassung von Gott und Ihre Vorstellung von *meinem* Gott sehr unterschiedlich sein müssen!«

»Was meinen Sie?«

»Ich denke, Ihre Vorstellung von meinem Gott ist ein alter Herr mit einem wallenden Bart, der auf einem Plüschsessel sitzt. Nun, das ist eben nicht meine Auffassung.«

Er erwärmte sich und protestierte: »Aber wie können Sie einen Gott in unserer materialistischen und wissenschaftlichen Welt zugeben?«

»Sie sind falsch unterrichtet. Wir entmaterialisieren uns von Stunde zu Stunde. Heute haben wir den vierten Zustand der Materie erreicht und sind Plasma; morgen werden wir Schwingungen sein und am Tage darauf Geister. (Ich hatte gerade ein Buch darüber gelesen.) Ist es so schwer, in solch einer Welt Gott zuzugeben?«

»... Aber wo steht das geschrieben?«

Nach einem inneren Stoßgebet kam ich darauf: »Im Credo! Erinnern Sie sich nicht?«
»Nein, ich habe es vergessen.« (!)
»Sichtbares und Unsichtbares, Licht vom Licht, Wahrheit von Wahrheit ... Diese Worte bekommen einen Sinn im Atomzeitalter.«
»Aber das Ritual? ... Was machen Sie damit? Es ist unannehmbar!«
»Das Ritual sollte für Sie am einfachsten anzunehmen sein, denn Sie haben es ja schließlich übernommen: Hymnen an dies und Hymnen an jenes, Zeremonien, Zauberformeln ... Hinter unserem befindet sich noch etwas anderes, aber hinter Ihrem?«
Da ich fühlte, daß ich zu weit ging und auch daß solch eine Unterhaltung bei einem Bankett unangebracht wäre, fügte ich hinzu: »Lassen Sie uns das Thema wechseln, denn dazu gäbe es noch viel mehr zu sagen. Ich reise bald ab, aber das Leben ist kurz; denken Sie hin und wieder darüber nach. Es ist es wert. (Stoyet.)«
Ohne Übergang sagte er dann: »Ich habe kürzlich mein einziges Kind verloren, einen Sohn.«
Ich bediente mich der formellen Beileidswendungen und bat ihn, auch seiner Frau mein tiefstes Mitgefühl auszudrücken.
Als ob er wieder Boden unter den Füßen gewinnen wollte, verkündete er: »Ich bin gerade von einer Reise nach Litauen zurückgekommen.« (Warum plötzlich Litauen? Oder wußte er, daß wir eng mit diesem Lande verbunden waren?) Er fuhr fort: »Es ist wunderbar, zu wissen, daß in der Union der Sowjet-Republiken jeder Sowjet-Bürger bereit ist, für jede Sowjet-Republik zu sterben!« Ich dachte an die armen »Tauteninki«, die litauischen Studenten, die jahrelang in ihren Wäldern gekämpft hatten, um ihre Freiheit gegen den sowjetischen Giganten zu verteidigen.
»Mein lieber Boris Nikolajewitsch, dies erzählt man Ausländern, aber Sie und ich (my s wami – eine magische Formel) wissen genau, daß niemals jemand weder für das Kaiserreich noch für Sowjet-Republiken gestorben ist. Ein Russe verteidigt sein russisches Land.« – Daraufhin wandte ich mich meinem Nachbarn zur Rechten zu, um nicht »cargar la mano« (es zu übertreiben), wie man in Spanien sagt. Ich übersetzte für die anderen, es folgten Reden, aber mein linker Nachbar kam wieder darauf zurück.
»Sie sehen gar nicht religiös aus. Sie haben so lachende Augen!«
»Warum denken Sie, daß Glaube etwas Niederdrückendes ist? Es ist das genaue Gegenteil. Nebenbei gesagt, würde ich nicht in ein Kloster eintreten, um Sie zu überzeugen. Ich glaube nicht, daß Gott das von mir erwartet.«
Von weiter unten am Tisch wurde ich gefragt: »Sie sind doch so viel gereist. Wie sehen Sie die Zukunft ›unseres‹ Landes?« (Was für eine Frage! Die Geschichte kam mir zu Hilfe.)
»Ob wir es wollten oder nicht, waren wir die Erben der byzantinischen Tradition:

›Wtoraja Wisantija, tretii Rim‹ (zweites Byzanz, drittes Rom). Ideologisch bedeutete das ›Verteidigung des Christentums gegen Übergriffe aus dem Osten‹. Das scheint unsere Bestimmung zu sein, und die Schlacht kann noch gewonnen werden, wenn man sich rechtzeitig dessen besinnt (essli wowremija opomnitsa)«, sagte ich lässig.
Die Bemerkung wurde den Tisch herunter weitergegeben, und ein Nachbar sagte: »Wir haben viele Chinesen hier. Sie lernen so schnell, daß sie in drei Monaten besser Russisch sprechen als wir.«
»Das ist sicher nur allzu schnell! Beunruhigt Sie es nicht? Für mich wäre es beklemmend!«
»Wem, würden Sie sagen, sind wir am ähnlichsten?« fragten sie beharrlich.
»Vielleicht dem spanischen Volk. Sie zogen aus, einen Kontinent zu erobern; ihr Land ist die Brücke nach Afrika und nach Südamerika wie Rußland die Brücke nach Asien ist. Sie sind gutmütig, fatalistisch und temperamentvoll, zu steinerner Ausdauer und plötzlicher ›Dikost‹ (Wildheit, Grausamkeit) fähig ...«
Sie hörten den Vergleich gar nicht so gern, denn ihre Niederlage im spanischen Bürgerkrieg steckte ihnen noch siedendheiß in den Knochen.
Als wir uns verabschiedeten, murmelte mir unser amerikanischer Kollege ins Ohr: »Säen Sie die Saat!«
Unser Gastgeber schüttelte mir kräftig die Hand und sagte: »Ich danke Ihnen für unser interessantes Gespräch! (Beseda)«
Ich war erleichtert, das zu hören, denn ich hatte wirklich gefürchtet, zu weit gegangen zu sein.
Bei unserer Rückkehr ins Hotel standen wir eine Ewigkeit vor den Fahrstühlen, denn vier von sechs versagten den Dienst. Einer unserer Kollegen hatte ein kleines Gerät verloren, mit dessen Hilfe er seinen elektrischen Rasierapparat an jeder Lampenfassung anschließen konnte. Etwas verbogen fand es sich am nächsten Tag in seinem Zimmer wieder. Hatten »sie« gedacht, es sei ein neuartiges Mikrofon oder wissenschaftliches »Know-how«, das kopiert werden müßte?
Von unserem Präsidenten, dem Generalsekretär der Organisation und ihren Frauen begleitet, begaben wir uns zum Bahnhof. Unser Zug nach Leningrad sollte um Mitternacht abfahren. Er war modern, stromlinienförmig und nannte sich »der Rote Pfeil«. Dank der breiteren Spur war das Abteil geräumig und bequem, die Bettwäsche bedeutend sauberer als im Hotel. Eine kleine, rosafarbene Lampe sorgte für eine anheimelnde Atmosphäre. Leider konnte der Lautsprecher, der unaufhörlich in einer Ecke krächzte, nur gedämpft, aber nicht abgestellt werden, und waschen mußte man sich am Ende des Korridors.
Eine große, füllige Frau mit einem Kessel in der Hand, in einer bis zu den Ohren zugeknöpften Uniform, die Baskenmütze bis zu den Augenbrauen heruntergezogen, und einem breiten, metallfunkelnden Lächeln, schlenderte durch den Gang

und goß immerzu Tee in hohe Gläser in durchwirkten versilberten Haltern. Sie war so freundlich wie nur irgendeine »Niania« von einst. Die Atmosphäre erinnerte verblüffend an die Zeit vor dem Ersten Weltkrieg. Da es auf dem Bahnhof keine Kontrolle gegeben hatte, war es klar, daß man zum Reisen eine besondere Erlaubnis benötigte, was auch die geringe Zahl der Passagiere im Zug erklärte. Zu unserer Überraschung gewahrten wir einen ranghohen Offizier in westdeutscher Uniform in unserem Wagen. Sein Anblick beruhigte Paul, der bedrückt war, zwei Jahre lang an der Belagerung von Leningrad teilgenommen zu haben. Wir gingen gleich zu Bett, recht erschöpft nach dem langen Tag, der seinen Höhepunkt in dem tränenreichen Abschied von den Frauen unserer Gastgeber gefunden hatte. Sie waren jedoch glücklich, uns in einigen Tagen wiederzusehen. Wir stellten unseren Wecker, um in der Morgendämmerung die Landschaft zu betrachten.
Paul war bewegt bei dem Gedanken, die Gegend um Tschudowo wiederzusehen, wo er während des Krieges gelegen hatte und um Haaresbreite dort geblieben wäre. Ich war auch voller Begierde, meine Geburtsstadt zu sehen, so daß wir trotz unserer großen Müdigkeit nicht viel Schlaf fanden. Als die Sonne aufging, lehnten wir beide am Fenster und blickten auf den »Prostor«, die Weite, die dem russischen Herzen so teuer ist, denn die Landschaft, die vorbeiglitt, erstreckte sich von uns bis zur Unendlichkeit. Madame de Staël hatte über Rußland gesagt: »Die Weite läßt alles verschwinden außer der Weite selbst, wie gewisse Gedanken der Metaphysik, welche der Geist nicht mehr abzuschütteln vermag, wenn sie einmal Eingang in ihn gefunden haben.«
Emigranten im Ausland hatten am meisten am Mangel an »Prostor« gelitten, aber vielleicht hatte ich die Sehnsucht danach verloren; die endlose Landschaft erschien mir traurig und flach, die Felder ebenso unbestellt wie um Moskau herum; Sümpfe und kleine Wäldchen. Wo waren die »dremutschie lesa« (die schlafenden Wälder), die den russischen Märchen so unentbehrlich waren? Man wiederholte immer: »Im Norden«, aber ich konnte sie nirgends entdecken.
Auf einmal sagte Paul: »Jetzt kommt Leningrad!« Er kannte sich hier aus. Wir zogen uns schnell an. Eine Gruppe von Leuten, welche kleine, vom Frost leicht angegriffene Tulpensträußchen umklammerten, erwartete uns auf dem Bahnsteig. Unser Leningrader Freund verkündete stolz: »Wir in Leningrad wissen, wie man Damen empfängt!« (Womit er sagen wollte: »Die Moskowiter werden es niemals lernen.«)
Die Luft war prickelnd, klar und frisch, die Stadt in einen goldenen Dunst gehüllt. Es gab nur wenige Fahrgäste, und wir konnten uns in aller Ruhe umschauen. Der Bahnhof war hübsch ausgemalt in leuchtendem, hellem Grün mit hellen Säulen und Reliefs, wie auf Stichen aus der Regierungszeit von Nikolaus I. im frühen 19. Jahrhundert. Man konnte sich gut ausmalen, wie man früher hier ausländische Herrscher oder Freunde und Verwandte empfangen hatte. Wir betraten eine Halle

aus Marmor und Stuck, wie ein Ballsaal, festlich und mit einem Anflug von Heiterkeit. Vor dem Bahnhof erstreckten sich Blumenbeete und Grünflächen. (In Moskau hatten wir nichts dergleichen gesehen.)
Alle Narben der Revolution, der Säuberungen und des Krieges waren sorgfältigst ausgetilgt worden und die einstige Hauptstadt in erstaunlicher Harmonie wiederhergestellt. Obwohl die Stadt nach einem großzügigen Plan erdacht war, ist sie den menschlichen Maßen angepaßt. Auf den ersten Blick vermittelt sie ein Gefühl von Erleichterung. Vor allem ist sie schön, mit ihren breiten Alleen, imposanten Denkmälern und vornehm wirkenden Häusern, die in hellen Farben frisch gestrichen waren. Kanäle ziehen sich zwischen Granitdämmen dahin, unter buckligen Spielzeugbrücken, die größten von Reiterstandbildern flankiert. Zu dieser frühen Stunde kam es mir vor, als ob alle Leute, die ich kannte, noch schliefen und bald aus ihren schönen Häusern herauskommen müßten, um das angenehme und faszinierende Leben wiederaufzunehmen, welches diese Stadt kennzeichnete.
Bis jetzt hatte ich alles wie ein gut informierter und unvoreingenommener Zuschauer betrachtet, aber hier überflutete mich eine Woge von Wehmut und rückwirkendem Mitleid für diejenigen, die gezwungen gewesen waren, fortzugehen. Ich konnte mir lebhaft ausmalen, wie meine Mutter und ihre Brüder vor Vitalität sprudelten, wie mein Vater und seine Freunde sich in Pläne für die Zukunft vertieften. Von Tag zu Tag sollte sich dieser Eindruck noch verstärken und die Stadt dadurch mir immer leerer erscheinen.
Es ist unmöglich, die Tatsache zu übersehen, daß die derzeitigen Bewohner von Leningrad, obwohl sie ihre Stadt lieben und das Menschenmögliche tun, um sie zu erhalten, es nicht fertigbringen, sie mit Leben zu füllen. Das liegt nicht nur daran, daß sie nicht mehr die Hauptstadt ist. Es gibt noch keine enge Vertrautheit zwischen den Bewohnern und ihrer Umgebung, was allein das pulsierende Leben einer großen Stadt bewirken kann. Diese beschränkt sich auf die, die zwischen zuverlässigen Wächtern eines Museums und den Schätzen, die es enthalten mag, besteht, ist aber bar jeder persönlichen Beziehung oder Anpassung.
Um eine Zivilisation zu erreichen, genügt es nicht, an ihr zu arbeiten und Traditionen zu bewahren, es ist auch eine Frage von »Sein« auf jeder Ebene der Gesellschaft. Eine Pflanze, die nicht blüht, sät auch keine Samen aus, und manch eine, die noch hätte blühen können, siecht unbeachtet im Schatten dahin.
Als sie mich mit solcher Herzlichkeit empfingen und immer wiederholten: »Sie sind eine von uns« (swoja), mögen sie selbst etwas von dieser seltsamen Unstimmigkeit empfunden haben, die zwischen meiner verschwundenen Welt und ihrer heutigen besteht.
Wir bezogen das große, aber nicht zu große Hotel Ewropeiskaja aus der Zeit der Jahrhundertwende. Alle waren wir hungrig und genossen ein viel besseres Frühstück als in Moskau. Die Zimmer waren ziemlich leer, wie in einem Krankenhaus,

das mit Mahagony-Möbeln ausgestattet ist; das Badezimmer altertümlich, obwohl es wahrscheinlich erst vor einem Jahr eingebaut war, und die Decken ungeheuer hoch.

Die »Gruppe« erwartete uns unten, unsere Kollegen und die Dolmetscher, von denen einer, wie man mir leise gesagt hatte, »kein Freund« wäre, darunter auch mehrere »Helden von Leningrad«, Vertreter des Stadtrates und die übliche Geheimpolizei mit ihren ausgefallenen Kopfbedeckungen, allerdings in sehr viel geringerer Zahl als in Moskau. Wir verloren sie sogar von Zeit zu Zeit. Die Leningrader Vertreter nahmen mich sofort unter ihre Fittiche. Sie fegten die Moskowiter beiseite und betrachteten mich als ihr persönliches Eigentum.

Es war Sonntag und ich erklärte: »Zuerst Kirche.« – »Aber wo?« – »Ich habe es herausgefunden. Es gibt um 10 Uhr eine Messe in der Nikolsky-Kathedrale.«

»Wir werden hier auf Sie warten. Wie lange glauben Sie, daß es dauern wird?«

»Sie wissen genau wie ich, daß es immer lang dauert, mindestens bis halb eins.«

Die Frau unseres Präsidenten wurde in die Katholische Kirche gebracht, und Paul und ich in die schöne barocke Nikolaus-Kirche, pistaziengrün, mit weißem Stuck verziert. Tatsächlich waren es zwei Kirchen, eine über der anderen. Paul ging zuerst in die untere, während ich mich in der oberen in einen überaus festlichen Gottesdienst versenkt sah, mit einem großartigen Chor und drei zelebrierenden Priestern. Daß sehr wenige Kirchen »arbeiteten«, wie sie hier sagten, mag ein Grund für die Menge der Leute gewesen sein, die sie füllten. Es waren vor allem Frauen aller Altersstufen, nicht nur Babuschki; etwa ein Drittel waren Männer in gesetztem Alter, aber im allgemeinen sieht man wenig ältere Leute in Rußland. Die Kirche war schön gepflegt, neu eingerichtet, frisch gestrichen und poliert; Blumen und Kerzen gab es im Überfluß. Es waren keine schönen Ikonen da, nur kleine hölzerne ohne ihrer »Risa«. Die früheren müssen geplündert oder in die Museen gebracht worden sein.

Ich drängte mich nach vorn und flüsterte einer Frau neben mir zu: »Wer sind die Priester? Von wo kommen sie?« – Sie antwortete gleich: »Der mittlere ist ein heiligmäßiger Mann. Den rechten kennen wir auch gut. Der linke ist neu ...« (d. h. noch ein unbeschriebenes Blatt.)

Alte Frauen gingen behaglich umher und richteten die verbogenen Kerzen wieder auf. Während des Gottesdienstes folgte die Gemeinde jedem Wort mit Aufmerksamkeit und tiefer Verehrung. Wenn ich fragte, ob ich dieses oder jenes tun könnte, lautete die Antwort immer: »Konetschno mozhno« (Natürlich, es ist möglich) als Gegensatz zu dem ewigen »Nein«, das jede Form von Leben außerhalb so beschwerlich macht, als wenn es von Goethes Definition des Teufels in der Hölle beherrscht würde: »Der Geist, der alles verneint.«

Als die klangvollen Gesänge zwischen Wolken von Weihrauch ertönten und die

Priester die wohlbekannten Worte anstimmten, hatte ich das Gefühl, als sei ich zum ersten Mal nach Hause gekommen. Es war ein unvergeßliches Erlebnis.
Paul erzählte mir, daß ein Taxi nach dem anderen vorfuhr, als er um die Kirche ging. Junge Männer in ihrem besten Sonntagsstaat sprangen heraus und reichten wartenden Großmüttern gewickelte Babies, die diese dann hastig in die untere Kirche trugen, um sie taufen zu lassen, während die Väter warteten.
Jeder, den ich fragte, ob er getauft sei, hatte immer stolz geantwortet: »Matj u menia byla!« (Ich hatte eine Mutter.) Mit anderen Worten, er war ein anerkanntes Kind, kein Findling, denn nur die werden nicht getauft. Hochzeiten finden häufig in der Kirche statt, oft lange nach der Ziviltrauung und der Besuch der Osternacht-Messe scheint eine anerkannte Sitte zu sein. Trotzdem ist es schwer, das religiöse Empfinden in Rußland zu beurteilen. Man stolpert bei jedem Schritt über tiefe Frömmigkeit, eine Durchlässigkeit für das Göttliche, die von der Ausübung der Religion abgeschnitten sein kann und trotzdem mit dem Geist der orthodoxen Religion durchaus vereinbar ist. Ein Atheist würde das überhaupt nicht wahrnehmen, so wie ein unmusikalischer Mensch eine Note nicht von einer anderen unterscheiden kann. Aber selbst nicht-anglikanische Protestanten, die oft dazu neigen, eher in Begriffen von Asche als von Licht zu denken, wenden sich jetzt einer mehr mystischen Auffassung zu, als Reaktion auf den prononcierten Materialismus.
Im fernen Sibirien hatte eine Gruppe unserer Freunde eine sogenannte »funktionierende« Kirche besichtigt. Die junge Fremdenführerin mit versteinertem Gesicht traktierte sie mit der offiziellen Hypothese, daß Kirchen und Religion die »letzte Zuflucht eines aussterbenden Aberglaubens« seien. Zwei Frauen waren emsig dabei, die Kirche zu säubern. Diese gingen auf das Mädchen zu und richteten ihre triefenden Spülbürsten auf sie, ohne Schrei oder Gewaltanwendung und ohne auf die Besucher zu achten. Immer näher gingen sie auf sie zu und drängten sie aus der Tür, wo die Fremdenführerin sich auf den Fersen umdrehte und floh.
In Paris erzählte mir ein russischer Priester, der zum Patriarchat von Moskau gehörte, daß eine Gruppe von sowjetischen Wissenschaftlern Frankreich und Paris besucht hätte. Mit inbrünstiger Aufmerksamkeit hatten sie an allen Ostergottesdiensten teilgenommen. Er lud den Leiter der Abordnung zu einer Tasse Tee ein, und als die beiden in seinem bescheidenen und peinlich sauberen kleinen Zimmer saßen, fragte er ihn: »Wie ist es möglich, daß Sie sich trotz Ihrer offiziellen Position offen als ausübenden Christen bekennen können?«
Verschmitzt lächelnd, wie es üblich ist, wenn man sich über die Hindernisse hinwegsetzt, die einem die Partei in den Weg legt, antwortete der Gelehrte:
»Wir versuchen, unsere Regierung davon zu überzeugen, daß unter einer Anzahl von Theorien diejenige, welche bejaht, daß alle Energien dieser Welt in einer Kraft enthalten sind, von der sie auch abgestimmt und gesteuert werden, die richtige

sein mag. Sollten wir diese Möglichkeit außer acht lassen, so könnten wir das Rennen zum Mond gegen die Amerikaner verlieren. Persönlich bin ich davon überzeugt und bekräftige die Existenz des Gottes Abrahams. Darum sind alle nachfolgenden Offenbarungen für mich wahr und ich bin ein gläubiger orthodoxer Christ.«

Es könnte scheinen, daß ein Russe selbst nach fünfzig Jahren Kommunismus und religionsfeindlicher staatlicher Diktatur sich nicht von seinem Verantwortungsgefühl seinem eigenen Gewissen gegenüber, und darum auch Gott gegenüber, befreien kann, denn sein Gewissen ist mit Gott verbunden. In den engen Grenzen, die ihm gesetzt sind, kann das nur in seinen intimen und persönlichen Beziehungen zum Ausdruck kommen, da auch sein Berufsleben völlig von der Partei bestimmt ist.

Der deutsche Botschafter Graf v. d. Schulenburg erzählte uns, daß er einen hohen Funktionär der GPU oder des KGB gefragt hatte, warum sie Leute verurteilten, ohne sie je gesehen oder vor einen Richter gestellt zu haben, da die Richter ja doch sowieso von der Partei ernannt würden. Die kühle Antwort lautete, daß es dann nicht möglich wäre, mit den »erforderlichen« Verurteilungen zu rechnen, weil ein russischer Richter, Auge in Auge mit dem Mann, den er verurteilen »muß«, das zu einer persönlichen Gewissensfrage machte, »die nicht im Interesse der Partei wäre.«

Es war tröstlich, zu wissen, daß das heilige Rußland, das ein halbes Jahrhundert lang getreten und systematisch zerstört wurde, durchaus zu einer Wiedergeburt fähig sein könnte. Vielleicht setzte auch noch unter Chruschtschow deswegen wieder eine böse Verfolgung der Kirche ein.

Ich verließ die Kirche mit Bedauern, aber die anderen warteten schon auf uns im Hotel: »Wie war Ihre Messe?« – »Ein großartiger Chor!« – »In Moskau, bei der Mitternachtsmesse zu Ostern, singen sie noch besser!« entfuhr es einem Moskauer Freund.

Wir bestiegen mehrere Wagen, um die Stadt zu besichtigen, promenierten die Quais der Newa entlang, bewunderten den großen, breiten Fluß, der unter dem goldenen Himmel glitzerte und zwischen schönen Bauten dahinfloß. Die Luft war leicht und kristallklar und duftete nach Salzwasser, Frühling und nördlichen Breiten. Das elegante, wenn auch pompöse Winterpalais, ein würdiges Symbol einer kaiserlichen Hauptstadt, zog sich an dem majestätischen Fluß entlang, in den Gesamtplan der Stadt schön eingepaßt. Sie erinnerte mich an Wien, obwohl die Straßen hier viel großzügiger angelegt sind und es weniger gräßliche Häuser aus dem 19. Jahrhundert gibt. Alle Denkmäler standen, wo sie hingehörten, sogar dasjenige von Nikolaus I., dem Schreckgespenst des Regimes. Die ganze Stadt war in den Farben des 18. Jahrhunderts frisch gestrichen. Die imposante Isaaks-Kathedrale und die Kazan'sche, die mich an den Berliner Dom erinnerte, schienen beide aus dem Rahmen zu fallen. Vor dem großartigen Denkmal Peters des Großen von Falconet wurden die Verse des berühmten Gedichts Puschkins rezitiert. Breite, von steinernen Vasen flankierte Treppen führten von den granitgepflasterten Uferdämmen zu der silbrigen Newa hinab. Ein Kanal mündete in den anderen, von einer Vielfalt von Brücken überspannt, eher wie in Amsterdam als wie in Venedig, mit einem zusätzlichen Anflug von Eleganz und Charme.

Unser Leningrader Freund rief mit einer umfassenden Gebärde aus: »Tschto sa gorod!« (Welch eine Stadt!) Sogar die Moskowiter verstummten.

Wir überquerten den Fluß und kamen in den Stadtteil, der immer noch die »Petersburger Seite« genannt wird. Örtliche sowjetische Maler fügten ihren Bildern »Petrograd« und die Jahreszahl hinzu. »Man muß irgendwo neu beginnen!« sagten sie.

Nahe bei der Marine-Akademie »Nachimow« ankerte der Kreuzer »Awrora«, der angeblich entscheidend zum Erfolg der Revolution beigetragen hatte, indem er das Winterpalais beschoß.

Wir wurden von einer Reihe von Leuten umringt. Die Kameras zuckten: »Tatiana Illarionowna, wir würden gern ein Bild von Ihnen mit der ›Awrora‹ machen.« Ich begab mich schnell außer Reichweite und erklärte entschieden: »Sie können ein Bild von mir machen, wenn Sie wollen, oder von der ›Awrora‹. Aber nicht zusammen! Das ist unvereinbar.« Ich ging fort, den Quai entlang, und schaute über den wogenden Fluß auf das Winterpalais. Einer der Stadträte erschien plötzlich neben mir und murmelte: »Wie konnte das geschehen?« Ich war sprachlos! Es war, als hätte er sagen wollen: »In was für einem Schlamassel haben Sie uns zurückgelassen?« Und das mehr als vierzig Jahre nach der Revolution! Ich antwortete so leidenschaftslos wie möglich: »Es war ein langes Gerangel oder eher ein Rennen. Nach jeder wichtigen Reform wurde der Reformator ermordet. Das hat die Dinge hinausgezögert. Natürlich gab es noch viele andere Gründe. Aber es war alles etwas zu spät.« Er seufzte tief: »Leider, viel zu spät.« Wir gingen als Freunde weiter.

»Wir betrachten Kerenski als den größten Übeltäter«, sinnierte mein neuer Freund. »Er bereitete den Weg für andere, die genau so korrupt waren. Nachdem er ein Jahr lang regiert hatte, lagen zwei Millionen Goldrubel auf seinem Namen auf der Bank.« Ich hatte das schon früher gehört. Das scheint bei Revolutionären so üblich zu sein. Am Ende des spanischen Bürgerkrieges hatte Paul in Barcelona eine riesige Kiste voll gestohlener Wertsachen gefunden, die an Negrin adressiert war.

»Es gab keine Soldaten mehr, auf die man sich verlassen konnte«, sagte ich und dachte traurig an die Eliteregimenter, die verbluteten, um die französische Front an der Marne zu entlasten, während eine Auswahl von Gesindel und meuterischen Heimattruppen zurückblieb, um die Hauptstadt zu verteidigen oder vielmehr zu verraten.

Um das Thema zu wechseln, sagte ich ihm dann: »Diese selbe ›Awrora‹ war 1909 vor Messina und half, die Opfer des Erdbebens zu bergen und die Plünderer in Schach zu halten.«
Inzwischen hatten die anderen uns eingeholt und zeigten uns den kleinen Balkon am Haus der Tänzerin Kseschinskaja, von dem aus Lenin die Massen angefeuert hatte. Da das Haus zwischen zwei Straßen eingezwängt liegt, konnten sie nicht sehr zahlreich gewesen sein, und doch ...
Später sagte ein anderer ruhig zu mir: »Wie konnte die Generation Ihres Vaters die Macht einfach aus den Händen gleiten lassen? Schließlich waren ›sie‹ (er meinte die Revolutionäre) doch nur eine Minderheit!«
»Mein Vater und seine Freunde waren auch eine Minderheit, denn 80 % des Volkes schauten zu und warteten.«
»Heute schauen sie auch wieder zu und warten«, sagte er mit leiser Stimme.
Es ist offensichtlich, daß erst mit Stalins Ende die systematische Ausschaltung einer potentiellen Elite aufhörte. Erst dann konnte vielleicht der beste Schüler auch die höchste Auszeichnung erringen, ohne Berücksichtigung von Parteizugehörigkeit oder proletarischer Herkunft, denn sie brauchten Technokraten. In die höheren Ränge der »Nomenklatura« einzudringen, blieb trotzdem unmöglich.
Ein beliebtes Gesprächsthema war das »Hobby«. Da niemand etwas anderes arbeiten darf als das, wozu er berechtigt ist, gewinnt das Hobby eine Anziehungskraft, die bis zur Versenkung geht.
Jede eigene Initiative wird abgewürgt, und das ist den Russen besonders ärgerlich, denn sie sind gar nicht so sehr auf materiellen Gewinn aus. Hier bezeichnen sie mit »Komfort« schon einen Lebensstandard, den jeder aus dem Westen Kommende glatt ablehnen würde.
»Sehen Sie, mein Sohn glaubte an Stalin«, berichtete einer unserer neuen Freunde. »Er war erschüttert, als er erfuhr, daß er an ein Ungeheuer (Iswerg) geglaubt hatte.« – »Hätten Sie nicht früher mit ihm darüber sprechen können?« – »Man konnte niemals über solche Dinge reden. Weder zu Hause noch irgendwo anders. Jetzt sind zehn Jahre seit Stalins Tod vergangen. Es werden weitere zwanzig Jahre vergehen, bis eine ›unausgesiebte‹ Generation herangewachsen ist.«
»Unausgesiebt?« fragte ich.
»Jedes Kind von nicht-proletarischen Eltern wurde aus den Universitäten ausgesiebt, ausgesondert, und durfte nicht studieren. Es konnte von Glück sagen, wenn es nicht auch noch deportiert wurde. Mehrere Generationen sind auf diese Art und Weise systematisch zerstört worden ...«
Ein sowjetisches Militärflugzeug mußte auf einer Lichtung in den Tiefen der sibirischen Wälder notlanden. Dabei entdeckten die Piloten ungewollt eine vergessene Siedlung von »Altgläubigen«, die ein Robinson-Crusoe-Leben führten und sich in

Häute und Felle kleideten. Sie besaßen keine andere Kultur als mündliche Überlieferung und eine einzige Bibel, die sie gerettet hatten.
Als sie in die sogenannte Zivilisation zurückgebracht wurden, starben sie bald, denn sie besaßen keinerlei Immunität gegen Mikroben.
Vielleicht ließ sich das sowjetische Alltagsleben sehr viel schwerer ertragen als ihre vorherige halbwilde Existenz.
Als wir weiterfuhren, lenkte man unsere Aufmerksamkeit auf neue Wohnbauten für Arbeiter in einem sehr viel freundlicheren Stil, als wir es in Moskau gesehen hatten, und alle waren erst vor kurzem erbaut. Hingerissen rief ein »Held von Leningrad« aus: »Man bringt die Einzelteile, und das Ganze wird in zwei Tagen montiert. In zwei Tagen stehen die Häuser!«
»Stehen sie immer noch?« fragte ich unschuldig. Einen Augenblick stutzten sie, dann lachten sie offenherzig. Es machte ihnen Spaß, einen Kommentar zu hören, den sie selbst nicht hätten ausdrücken dürfen.
Unser nächstes Ziel war das Tupolew-Stadion auf den Elagin-Inseln, wo ein Autorennen im Gange war. Viele Menschen sonnten sich in spärlicher Kleidung am Strande, hungrig nach den ersten Sonnenstrahlen, denn es war nicht besonders warm.
Fischerboote glitten den Meeresarm entlang, der diese hübschen Inseln umspült. Das Stadion bestand aus grasbewachsenen Hängen außerhalb des Amphitheaters und war von einer buntgemischten Menschenmenge angefüllt, die das Rennen anschaute, das sich zu ihren Füßen abspielte. Die Wagen waren größtenteils hochfrisierte, selbstgebaute Autos. Die ganze Anlage war recht primitiv: Lautsprecher verkündeten in verschiedenen unzusammenhängenden Tonfetzen, daß wichtige Gäste während der ersten Pause um die Runde fahren würden. Das waren wir. Die Menge applaudierte, als wir hinter einer wehenden Fahne vorbeifuhren. Dann setzten wir uns an den wackeligen Tisch, auf dem Preise von einer Art standen, die man nicht einmal auf einem ländlichen Jahrmarkt gewinnen würde. Nach dem Rennen kam einer der Fahrer, um sich mit Paul zu unterhalten und war entzückt zu hören, daß dieser an internationalen Wettbewerben teilgenommen hatte. Er war ein sympathischer Ingenieur und sprach etwas Deutsch. Man fragte Paul um Rat wegen der Rennen und der Trainingsmöglichkeiten, und er empfahl, einige junge Fahrer zur Teilnahme an Rennen im Ausland auf ausländischen Wagen zu entsenden. Bei der Rückkehr wüßten sie dann, wie sie ihre eigenen Mannschaften aufzubauen hätten. Seine Fragesteller machten lange Gesichter. Dazu würde es wohl kaum Gelegenheit geben.
Es war beinahe vier Uhr, als wir zum Mittagessen ins Hotel zurückkehrten: Spanische Zeit!
Ich ging dann auf eigene Faust mit der netten Dolmetscherin los, um das Michailowsky-Palais zu besuchen, gleich neben dem Hotel, welches das sogenannte Rus-

sische Museum beherbergt. In der mittleren Galerie, den Hohen Fenstern gegenüber, hing Serows Portrait der Fürstin Zinaida Jussupow. Sie war in Wolken von Spitzen und Musselin gehüllt, aus denen kleine Hündchen hervorkrochen. Ich erkannte ihr sanftes und etwas trauriges Lächeln. Welch ein Kontrast zu der Gruppe, die diese ätherische und anmutige Erscheinung begaffte.

Der Führer rasselte daher: »Eine typische Weltdame von perversem und unmoralischem Lebenswandel.« (Tipichnaja mondennaja dama, raswratnowo povedenija.)

Ich konnte mich nicht zurückhalten und fiel ihm ins Wort: »Was in aller Welt sagen Sie da? – Ich kannte sie gut: Sie war die untadeligste Frau, gut und bezaubernd. Für mich war sie eine zweite Großmutter!«

Den Leuten blieb der Mund offen stehen und sie starrten mir nach, als wir uns zur prachtvollen Ikonenabteilung begaben.

Meine Intourist-Dame bat mich, ihr zu erklären, was wir sahen – eine verkehrte Situation. Sie befragte mich auch über die Jussupows und über historische Episoden. Ich gab ihr Auskunft, indem ich Tatsachen ohne jeden Kommentar anführte. Sie sagte dann: »Kommen Sie wieder – mit mehr freier Zeit. Ich will Ihnen alles zeigen, was Sie sehen möchten, denn ich kann überall hingehen.«

Als wir das Palais verließen, gingen wir durch die Anlagen, die ein Puschkin-Denkmal umgeben. Eltern führten ihre Kinder zwischen Blumenbeeten spazieren. Das Leben schien hier friedvoller zu sein, sozusagen am Rande der Ereignisse. Vielleicht würde eines Tages Petersburg die Wiege einer neuen Kultur werden, denn anscheinend kommen die meisten der besten Gelehrten und Künstler von hier, aber sie werden von Moskau verschlungen.

Ich eilte heim, um mich für die Oper umzuziehen. Sie fragten mich gleich, ob ich im Ausland dasselbe anziehen würde. Sie hätten es als Mißachtung empfunden, wenn ich es nicht täte.

Ich schlug der Dolmetscherin vor, sich bei mir auf dem Zimmer schön zu machen, aber sie sagte, sie hätte andere Möglichkeiten und traf sich bald mit uns, nett aufgemacht und sogar mit einem Hauch von Make-up. Wir sollten Rimsky-Korssakows »Pskowitianka« im Mariinsky-Theater sehen. Ich war am Theater selbst noch mehr interessiert als an der Oper.

Als wir dorthin gingen, nachdem wir diesen Teil der Stadt allmählich kennengelernt hatten, war es noch ziemlich hell und der Himmel verblich von Gold zur Malvenfarbe.

Das Theater war eine Wonne. Während das Bolschoi-Theater in Moskau in Gold und Rot gehalten war, ist es hier ein blasses Blau. Wir saßen in der ersten Reihe, fast zu nahe am Orchester. Ich schaute mich um und war sehr bewegt bei dem Gedanken, daß meine Mutter, ihre Brüder und die ganze Generation, die unserer voranging, so oft auf den gleichen Sesseln bei ähnlichen Anlässen gesessen hatten. Der kaiserliche Doppeladler war über der ehemaligen Hofloge durch das Sowjet-

Emblem ersetzt worden, aber an allen anderen Stellen war er noch zu sehen, worauf man mich auch aufmerksam machte.
Die Oper basiert auf einer Begebenheit aus der Zeit Ivan des Gestrengen, merkwürdigerweise heute noch sehr beliebt. Der Hauptdarsteller Kriwulija (der Krumme) besaß eine donnernde Baßstimme und eine beeindruckende Ausstrahlung, aber sein Spiel grenzte an Karikatur, was bei Petrow in Moskau nicht der Fall gewesen war. Die Dekorationen waren unglaublich realistisch: Im dritten Akt fegte ein Sturm über die Bühne, Bäume bogen sich im heulenden Wind, Blitz und Donner krachten und schließlich kam die königliche Jagdgesellschaft unter Regenschauern zu Pferde in vollem Galopp von links nach rechts über die Bühne geritten – ohne einen Laut zu machen. Anscheinend trugen die Pferde Gummigaloschen, vermutlich die Hunde und die Männer auch. Alle Mitwirkenden, vom Harfenisten im Orchester bis zum letzten Statisten, spielten mit leidenschaftlicher Inbrunst und Hingabe.
Die Oper selbst war lang und, abgesehen von der perfekten Darbietung, langweilig; mit Ausnahme einer übersteigerten Szene am Ende, in der der König kniete und ohne ersichtlichen Grund sich ausschweifend bekreuzigte. Die Dolmetscherin flüsterte mir ins Ohr: »Nam s wami (Für Sie und für mich) ist diese letzte Szene eine krasse Übertreibung.«
Während der Pause bekamen wir das gewohnte warme Bier und Sandwiches in einem Salon, der vom Foyer abgetrennt war, in dem Zuschauer umherwandelten. Wir schauten hinein und fanden das Publikum unbefangen, nicht wie in Moskau, wo die Leute ständig in der gleichen Richtung in die Runde gingen wie dressierte Zirkusponies.
Am nächsten Morgen nahmen wir alle zusammen das Frühstück im Speisesaal des Hotels ein. Das Programm für den Tag wurde in letzter Minute zusammengestellt. Ich versuchte natürlich, einige Änderungen zu erreichen. Sie waren schon daran gewöhnt, lachten gutmütig und versuchten, meinen Wünschen nachzukommen.
Der erste Punkt war das Denkmal für die Toten der Belagerung von Leningrad, dann (wahrscheinlich als eine Konzession für mich) die Gräber der Zaren in der Peter-Pauls-Festung. Ich versuchte, das Denkmal zu umgehen, das für Paul eher peinlich war, da er an der Belagerung dieser unglücklichen Stadt teilgenommen hatte, und schlug vor: »Lassen wir doch die so traurigen Denkmäler für die Toten und ersetzen wir sie durch die archäologischen Sammlungen der Skythen und Sarmaten in der Schatzkammer des Eremitage-Museums.« Nach einer Weile kam jemand zurück und sagte, wir dürften die Schatzkammer besuchen, obwohl sie heute geschlossen sei. Der Besuch der Denkmäler wurde aber trotzdem beibehalten.
Wir fuhren durch neue Vororte in Richtung der Straße nach Finnland hinaus, die auch zum Elternhaus meiner Mutter führte – Ossinewaja Rosscha. Ich wäre gern

dorthin gekommen, aber es war zu weit. Sie sagten mir, es sei in gutem Zustand und jetzt ein Invalidenheim.

Das Denkmal für die Toten der Zivilbevölkerung von Leningrad – 650 000 Menschen, von denen die meisten am Hunger starben – war bewundernswert angelegt auf grasbewachsenen Terrassen, unter denen die Toten lagen. Der Eingang war mit einem bescheidenen Triumphbogen versehen, der Gedenkinschriften trug. An den Wänden befanden sich Glaskästen mit Erinnerungsstücken, unter anderem dem Tagebuch eines achtjährigen, kleinen Mädchens. Es war ein schmuddeliges Schulheft mit Eselsohren und gekritzelten Eintragungen, Seite für Seite: »Papa starb heute«; dann »Heute starb Onkel Wanja«, gefolgt von »Heute starben die Sewerskis« und »Heute starb Mama um so und so viel Uhr.« – »Alle sind gestorben«, und als letzte Eintragung: »Tania ist jetzt allein.« Es waren Schmutzflecken auf den Seiten, und die Schrift wurde verschwommen. Das Kind war auch gestorben.

Der einarmige und hinkende »Held von Leningrad«, der uns überallhin begleitete, sagte: »Sie fühlen mit uns, Sie haben Tränen in den Augen!«

600 Tage lang hatte Paul zu den Belagerern dieser Stadt gehört. 900 Tage dauerte die Belagerung insgesamt und es herrschten grauenhafte Zustände. Angesichts dieser traurigen Rückschau war auch er zutiefst bewegt. Ich sagte: »Ich arbeite beim Roten Kreuz und wir behandeln das Schicksal von Hunderttausenden von Menschen, die auf beiden Seiten starben oder vermißt wurden. Aber was es wirklich bedeutet, kann man erst richtig ermessen, wenn man sich Fälle vor Augen führt wie den dieses armen kleinen Mädchens.«

»... das genauso hieß wie Sie«, setzte der »Held« hinzu.

Als wir gingen, flüsterte Paul mir zu: »Leider haben alle, die hier um uns sind, an dieser Front gekämpft, auch wenn sie aus Moskau waren. Es hätten ja auch welche aus Charkow oder Stalingrad dabeisein können, aber sie sind alle von hier.«

Eine Frage lag in der Luft: Warum wurde die Zivilbevölkerung nicht evakuiert, da man doch im Winter den Ladoga-See überqueren konnte und die Stadt nicht vollständig abgeschnitten war. Es wäre sicher schwer gewesen, aber nicht unmöglich; aber andere Dinge waren vordringlich, und weder die Nazis noch die Kommunisten haben sich je große Sorgen um das Überleben ihrer eigenen Leute gemacht. Paul hatte gesehen, wie sowjetische Flugzeuge künftige Partisanen ohne Fallschirme absetzten, indem sie möglichst niedrig über den Schnee flogen. Nur etwa ein Drittel überlebte.

Unser nächstes Ziel war die Peter-Pauls-Festung, in welcher alle Zaren seit Peter dem Großen beigesetzt sind. Sie enthält auch die Fahnen und Wimpel einer Reihe von Regimentern. Die von vergoldeten Geländern umgebenen, marmornen Gräber stammen alle aus der Zeit Nikolaus I. Der Altar und die bewundernswerte Ikonostasis waren vor kurzem restauriert und vergoldet worden. Wir traten hinaus in den Hof, der seit Jahrhunderten unverändert zu sein schien. Die Münze gegenüber prägt nach wie vor die Münzen und Medaillen – auch des heutigen Regimes. Als wir durch den Torbogen gingen, zeigten sie mir die düsteren Zellen aus dem 18. Jahrhundert mit berechtigtem Bedauern über das traurige Schicksal derer, die darin hatten hausen müssen.

Etwas verärgert sagte ich: »Ach, bei der Gelegenheit: Die Lubjanka. Ich vergaß, in Moskau zu fragen, wo sie ist.«

»Sie wird nicht mehr für politische Gefangene benutzt (?), nur noch für Verbrecher. Sie liegt gleich neben dem Dserzhinsky-Platz.«

»Die Ehre hat er auch verdient«, sagte ich trocken – Dserzhinsky war einer der gnadenlosesten Tschekisten und Mörder.

Von da an wurden Zellen und Gefängnisse aus der Zarenzeit nie mehr erwähnt.

Wir fuhren ein Stück und gingen dann zu Fuß zum Mariinsky-Palast, gebaut für Maria, die Tochter Nikolaus' I., der später Sitz des Staatsrates des Kaiserreichs wurde und heute der »Ispolkom« oder das Rathaus ist. Wir wurden mehr oder weniger auf die gleiche Art empfangen wie in Moskau. Der Präsident oder Bürgermeister redete ausführlich über seine Liebe zu der Stadt und die beachtlichen Anstrengungen, die gemacht würden, sie zu verschönern, vor allem, um die Kriegsschäden zu beseitigen. Sie hatten auch vor, zerstörte Paläste außerhalb der Stadt wiederaufzubauen und eine Menge Wohnungen zu erstellen. Wie in Moskau waren alle diese Unternehmungen jüngsten Datums. Bis Stalins Tod schien nichts dergleichen unternommen worden zu sein.

Es gab kein Wort der Propaganda.

Der Wunsch, positive und schöpferische Arbeit zu leisten, ist eine ganz natürliche Triebfeder, egal welches Regime auch das Zepter schwingen mag. Sie waren ehrlich und berechtigterweise stolz auf das, was sie erreicht hatten, stolz, die Belagerung überlebt und den Krieg gewonnen zu haben. Sie wollten mir den Palast zeigen, »den Ihre Familie gekannt haben muß«, und sie führten uns durch alle Salons, die kürzlich renoviert worden waren und in denen die Möbel in Staubschutzhüllen steckten.

Eine Stimme neben mir sagte: »Sie haben keine Ahnung, Tatiana Illarionowna, wie schwer es ist, ein Land von dieser Größe ohne Modell oder Vorbild zu verwalten. Wir wissen nicht, was früher für Maßnahmen ergriffen wurden. Wir wissen nicht einmal, was man tat, wenn die Newa über die Ufer trat!« – »Aber die Flutmarken befinden sich doch an den Wänden, und Sie müssen ja schließlich Archive haben!« protestierte ich.

»Andere mögen Zugang dazu haben, wir nicht!« seufzte er.

Wir hatten den Ratssaal erreicht, der ziemlich unverändert war, außer einem mit revolutionären Szenen bemalten Fries. Der Bürgermeister sagte: »Sie müssen auf dem Bild vom Staatsrat des Kaiserreiches, das im Russischen Museum hängt, Verwandte erkannt haben!« – »Ja, allerdings. Meinen Großvater Wiasemsky.« Er

sagte dann: »Sie müssen Ihrem Vater erzählen, daß wir unser Bestes tun. Es wird ihm Freude machen, zu wissen, daß hier alles in Ordnung ist.« Sie schienen alles über ihn zu wissen, obgleich ich ihn nicht erwähnt hatte.
Der »Held von Leningrad« war auch ein Stadtrat, betreut mit dem Wiederaufbau und der Restaurierung der Monumente. Er war ein einfacher Mann, und ich konnte mir nicht vorstellen, daß seine Tätigkeit darüber hinausgehen könnte, Pläne und Anträge zu bestätigen, die von Spezialisten im Hintergrund erstellt waren. Er sagte zu mir: »Wenn Sie hier blieben, Tatiana Illarionowna, würden Sie in den Stadtrat gewählt werden, da Sie so viel über unsere Geschichte und Denkmäler wissen – merken Sie sich: Offiziell gewählt werden!« Von 1000 Mitgliedern sind 500 Frauen, die sogenannte »freie« Berufe ausüben, wie Ärztinnen, Professorinnen usw.
»Und was weiter?« fragte ich voll Neugier, aber innerlich kam mir der Gedanke an Gefängnis oder Schlimmeres.
»Nun, in zwei Jahren vielleicht ein noch wichtigerer Posten!«
»Ich bin eine eigenwillige Person; ich pflege die Dinge auf meine Art zu tun.«
»Wir wissen schon, wie man jemand dazu bringt, sie auf unsere Weise zu bewerkstelligen«, sagte er, und sein Gesicht verhärtete sich.
»Dann bin ich keineswegs jemand, der zu Ihnen passen würde!« antwortete ich leichthin, um es mit einem Lachen abzutun.
Meinem Wunsch entsprechend wurden wir zur Schatzkammer der Eremitage geführt und wanderten durch endlose Korridore, gefüllt mit faszinierenden Ausstellungsstücken, die ich gern in Ruhe betrachtet hätte. Vor einer hohen, verschalten Tür wurden wir erwartet und nach einigem Palaver nahm uns eine energische Frau mit einem dichten Haarknoten in Empfang.
Wir wurden gebeten, unsere Handtaschen und Kameras auf einem Tisch zu deponieren.
Die Schatzkammer enthielt die unglaublichste Sammlung wunderbarer Dinge, die ich je gesehen habe. Sie füllte vier Säle und schloß archäologische Funde aus Ausgrabungen bei Cherson im Norden der Krim ein, die fast alle noch vor 1913 zutage gefördert wurden, wie man uns betont erzählte. Fabergé hatte sich von den Diademen, Armreifen und Fibelbroschen für seine herrlichen Schmuckstücke inspirieren lassen. Das Wissen und die Bildung unserer Führerin schienen grenzenlos zu sein, und sie hielt uns einen kurzen und verständlichen Vortrag, der uns mehr beibrachte als jede ausgedehnte Studie. Mit den Vertretern des Stadtrates war sie kurz angebunden, aber vielleicht nur, weil man sie ihres freien Tages beraubt hatte.
Ich konnte mich von den einzigartigen Schaukästen kaum losreißen, und als sie zurückkam, um nachzusehen, was mich zurückhielt, erzählte ich ihr, wo ich ähnliche Dinge in Athen und Tunesien gesehen hätte. Ich bat sie auch um Entschuldigung dafür, daß wir sie gestört hätten, aber es sei der einzig verfügbare Tag und der Besuch in der Schatzkammer eine besondere Gunst. Ich erklärte ihr auch,

daß unsere Reise einen beruflichen und keinen politischen Grund hätte. Sie schmolz sichtbar.
Anschließend besichtigten wir den riesigen Palast, fingen bei den zauberhaften französischen Impressionisten im oberen Stock an und gingen dann zu den Italienern, die noch immer beachtenswert sind, obgleich eine Anzahl der besten Bilder heute die Morgan- und Cress-Sammlungen in Washington bereichern. Ein Verkauf von russischem Silber war gerade in London im Gange. Ich beklagte mich darüber und unsere Begleitung sagte: »Aber es gibt ja so viel davon!« Ich antwortete scharf: »Rußland ist ein riesiges Land. Man könnte überall Museen einrichten.« Sie dachten wie ich, aber sie konnten es nicht sagen.
Ich verließ sie, um auf eigene Faust durch den Palast zu laufen und Spuren der Vergangenheit zu suchen. Ich glaubte eine Galerie gefunden zu haben, die die Fürstin Jussupow mir beschrieb, als sie mir einen der seltsamen, prophetischen Träume erzählte, die ihr manchmal zuteil wurden. Sie ging in großer Ballrobe auf eine Glastür zu, diese öffnete sich und Alexander II., der ihr sehr geliebter Vormund gewesen war, kam ihr mit ausgebreiteten Armen entgegen und rief freudig aus: »Ma chère, enfin vous voilà!« – Und in der Tat starb sie kurz danach.
Wir hatten einen Onkel dazu überredet, uns die großen Hofbälle zu beschreiben: »Sie begannen um zehn. Die Gäste warteten in neugieriger Spannung und gedämpfter Unterhaltung in großen Salons, die auch im Winter mit einem phantastischen Überfluß von Blumen angefüllt waren. Die hohen Türen flogen auf, die kaiserliche Familie erschien und verbreitete eine feierlich-beklemmende Atmosphäre, die sich auf die ganze Gesellschaft legte. Der Kaiser tanzte mit der ältesten anwesenden Diplomatendame und die Großfürstinnen sandten ihren persönlichen Adjutanten, um einen Tanzpartner aufzufordern, was für beide Teile peinlich war. Gardeoffiziere in weiß-roten Uniformen tanzten mit Damen, die von Juwelen funkelten. Es wurde nicht gelacht; man verbeugte sich nur und lächelte diskret und reserviert. Um halb zwölf zog sich die kaiserliche Familie zurück, um in ihren Privatgemächern zu soupieren, und für die etwa fünfhundert Gäste, die jetzt etwas fröhlicher waren, servierte man ein Buffet, aber der Abend endete früh. Es war eher wie ein Ritual. Man fühlte sich geehrt, wichtig und in einem Zustand verhaltener Erregung. Gelegenheit, fröhlich zu sein, gab es anderswo: auf privaten Bällen, Regiments-Diners, bei den Zigeunern ... und natürlich in den ›Salons‹, wo man sich frei und ungezwungen über eine große Vielfalt von Dingen unterhielt. Es herrschte dort ein gelöster Ton, mehr Puschkin als Dostojewsky oder gar Tolstoy; aber es gab kaum Klatsch – ›trop de parenté‹, man war zu nah verwandt.«
Als ich durch die riesigen, leeren, ihrer Verzierungen beraubten Säle ging, versuchte ich, diese längst vergangene Atmosphäre heraufzubeschwören. Ich erreichte die berühmte Galerie von 1812, die mit den Portraits aller Generäle und Staatsmänner getäfelt ist, die an der Verteidigung Rußlands gegen Napoleon be-

teiligt gewesen waren. An einem Ende hing das lebensgroße Portrait Alexander I. von Dawe. Ich fand unseren Ahnen, den General Fürst Wassiltchikow, der 1815 in Paris einzog, nachdem er an allen großen Schlachten gegen Napoleon teilgenommen hatte. Er war erschüttert über den mehr als freundlichen Empfang, den er in Paris fand, »eines stolzen Volkes nicht würdig, auch wenn es besiegt ist«, wie er es in einem Brief ausdrückte.
Während Alexander I. später von einem Kongreß zum anderen reiste, war er einer der drei Staatsmänner, die Rußland in seiner Abwesenheit regierten. Eine ungewöhnliche Begebenheit fiel mir ein, als ich vor dem Bild stand. Als mein verwaister Großvater Wassiltchikow heiratete, ersuchte ihn Alexander III., vor der Trauzeremonie in den Palast zu kommen. Der Kaiser nahm eine Ikone, die auf dem Tisch bereit lag, führte ihn durch alle Räume bis in diese Galerie und segnete ihn damit vor dem Bilde seines Großvaters. Dann brachte er ihn in der kaiserlichen Kutsche zur Kirche und stand während der ganzen Zeremonie neben ihm.
Unsere Freunde hatten mich eingeholt, und ich erzählte diese Episode. Wir entdeckten auch eine von Lawrence angefertigte Ölskizze von Pauls Urgroßvater, dem Kanzler Metternich. Sie waren entzückt: »Kak eto choroscho! Tak i naschli tut swoich!« (Wie wunderbar! Sie haben Ihre eigenen Verwandten hier gefunden!)
Beim Hinausgehen schaute ich nochmal meinen Baedeker von 1912 durch, den ich mit den größten Schwierigkeiten in England aufgetrieben hatte.
Sie beteuerten: »Wenigstens kann heute jeder all diese Sammlungen besuchen!«
Ich sagte: »In meinem kleinen Buch hier steht, daß sie immer besucht werden konnten, auch in Privathäusern, wo man zu bestimmten Zeiten eingelassen wurde.«
Sie nahmen es gutmütig hin und lachten: »Brosste Knischku!« (Lassen Sie Ihr Büchlein!)
Unsere Dolmetscherin erbot sich, mich auf dem Rückweg zum Hotel zu unserem Haus an der Fontanka Nr. 7 zu führen.
Es blickte auf den Kanal und war kleiner als ich gedacht hatte, eher wie ein Wiener »Palatscherl«, heute Sitz irgendeiner Partei-Organisation. Gegenüber der Eingangstür liefen zwei geschwungene Treppen, die sich auf einem schmalen Treppenabsatz im ersten Stock trafen, steil nach oben.
Wir vier ältesten Kinder waren alle in diesem Hause geboren worden. Irina konnte sich noch gut erinnern, wie Mama tränenüberströmt in den Ballsaal oben gestürzt kam, wo wir spielten, sie an der Hand nahm und sie hinabführte, um mit ihr in der kleinen Kapelle, links von der Halle, in der ich jetzt stand, an dem von Ikonen und Kerzen umgebenen offenen Sarg ihres Bruders Dimitri zu beten. Er war auf der Straße bei den Krawallen getötet worden und war, glaube ich, der Mensch, den sie am meisten liebte, denn sie ist niemals darüber hinweggekommen.
Später war Papa mit dem plündernden Mob in das Haus gegangen und hatte sich

Mamas Fabergé-Ostereier, die in der Schublade ihres Toilettentisches vergessen worden waren, in die Tasche gesteckt. Sie selbst hatte später versucht, noch einige Sachen herauszuholen, wurde aber verhaftet und zur Petrograder Tscheka gebracht, wo sie der Mörder Uritzky verhörte.
Es war eigenartig, in der Halle zu stehen und zu wissen, daß man hierher gehörte. Man wollte uns nicht weitergehen lassen, obgleich die Dolmetscherin schnell einwarf: »Ein wichtiger ausländischer Gast, der sich für Architektur interessiert.«
Im Hotel fragten unsere sowjetischen Freunde, während sie köstliche Kiewer Koteletts zum Mittagessen verschlangen: »Wo waren Sie?« – »Ich ging unser Haus anschauen!« – »Und wie fanden Sie es?« – »Leider in recht schlechtem Zustand.« – »Hätten wir gewußt, daß Sie hingehen, hätten wir es neu streichen lassen!« sagte der Stadtrat galant. Später haben sie sich unendliche Mühe gegeben, das zu tun, und jetzt ist das Haus ein Offiziersklub geworden.
Als wir nach Zarskoje Selo abfuhren, wurden Paul und ich getrennt, aber wir konnten daran nicht herumkritteln. Ich war in meinem Wagen allein mit drei Russen, von denen ich zwei schon kannte. Der dritte war sicher das »Holzauge«, der Beobachter. Der einarmige Held von Leningrad ließ sich über die Vorzüge Chruschtschows aus: »Nikita Sergejewitsch ist ein bemerkenswerter Mann. Er versteht das Volk!« – Sicherlich waren wir von einer Woge von Hoffnung umgeben, nach dem totalen Grauen der Stalinzeit, in der sie so viel gelitten hatten. Es war wie die Genesung nach einer schweren Krankheit und vielleicht erklärte das auch ihre Freundlichkeit uns gegenüber: Wir waren Symbole des Tauwetters. Und trotzdem sollten wir später von friedlichen Demonstrationen in Nowotscherkassk im Jahre 1962 hören, die ohne Gnade von Tanks der Armee niedergeknüppelt wurden. Und es sollte noch mehr kommen ... Chruschtschow hatte nur nach dem Eis getreten, weiter zu gehen war er nicht fähig gewesen.
Unterwegs erzählten sie mir Lokalanekdoten: »In einer Straßenbahn in Moskau bietet ein junger Mann einer Frau seinen Platz an, sie läßt sich mit einem Seufzer auf seinem Platz nieder und sagt: ›Man sieht, daß Sie nicht aus Moskau sind.‹ – ›Ja, es ist wahr, ich bin aus Leningrad.‹ – Nach einer Weile fügt der junge Mann hinzu: ›Und man kann sehen, daß Sie sicher aus Moskau sind.‹ – ›Warum?‹ – ›Weil in Leningrad die Damen danke sagen!‹«
Sie fragten mich, was ich erwartet hätte, hier vorzufinden. Ich sagte: »Eine schöne Stadt, die ihr nach dem Kriege wunderbar restauriert habt. Und darum herum jede Menge von Treibhäusern für Frühgemüse und Blumen, ein ›Meer von Glas‹, wie mein Vater es mir beschrieben hat.« – Sie deuteten schnell auf ein winziges Treibhaus, an dem wir gerade vorbeifuhren. Da der Flugplatz von Leningrad klein, unzulänglich und auch leer zu sein schien, mußte man sich wundern, wie sie es überhaupt fertigbrachten, die Stadt zu versorgen.
Immer wieder traf man auf Häuserruinen entlang der Straße, verlassen in einer

Mondlandschaft. »Der Krieg«, erklärten sie – aber viele Jahre sind seither verstrichen. Der Wiederaufbau in einem kommunistischen Land läuft im Schneckentempo. Die Leningrader Künstler haben angesichts dieser Trägheit geradezu Wunder vollbracht. Als eine »heldenhafte Stadt« standen sie auf der Vorrangliste.

Es war ein lieblicher Frühlingstag, die Luft frisch und duftend. Die Büsche zitterten vor lauter Vögeln. In Zarskoje Selo zogen wir an Puschkins Denkmal vorbei und bekamen gleich eine verlängerte Probe seiner Dichtung, die zu hören eine Freude war. Wir vereinigten uns mit den anderen und Paul flüsterte, daß sie ihn schließlich geradeheraus gefragt hätten, wo er während des Krieges gewesen sei. Es war nicht mehr zu vermeiden. Er sagte: »Raten Sie!« Sie hatten natürlich keine Ahnung, darum sagte er: »Hier!« Sie erbleichten. Jeder von ihnen hatte einige Familienmitglieder in Leningrad oder Umgebung verloren. Die ungezwungene Sympathie, die sie ihm entgegenbrachten, erlitt einen Schlag. Sie seufzten und fragten dann kalt: »Aber wo genau?« Er nannte eine Reihe von Dörfern in der Umgebung, Feodorowskoje usw. Sie hatten zwar die belagerte Stadt verteidigt, aber kaum von diesen Orten gehört, wie nah sie auch waren. Die Namen sagten ihnen nichts. Aber dann lockerten sie sich wieder und protestierten warm: »Nie wieder! Sind Sie einverstanden? Heute sind wir Freunde!«

Paul flüsterte mir später zu, daß er tatsächlich einmal unter der kleinen Brücke zum Palast gelegen hätte, auf der wir gerade standen. Um ihn herum kauerten Soldaten der spanischen Blauen Division und darunter war ein zementierter Unterstand voller Russen. Die deutsche Artillerie hatte sich in der Entfernung geirrt und sie bekamen alles in den Nacken. »Es sind nur wenige aus diesem Sandwich herausgekommen«, sagte er beinahe stolz. »Niemand von unseren Freunden hat so etwas erlebt.« Das erklärte auch die Zerstörung des Schlosses, das in vorderster Linie stand: Ausnahmsweise handelte es sich hier nicht um eine willkürliche Greueltat.

Mit unendlicher Mühe bauten sie es jetzt Zimmer für Zimmer wieder auf. Ich fragte, wo die Stoffe herkämen, da ich wußte, daß das meiste ursprünglich in Lyon in Frankreich bestellt worden war und nur dort wieder neu gewebt werden konnte. Die Antwort war: »Alles ist hier in Rußland hergestellt.« Ich drängte sie nicht weiter, aber später hörte ich, daß man große Mengen der gleichen Stoffe in den kaiserlichen Reserven gefunden hatte. Glücklicherweise hatte man unter Katharina II. nicht mit Bestellungen geknausert.

Wir gingen lange Zeit umher, gebannt von der Schönheit des Ortes. Pawlowsk wurde gerade restauriert und war darum noch nicht zu besichtigen. Ich hätte gern den Alexanderpalast gesehen, wo der letzte Kaiser gelebt hatte, aber dazu war keine Zeit, denn wir sollten noch nach Peterhof und man mußte zwischen beiden entscheiden.

Peterhof wurde im Kriege schwer beschädigt, aber das Äußere des Palastes war schön erneuert. Statuen aus etwas schreiendem Gold, die dringend eine Patina benötigten, führten an den Fontänen vorbei, hinunter zu einem Blick auf das silbrige Meer, das wie ein leicht zerknitterter Schleier schimmerte, während der sanfte Frühlingshimmel sich von Gold zu blassem Türkis verfärbte, bevor der malvenfarbige Abenddunst alle Farben aufsog.

Leider mußten wir uns beeilen, um rechtzeitig zum unvermeidlichen »Bankett« zurecht zu sein.

Wir fuhren wieder durch die kleine Stadt, die vollständig in ihrem ursprünglichen Stil wiederaufgebaut worden war, genau wie im Stadtkern von Leningrad, wo die Häuser eine bestimmte Höhe nicht überschreiten durften, um die Proportionen der Stadt nicht zu verderben. Hierbei handelt es sich um eine der wenigen Entscheidungen, bei denen die Diktatur entschieden von Vorteil ist. Als wir nach Leningrad hereinkamen, machte man uns auf die berühmten Gitter des Sommergartens aufmerksam, die man an irgendeiner trostlosen Ecke aufgestellt hatte, »um das Volk zu erfreuen«. Sie waren durchaus am falschen Platz, und man konnte nur hoffen, daß sie in nächster Zukunft wieder ihren alten Standort einnehmen würden.

Das Diner war mühselig, wie wir es vermuteten. Wir saßen an langen Tischen, in Hufeisenform angeordnet. Krimsekt und Kaviar waren ebenso lauwarm wie in Moskau und die Reden ebenso lang. Wir enttäuschten sie, indem ich nicht trank und Paul alles vertrug, aber sie kamen weiterhin glänzend mit ihm aus und schlugen sogar »Bruderschaft« vor, was zu Pauls Entsetzen einen schmatzenden Kuß auf den Mund mit einschloß, eine Sitte, von der ich noch nie etwas gehört hatte. Ein etwas angetrunkener Gast, dem wir noch nie begegnet waren, erklärte mit einer klangvollen, wenn auch etwas undeutlichen Stimme: »Wir werden überall die ersten sein! Die ersten auf dem Mond, darüber bin ich mir im klaren.« Er maß dem große Bedeutung bei und muß bestürzt gewesen sein, als diese Hoffnung vereitelt wurde. Sie fuhren fort, mich mit Fragen über meine Eindrücke von Rußland zu bombardieren und vor allem über die Probleme des Kaiserreiches und wie man sie angegangen hätte. Ich wurde schließlich müde und leicht ungeduldig und sagte: »Warum sind Sie so interessiert daran, was ich denke und an unserer Vergangenheit? Man hat uns ja gehängt!«

Es gab einen Augenblick eine erschreckende Stille und dann sagte jemand: »Es waren nicht Sie, die gehängt wurden, und es waren nicht wir, die das Hängen besorgten.« Mit anderen Worten: »Wir gehören alle zur nächsten Generation und können wieder eine gemeinsame Basis finden.« Mein Nachbar sagte dann: »Wir haben keine Vorbilder, keine Erfahrungen aus der Vergangenheit, auf die wir zurückgreifen können. Das macht unsere Arbeit so ungeheuer schwer.« Es war merkwürdig, diese Bemerkung noch einmal zu hören.

Ein Gast am anderen Ende der Tafel schien den Ton zu freundlich zu finden und rief mit einer harten Stimme: »Tatiana Illarionowna, wie konnten *Sie* unter den Nazis leben?«

»Wir hatten Thermometer, nach denen wir uns richten konnten. Eins davon war ein Märchen«, entgegnete ich, und um ihn zu necken, fuhr ich fort, eine Anekdote zu erzählen, die in der Hitler-Zeit beliebt war: »Die Mutter Germania gebar einen Sohn und lud die gute Fee zur Taufe ein, welche versprach, drei Gaben zu gewähren: Das Kind sollte ein guter Nazi sein und auch klug und ehrlich werden. Aber die böse Fee flog auf ihrem Besenstiel herein, wütend darüber, daß sie nicht eingeladen worden war und erklärte, daß nur zwei von diesen Gaben gleichzeitig erfüllt werden könnten. Von da an konnten die Deutschen gute Nazis und klug sein, aber nicht ehrlich; gute Nazis und ehrlich, aber nicht klug; ehrlich und klug, aber keine guten Nazis. Dies paßt auf jede Ideologie oder Borniertheit!« fügte ich unschuldig hinzu. Eine Anzahl von Gästen lächelte, einige brüllten sogar vor Lachen. Einige blickten wütend, während der beschwipste Optimist nicht verstand, worum es eigentlich ging. Zuletzt war es Zeit, zum Bahnhof aufzubrechen.
Als wir zu unserem Waggon gingen, nahm der »Held von Leningrad« meine Hand mit einem eisernen Griff und sagte: »Kommen Sie zurück, Tatiana Illarionowna. Sie sind eine mutige Frau, eine echte Leningrader Frau!« Ich fragte mich, ob ich zu hart vor dem Wind gekreuzt hatte.
Wir kletterten in den Zug, aber der Abend war noch lange nicht zu Ende. Unsere sowjetischen Freunde besetzten das Abteil zwischen dem unsrigen und dem des Präsidenten und seiner Frau. Sie hatten einen Eimer voll mit Champagnerflaschen und schnell schmelzendem Eis mitgebracht und gedacht, den Abend zu verlängern. Der Sekretär unserer Vereinigung, dessen Rotstich sich verstärkt hatte, bat: »Bitte singt einige revolutionäre Lieder!«
Obwohl sie schon zuviel getrunken hatten, waren ihre Köpfe noch klar genug, um zutiefst schockiert zu sein von solch einer Taktlosigkeit in meiner Gegenwart, und auf einmal fingen alle mit ein paar Melodiefetzen aus »Eugen Onegin« an, besonders Gremins Arie an Tatiana. Das war wirklich rührend von ihnen. Ich, der Präsident und seine Frau gingen zu Bett, aber die Trennwand zwischen den Abteilen war dünn und man konnte jedes Wort hören. Ein Lied folgte dem anderen, aber eine kalte und nüchterne Stimme, die keinem von unseren Freunden gehörte, richtete hin und wieder spitze Fragen an Paul. Um Antworten zu vermeiden, hatte dieser sich auf das Vortragen von spanischen Liedern verlegt, die den Hintergrund des spanischen Bürgerkrieges bildeten. Das nächste könnte »Cara al Sol« sein.
Von kopfloser Angst gepackt, befürchtete ich, daß das ihr Vertrauen und ihre Freundschaft zerstören könnte, denn die Niederlage im spanischen Bürgerkrieg wurmte sie immer noch. Sie hatten uns und unsere Vergangenheit akzeptiert; der »letzte Strohhalm könnte dem Kamel den Rücken brechen«. Wie konnte ich Paul warnen? In einem Augenblick von Wahnsinn dachte ich sogar an die Notbremse, die so verführerisch in meiner Reichweite hing. Aber wie sollte ich je das Anhalten des Zuges rechtfertigen können?

Als die kalte Stimme wieder einsetzte, ergriff ich den schweren, kristallenen Aschenbecher, der auf dem Tisch stand und schmetterte ihn an die Wand. Stille nebenan. Ich klopfte nochmals – weniger brutal, und Paul kam herüber.
»Was ist los?« Flüsternd erklärte ich ihm den Grund, und er ging friedlich zu Bett. Als er das Nachbarabteil verließ, hatten sie gesagt: »Sie tun uns leid!«
Das lieferte mir das Stichwort: Ein Familienkrach! Am nächsten Morgen attackierte ich sie sofort: »Wir waren alle so müde und Sie machten nebenan solch einen Lärm, daß niemand schlafen konnte! Ich frage mich, was Ihre Frauen dazu sagen würden!«
Sie schauten schuldbewußt drein, und das erste, was sie von ihren Frauen zu hören bekamen, die uns in Moskau erwarteten, war: »Ihr habt zu viel getrunken!«
Ich war sehr erleichtert.
Wir fuhren geradewegs zum Flugplatz, wo unsere Maschine auf uns wartete. Das Abschiednehmen von unseren Freunden war rührend. Sie hatten sich wirklich die größte Mühe gegeben, freundlich zu uns zu sein. Sie hatten Tränen in den Augen – wir nicht, was fast beschämend war, aber wir dachten uns, daß ihr Kummer nicht rein persönlich war: Mit unserer Abreise würde sich ein kleines Fenster nach West-Europa, wonach sie sich sehnten, wieder schließen. Wohl waren wir gerührt von dem Takt und der Freundschaft, die man uns die ganze Zeit über gezeigt hatte, und von der Herzlichkeit, mit der wir empfangen worden waren, aber als wir erst im Flugzeug nach Paris saßen, überkam uns ein berauschendes Gefühl von Freiheit und Entspannung. Die Passagiere scherzten und lachten, als ob sie plötzlich von einem Zwang erlöst waren. Dieser Zwang kam nicht nur von der allgegenwärtigen Polizei, sondern von der ständigen Notwendigkeit, auf jeden seiner Schritte aufzupassen, diejenigen, die einen umgaben, nicht zu kompromittieren, weder etwas zu sagen, was nicht rückgängig gemacht werden konnte, noch dem gefälligen Lügen nachzugeben, das von uns erwartet wurde.
Erst jetzt wurde uns die Bedrückung von alledem klar.
Ein tschechischer Schriftsteller hatte mir gesagt, daß er der Meinung sei, die Russen könnten niemals Emigranten sein. Ihr Land wäre zu riesig und sie trügen diese Weite mit sich herum, wo sie sich auch befänden. »Das können wir nicht verstehen«, fügte er hinzu, »denn allein der Gedanke daran läßt uns klein erscheinen. Andere Slawen klammern sich an neue Nationalitäten – die Russen nie.« Was mich angeht, ist das sicher richtig, denn es ist in der Tat mein Land und Teil von mir, wo immer ich mich auch befinde, aber ich könnte niemals unter dem Druck und den Beschränkungen leben, die unsere sowjetischen Freunde ertragen müssen.
Ich empfinde eine tiefe Dankbarkeit meinen Eltern gegenüber, daß sie rechtzeitig fortgegangen waren.

TEIL II

Zeugen der Zeit

An der Peripherie der U.S.S.R. und russische Gespräche

Reise über Prag nach Polen
Juni 1964

»Wo die Furcht nicht herrscht, gibt es auch keine Gefahr.« *T. S. Eliot*

Das nächste Treffen des Internationalen Automobilverbandes sollte im folgenden Jahr in Warschau stattfinden. Auf unserem Weg nach Polen fuhren wir zuerst nach Prag. Die Zitadelle, der märchenhafte, königliche »Hradschin«, glitzerte in der Abendsonne. Die Stadt, welche während des Krieges glücklicherweise nicht gelitten hatte, erschien uns viel schäbiger als wir sie 1945 zuletzt gesehen hatten, wenn auch etwas weniger verkommen als viele der Dörfer und kleinen Städte, durch die wir unterwegs gefahren waren.

Der Direktor des Hotels kam heraus, um uns zu empfangen und rief: »Durchlaucht selber? Aus Königswart?« Er war ein junger Mann, und wir hatten unser Heim vor zwanzig Jahren verlassen!

Unser Zimmer war altmodisch und komfortabel – ein Überbleibsel aus Vorkriegszeiten. Wir telefonierten mit Freunden und verabredeten uns, mit ihnen in einem russischen Restaurant zu speisen, welches als das beste in Prag galt.

Als Tschechen hatten sie es vorgezogen, im Lande zu bleiben, selbst nachdem ihre Güter konfisziert worden waren. Obwohl die Arbeiter der früheren Fabriken unseres Freundes ihn zum Direktor gewählt hatten, griff die Kommunistische Partei ein und verurteilte ihn zu fünf Jahren Zwangsarbeit in den Bergwerken, wo er bis an die Knöchel im Wasser stehend schuften mußte. Wieder »frei«, verdiente er sein Brot durch das Übersetzen technischer Schriften in mehrere Sprachen. Auf Grund eines Gesetzes, welches jedem, der »nicht-proletarischer« Abstammung ist, verbietet, intellektuelle oder »bessere« Berufe auszuüben – nicht einmal den eines Verkäufers auf einer »Hauptstraße« –, wurde er zu weiteren zwei Jahren Gefängnis verurteilt. Nach seiner Entlassung verrichtete er Gelegenheitsarbeiten und erhielt sogar die Erlaubnis, einmal im Jahr zu verreisen, falls er von seinen Verwandten im Ausland eingeladen würde.

Ich fragte ihn, ob er nicht daran gedacht hätte, für immer fortzugehen. Auf gut österreichische Art antwortete er sanft: »Ich bin ein Feind von übereilten Entscheidungen!«

Bevor wir unsere Reise nach Polen fortsetzten, trafen wir uns zur Messe in einer zauberhaften Barockkirche im Zentrum der Stadt und überreichten ihm diskret einen vollen Koffer.
Ausflügler waren überall auf den Straßen unterwegs. Ihre Figuren wirkten chaotisch formlos dank ihrer unausgeglichenen Ernährungsweise. Sie sahen bleich und wabbelig aus, wie sie da in der heißen Frühlingssonne radelten oder wanderten. Schließlich fanden wir ein Dorfgasthaus, das von Menschen wimmelte, und versuchten, etwas zum Essen zu bekommen. Es schien jedoch nichts ohne Marken erhältlich zu sein. Voller Verzweiflung packte Paul eine dicke Kellnerin am Arm und imitierte eine Henne, die ein Ei legt. Ihr steinerner Gesichtsausdruck löste sich in ein breites Grinsen auf und in einer Rekordzeit wurden Spiegeleier vor uns hingestellt.
Als wir umherschauten, schien es uns, als ob tatsächlich ein Gegenstück zum »homo sovieticus« das Volk ersetzt hätte, welches wir gekannt hatten. In Polen sagte man uns nachher, daß außer den Ostdeutschen die Tschechen für die einzig verläßlichen Kommunisten hinter dem Eisernen Vorhang gehalten würden. Und doch, selbst hier sollte in einigen Monaten der gescheiterte »Prager Frühling« das Land an den Rand einer Explosion bringen. Die Protestwelle gegen Korruption und Unterdrückung war nur kurzlebig, da die Sowjet-Armee ins Land einmarschierte. Aber obwohl sie dablieb, bemühte sie sich, diskret im Hintergrund zu bleiben.
Ein frisch verheiratetes junges Paar, dessen Visum für die Tschechoslowakei noch gültig war, beschloß seinen Plan durchzuführen, die sterblichen Überreste des Vaters des jungen Bräutigams nach Bayern zu überführen. Er war gleich nach dem Krieg im Sudetenland von einem randalierenden sowjetischen Soldaten ermordet worden.
Der Straßenkarte folgend, holperte der kleine Volkswagen sandige Straßen entlang durch hohe Wälder und traf auf keinerlei Verkehr, was anfangs nicht verwunderlich erschien. Aber plötzlich zielten bedrohliche riesige Kanonen zwischen den Büschen und Bäumen hervor. Tanks parkten auf den Lichtungen und bewaffnete Sowjet-Soldaten sprangen aus dem Dickicht auf die Straße und starrten die Vorbeifahrenden an. Zutiefst beunruhigt beschlossen sie, ihren Weg fortzusetzen, denn es war klar, daß sie unbeabsichtigt in ein Lager der sowjetischen Armee geraten waren. Allerdings schien es, daß auch die russischen Soldaten über dieses Eindringen so überrascht waren, daß sie nicht wußten, wie sie sich verhalten sollten. Sie mögen gedacht haben, daß der Volkswagen im Besitz einer Sondergenehmigung sei, in welchem Fall es klüger wäre, nicht einzugreifen.
Als der Wagen wieder ins offene Land hinauskam, war weit und breit kein Zivilist zu sehen. Sie erreichten bald ihr Ziel und machten einen Totengräber des kleinen Friedhofs ausfindig, der einen örtlichen Beamten zu Rate zog. Es erwies sich allerdings als unmöglich, die Überführung vorzunehmen. Der russische Soldat war

offenbar auf der Stelle erschossen und neben seinem Opfer begraben worden. Das junge Paar kniete an beiden Gräbern nieder und teilte anschließend ein dürftiges Mahl mit dem Totengräber.
»Haben Sie viel zu tun?« fragten sie ihn beiläufig.
»Reichlich, vor allem wegen der russischen Deserteure (man hört nachts das Schießen), und dann sind da noch diejenigen, welche erkranken oder Unfälle haben.«
»Aber werden die denn nicht in Krankenhäuser gebracht?«
»Die Sowjets haben keine eigenen Krankenhäuser und wollen auch nicht, daß ihre Leute irgendwelchen Kontakt mit Tschechen haben. Wenn sie ernstlich krank oder verletzt sind, werden sie ohne viel Federlesens erschossen.«
Sie konnten es kaum glauben, aber der Mann beharrte: »Mit meinen eigenen Augen habe ich neulich einen Vorfall gesehen. Ein Panzer fuhr in eine Mauer. Der Soldat im Turm wurde verwundet, hatte innere Verletzungen. Ein Offizier kam, um ihn anzuschauen, wie er im Grase lag und sich vor Schmerzen krümmte. Er zog seine Pistole heraus und erschoß ihn. – Und ich führte die Beerdigung aus!«
Der kleine Volkswagen begab sich mit einem riesigen Umweg auf die Rückreise. Die tschechische Grenze war von Polen durch eine mit Steinen gepflasterte Brücke getrennt. Hohes Gras wucherte zwischen dem Kopfsteinpflaster. Es schienen hier nur wenige Leute und praktisch keinerlei Fahrzeuge den Übergang zu nehmen. Auf der anderen Seite gab es einen sofortigen und verblüffenden Wechsel im Tonfall. Eine dralle Frau in Uniform, die einen fest in Zellophan gewickelten Rosenstrauß umklammerte, kam aus dem Grenzhäuschen gelaufen und schüttelte uns herzlich die Hände: Der Polnische Automobilklub hatte sie von unserer bevorstehenden Ankunft unterrichtet. Wir entdeckten jetzt, daß unsere Autonummer auf dem Visum nicht mit jener auf der Zulassung übereinstimmte. Glücklicherweise hatten die Tschechen niemals den Widerspruch bemerkt. Unser Schutzengel verschwand in seinem Hüttchen und kam bald wieder zum Vorschein: »Die Nummer stimmte nicht, aber jetzt ist es in Ordnung!« Sie hatte sie einfach geändert. Paul wechselte sein Geld und wir fuhren weiter durch eine flache und eintönige Landschaft auf unebenen, mit ineinandergreifenden roten Ziegeln gepflasterten Straßen.
Wie in der Tschechoslowakei machte auch hier die Bevölkerung das Beste aus einem schönen Sonntagnachmittag und belebte die Straßen, aber es gab einen krassen Unterschied in ihrem allgemeinen Aussehen: Weiße Schleifen saßen wie Schmetterlinge in den Haaren der kleinen Mädchen, kleine Jungen trugen fleckenlose weiße Hemden und die Männer zugeknöpfte Hemdkragen oder tadellose Schlipse.
Wir fuhren über Tschenstochau, das Paul von früher her kannte. So oft wir nach dem Weg fragten, lächelten die Leute bei dem magischen Namen und winkten uns weiter. Die barocke Kirche auf dem Gipfel eines niedrigen Hügels links von der Straße schien wie ein Magnet die ganze Umgebung in ihren Bannkreis zu ziehen.

Ein bildhübscher kleiner Junge in seinem sauberen Sonntagshemd, das Haar vorn naß- und flachgebürstet, aber hinten spitzbübisch nach oben stehend, gab uns zu verstehen, daß er unseren Wagen bewachen wollte. Also ließen wir ihn da, mit gekreuzten Armen und einem autoritätsvollen Ausdruck auf seinem süßen Gesicht. Die Kirche war voll, die Menschen knieten in tiefer Demut, ins Gebet versunken in äußerster Ehrfurcht.

Als wir zu unserem Wagen zurückkehrten, stellten wir fest, daß wir vergessen hatten, ihn abzuschließen, aber unser selbsternannter Wächter hatte acht kleine Jungen in allen Himmelsrichtungen um ihn herum aufgestellt. Nichts war angerührt worden. Ich verteilte kleine Spielsachen, aber übersah einen Knirps. Unser kleiner Freund gab ihm zögernd sein eigenes Spielzeugauto, denn er fühlte sich für das Wohl seiner Mannschaft verantwortlich. Schnell griff ich in meinen Koffer nach einem anderen Geschenk. Schließlich standen alle zufrieden da und winkten uns strahlend zum Abschied.

Da bemerkten wir, daß wir all unser gewechseltes Geld und die Schecks an der Grenze vergessen hatten. Wir versuchten, von einem überfüllten Restaurant aus zu telefonieren, wo dichtgedrängte Menschen feierlich zum Geplärr einer schwungvollen Kapelle tanzten. Der Geiger sprach etwas Französisch: »Um zu telefonieren, braucht man eine Telefonmarke und eine Telefonmarke kostet Geld. Geld kann man nur in der offiziellen Bank wechseln und die Bank ist geschlossen.«

Wir hatten keine andere Wahl, als nach Warschau weiterzufahren und zu hoffen, daß unser Benzin reichen würde. Als wir das Hotel erreichten, empfing man uns mit besorgten Gesichtern: »Von der Grenze hat man angerufen. Sie schicken morgen das Geld und die Schecks. Wir machten uns Sorgen, weil es schon spät ist. Ach so, Tschenstochau, natürlich! Wer würde das versäumen!«

Das moderne, saubere, bescheidene Hotel rühmte sich eines ebensolchen Restaurants, in welchem wir unsere Freunde aus der ganzen Welt trafen. Wir mußten uns beeilen, denn die Küche war im Begriff zu schließen, und obwohl man auf uns gewartet hatte, machte man nicht gern Ausnahmen.

Der erste Empfang fand am nächsten Morgen im Palais des Oberbürgermeisters statt. Die Bevollmächtigten der Stadt erwarteten uns in einem weiß-goldenen Ballsaal, in welchen kleine Balkons für das Orchester in die Galerie oben eingefügt waren. Nach der vollständigen Zerstörung war der Raum nach den ursprünglichen Plänen großartig wieder aufgebaut worden. Unsere sowjetrussischen Freunde schossen auf uns los, die Arme in strahlender Freude ausgestreckt: »Tatiana Illarionowna, Taniuschka! – A gde Pol? Und wo ist Paul?« Man konnte eine Welle von Bestürzung unter unseren polnischen Gastgebern fühlen. Sie schienen zu denken: »Wir haben erwartet, daß wenigstens diese sicher auf unserer Seite stünden!«

Um sie schnell wieder zu beruhigen, fragte ich den Sowjet-Russen nach der ersten Begrüßung: »Welche Sprache sprechen Sie hier?« – »Russisch natürlich!« –

Darauf sagte ich: »Seit meiner frühesten Kindheit bin ich gelehrt worden, polnische Freunde niemals auf Russisch oder auf Deutsch anzureden. Sollten sie es wünschen, so müssen sie damit anfangen.«
Die Polen lächelten erleichtert, aber es fiel ihnen ein, daß sie Kommunisten sein sollten und sie fügten sanft hinzu: »Wir sprechen gern Russisch!« Darauf sagte ich: »Ich fasse das als ein großes Kompliment für mich und unsere sowjetischen Kollegen auf.« Tatsächlich zogen sie es natürlich wie immer vor, ein stockendes Französisch zu sprechen, aber nach dieser Unterhaltung waren sie wieder unbefangen.
Bei der Eröffnungssitzung der F.I.A. (Fédération Internationale Automobile) hielt unser Präsident, Fürst Caracciolo, eine Rede, in welcher er sagte: »Jede Nation mit Selbstachtung kann sich nur zutiefst verbunden fühlen mit dem unbezähmbaren Drang des polnischen Volkes zu Freiheit und Unabhängigkeit.« Dies war eine zweischneidige Behauptung in Gegenwart zahlreicher Vertreter von Ländern hinter dem Eisernen Vorhang, aber man fühlte ihre schweigende, wenn auch unbehagliche Zustimmung. Die Polen, ob sie nun offiziell Kommunisten waren oder nicht, schmolzen sichtbar. Eine vollbusige Sängerin gab dann einige Liedchen in einem zittrigen und schrillen Sopran zum besten. Mein polnischer Nachbar flüsterte mir ins Ohr, daß sie die Freundin irgendeines Ministers sei und fügte mit einem halbunterdrückten Kichern hinzu: »... selbst hier beruhen Karrieren manchmal auf anderen Verdiensten als Talent!«
Dann fuhr man uns durch die wiederaufgebaute Hauptstadt. Am Ende des Krieges war die zu Geröll zermalmte Stadt kaum einen Fuß hoch. Der sowjetische Marschall Rokossowsky wartete ruhig, bis die Nazis ihr Zerstörungswerk vollzogen hatten, bevor er in die gepeinigte Stadt einmarschierte. Jetzt waren selbst die Denkmäler in den Kirchen und die Hinterhöfe alter Paläste wiederhergestellt an Hand alter Stiche und Bellottos Gemälden. Der Wiederaufbau war bemerkenswert gut gemacht. Warschau war wiederauferstanden und das moderne Leben konnte beginnen. Die Zahl gutaussehender Menschen auf den Straßen war auffallend im Vergleich zu Rußland, wo die Klassenvernichtung total gewesen ist.
Der nächste Punkt auf unserem Programm war eine Schiffsfahrt auf der Weichsel. Die geruhsame Fahrt den breiten Strom entlang gab einem Zeit zum Nachdenken: Die Alliierten waren in Hitlers Krieg eingetreten, um die Unversehrtheit dieses Landes zu bewahren, und doch hatten die Polen, von Freund und Feind verraten, mehr als jedes andere Volk gelitten. Ihr flaches, schwer zu verteidigendes Land lag da, allen Winden und allen Eindringlingen geöffnet, zwei Giganten, den germanischen und slawischen Welten, ausgeliefert. Ohne ihren unglaublichen Mut, ihre beseelte Vaterlandsliebe und die Treue zu ihrer Religion wären sie schon längst geschluckt worden, wie es mit Burgund oder Lothringen der Fall gewesen war. Kein Wunder, daß die Staatsmänner sowohl von Rußland als auch von Österreich oder

Deutschland zu seufzen pflegten, wenn sie die Polen erwähnten. Sie waren wirklich immer »schwer« zu behandeln, aber ich fühlte mich überwältigt von Bewunderung für ihren moralischen Widerstand sowohl gegen die nazistische wie die kommunistische Unterdrückung.

»Wie ist ›man‹ früher mit ihnen fertiggeworden?« murmelte mein sowjetischer Freund an meiner Seite.

»Zuallererst – heirateten wir untereinander. Wir sind alle verwandt. Ich habe polnische Vettern, mein Mann auch. Das machte die Dinge viel einfacher. Wir haben vor langer Zeit gelernt, daß Polen ein Pulverfaß ist, welches einem ins Gesicht explodieren kann; darum ging man behutsam vor. Zum Beispiel bat mein Vater den Präsidenten des polnischen »Sejm«, das Parlament, um Zustimmung, bevor er eine Ernennung in Litauen annahm, welche polnische Minderheiten betraf. Wenn man das Land zu sehr unterdrückt, wird es wie ein Mann aufstehen.«

»Wir sind hier nicht allzu beliebt«, sagte mein Freund nachdenklich, »und doch sind sie nett zu mir.«

»Das kommt daher, daß sie Sie persönlich mögen.«

»Ich habe gehört, daß zwei russische Marschälle in diesem Lande ganz besonders verabscheut werden«, fügte er hinzu.

Ich sagte: »Lassen Sie uns ein Spiel spielen. Ich werde sie auf einen Zettel schreiben und Sie werden sie mir nennen.«

»Der erste ist Suworow.«

»... natürlich!«

»... und der zweite – Rokossowsky.«

»Sie stehen alle zwei auf meinem Zettel.« – Worauf wir beide lachten.

Ich las gerade eine Biographie von Alexander II. »Ist es ein gutes Buch?« fragte er.

»Ganz gut. Die Probleme sind die gleichen, die Sie bald haben werden: Liberalisierung, ohne den Ast abzusägen, auf dem man sitzt.«

An diesem Abend saß ich zwischen ihm und einem polnischen Minister. In bezug auf meine Rot-Kreuz-Arbeit sprachen wir ganz offen über Entwicklungsprobleme.

»Wenn wir doch bloß verhandeln könnten ohne den politischen Blickwinkel, der uns in der Dritten Welt immer gegeneinander ausspielt und unsere Anstrengungen zunichte macht!« seufzte der Pole. Es war interessant festzustellen, wie vernünftig die Leute auf der Verwaltungsebene sein konnten und wie wenig sie zu sagen haben, wenn es darauf ankommt.

Am nächsten Tag führten uns die offiziellen Ausflüge durch die wundervoll wiederaufgebauten Schlösser rund um Warschau. Abends wurden wir vom Minister für Transport im ehemaligen Haus des Grafen Roman Potocki empfangen. Als wir den eleganten sechseckigen Ballsaal betraten, verzog ich das Gesicht und sagte zu Paul: »Ich hasse es, in gestohlenen Privathäusern bewirtet zu werden!«

»Denk nicht daran. In unserem Königswart tun sie dasselbe!«

Als ich mich neben dem gedrungenen und vierschrötigen Minister, einem ehemaligen Bergmann aus dem Süden, niederließ, bemerkte er: »Dieser Palast wurde von Grund auf wiederhergestellt, denn die Deutschen hatten ihn vollkommen zerstört. Wir haben sogar versucht, die entsprechenden Bilder, Türgriffe und Möbelstücke aufzutreiben. Glauben Sie nicht, daß wir das Recht haben, ihn zu benutzen?«
»Doch. In dem Fall ja«, meinte ich. Er konnte nicht gehört haben, was ich gesagt hatte, aber er muß uns beobachtet und mein angeekeltes Gesicht gesehen haben.
Paul wurde neben den ostdeutschen Vertreter placiert, und nach kurzer Zeit erklärte sein Nachbar entschuldigend, warum er überhaupt in Ostdeutschland bliebe. Es war, wie gewöhnlich, eine »cherchez-la-femme«-Geschichte, und Paul erklärte verständnisvoll, daß er ihm das nachfühlen könnte.
Westdeutschen schien man in diesem Lande weitaus mehr Vertrauen entgegenzubringen als DDR-Delegierten. Bei uns hatten sie das Gefühl zu wissen, woran sie waren.
In Madrid hatte meine Freundin Christine Potocki, geborene Radziwill, deren bezaubernder und hervorragender Mann vor dem Krieg polnischer Botschafter in Spanien gewesen war, mich gebeten, ihre Familie in Warschau zu besuchen. Sie war überzeugt, daß dies sie in keiner Weise kompromittieren würde, was mir nach unserem Besuch in Sowjet-Rußland vor einem Jahr allerdings überraschend vorkam. Mein erster Telefonanruf war darum sehr vorsichtig, und ich nannte keine Namen. Christines Bruder, Edmund Radziwill, und ihre Schwägerin waren sofort bereit, an dem Abend mit uns im Hotel zu essen und mir zu sagen, wie ich seinen Vater, den alten Fürsten Janusch, erreichen könnte. Balala Radziwill hatte mit Paul als Kind in Rom gespielt, als sein polnischer Stiefvater Botschafter beim Vatikan war. Sie war wunderbar würdevoll in ihrer ruhigen Festigkeit und bedingungslosen Hinnahme schwerer Zeiten. Möglicherweise ist es leichter für Frauen, welche nicht zum »Aufbau eines Staates« beigetragen haben, den Zusammenbruch solcher Gebilde mit einer gewissen Gelassenheit zu betrachten. Wenn sie etwas nachtrauern, so sind es eher Gegenstände als Einrichtungen. Wohingegen Männer an einem nagenden Gefühl der Niederlage leiden, wenn ihre Gesetze verfehlen, das System aufrechtzuerhalten.
Edmund war mehr als gutaussehend, mit dem Äußeren eines Rennpferdes und wahrscheinlich auch denselben gegensätzlichen Eigenschaften von nervöser Sensibilität und der unerschütterlichen Zähigkeit äußerster Unverwüstlichkeit. Als Sportler und Soldat hatte er eine gründliche Willens- und Mutschulung durchgemacht und war gegen physische Entbehrungen abgehärtet.
Ohne viel Worte verstanden Paul und er sich gleich. Sie besaßen beide die seltene und rätselhafte Gabe, sich der Verurteilung anderer zu enthalten, wie sie C. F. Meyer in seiner Erzählung »Die Versuchung des Pescara« definiert: »Er verurteilte ihn nicht ... War es Klugheit, war es Gleichgültigkeit gegen die sittlichen

Dinge? War es Freiheit vor jedem – auch dem begründetsten Vorurteil, oder war es höchste Gerechtigkeit einer vollkommenen Menschenkenntnis?«

Edmund hatte an französischen und englischen Universitäten studiert und sprach eine Anzahl von Sprachen wie ein Einheimischer. Er war jetzt bei einer Baufirma angestellt. Ich fragte ihn, ob er je daran gedacht hätte, Polen zu verlassen.

»Wir haben zu diesem Lande gehalten in den Tagen seiner Größe. Es steht uns nicht an, es jetzt in seinem Unglück zu verlassen.« Dies sagte er leichthin, ohne Emphase, wie eine nüchterne Feststellung. »Sie fragen mich, was ich am meisten vermisse? Ich denke das Leben auf dem Lande, denn ich war niemals ein Städter. – Nein, nicht die Jagd. Wenn man selbst Wild gewesen ist, verliert man schnell den Geschmack daran, Jäger zu sein.«

Nach der ersten Katastrophe von 1939 nach Rußland verschleppt, befand er sich unter jenen polnischen Offizieren, die aus vielen Lagern ausgesucht und dann in Richtung Katyn in Bewegung gesetzt wurden. Man zwang sie, große Strecken zu marschieren, und die, welche vor Erschöpfung hinfielen, wurden erschossen. An einer Wegkreuzung in der Nähe eines Dörfchens stand eine russische Bäuerin knietief im Schnee, neben sich einen großen Eimer mit Salzgurken. Das war alles, was sie zu bieten hatte, und als die Prozession des Todes vorbeizog, steckte sie Edmund eine in die Hand. »Diese Gurke hat mir das Leben gerettet.« Er bekam wieder die Kraft, bis zur nächsten Unterkunft weiterzutorkeln, von wo er sofort per Eisenbahn nach Moskau zurückgeschickt wurde. Diesmal allein.

Elf- bis vierzehntausend polnische Offiziere wurden dann systematisch durch Nakkenschüsse getötet und in flachen Gräbern in den Wäldern von Katyn gestapelt. Kurz darauf wurde der grauenhafte Ort von den vordringenden Deutschen entdeckt und von einer internationalen Kommission besichtigt.

Inzwischen wurde die gesamte Familie Radziwill und ihre Verwandten, die in Rußland gefangen waren, nach Polen evakuiert. Die Sowjets waren ängstlich bemüht, jede Reibung mit den Deutschen zu vermeiden und erfüllten sofort das Ersuchen des deutschen Botschafters, Graf von der Schulenburg, alle Radziwills und deren Verwandte zu befreien.

Edmunds Bruder Stanislaus hatte für die Radziwills ein kleines Vorstadthaus am Stadtrand von Warschau gekauft. Wir besuchten sie dort eines Abends. Es glich den Wohnungen so vieler Emigranten im Ausland, aber in Polen waren sie wenigstens in ihrem eigenen Lande, wenn auch öfters kleineren Schikanen ausgesetzt, z. B. wenn die Polizei sie aufforderte, sich nicht so oft mit Ausländern zu treffen.

»Was sollten wir unseren Freunden sagen? Daß wir Angst hätten?«

»Nein, nein, das können Sie natürlich nicht sagen.«

Die Angelegenheit wurde dann fallengelassen. Diese Art von Bedrängung war anders als sonst hinter dem Eisernen Vorhang üblich, doch obwohl der Kommunismus eine aufgezwungene Ideologie war, schienen sich die Polen mit ihrem Land, selbst in seinen derzeitigen Nöten, zu identifizieren und waren versucht, mit Gomulkas schwierigem Stand zu sympathisieren. Als ein Zeichen des Glaubens an die Zukunft hatten viele froh mitgeholfen, mit ihren eigenen Händen die zerstörte Hauptstadt wieder aufzubauen. Man konnte anscheinend verhältnismäßig frei reden, und jetzt konnte man sogar ins Ausland reisen, wenn die Reise in Devisen bezahlt wurde. Es hatte anfangs Erstaunen und sogar Verlegenheit erregt, wenn solche Reisenden wieder nach Hause kamen, denn die Regierung hatte nicht mit ihrer Rückkehr gerechnet.

Ich war begierig, Fürst Janusch Radziwill, Edmunds Vater, zu treffen, welchen man den ungekrönten König von Polen genannt hatte. Meine Eltern hatten ihn in alten Tagen gekannt, als private Beziehungen mit den Polen herzlich waren, wie gespannt sie auch offiziell sein mochten. Französisch blieb aber die neutrale Umgangssprache.

Ein kleines Appartement in einem Block von Arbeiterwohnungen war dem Fürsten zugeteilt worden. Auf das Klingeln hörte man das Geräusch von schlurfenden Hausschuhen und ein Gesicht, runzelig wie ein Holzapfel, eingerahmt von einem gräulichen Schal, schaute durch den Türschlitz. »Pan Janusch? Ja, das ist hier.« Das Appartement bestand aus zwei winzigen Zimmern, die überfüllt waren mit Bildern und Krimskrams wie aus dem Treibgut eines Schiffbruchs. Bücher und Papiere überschwemmten sogar die Stühle. Es war eine Männerbude, das gemütliche Durcheinander einer Jagdhütte. Einige ungerahmte Ahnenportraits – zu groß für ihre enge Umgebung – wellten sich über den Winkel von Wand und Decke.

Die alte Frau watschelte davon hinter einen Vorhang von zerknittertem Chintz, der eine Kochecke verhüllte, und ein großer, aufrechter, äußerst eleganter grauer Herr kam mir entgegen und streckte seine Hand aus. Er hatte etwas Leuchtendes an sich, eine gebieterische Ausstrahlung, die seine Umgebung ausschaltete. Sein hohes Alter äußerte sich nur in einem leichten Zittern seiner langen Hände, als er Tee in angeschlagene, nicht zusammenpassende Tassen eingoß und mir einige Biskuits anbot. »Sie sollen eßbar sein.« Auf dem Tisch neben ihm stand ein Telefon. Auf meinen fragenden Blick (denn sie enthalten gewöhnlich Mikrofone) bemerkte er: »Ich bin der Luxus, den sich das Regime leistet. Es ist völlig gleich, worüber wir sprechen. Sie sehen, die sind ganz nett zu mir.«

Ich erwähnte sein Haus, welches wir besucht hatten. Ich hatte gehofft, ihm irgend etwas daraus mitbringen zu können.

»Nein, das darf man nicht tun. Obgleich die Kennedy-Schwestern mir eine Vase mitgebracht haben. Es geschah in aller Unschuld, sie meinten es so gut, ›mais ce n'est pas correct‹. Diese Dinge gehören nicht mehr mir.«

Dann sprachen wir über die Vergangenheit, über Rußland, über Polen.

»Warum hat die Revolution in Rußland Wurzeln geschlagen und niemals in Polen?«

»Die besten Regimenter verbluteten auf den deutschen Schlachtfeldern. Dann traf die Revolution mit dem Lastwagen und dem Telefon zusammen: Tödliche Waffen in den Händen der neuen herrschenden Clique. Außerdem ist Rußland so riesig: Sie konnten eine ganze Provinz säubern, und niemand hätte es darüber hinaus gemerkt. Wenn etwas in Warschau geschieht, dann weiß man es in Krakau und umgekehrt. Das verursacht mehr spontane Solidarität. Kommunismus ist außerdem für uns ein Import aus dem Ausland; er wird niemals Teil unseres polnischen Erbes sein. Er wurde, nebenbei bemerkt, zwanzig Jahre später hierhergebracht als nach Rußland. Im Jahre 1940 wäre es auch in Rußland schwer gewesen, den Kommunismus einzupflanzen. Man befand sich in jenem Lande bis 1914 mitten in Reformen, dreißig Jahre später wäre schon viel erreicht gewesen.«
Nach 1939 wurde er wiederholt eingekerkert. Das erste Mal verbrachte er einen Monat in der Lubianka in Moskau, mit einem armenischen »Abweichler« als Zellengenossen.
»Wir haben die interessantesten Gespräche meines Lebens geführt. Er war davon überzeugt, erschossen zu werden, aber er sagte mir, ich würde überleben, denn das Stadium des Klassenkampfes sei vorüber.«
Dann fragte Radziwill ihn, ob sie wohl gefoltert werden würden. Er antwortete, daß »sie« bald gelernt hätten, daß es Zeitverschwendung wäre, solche wie uns zu foltern.
»Das flößte mir den größten Respekt vor meinen Vorgängern ein!«
Die Gefangenen wurden nachts verhört, und in einer solchen Nacht wurde Radziwill zu Beria selbst gerufen.
»Wie fühlt man sich in solch einer Situation?« fragte ich. »Hatten Sie Angst?«
»Ich war nicht gewöhnt, Angst zu haben, und das ist eine Gewohnheit, die man nur schwer annimmt.« (Seine Generation war in göttlicher Sicherheit aufgewachsen, ohne Furcht vor irgendwem.)
»Was geschah dann?« fragte ich.
»Wir wurden durch endlose Gänge geführt und grob an die Wand gedrängt, wenn wir an anderen Gefangenen vorbeikamen. Wir stiegen viele Treppen hoch. Beria saß hinter dem Schreibtisch in seinem Büro; höhere GPU-Funktionäre standen an den Wänden. Man bot mir einen Stuhl an. Ein umfangreicher Aktenordner lag aufgeschlagen auf dem Tisch.«
»Wir wissen alles über Sie«, sagte er und klopfte mit einer kurzen dicken Hand darauf. »Wir brauchen Sie hier nicht. Was würden Sie sich wünschen?«
»Ein Gefangener wünscht sich seine Freiheit.«
»Würden Sie für uns arbeiten?« fragte Beria zu Radziwills Überraschung. »Andere von Ihrer Sorte (is Vaschych) haben es getan.« (Er bezog sich auf zwei oder drei, von denen Fürst Janusch wußte.)
»Sie mögen gedacht haben, daß sie immer noch ihrem Lande dienten, aber ich bin

Pole und habe nur den Wunsch, in meine ›Rodina‹, mein Vaterland Polen, zurückzukehren.«
»Die Deutschen werden Sie verhaften.«
»Das ist möglich.«
Beria drehte sich zu den Funktionären, die ihn umgaben, und machte die erstaunliche Bemerkung: »Nur mit solchen kann man ein Land regieren. Das ist die Sorte, die wir brauchen.« (Takich nam nushno.)
Nach seiner Rückkehr verhafteten die Deutschen Fürst Janusch. Er wurde schließlich im Prinz-Albrecht-Gefängnis eingekerkert, kurz nach dem Scheitern der Verschwörung vom 20. Juli 1944 gegen Hitler – zusammen mit vielen, die daran teilgenommen hatten. Sie sollten fast alle sterben.
»Ihr unglaublich hohes moralisches und intellektuelles Niveau hat mich mit Deutschland wieder versöhnt.«
1945 verschleppten ihn die Sowjets aufs neue, zusammen mit seinem Sohn Edmund, seiner Schwiegertochter und seinem kleinen Enkel. Sie wurden für zweieinhalb Jahre in einem Lager in der Nähe von Moskau interniert, wo sie zwar nicht absichtlich schlecht behandelt wurden, aber wo es unglaublich wenig zu essen gab. Dort befanden sie sich in der Gesellschaft des japanischen Oberkommandos, und all diese gelehrten Herren konzentrierten sich darauf, den kleinen Radziwill-Jungen zu erziehen. Sie entwickelten ein detailliertes Programm und er lernte abwechselnd bei ihnen allen.
Als die Radziwills nach Polen zurückkehrten, sahen sie sich mit dem kommunistischen Grundsatz konfrontiert, daß Menschen nicht-proletarischer Abstammung zu keiner höheren Erziehung zugelassen werden dürften. Obwohl dieses Gesetz in Polen nicht mit der gleichen Strenge wie in der Tschechoslowakei angewandt wurde, erwarteten die Behörden nicht, daß der kleine Radziwill, dem alle vorbereitende Ausbildung fehlte, fähig wäre, zu studieren. Das erste Examen zeigte, daß er seinen Altersgenossen weit voraus war. Er trat dann in die medizinische Fakultät ein, aber auch hier wurde er daran gehindert, zu promovieren, bis er eines Nachts gerufen wurde, um eine Notoperation durchzuführen. Der Chefchirurg verlangte daraufhin seine volle Approbation. Bei der Hochzeit eines Czartorysky in Belgien verliebten sich ein belgisches Mädchen und der junge Radziwill ineinander. Seine Eltern waren erst gegen diese Heirat, denn sie wußten, daß ihr Sohn niemals Polen verlassen würde und fanden es unzumutbar, einer Ausländerin polnische Lebensbedingungen aufzuzwingen. Das Mädchen arbeitete dann einige Monate in einer Botschaft in Prag und schließlich erhielten sie die Einwilligung.
Ich fragte Fürst Janusch, ob er es nicht vorziehen würde, zu seiner Tochter Christine nach Spanien zu gehen, aber er antwortete: »Mein Platz ist nicht im Ausland, sondern in Polen. Wenn ich auf der Straße gehe, denke ich manchmal, wenn ich meinen Kopf erhoben halte, finden andere vielleicht auch den Mut, das zu tun.«

Dann fügte er leise hinzu: »Ich möchte auch hier sterben, damit meine Überreste zu polnischer Erde werden.«
Es war dunkel geworden im Zimmer: Zeit zum Aufbrechen.
Er hielt meine Hand in der seinen: »Es hat mir sehr, sehr große Freude bereitet, Sie zu sehen. Sie bestätigen mir die Kontinuität zwischen der Welt von gestern und der von heute, denn Sie gehören mit Gewißheit beiden an.«
Ich war tief gerührt und verließ ihn mit herzlicher Zuneigung und großer Achtung, traurig dessen bewußt, daß wir uns nie wiedersehen würden.
Als mir klar wurde, welche Freude es unseren polnischen Freunden bereitete, uns zu sehen, versuchte ich, das Beste aus unserem Aufenthalt zu machen und besuchte so viele Leute wie nur möglich. Ein reizender »Erdbeeren-mit-Sahne-Nachmittag« fand in einer kleinen schäbigen Wohnung statt. Eine Anzahl junger Leute füllte den Raum; sie saßen auf dem Boden, auf Kissen, auf den Treppen. Die Unterhaltung war fröhlich, lebhaft und intensiv, hauptsächlich in glänzendem Französisch.
Ein junges Mädchen war aus Brasilien gekommen, um ihre Großmutter zu besuchen und sagte mir, daß sie sich nirgends so gut unterhalten hätte. Verglichen mit vielen ihrer Freunde im Ausland fand sie die junge Generation hier völlig unverdorben und viel amüsanter. Ich konnte ihr das ohne weiteres glauben, denn auch ich fand sie bezaubernd.
Ich ließ einen Koffer im Hotel und bat Balala Radziwill, seinen Inhalt nach ihrem Gutdünken zu verteilen. Nachher wünschte ich, ich hätte mehr Luxusartikel mitgebracht, denn polnische Mädchen bringen es fertig, großartig auszusehen, selbst wenn sie mit den einfachsten Kleidern ausgestattet sind, und sie hätten darum vielleicht mehr Freude an weniger nützlichen Gewändern gehabt. Geschenke konnte man immer nur im letzten Augenblick machen, aus Angst, daß die Leute sich verpflichtet fühlten, einem Gegengeschenke zu machen.
Ich war gebeten worden, mich mit Madame Domanska, der Vertreterin des Roten Kreuzes, in Verbindung zu setzen, mit dem das Deutsche Rote Kreuz in herzlicher Beziehung stand, trotz unvermeidlicher Repatriierungs- und Entschädigungs-Schwierigkeiten zwischen beiden Ländern. Sie empfing mich sehr freundschaftlich. Klein, energisch, hingebungsvoll und von Grund auf patriotisch, hatte sie bei allen vorangegangenen Treffen immer verstanden, den Rot-Kreuz-Standpunkt zu vertreten. Aber der unvermeidliche Regierungsvertreter versuchte, unserem Gespräch eine politische Wendung zu geben. »Madame Domanska und ich sind in der glücklichen Lage, miteinander sprechen zu können, ohne an politische Dinge zu rühren, denn diese Fragen betreffen uns nicht«, erwiderte ich. Sie sah mich beinahe dankbar an, als ob ich etwas an ihrer Statt gesagt hätte und fügte schnell hinzu: »Viele Rot-Kreuz-Leute denken so wie Sie und mit diesen können wir sprechen.«
Es war ermutigend, wieder festzustellen, daß es wirklich eine Universalsprache ist.

Wir hatten vorgehabt, über die Tschechoslowakei zurückzufahren, aber selbst ein kurzer Aufenthalt in den Ländern hinter dem Eisernen Vorhang verursacht akute Platzangst, und so beschlossen wir, über Krakau nach Wien zu fahren. Einer von Pauls angeheirateten Vettern erwartete uns am Stadtrand von Krakau. Er hatte einen Rosenstrauß für mich mitgebracht und wir folgten ihm in die schöne Stadt, die in dem hellen Sonnenlicht wie aus poliertem Gold zu sein schien. Neben der wunderbaren Kathedrale, in welcher die Jagellonen bestattet sind, machte er uns auf den Palast aufmerksam, in dem der »Schlächter von Krakau«, der Nazi-Gouverneur Franck, residiert hatte.

Auf dem historischen Marktplatz wurden Blumen und Früchte verkauft dank dem freien Handel, den man den Landarbeitern zugestanden hatte. Wir parkten unseren Wagen und folgten unserem Gastgeber zu Fuß. Plötzlich überquerte er die Straße und ging weiter, als ob er uns nicht kannte. Wir bogen in eine Seitengasse, und als wir uns im Innern des Hauses befanden, war er wieder so freundlich und mitteilsam wie vorher. Es war vermutlich nicht ratsam, mit uns zusammen gesehen zu werden, aber er wollte es nicht eingestehen.

Wir betraten einen großen Raum, Wohnzimmer und Eßzimmer in einem. Vier mit Plüschdecken versehene Sofas an den Wänden deuteten darauf hin, daß er wahrscheinlich auch als Schlafzimmer für die ganze Familie diente. Ich ging ins Badezimmer, um meine Hände zu waschen und störte dabei das Kochen, das in einer Ekke unter der Aufsicht einer mit einem Schal vermummten »Baba«, der traditionellen Segnung aller slawischen Familien, vor sich ging.

Der vierte Gast erzählte uns, daß seine Söhne an der berühmten Krakauer Universität studierten. Ich fragte unschuldig:

»Besteht keine Gefahr, daß sie denunziert werden?«

»Es würde sich für niemanden lohnen, sie zu denunzieren!«

»Sie meinen, er würde Schwierigkeiten an der Universität bekommen?«

»Ich meine, er würde Schwierigkeiten in Polen bekommen!« war die stolze Antwort.

Ich hoffe, daß dies immer noch wahr ist.

1945, als der Krieg zu Ende ging, erklärte der Kardinal-Primas von Polen, Wyszinsky, daß keine Person oder Nation mit dem Haß leben könnte, den man für die Deutschen empfand. »Wir wollen den Schlimmsten auswählen, Franck, und jeder Pole soll für ihn beten.« Sie taten es und waren selbst erstaunt, als Franck, der Schlächter von Krakau, als einziger der durch den Nürnberger Gerichtshof verurteilten Verbrecher sein Handeln bereute, die Polen um Vergebung bat und in die Kirche zurückkehrte.

Mehr als irgendeine andere katholische Nation hatten sie die Erhebung des Krakauer Kardinals Woytyla auf den päpstlichen Stuhl verdient.

Man pflegte über die Besessenheit zu lächeln, mit der sie ihre eigenen, unlösbaren

Probleme angingen und »L'éléphant et la question polonaise« zitierten. Aber seit Kardinal Wyszinskys unbeugsamer Haltung gegenüber den kommunistischen Übergriffen, seit die Gräfin Tarnowska, die Präsidentin des Polnischen Roten Kreuzes, aus den Ruinen von Warschau an der Spitze einer Friedensdelegation herausstieg, die nach der totalen Zerstörung der Stadt von den Toten auferstanden zu sein schien, und seit der christliche Direktor eines jüdischen Waisenhauses freiwillig seine Kinder bis in die Verbrennungsöfen der Nazis begleitete, konnte man nicht mehr lächeln.

Die Polen sehen ihr kleines Land mit seiner kaum zu verteidigenden geographischen Struktur und Lage, seine Geschichte, welche von ruhmreichem Heldentum und unregierbarem Individualismus strotzt, durch das Vergrößerungsglas ihrer eigenen, großmütigen Herzen.

Unvernünftig, dickköpfig, hat kein Volk größeren Mut, größere Solidarität und Treue zu seinem Glauben unter versteckter oder offener Bedrückung durch überlegene Kräfte gezeigt als die Polen.

Sie waren Paladine des Ostens und das wollen sie auch bleiben.

Als wir auf die österreichische Grenze zufuhren, bemerkten wir einen Polizeiwagen sowjetischer Bauart, der uns folgte, aber er konnte nicht mit uns Schritt halten. In den Städten überholte er uns dann und raste davon, indem er heldenhaft alle Verkehrsampeln mißachtete.

Am Grenzübergang Nikolsburg saß ich lange Zeit im Wagen, während Paul endlos darauf wartete, seine Papiere abgestempelt zu bekommen.

Ein kleiner Wagen aus Wien stand neben mir. Auf dem Sitz lag ein großes Paket und der tschechische Zolloffizier, der mit dem Fahrer flüsterte, schaute dauernd zu mir herüber. Dann sagte er plötzlich laut: »Was ist in dem Paket?«

»Fisch«, antwortete der Fahrer.

»Fisch von wo?« fragte der Zöllner.

»Fisch aus Brünn.«

»Wie groß ist Ihr Aquarium?« fragte der Tscheche.

»Mein Aquarium ist drei Komma sechs mal sieben.«

Ich hätte zu gern gebeten, den »Fisch« sehen zu dürfen, denn eins war sicher: Was auch in dem Paket sein mochte, Fisch war es nicht.

Schließlich kam Paul wieder heraus und wir fuhren weiter, während das unterschwellige Gefühl von Bedrücktsein wie ein Stein von uns abfiel.

Reise nach Finnland

In der Not läßt Mut allein alle Tugenden gelten – daher der »Heldenkult« der Antike.

Als Präsident des Internationalen Komitees für Automobilrennen war mein Mann nach Finnland eingeladen worden, um der »Tausend-Seen-Rallye« in Jyväskülä beizuwohnen.

Bei der Ankunft in Helsinki wurden wir im Namen des örtlichen Automobilclubs vom Flieger Oberst Ervi empfangen.

Danach begaben wir uns gleich auf eine Rundfahrt durch die Hauptstadt, einer sympathischen Mischung von vorrevolutionärer russischer Provinzstadt, einer modernen Stadt, in welcher die Hochhäuser emporschießen, einem Seehafen und einem baltischen Kurort.

Während wir herumfuhren, erzählte uns Oberst Ervi seine Kriegserlebnisse. Als Sowjet-Rußland kurz vor dem Zweiten Weltkrieg in Finnland einmarschiert war, fand sich dieses unvermeidlicherweise mit Deutschland und Italien gegen die Alliierten verbündet. Weder die Finnen noch die Sowjets konnten sich einer starken Luftwaffe rühmen, und Luftkämpfe wurden eine »persönliche« Angelegenheit der jeweiligen Piloten auf beiden Seiten. Oberst Ervis »Intimfeind« hatte wiederholt versucht, ihn abzuschießen. Einmal waren sie beide aus einer dicken Wolke hervorgebraust und in einem Abstand aneinander vorbeigeflogen, daß sie sich fast die Hände hätten schütteln können, worauf sie sich spontan grüßten, denn zum Schießen war es zu spät.

Nach dem Krieg erzählte Ervi diese Begebenheit sowjetischen Fliegern, denen es gelang, seinen damaligen Gegner ausfindig zu machen. Ervi lud ihn dann nach Finnland ein, wo sie manch herzliches Gespräch führten. Nichts scheint der Freundschaft zwischen Kriegern dienlicher zu sein als der Versuch, einander umzubringen.

Aber nach diesem einen Besuch hörte man nichts mehr von ihm, und Ervi fürchtete, ihn ungewollt kompromittiert zu haben.

Während Paul zum Club ging, besuchte ich das Finnische Rote Kreuz, ein Musterbeispiel an Leistungsfähigkeit unter der Leitung seines Generalsekretärs Oberst

Warras, der selbst ein einflußreiches Mitglied der Liga der Rot-Kreuz-Verbände war.

Unser Gastgeber, Oberst K. vom Generalstab, und seine liebenswürdige Frau zeigten uns die Umgegend, wo wir von Haus zu Haus zogen und überall mit der ausgesuchtesten Gastfreundschaft aufgenommen wurden.

Das ganze südliche Finnland ist ein Netzwerk von Seen, gesprenkelt mit kleinen Inselchen, von denen jede mit einigen Bäumen, einem Blockhaus und einer Sauna geschmückt ist; letztere grellrot gestrichen, mit blauen Fensterrahmen. Die Häuser sind gemütlich und warm, mit ultra-modernen Badezimmern und Küchen. Obwohl sie so anspruchslos erscheinen, enthalten diese winzigen Wohnungen doch oft schlichte und geschmackvoll schöne Gegenstände. Nebenan schaukelt leise ein Boot, an einem Pfahl befestigt, im ruhigen Wasser. Die Seen sind durch bewaldete Hügel getrennt, oft von einem Turm gekrönt, der eine steile Rutsche stützt. Eine Wendeltreppe führt zu einer kleinen Plattform an der Spitze. Das ergibt eine Ski-Sprungschanze von mindestens 30 m, die von den Dorfjungen der umliegenden Orte eifrigst genutzt wird und eine Mutprobe darstellt, wie jede Armee sie sich erträumen mag.

Kinder und junge Mädchen mit Haaren in hellstem Flachsblond und blumenhaftem Teint, in leuchtende Farben gekleidet, erhellten die düstere Landschaft. Auch bei den Männern wehte Hähnchen-Flaum über verwitterte braune Stirnen in kantige Gesichter mit porzellanblauen Augen. Die dunkelhaarigen unter ihnen, wie der berühmte Rennfahrer Makinnen, mit dünnen, ovalen Gesichtern, schienen einem anderen Volksstamm anzugehören.

Ein äußerst herzliches Willkommen wurde den Fremden entgegengebracht, und man erwartete von uns, daß wir uns das ungewöhnliche Fassungsvermögen unserer Gastgeber zum Vorbild nähmen, die vor, während und nach Bädern in den vielen eisigen Seen schwere Gerichte und harte Getränke in Mengen zu sich nahmen.

Während unserer Fahrt nach Jyväskülä fragte ich unseren Gastgeber, wie es käme, daß so viele unserer neuen Freunde Obersten wären. Er lachte und sagte: »Wir hatten vor gar nicht so langer Zeit auch unsere ›Obristen-Revolution‹, nur haben wir die Sache bedeutend diskreter behandelt als die Griechen.« Er fuhr fort, uns alles zu erklären.

Infolge des sowjetischen Angriffs waren die Finnen unvermeidlicherweise, wenn auch ohne eigene Schuld, im Krieg auf der »falschen« Seite. Nach der deutschen Niederlage wurden dem hilflosen und tapferen kleinen Lande harte Friedensbedingungen auferlegt.

Marschall Mannerheim, ehemaliger zaristischer Offizier und hochangesehener Präsident der Finnischen Republik, war eine jener seltenen Persönlichkeiten, die in der Lage sind, durch alle politischen Stürme einen persönlichen Ehrenkodex zu bewahren. Obwohl er ein echter und loyaler Finne war, hat er niemals den Zaren oder seine russischen Freunde verraten, und als es später an der Zeit war, sich mit den Sowjets auseinanderzusetzen, hat der Respekt, den er persönlich einflößte, viel dazu beigetragen, die Verhandlungen zu erleichtern. Nach dem verlorenen Krieg überreichte ihm der sowjetische Unterhändler Zhdanow eine Liste von finnischen Kriegsverbrechern, die er unterschreiben sollte. Mit der Feder in der Hand prüfte Mannerheim die Liste eine Zeitlang, dann sagte er nachdenklich: »Ja, ich will die Liste signieren, aber nicht an der Stelle, wo Sie es erwarten.« Und in seiner flüssigen, vorrevolutionären, eleganten Handschrift setzte er betont seinen Namen an die Spitze der Liste. Zhdanow nahm ihm das Blatt ab und zerriß es mit einem verzerrten Grinsen. Ohne Mannerheim konnte es in Finnland keinen Frieden geben. Mir hatte seinerzeit Mannerheims Neffe, Oberst Hartmann, diese Geschichte erzählt, und die Finnen waren entzückt, sie zu hören.

Bevor die Finnen die Friedensbedingungen annahmen, die ihnen auferlegt wurden, bereiteten sie insgeheim ein ganzes Netz für den zukünftigen Widerstand vor, falls die Sowjets ihr Versprechen brechen sollten, sich nicht in die finnische Politik einzumischen. Von See zu See, von Sauna zu Sauna wurden geheime Waffenlager angelegt. Jeweils nur ein Mann wußte, wo das nächste war, aber jeder war bereit, bei einem verabredeten Zeichen loszuschlagen. Nachdem alles vorbereitet war, kapitulierten die Finnen. Sie würden harte Bedingungen annehmen, aber keine Unterdrückung. Ein Schlag folgte dem anderen: der Verlust von Karelien, enorme Reparationszahlungen, ein russischer Stützpunkt ganz in der Nähe von Helsinki und mehrere Ministerien in kommunistischen Händen, besonders und gefährlicherweise das Innenministerium. Die Lage verschlimmerte sich bald, die kommunistische Unterwanderung wurde immer bedrohlicher. Während einer Gesellschaft im Jahre 1948 sagte Leino, der Mann der berühmten Kommunistin Herta Kuusinen – überraschenderweise zu der Zeit selbst Innenminister und Mitglied der Kommunistischen Partei – dem Oberbefehlshaber General Sihvo und dem Präsidenten Paasikivi, daß Tag und Stunde für die kommunistische Übernahme festgelegt wären.

Sihvo rief überrascht aus: »Sie, ein Kommunist, sagen mir das?«

Worauf Leino antwortete: »Ich bin zuerst Finne, dann erst Kommunist!«

Vielleicht wurde diese gesunde Anschauung durch die Tatsache gestützt, daß er sich mit seiner Frau in verschärfter Zwistigkeit befand.

Das ganze, so sorgfältig vorbereitete Programm wurde in Bewegung gesetzt. Im ganzen Land wurde jeder Posten alarmiert. Die Finnen warteten geduldig, bis der schicksalhafte Tag anbrach, und als die Sowjets sich rührten, traten auch sie in Erscheinung und zwar genau rechtzeitig, um sie zu überraschen und bevor sie ihre Befehle in die Tat umsetzen konnten.

Sie stellten die Sowjets dann vor folgende Alternative: Entweder würde sich das ganze Land erheben wie ein Mann (und es gelang ihnen, sie davon zu überzeugen, daß dies keine leere Drohung war) oder alle kommunistische Unterwanderung hörte auf, die Schlüsselministerien würden freigegeben und Maßnahmen ergriffen, um die Kapitulationsbedingungen von 1945 zu mildern. Sie würden jedoch fortfahren, die Reparationsleistungen zu zahlen.

Dies war der Wendepunkt und die entscheidende Bedingung, denn die Sowjets brauchten dringend jeden möglichen Beitrag zu ihren zerrütteten Finanzen. Sie waren auch nicht bereit, so bald nach den gewaltigen Verlusten, die sie im kürzlich vergangenen Weltkrieg erlitten hatten, von neuem einen großangelegten Kampf anzufangen. Ohne das Gesicht zu verlieren, wurde stillschweigend allen finnischen Bedingungen zugestimmt. Zuverlässige Männer rückten im ganzen Land in die Schlüsselpositionen: Es waren größtenteils ehemalige Offiziere, die einander gut kannten. Mit einer Art von anzüglichem Humor gab man den Kommunisten das Sozialministerium und das Arbeitsministerium, was nicht dazu angetan war, ihre Beliebtheit im Lande zu steigern.

Als einige Jahre später der österreichische Kanzler Figl allmählich die Sowjets aus Österreich hinausmanövrierte, wurde ein Finne eingeladen, ihn zu beraten, wie weit man da gehen könne. Dieses kluge Beispiel wurde, leider, von den Ungarn im Jahre 1956 nicht nachgeahmt.

Unser Besuch in Finnland fiel glücklicherweise gerade mit der Krebs-Saison zusammen. Die Mahlzeiten wurden zum Ritual: Bunte Laternen hingen von den Balkendecken; Tischdecken, Servietten und Lätzchen waren fröhlich verziert mit gestickten oder gedruckten Krebsen. Die Männer waren in Hemdsärmeln, die Frauen trugen farbenfrohe Kleider und alle banden sich ihre Servietten um in froher Erwartung. Bei wiederholten »Skåls« im Wechsel mit Reden und Sologesängen auf Finnisch fühlte man sich schließlich halb als Krebs und halb als Finne.

Bei einer Gelegenheit hielt unser Gastgeber eine Rede, in deren Verlauf er sein Glas zu mir erhob und sagte: »Diese Dame bedeutet für uns eine Erinnerung an andere Beziehungen zu den Russen, deren Kultur und Herzlichkeit wir kannten und liebten, und ihre Gegenwart unter uns gibt uns Hoffnung für die Zukunft.«

Ich war sehr gerührt.

Bei einem offiziellen Bankett in Helsinki hatten unsere finnischen Freunde mich sorgfältig inmitten der sowjetischen Abordnung placiert, die verspätet zu unserer Gesellschaft gestoßen war, und warteten nun mit unbewegter Miene darauf, was geschehen würde, denn sie sprachen alle fließend Russisch.

Mir gegenüber saß unser alter Bekannter Skwortzow, das Haupt aller »mechanisierten Sportarten« in Sowjet-Rußland. Nach ein paar zwanglosen Bemerkungen fragte er grob: »Was genau war Ihr Vater eigentlich vor der Revolution?«

Mein Nachbar, den ich schon in Leningrad getroffen hatte, griff ein: »Das Portrait von Tatiana Illarionownas Ahne hängt in der berühmten Galerie von 1812 im Leningrader Winterpalais.«

Er versuchte offensichtlich, mir einen guten Leumund zu sichern.
Aber Skwortzow ließ sich nicht abschütteln und beharrte: »Und Ihr Vater?«
Ich antwortete: »Mein Vater, viele Jahre lang Mitglied der Duma (des Parlaments), war einer von Stolypins ›jungen Männern‹ und sein treuer Anhänger. Falls Sie es vergessen haben sollten: Stolypin war ein großer Reformator, welcher versuchte, so schnell wie möglich Land an die einzelnen Bauern zu verteilen, nachdem Gemeinbesitz größtenteils schon erreicht worden war.« (Aus Höflichkeit erinnerte ich ihn nicht daran, daß Stolypin ermordet wurde.)
Er wurde rot im Gesicht und explodierte: »Ein ›großer Reformator‹!?! – Für uns war er der größte Reaktionär. Er versuchte, den einzelnen durch das Angebot von Besitz von seinen Pflichten gegenüber der Gemeinschaft abzuhalten.« (Das kommunistische Dogma vom Vorrang der Masse vor dem Individuum.)
Ich sagte schnell: »Obwohl es vielleicht nicht offensichtlich ist, bin ich Ihnen an Erfahrung eine Generation voraus. Die Zeit wird erweisen, wer recht hatte. *Wir* glauben, daß Sie sich allen diesen Problemen wieder gegenübersehen werden, darum können wir uns über diesen Punkt nicht einig werden.«
Vom Ende der Tafel her ertönte eine scharfe Stimme: »Brauchen Sie Hilfe? Haben Sie eine politische Diskussion?« (Er mußte das gewesen sein, was die Deutschen das »Holzauge« nennen, den Aufpasser der Partei.)
»O nein«, sagte ich, »wir sind uns über eine philosophische Frage nicht einig.«
Mein Nachbar aus Leningrad murmelte leise: »Finden Sie, daß wir gute Kommunisten sind, Tatiana Illarionowna?«
»Mao in China findet das nicht.«
Er lachte herzlich, trotz einer Bemerkung von Skwortzow, welcher versuchte, wieder auf mich loszugehen: »In Moskau haben wir neue, moderne Dampfbäder (Banija) mit Platz für Hunderte von Leuten.«
»Ich glaube, ich ziehe die finnische Version vor«, sagte ich. »Ein Haus, ein See, eine Sauna für fast jeden. Jedenfalls ist es phantastisch, zu sehen, wie dieses kleine Land, das einst eine der ärmsten Provinzen des russischen Reiches war, unter kluger Führung aufgeblüht ist, selbst nach einem verlorenen Krieg.«
Die Finnen strahlten und genossen die Unterhaltung.
Seither hatten sowohl Paul als auch ich Gelegenheit, bei vielen internationalen Treffen die geschickte Diplomatie und die Fähigkeit für originelle Winkelzüge zu würdigen, die vielen Finnen angeboren ist. Diese Eigenschaft mag auf den ersten Blick unvereinbar erscheinen mit der rauheren Seite ihres Charakters, aber wenn man ihr liebliches, so abwechslungsreiches, farbiges und poetisches Land kennengelernt hat und sich klar macht, wie hart ihre endlosen Winter sein können, scheint es einem, daß ihre Geschichte und ihr Klima sie gezwungen haben, außergewöhnliche Wesensmerkmale für Anpassungsfähigkeit und Unverwüstlichkeit zu entwickeln.

Rostropowitsch 1970

»Dieser große Mann«, sagte Benjamin Britten von ihm. Es ist seltsam, festzustellen, daß jeder Mensch einen anderen nur nach seinem eigenen Maß beurteilen kann. Als ich ihm zum ersten Mal in Wolfsgarten begegnete, hatte Solschenizyn schon seit drei Jahren mit ihm zusammen gewohnt.

»Es gibt niemand, den ich mehr liebe. Aber er hat nicht meine Widerstandskraft und braucht Schlaf. Die einzige Zeit, in der wir miteinander reden können, ist, wenn ich abends von meinen Konzerten nach Hause komme, also sagt er: ›Weck mich, du Ungeheuer‹ (Iswerg, budi menia). Wir sind ganz verschieden: Er muß allen Kummer und Schmerz in der Welt kennen, um über Menschen zu schreiben, während ich an höhere Dinge denken muß, Glück, Freude und Glaube, sonst kann ich nicht spielen. Er steht außerhalb von jeder Furcht und ist vollkommen frei; und er hat auch mich gelehrt, furchtlos und frei zu sein.«

»Ist er ein gläubiger Christ?« – »Wie könnte es anders sein? (Kak zhe inatsché.) Aber er ist kein Heiliger. Er war drauf und drann, an Krebs zu sterben, aber der Prozeß blieb stehen. Die Ärzte sagten, es sei ein Wunder. Er arbeitet an einem Buch über 1914, davor und danach, wird aber nicht ins Ausland gehen, um seinen Nobelpreis abzuholen, denn sie werden ihn dann nicht mehr nach Rußland hereinlassen.«

»Können sie ihm denn nicht erlauben, den Preis in der Botschaft in Moskau entgegenzunehmen?« fragte ich.

»In dem Falle würde man die Mitglieder des Schriftstellerverbandes und einige Freunde einladen. Ein einziger würde hingehen, und das wäre ich.«

»Ist er jetzt sicher?« – »Ich rufe jeden Tag an und erkundige mich nach meinem Hund. Anhand dieses vorbereiteten Codes verstehe ich dann, wie die Dinge zu Hause stehen.«

Zwei Wochen, bevor er auf diese Reise ging, hatte Slawa Rostropowitsch einen »offenen Brief« an vier Zeitungen geschickt. Keine von ihnen veröffentlichte ihn, aber Kopien davon machten in Moskau und in der ganzen Welt die Runde.

»Wie fühlen Sie sich nach Ihrem Brief?«

»Nun, ich fühlte mich vorher schon gut, aber jetzt fühle ich mich noch besser.«

Es war Zeit, zu seinem Konzert aufzubrechen. Der Saal war bis zum letzten Platz besetzt und knisterte vor gespannter Erwartung.

Er saß auf einem quadratischen, graubespannten Kasten, die Stirn unter seinem schütter werdenden Haar glänzte unter den Lichtern, seine leuchtenden Augen erfaßten das Publikum auf einen Blick, bevor schöne, fast weibliche Hände mit spitzen Fingern sein Instrument und seinen Bogen ergriffen. Das Programm war das Anspruchsvollste, das es gibt, Bach, und es wurde mit einer Überlegenheit, der Macht vollendeter Ausführung und einer unvergeßlichen Tonqualität dargeboten, die das Publikum vom ersten bis zum letzten Bogenstrich in Verzauberung gefangenhielten. Seine hausbackene Erscheinung hatte sich in Würde und Eleganz verwandelt und es schien eine Art von Strahlung von ihm auszugehen. Die gebannte Stille nach dem letzten Ton wurde von einem tosenden Beifall zerrissen, aber er gab keine Zugaben: »Nach Bach niemals!« sagte er uns später.
Als wir zurückfuhren, lehnte er sich im Wagen zurück, erschöpft, mit geschlossenen Augen, verausgabt, als ob irgendeine Kraft ihn verlassen hätte. Eine halbe Stunde später sprudelte er wieder vor Geschichten und Gelächter.
Seine Erzählungen hätten Gogol bereichern können:
Als ganz junger Mann hatte er ein Konzert in Swerdlowsk (Ekaterinburg, tragischen Angedenkens) gegeben. Im Foyer des Theaters stand ein riesiges »Buffet«. (Zu mir: »Übersetzen Sie bitte« – »Eine Anrichte«.) Es hatte zu dem Mobiliar gehört, das man der Kaiserlichen Familie nachgeschickt hatte und das darum dem Kaiser gehört hatte. »Ich wünschte mir mehr als alles andere, dies Möbel zu besitzen, und ich bat um die Erlaubnis, es zu kaufen. Unmöglich! Staatseigentum natürlich. Jahr um Jahr baten sie mich wiederzukommen, aber ich sagte: ›Nur wenn ich das Buffet kaufen kann‹. Endlich sagten sie: ›Kommen Sie und spielen Sie und Sie können es haben.‹ Also fuhr ich hin und kaufte es, und nach langer Zeit kam es in meinem Moskauer Haus an. Teile davon waren abgebrochen (anatomische Protuberanzen von Karyatiden), aber ich bekam es schön repariert. Nur war die Decke in meinem Haus zu niedrig. Das oberste Teilstück, das Gesims, wurde abmontiert, und dann ließ es sich hereinzwängen. Aber Nacht für Nacht bohrte in mir der Gedanke: ›Es ist nicht vollständig‹, bis ein befreundeter Arzt zu mir sagte, ich zeige Symptome von nervösem Herzen – alles wegen des ›Buffets‹. Also ging ich ins Ministerium und sagte: ›Akustik! Ich bin Künstler und kann nicht ohne eine bessere Akustik spielen!‹ – Sie waren sehr überrascht: ›Aber Sie haben doch bis jetzt darin gespielt.‹ – ›Ja, aber ich war nie zufrieden. Sie müssen verstehen: Ich muß bauen.‹ Ich habe den Lenin-Orden, ich habe den Stalin-Orden, ich bin ein großer Künstler, also bekam ich die Erlaubnis zu bauen. (Auf eigene Kosten natürlich.) Ich baute ein riesiges Zimmer und das ›Buffet‹ ging hinein. Da steht es jetzt. Wir taten alles mögliche hinein, Gläser, Geschirr, Wodka, Bücher (zu mir gewandt ›Sie werden es sehen, wenn Sie kommen!‹).« Er schob Streichholzschachteln und Salzfäßchen auf dem Tisch umher, um uns zu zeigen, wie alles aussah.
»Das Bauen machte mir solche Freude, daß ich mir sagte: ›Warum aufhören?‹

Darum führt jetzt ein Gang von meinem Haus hinüber zu Solschenizyns kleinem Häuschen. Er sagt immer: ›K tschemu?‹ (Wofür?) Aber es macht mich glücklich und ich habe die Absicht, weiterzubauen. Und alle Freunde kommen und lachen mit mir!«
»Ist es wahr, daß das ganze Publikum in einem Theater sich von seinen Plätzen erhob, als Sie und Solschenizyn zusammen hereinkamen?«
»Nein, es ist nicht wahr, aber (wieder ernster) es könnte in der nächsten Zeit einmal wahr werden.«
Er muß fast alle Einnahmen aus seinen Konzerten im Ausland an die sowjetische Botschaft abliefern. Mit den wenigen hundert Mark, die ihm blieben, kaufte er irgendwelche unerläßlichen Apparate für befreundete Ärzte. Müßten sie die über den Staat bestellen, würden sie sie nie bekommen. Er fügte hinzu: »Ich habe immer Ausschau nach Menschen gehalten, denen ich helfen könnte, aber jetzt ist es das erste Mal, daß ich mich auf offene Kritik verlegt habe.«
Am nächsten Morgen erschien Rostropowitsch mit roten Augen zum Frühstück, nachdem er die ganze Nacht in den Büchern gelesen hatte, die ich ihm gegeben hatte, und erklärte, er wolle mit mir in eine russische Kirche gehen. Auf dem Weg dorthin nahm er nochmals Bezug auf die Bücher und sagte, er würde das Gefühl nicht los, daß die Generation meines Vaters dafür verantwortlich sei, die Macht losgelassen zu haben und es Kerensky ermöglicht zu haben, das Land den Bolschewiken in die Hand zu spielen. »Sie waren nicht fähig zum Massenmord, aber die anderen waren es«, erwiderte ich.
»Aber letzten Endes stürmte doch nur eine kleine Menge von Leuten das Winterpalais, während Millionen warteten.«
»Das ist es ja gerade«, sagte ich. »Diese entsetzliche Passivität!«
»Sie ist auch eine Kraft«, überlegte er. »Nichts kann sie brechen, nicht einmal der Kommunismus.«
»Wie nah ist die Religion?« fragte ich.
»Oh, die ist sehr nah. Gleich unter der Oberfläche.« Er zog seine Brieftasche heraus und zeigte mir ein kleines goldenes Taufkreuz, genaus so wie Missies von Fabergé. »Es verläßt mich nie.« Er hatte es von einem Priester, der mit der Kusine meines Vaters verheiratet ist, nach dem Kriege nach Rußland zurückkehrte und einer seiner nächsten Freunde wurde.
In der Kirche betete er lange, mit größter Konzentration. Ich betete für ihn.
Auf unserem Weg zurück nach Johannisberg sagte er: »Darf ich mein Leben in Ihre Seele versenken? Darf ich Ihnen alles sagen, was ich auf dem Herzen habe?« Er sagte es ganz einfach, ohne Pathos.
Dann erzählte er mir von seiner Liebe zu seiner Frau: »Sie ist so hübsch und bezaubernd. Eine wunderbare Musikerin. Und ich liebe meine kleinen Töchter. Aber ich konnte diesen Brief nicht ungeschrieben lassen. Eine ganze Woche habe ich dazu

gebraucht. Zwei oder drei Mal die Nacht schlich ich mich in die Küche, um etwas zu verbessern oder ein Wort hinzuzufügen.
Am Ende merkte sie, daß etwas nicht stimmte und sagte, ich müsse ihr sagen, was los wäre. Also tat ich es. Sie heulte und tobte und sagte, sie würde sich scheiden lassen, wenn ich ihn abschickte, denn die Kinder würden leiden und ihre Karriere würde auf die heimtückische Art beendet werden, die ›sie‹ so an sich haben: keine Engagements mehr und die Kinder würden kein Examen mehr bestehen; lauter sich auftürmende Ärgernisse und vielleicht noch Schlimmeres.
Aber ich sagte ihr: ›Poimi menija!‹ (Versteh mich!) ›Ich könnte nicht mehr leben, wenn ich es nicht täte. Ich muß mich umbringen, wenn ich Angst habe, ihn abzuschicken. Ich interessiere mich nicht für Politik. Ich habe alle Auszeichnungen, die dieser Staat zu vergeben hat. Ich bin überall bekannt. Vielleicht werden sie auf mich hören! Vielleicht wird es endlich etwas nützen. Aber auch wenn es das nicht tut, ich muß einfach!‹
In diesem Augenblick liebte sie mich wie nur einmal zuvor, als ich brennende Leitungen aus einem Wagen riß, in dem wir saßen und meine Hände noch lange Zeit wie Schaschlyk rochen.
Sie kämpfte zwar noch weiter mit mir, aber sie war nicht mehr überzeugt. Sie bat mich dann, dazubleiben und dem Resultat entgegenzusehen. Ich tat es, indem ich Krankheit vorschützte, aber sie wollten mir nicht glauben und ich konnte sie auch nicht zu mißtrauisch machen. Ich gehe jedenfalls zurück. Also schickte ich ihn ab! Und ich bin glücklich, daß ich es tat. Ohne Angst für mich, was sie auch tun mögen. Aber ich fürchte für meine Familie und das quält mich.«
Nach einer Weile fragte ich ihn: »Wie funktioniert eigentlich diese Regierung? Wie kommt es, daß sie immer noch diese unumschränkte Autorität besitzen?«
»Sie sind alle alte Männer, voller Angst, aber mit ihren Händen auf dem Hebel der Macht. Eine große Alterslücke klafft zwischen ihnen und der jüngeren Generation infolge der großen Verluste im Krieg und durch Stalins unbarmherzige Deportationen. Diese Jüngeren sind alle besser geschult und fähiger, aber noch in keiner wichtigen Stellung. Kossygin ist eine Verbesserung, aber er ist nur ein Spezialist auf seinem Gebiet, kein Politiker.«
Er beschrieb seine Kindheit in Baku (dem russischen Dallas). Sein Vater spielte Cello und seine Mutter stammte auch aus einer musikalischen Familie. Sie zogen nach Moskau, als er ein Schüler war, und wurden von einer anderen Familie aufgenommen. Sie teilten sich mit ihr in zwei kleine Zimmer; in jedem lebten sie zu dritt. »Wieviel Spaß wir hatten! Wir waren zwar räumlich zusammengepfercht, aber es gab viel Musik und viel Freude.«
»Haben Sie niemals gestritten?« fragte ich ungläubig.
(Mit einem Kichern): »Dazu war kein Platz!«
Als wir zu den anderen kamen, änderte sich seine Laune und in seinem grauen-

haften Deutsch erzählte er von seinem Besuch in Dresden. Er hatte immer Frauen geliebt, hatte vor ihnen als der wunderbarsten Schöpfung Gottes gekniet, aber kahl wie er war und unansehnlich, hatte er bei ihnen nie Erfolg gehabt. (Seine Augen richteten sich auf die Decke mit einem Ausdruck von falscher Demut), doch einmal ..., als er den »Tzor« (Zoo) in Dresden besuchte, »ein schrecklicher Ort, nichts als Katzen und Mäuse, auch ›Ernten‹ (Enten), alle räudig und traurig!« Zuletzt fand er einen Käfig mit »Tschimpansé«. Da dies das einzige wilde Tier war, das diesen Namen verdiente, hatten sich viele Leute davor versammelt, um es zu begaffen. Plötzlich hatte eine »Tschimpansé-Madam« Slawa unter den Leuten entdeckt, schlenderte kokett zum Gitter, reckte sich, um ihn zu sehen und kratzte herausfordernd ihr »Unaussprechliches«. Die ganze Menge drehte sich mit offenem Mund herum, um zu sehen, wen sie da zu finden versuchte, während Slawa, völlig verwirrt, hinter ihr am liebsten im Boden versunken wäre.

Bei dem unfehlbaren Instinkt von Tieren und ihrer Fähigkeit, sofort eine dominierende Persönlichkeit zu erkennen, kann die Begebenheit auch in einem anderen Sinn wahr sein. – Wenn der berühmte Stierkämpfer Manolete die Arena betrat, hielt der angreifende Stier kurzerhand an und wich zurück, auf unbedeutendere Gegner zu.

Rostropowitschs Tournée in West-Europa schloß auch Barcelona ein, wo meine Schwester Missie zu der Zeit lebte. Ich arrangierte ein Treffen der beiden.

Sie schrieb mir aus Barcelona am 4. Dezember 1970: »... Da wir nicht wußten, woher er kam, standen wir am Ausgang, hielten Ausschau nach Instrumenten, die wie Celli aussahen und redeten einen an, der ein Cello umklammert hielt, aber zu einer bärtigen Jazz-Gruppe gehörte. Als er mit seinem Instrument herauskam, winkte ich über ihre Köpfe hinweg, während er auf seinen Koffer wartete, und er warf beide Arme hoch und gestikulierte wild als Antwort. Schließlich kam er heraus, fiel uns beiden um den Hals und beachtete ›el patronato de la Musica‹ überhaupt nicht, die Leute, die zu seinem Empfang gekommen waren. Er sagte auch, er hätte eine geistige Romanze mit Dir, aber ich warne Dich: In der Hinsicht hast Du starke Konkurrenz, denn er faßte eine gewaltige Zuneigung zu Marina, die er pausenlos mit ihrem Russisch aufzog. Es endete damit, daß er vorne neben mir saß und nach hinten ihre Hand hielt, was er ›laskowo‹ nannte. Er war ganz verdutzt, daß Marina nie von diesem Wort gehört hatte.

Wir fuhren ihn direkt zu seinem Hotel, da er ruhen wollte und am Abend beauftragte ich Marina, ihn zu begleiten. Sie kehrte mit einem riesigen Rosenstrauß vom Direktor zurück und hatte einen reizenden Abend verlebt, bei dem sie ihm im Gespräch mit fremden Leuten hatte helfen können.

Am nächsten Tag stand ich früh auf und kam rechtzeitig zu der faszinierenden Probe. Während der Pause half ich ihm aus, indem ich die Probleme übersetzte, da Petja verschwunden war.

Dann nahm ich ihn mit nach Hause zum Mittagessen, fuhr ihn nachher durch die Stadt und setzte ihn rechtzeitig für seine Siesta im Hotel ab; später noch eine Probe mit Marina und abends dann das großartige Konzert ... Jedermann war von ihm bezaubert, und natürlich strahlt er etwas aus, was schwer zu erklären ist ... Eine seltene Wärme und ein seltenes Wohlwollen machen ihn in Verbindung mit seinem wohlbekannten Mut zu einem außergewöhnlichen Wesen.
Nach dem Konzert sollten wir in seine Garderobe kommen, aber der Andrang war so groß, daß er schon weg war, als wir endlich durchkamen, und wir sahen ihn nicht mehr wieder, da man ihn zu irgendeiner Party geschleift hatte. Ich rief am nächsten Morgen an, aber er war schon nach Madrid weitergereist. Darum riefen Marina und ich ihn gestern abend an, um zu sagen, wie leid es uns tat, ihn nicht mehr gesehen zu haben. Er weinte beinahe am Telefon und sagte, es sei ein Drama gewesen; er hatte im Hotel auf Nachricht gewartet, hatte dreimal angerufen usw. ... Er bat mich, ihm die Kritiken zu schicken, was ich eben getan habe. Wir sprachen natürlich lange über den Freund, da dessen Weigerung, nach Norden zu fahren, gerade veröffentlicht worden war, aber er kannte den Text schon vor der Abreise, obwohl ich ihn ihm umständlich übersetzte. Ich rief auch Dali in Paris an, da er gehofft hatte, ihn hier zu sehen, und machte ein Treffen in Paris für ihn aus. Der letztere schickte ihm dann Blumen am Abend des Konzerts, was wirklich nett von ihm war.
Auch Marina war von dieser Begegnung äußerst bewegt – man hat das eigenartige Gefühl, daß er zur Familie gehöre. Ich hoffe nur, daß er ein anderes Mal für längere Zeit kommen kann, aber das sieht im Augenblick zweifelhaft aus ... ich danke Dir für dieses Geschenk!«
So muß man ihn auffassen: als ein Geschenk, denn sein umfangreiches Programm und seine zahllosen Freunde verhindern das Erwidern der Freundschaft. Er hat keine Zeit, Briefe zu beantworten oder sich dem angenehmen Geben und Nehmen der Freundschaft zu widmen. Meine Nichte Marina rief mit einiger Verzweiflung aus: »Slawa, Sie lieben aber auch jeden!« – Er nahm ihre Hände in seine und sagte ernst: »Ja, Marinotschka, jeden. Aber jeden anders!«
Seine bemerkenswerte Gabe überwältigender Vitalität ist ebenso geheimnisvoll wie das Leben selbst, und die beinahe ungezielte Entladung von Talent, Zuneigung, Komik und tiefem Mitgefühl verführen bloße Bekanntschaften dazu, mehr zu erwarten, als zu geben er die Zeit hat. Solch eine umfassende Persönlichkeit ist in der Tat schwer zu begreifen und kann unmöglich an irgendeinem Punkt festgenagelt werden, es sei denn in der Musik, die sein Leben ist. Seine ungeheure Frequenzbreite muß für viele beunruhigend sein. In einem Augenblick ist er tief grüblerisch, dann unvermittelt der agierende Clown. Seine große Bescheidenheit, völlige Selbstlosigkeit und zwingende Entschlossenheit ergeben zusammen einen ungewöhnlichen Komplex. Er nimmt Wissen in Sekundenschnelle auf, seine

Freundlichkeit kennt keine Grenzen, er ist offensichtlich gewohnt, sich immer durchzusetzen, und als Künstler vergißt er alles um sich herum in seinem kompromißlosen Respekt vor der Musik. Es muß schwer sein, mit ihm zu leben, und seine kluge Frau Galia läßt ihn gewähren, wenn er auf jeden Menschen mit offenen Armen zugeht und auf seinem Weg lebenslange Freundschaften aufliest wie Kastanien. Wie schwer muß es für ihn gewesen sein, sich zu einer ausgesprochenen Verdammung durchzuringen.

Rostropowitsch kehrte dann nach Rußland zurück und wir hörten einige Zeit nichts mehr von ihm.

Das Sowjet-Regime wartete den richtigen Zeitpunkt ab. Bald sollten die Rostropowitschs von Konzerten in Moskau ausgeschlossen werden, die Töchter von den Examina. Slawa und Galia durften nur noch in entfernten Provinzstädten vor Kolchos-Arbeitern auftreten. Auch das ging zu Ende und zuletzt bekam Slawa die Erlaubnis, das Land zu verlassen.

Seine Freunde kamen, um ihn zu verabschieden, aber er wurde in einen kleinen Raum im oberen Stock geführt, wo ein Zollbeamter ihn und seinen Cellokasten durchsuchte, in welchen er zwei Anzüge gesteckt hatte. Er nahm die vielen Orden heraus, die Slawa verliehen worden waren, und sagte: »Metall darf nicht ausgeführt werden.« Slawa war drauf und dran, sie ihm an den Kopf zu werfen, aber seine Frau hielt ihn zurück und flüsterte: »Siehst Du nicht, daß sie nur einen Vorwand suchen, um Dich zurückzuhalten?«

Der Mann zog dann eine kleine, in Zeitungspapier gewickelte, angelaufene Ikone aus Slawas Brusttasche. »Dies ist auch Metall!« erklärte er. Slawa kochte fast über vor ohnmächtiger Wut, denn die Ikone hatte der Großfürstin Elisabeth gehört, der ermordeten Schwester der letzten Zarin, und er und ich hatten gleichzeitig in Wolfsgarten je eine geschenkt bekommen.

»In diesem Augenblick«, erzählte er mir später, »erschien ein Schutzengel in Gestalt eines strammen, weiblichen Zolloffiziers. Sie stand plötzlich zwischen mir und dem Mann und brüllte ihn an: ›Wie wagen Sie es, ihm seinen Talisman wegzunehmen?‹ – ›Seinen Talisman? Nun gut, wenn es ein Talisman ist, kann er ihn behalten!‹ Plötzlich war sie verschwunden.« Slawa stürzte hinterher, um ihr zu danken, aber es war niemand da.

»Ich bin sicher, daß die Großfürstin sie geschickt hatte! In Augenblicken des Unglücks ist immer ein Schutzengel da, aber sie kommen in seltsamen Verkleidungen.«

Ich sollte beide Rostropowitschs nach ihrer Rückkehr in die westliche Welt häufig sehen. Ihr Leben in Sowjet-Rußland war so unerträglich geworden, daß sie aufhörten, ihrem Land nachzutrauern.

Dennoch war Slawa unlogischerweise tief verletzt, als er einige Zeit später seiner sowjetischen Staatsbürgerschaft verlustig wurde. Er war jedoch so gefragt in der westlichen Welt, daß keine Zeit zum Hadern blieb.

Allmählich füllte sich seine luxuriöse Wohnung in Paris mit kostbaren Gegenständen aus russischen Museen, die Kunsthändler in der ganzen Welt für ihn sammelten. Vorhänge aus dem Petersburger Winterpalais, bestickt mit dem kaiserlichen Doppeladler, verhüllten seine Fenster und zeigten mir gleich, in welchem Stock die Rostropowitschs wohnten. Auf sogenannte Innenarchitektur war keine Zeit verschwendet worden: Die prunkvollen Möbelstücke standen dort, wo man sie hingestellt hatte.

Freigebig wie immer, gab Slawa die Konzerteinnahmen eines ganzen Jahres her, um anderen zu helfen. Denkwürdige Geburtstagsparties wurden gegeben, entweder in Wien, Washington oder Paris, und Galias Abschied von der Oper wurde mit einem gewaltigen Diner nach ihrer letzten Vorstellung von »Eugen Onegin« in der Pariser Oper gefeiert. Der französische und der amerikanische Präsident sandten persönliche Botschaften, alle Berühmtheiten aus der Musikwelt waren da, neben einigen Vertretern von Königshäusern aus verschiedenen Ländern. Mein Nachbar, der Pianist Fürst Magalow besann sich: »Selbst in Rachmaninows Tagen, selbst bei Schaliapin und manchen anderen, hat es so etwas nicht gegeben!«

Vor allem genoß ich ihren Besuch in Johannisberg. Wenn Slawa unten übte, mußte man alle kleinen Gegenstände auf Filzstückchen »verankern«, um zu verhindern, daß sie summten, denn der Ton seines Cellos erfüllte alles mit Klang. Galia sang mit Klavierbegleitung die traumhafte Arie der Natascha aus Prokofiews »Krieg und Frieden«. Es war herrlich, ihnen zuzuhören. Ich ließ alle Türen offen, selbst wenn ich ein Bad nahm.

Slawa hatte einen großen, zottigen Hund aus Rußland mitgebracht. Natürlich mußte er auf dem Lande bei Freunden gelassen werden. Er streunte und wurde zum großen Kummer seines Besitzers überfahren. »Wieder eine Erinnerung an Rußland weniger!« Er erwarb daraufhin einen champagnerfarbenen Zwergdackel, der klein genug war, um ihn überallhin mitzunehmen. Er nannte ihn »PUKS«, oder zärtlicher »Puksik«. Das Wort besteht aus den Anfangsbuchstaben des Begriffes »Putj k sozialismu« (der Weg zum Sozialismus). »In dessen Namen all die Greuel verübt wurden«, sagte Slawa. »Es nimmt diesem gräßlichen Ausdruck den Stachel, wenn ich meinen lieben, kleinen Hund danach nenne.« Er lehrte ihn auch Klavier zu spielen: »Natürlich nur die allermodernste Musik!« erklärte unser Freund.

Immer Nomaden – immer auf der Achse, haben Menschen wie Rostropowitsch keine Zeit für irgendeine Art von Korrespondenz, aber manchmal telefonierte er von einem Ende der Welt, beispielsweise Los Angeles, um über die Fortschritte seiner Schüler zu berichten oder um den Zeitunterschied festzustellen.

Dann gab er ganz plötzlich ein Konzert in Wiesbaden. Er wohnte bei uns, und den ganzen Nachmittag sprachen wir über seine Musik. Er konnte »durch ein Musikstück wandern wie durch eine Landschaft, die vor ihm ausgebreitet war, und auch

seine Zuhörer auf diese Wanderung mitnehmen«. Sein Spiel war für ihn »wie ein Gebet und das Wichtigste in seinem Leben«.
Das Konzert an dem Abend war über jedes Lob erhaben; die Bach-Suiten klangen wie ein ganzes Orchester. Die verzauberten Zuhörer sagten, sie hätten noch nie so etwas erlebt. Am Abend speisten wir noch mit Freunden und gingen spät zu Bett. Viele Stunden später ging ich in mein Schreibzimmer, um irgend etwas zu holen, und sah einen Lichtschein unter der Tür von Slawas Zimmer. Beim Frühstück fragte ich ihn: »Haben Sie nicht gut geschlafen?« – »Ich brauche nicht viel Schlaf«, sagte er. »Das Konzert war besser als gewöhnlich, und ich habe alle Einzeichnungen in meinen Noten geändert.«
Seine Frau war als Galina Wischnewskaja schon ein großer Star des Bolschoi-Theaters, als sie sich in Prag zum ersten Mal sahen. Keiner von ihnen wußte zu der Zeit, wie berühmt der andere war. Er brachte Lachen in ihr Leben, welches trotz ihrer großen Leistungen tragisch war, und das sollte sie nie vergessen. Ihr bemerkenswertes Buch beschreibt das sowjetische Leben so wie keine ausländische Darstellung das je vermochte.
Ich fragte sie einmal, was sie wirklich von Solschenizyn denke, dessen Erscheinen in ihrem Leben unsägliche Schwierigkeiten verursacht hatte und ihre Karriere und die ihrer Kinder in Rußland zerbrach. Als sie abreiste, mußte sie ihr Heim mit allem, was Slawa und sie im Laufe ihrer bemerkenswerten künstlerischen Laufbahn verdient hatten, zurücklassen. »Er war eine so überwältigende Persönlichkeit, daß selbst Slawa neben ihm verblaßte«, sagte sie. »Alles, was man für solch einen Menschen tut, ist noch zu wenig. Darum bedauere ich nichts.« Ich fand das eine erstaunliche Antwort, denn niemand im Westen ihrer Herkunft hätte das ohne Vorbehalt gesagt.
Ihrer beider außergewöhnliche Charakterstärke und unerschütterliche Ehrenhaftigkeit gaben mir Hoffnung für Rußland. Ein Land, das solche Menschen hervorbringen kann, ist in der Tat zu einer geistigen Erneuerung fähig.

Reisegespräche

1

Einige Jahre später reiste unsere Delegation in die USA. – Nach der Ankunft in New York warteten wir geduldig, während Pelzmäntel und Handgepäck uns fast zu Boden zogen, der Schweiß uns den Rücken hinablief und Beamte in Hemdsärmeln große Bücher und eine Anzahl von schwarzen Listen durchblätterten. Man suchte uns zuerst unter »von« und dann unter »Fürst«. – »Are you First?« (Sind Sie Fürst? – aber auch ›der Erste‹) wurde Paul gefragt, welcher verständlicherweise antwortete: »Nein, meine Frau ist die Erste – ich bin der Zweite« (in der Reihe). Niemand verfiel auf den Gedanken, unter »M« wie Metternich nachzusehen.
Inzwischen sahen wir unseren sowjetischen Freunden neidvoll nach, als sie von einer Abordnung ihrer Botschaft durch die Kontrollen geschleust wurden. Man untersuchte weder ihre Papiere noch ihr Gepäck.
Später trafen wir uns dann beim traditionellen Cocktail, und sie vertrauten uns besorgt an, daß sie fürchteten, man würde ihnen nicht erlauben, uns nach Daytona Beach zu begleiten, weil es so nah am Cape Canaveral läge. Ich beruhigte sie. »Hier ist nichts geheim.«
Natürlich begleiteten sie uns am nächsten Tag wieder, befreit von der Gegenwart irgendwelcher Vertreter der Botschaft. Ihr erster Eindruck von New York waren die Mengen von unverzehrten Lebensmitteln in den Mülltonnen. Unser amerikanischer Delegierter und Gastgeber erklärte ihnen, daß man die Dienstleistungen einschränkte, weil die Lohnkosten so hoch seien. Darum würde in den Restaurants jeweils nur eine und deshalb oft viel zu reichhaltige Portion serviert. Was übrig blieb, würde weggeworfen, denn die Hygiene-Vorschriften erlaubten keine Weitergabe. Die Russen hörten interessiert zu und bemerkten: »Mit anderen Worten: eine negative Folge des Überflusses!« (Isobilije.) Man sieht, daß es für alles eine Erklärung gibt.
Unsere Reise führte uns zuerst nach Indianapolis, wo wir von dem Besitzer und Direktor der Rennbahn, den wir niemals nüchtern sahen, mit überschwenglicher Gastfreundschaft aufgenommen wurden. Wir wohnten alle im gleichen Hotel, aber eines Morgens stellten wir fest, daß unsere russischen Kollegen nicht zum Frühstück erschienen waren. Hinterher kamen sie jedoch, begleiteten uns auf der ganzen Tagestour und speisten mittags mit freudigem, wenn auch zurückhaltendem Appetit. »Sehr schmackhaft«, murmelte der Dolmetscher anerkennend. Da

das Frühstück nicht ausdrücklich im Programm erwähnt war, und sie ohne Bargeld reisten, hatten sie sicher gefürchtet, es bezahlen zu müssen. Sobald sich eine Gelegenheit dazu bot, erwähnte ich, daß wir zu allem eingeladen wären, einschließlich dem Frühstück. Sie verstanden die Andeutung und am nächsten Morgen machten sie sich mit Genuß darüber her.

Während wir in Bussen herumfuhren, wandte sich das Gespräch den Schwierigkeiten zu, die die Sowjets mit ihren abgelegenen Republiken hatten, welche allmählich alle Beamten aus Moskau herausdrängten, wie z. B. in Georgien. »Wie kam man denn früher zurecht?« – »Die Georgier wurden von allen möglichen Seiten bedrängt und getötet: durch Einfälle mohammedanischer Bergstämme, durch die Türken und die Perser im Süden. Sie riefen um Hilfe und all die anschließenden Kaukasischen Kriege gegen den Imam Schamyl waren die Folge dieser freiwilligen Unterwerfung.«

»Aber was veranlaßte sie, sich Rußland anzuschließen?«

»Die Hoffnung auf Wirtschaftsblüte und das Ansehen des russischen Kaisertums.« Mein sowjetischer Freund seufzte, denn er wußte sehr gut, daß es weder das eine noch das andere heute mehr gab.

Wir flogen nach Daytona Beach und wurden dort von dem langen, schlaksigen Bill France begrüßt, der das »Képi« eines französischen Polizisten trug. Er war Mechaniker in einer Garage gewesen und wurde zum Millionär und Rennbahnbesitzer – die klassische amerikanische Erfolgsgeschichte.

Von unserem Hotelzimmer hatten wir einen herrlichen Blick auf die endlosen Sandstrände. Hinter uns erstreckte sich ein Wohnviertel mit bescheidenen, aber sauberen Bungalows, auf dem Land erbaut, welches man den alligatorverseuchten Sümpfen abgerungen hatte.

Die Fahrer des Stock-Car-Rennens waren an ihren Sitzen angeschnallt, hatten einen Feuerlöscher in Reichweite und eine eiserne Stange über dem Kopf. Der Wagen konnte die fürchterlichsten Unfälle überstehen, ohne daß der Fahrer dabei zu Schaden kam. Wenn ein Unfall geschah, blinkte ein rotes Licht und ein Lotsenwagen fuhr in die Bahn. Niemand durfte ihn überholen. Sobald der Unfallwagen entfernt war, beschleunigten die Rennfahrer wieder und donnerten weiter wie eine losgelassene Meute.

Auf diese Weise erlebten wir mehrere Starts, was den Zuschauern Freude machte und für die Fahrer viel sicherer war. Die Zuschauer wurden vor dem Rennen – und auch umgekehrt – von einem Gewebe aus dünnem Maschendraht geschützt. Der Wind, der beim Start entstand, wirbelte Myriaden kleiner Kleenex-Stückchen auf, wie in einem Schneesturm. Wenn diese im Maschendraht hängenblieben, konnten sie den Fahrern nicht die Sicht nehmen.

Man lernt in den Staaten, Kleenex zu verabscheuen.

Wir hatten Henry Ford am Abend vorher getroffen, und er fragte, wie unsere

Russen wären. Nach dem Rennen lud er sie auf seine Yacht ein. Als sie uns am nächsten Morgen trafen, erzählten sie aufgeregt, daß man dort die Löhne in den USA und Sowjet-Rußland verglichen hätte: Ein Rubel zu vier Dollar die Stunde. Dann hatten Henry Ford und Bill France, die ganz die Anwesenheit der Russen vergaßen, die Zulassung von Ford-Wagen zu dem Rennen diskutiert. Bill hatte sich geweigert, dem zuzustimmen, da sie nicht in genügender Menge produziert würden. Die Russen waren ehrlich erstaunt. Sie hatten gedacht, daß wenigstens in der Automobilwelt alles, was Ford wünschte, Gesetz wäre.

Sie hatten auch »Miss America« kennengelernt. »Wie war sie?« – »Prostenkaja.« (Hausbacken.)

Zu unserer Überraschung war Elena, unsere Moskauer Freundin, zum Kennedy-Flughafen gekommen, um uns zu verabschieden. Ihr Mann saß in respektvollem Abstand und las eine Zeitung. Sie umarmte mich und weinte: »Ich habe so schreckliches Heimweh. Nur Sie können das verstehen, Tatiana Illarionowna; ich vermisse meine Màma so!«

»Aber Elena, Sie sind jetzt eine verheiratete Frau. Es ist ganz natürlich, seine Familie zu verlassen. Und dann gibt es hier ja so viel zu tun und zu sehen.«

»Nicht für uns!« (Bedeutsame Worte!) »Zu Hause habe ich meine Màma nie verlassen. Wir haben immer zusammen gelebt und alles geteilt.« Sie war zutiefst unglücklich. Welch unnatürliches Leben führen sie doch hier – wahrscheinlich in der Botschaftssiedlung eingeschlossen wie in einem Käfig und ständig beobachtet. Sie muß sich in Rußland bei ihrer Màma viel freier gefühlt haben.

Als wir das Flugzeug bestiegen, waren unsere Russen noch nicht da. Sie kamen im allerletzten Augenblick, erhitzt und durcheinander – um von unserem französischen Delegierten Toto Roche mit dem Ausruf empfangen zu werden: »Mais où étiez-vous? Nous étions inquiets. Nous pensions que vous aviez choisi la liberté!« (Wo waren Sie? Wir waren unruhig. Wir dachten, Sie hätten die Freiheit gewählt!)

Später im Flugzeug neckte er den Dolmetscher: »Un petit examen de conscience sur les pêchés commis en terre capitaliste avant de rentrer au sein de la mère Patrie?« (Ein Augenblick der Einkehr wegen der in kapitalistischen Ländern begangenen Sünden, vor der Heimkehr an den Busen von Mütterchen Rußland?)

Sie fanden das überhaupt nicht komisch, obwohl ich beschwichtigend sagte: »Toto ist ein Spaßmacher, ein ›Schutnik‹. Er neckt uns immer alle.«

2

Im Jahr darauf sollten wir uns alle in Spanien wiedersehen.

Wir hatten ein mehr als üppiges Essen zu Ehren der ausländischen Vertreter der FIA, der Internationalen Automobil-Föderation, hinter uns. Der Präsident des

Spanischen Automobilklubs, José Maria Areilza, Graf von Motrico, war unser Gastgeber. Der ehemalige Botschafter in Frankreich und überzeugte Monarchist hatte eine glänzende Begrüßungsrede gehalten, in der er die Sympathie der Spanier für das russische Volk zum Ausdruck brachte und seine eigene Hoffnung, daß diese Begegnung der Anfang von persönlichen Kontakten über die ideologischen Grenzen hinweg sein möge.

Die sowjetischen Vertreter klammerten sich an seine Worte, höchst befriedigt, daß man sie nicht mit ihrer besonderen Sorte von Ideologie in Zusammenhang brachte.

Graf Villapadierna, der Sportpräsident des Klubs, bot ihnen dann eine Fahrt in seinem silbernen Bentley an, der am Eingang in der Sonne blitzte. Er gehörte zu jenen Menschen, die jede Art von Herausforderung annehmen würden. Als Rennfahrer und Gestütsbesitzer war er mit vielem vertraut, auch mit Hunden, Pferden und Frauen. Es umwehte ihn ein zarter Duft von englischem Lavendel, schottischem Tweed und Safian-Leder; an der linken Hand trug er eine papierdünne Armbanduhr und einen schweren Siegelring. Seine betonte Männlichkeit, seine tiefe, dröhnende Stimme, sein schnelles Lachen und seine kräftige Gestalt konnten weder als schwächlich noch als degeneriert abgetan werden. Dennoch war er der Inbegriff dessen, was die Kommunisten giftig »eine unliquidierte Blase aus einer versunkenen Welt« nennen.

Auge in Auge mit dieser Spezies waren die Russen sowohl bezaubert als auch beeindruckt. Sie kletterten in den Bentley, sanken in die weichen, ledergepolsterten Sitze, die sie unauffällig streichelten, und fragten bald, ob er auch Motorräder gefahren hätte. Oh ja, aber er fand, sie wären unhandliche Fahrzeuge, obgleich er nicht so weit ging wie ein Freund, der sein Motorrad in rasender Geschwindigkeit fuhr und seinen Chauffeur auf dem Soziussitz mitnahm, weil es ihm lästig war, es selbst einzuparken. Während sie diese Bemerkung verdauten, verstummten die Russen, als die Tachometernadel des meisterhaft gefahrenen Wagens schwindelnde Höhen erreichte und wir lautlos zum Escorial rauschten.

Villapadierna war jahrelang Schüler des immer noch bestehenden Internats gewesen, das im Escorial selbst eingerichtet war. Die Bedingungen dort waren spartanisch. Während der oft strengen Winter in Spanien mußten die Schüler das Eis in ihren eingefrorenen Wasserkrügen aufschlagen, um sich waschen zu können. – Man spielte Fußball auf den großen Steinfliesen vor der Kirche. Ein unberechnet gezielter Ball sauste an unseren Köpfen vorbei, während er sprach, und wir wurden von einem energiegeladenen Ansturm von kreischenden kleinen Jungen in Schülerkitteln beinahe umgerissen.

Eine eisenharte Erziehung hatte diesen dynamischen Menschen geschaffen, der der Prototyp von alledem war, was die Russen gelernt hatten abzulehnen, denn es war klar ersichtlich, daß Villapadierna, »da das Leben eine lange Reise ist«, wie man

im Französischen sagt, es von allem Anfang an vorzog, es in erster Klasse zu bezwingen. Zu ihrer eigenen Überraschung fanden sie ihn äußerst sympathisch.
Danach fuhren wir zum »Valle de los Caidos«, dem Tal der Gefallenen, Francos Denkmal für sich selbst und nebenbei auch für die Toten auf beiden Seiten im Bürgerkrieg. Dieses Symbol der Versöhnung beeindruckte die Russen, denn es stand in verblüffendem Gegensatz zu dem immer noch bohrenden Groll, den die Kommunisten empfanden, wenn von der größten offenkundigen Niederlage die Rede war, die sie in Europa erlitten hatten.
Während des Spanischen Bürgerkrieges hatte eine rote Kanone, die vom Gipfel des darüberliegenden Berges feuerte, schwere Verluste unter Francos Truppen verursacht. Er war später auf den Hügel geklettert, um selbst zu sehen, wo die tödlichen Schläge herkamen, und hatte daraufhin beschlossen, sein Denkmal genau an der Stelle zu errichten.
»Unglücklicherweise«, fügte Villapadierna hinzu, »gehörte dieser Hügel ausgerechnet mir.«
»Was konnte er produzieren?« fragten sie besorgt.
»Oh, nichts als ein paar Bäume und Gestrüpp, aber ich hatte dort eine hervorragende Fasanenjagd. Als der Generalissimus ihn haben wollte, versuchte ich, wenigstens einen Teil zu behalten, aber nein, sie wollten alles. Wie konnte ich ablehnen? Patriotismus usw.!«
»Hat man Ihnen nichts gezahlt?« fragten sie in mitleidiger Besorgnis.
»Nur eine symbolische Summe. Ich kann Ihnen versichern, daß für mich diese besondere rote Kanone die teuerste des ganzen Krieges war.«
Am nächsten Tag luden wir unsere russischen Freunde in das Madrider Stadtpalais der Familie von Pauls Mutter, San Bernardino 14, ein. Wir waren neugierig, was sie wohl zu dem großen, alten, etwas verfallenen Haus sagen würden, das jetzt nur noch von sehr alten Damen bewohnt wurde, deren kläffende Hunde Löcher in die Möbel machen durften und völlig ungestraft die Teppiche verschmutzten.
Sie wandelten durch die unteren Salons, blickten mit vor Bewunderung leuchtenden Augen auf die »Faros«, die Laternen aus der Schlacht bei Lepanto, die Schlüssel von Tunis, die Goyas, den Claudio Cuello und die Carreño-Portraits von Gestalten in steifen Gewändern mit hohen Spitzkragen, deren knochenlose, spitze Finger aussahen, als ob die Hände nur dazu bestimmt wären, eine Nadel zu führen, Ringe zu tragen oder lässig auf einem Schwertknauf zu ruhen.
Wir erzählten ihnen von dem französischen Offizier, den man in voller napoleonischer Uniform gefunden hatte, »emparedado« (eingemauert) im Kamin des Roten Salons, der bis dahin immer geraucht hatte.
Der »Beobachter«, der den Chefdelegierten begleitete und jetzt schon ganz gut »eingefahren« war, murmelte voll atemlosen Staunen: »Geschichte! Man fühlt die Geschichte! Und das ist immer meine Leidenschaft gewesen!«

Dann gingen sie nach oben zum Tee bei meiner Schwiegermutter. Wir hofften, daß die so verwöhnten kleinen Hunde ihre Knöchel verschonen würden, als sie auf den Kanten von zerbrechlichen roten Samtstühlen saßen und zaghaft ihre Tassen balancierten, während winzige Sandwiches herumgereicht wurden ...
Paul fuhr sie zum Hotel zurück.
Sie hatten Tränen, richtige Tränen in den Augen und seufzten: »Welche Opfer müssen wohl gebracht werden, um dieses wundervolle Haus so schön zu erhalten! Und Ihre Mama, so bezaubernd noch mit neunzig Jahren! Man sieht es sofort: Eine ›grande-dame‹ internationalen Stils.«

3

In Paris, am Ende einer Arbeitssitzung, stellten mir unsere sowjetischen Freunde einen nichtssagenden, rundlichen kleinen Mann mit einem rosa Gesicht vor: »Ein glänzender Geschäftsmann, der mit Renault verhandelt. In Ihren Ländern wäre er schon längst Millionär.« Er beugte sich über meine Hand und ich fragte: »Wie stehen die Dinge zu Hause?« –
»Nitschewo, sie verbessern sich!« antworteten sie alle im Chor.
»Verbessern sich in welcher Richtung?« hänselte ich sie.
»In derselben«, beharrten sie.
»Was ist mit den Chinesen?« (Die Kulturrevolution war gerade ausgebrochen.)
Eine Art von Schauer durchlief sie.
»Die Chinesen sind dabei, eine ganze Schicht ihres Volkes auszumerzen ... und wir alle wissen, was das bedeutet. Es bringt ein Land für vierzig Jahre zum Erliegen.«
»Wirklich! Und das sagen Sie mir?!«
Ich konnte mir die Bemerkung nicht verkneifen.
»Verstehen Sie uns, Tatiana Illarionowna, wir gehören auch zu der alten ›Intelligentsia‹. Und erst jetzt, gemeinsam mit der neuen, können wir anfangen, unserem Land zu dienen!«
Eine Ehefrau hatte die Erlaubnis bekommen, die Delegation nach Paris zu begleiten. Es war ihre erste Reise jenseits des »Eisernen Vorhangs«. Wir anderen »Ehefrauen« richteten es so ein, daß wir ihr abwechselnd so viel wie möglich zeigten. Sie wollte vor allem die Kirche Notre Dame, die Conciergerie und die »Samaritaine«-Kaufhäuser sehen.
Ich kaufte ihr eine Handtasche auf der Rue de Rivoli, und sie freute sich zu sehen, daß ich selbst eine ähnliche trug. Das war ein Zeichen dafür, daß ich sie als Freundin und nicht als Almosenempfängerin betrachtete. Sie hatte keinerlei Geld zu ihrer Verfügung, was irgendwie beruhigend war, da es bedeutete, daß sie nicht zu der »privilegierten« oberen Schicht gehörte. Es war ihr unbehaglich, daß ich für sie

Ausgaben machte, darum hielt ich mich an Strümpfe und Lippenstifte, um sie nicht in Verlegenheit zu bringen, und kaufte ihr eine Anzahl englischer Taschenbücher, was sie entzückte. Sie wünschte sich etwas in der Art von Jack London, der in Sowjet-Rußland immer noch ein beliebter Autor ist. Dann saßen wir in der Sonne vor einem Café in der Rue de Rivoli und nippten an einem Apéritif, während sie mir von ihren Eindrücken berichtete. Sie war von den unbeschränkten Einkaufsmöglichkeiten tatsächlich mehr verwirrt als beeindruckt und sagte endlich traurig: »Ich habe das Gefühl, daß mein Leben vertan ist. Nicht wegen all der Dinge, die wir niemals haben kaufen können, denn ich wüßte gar nicht, was ich wählen sollte, aber wir können niemals tun, was wir wollen, und hier ist plötzlich alles möglich. Mein Kopf dreht sich!«

Am Nachmittag nahm eine andere »Ehefrau« sie mit zu einer Modenschau und hinterher zum Friseur, wo ihr verdorbenes, strohiges Haar schön gepflegt und wieder zum Leben gebracht wurde. Das munterte sie beträchtlich auf und beim abendlichen Empfang sah sie dann in einem einfachen schwarzen Kleid genauso nett aus wie jede andere anwesende Frau.

Am Tag darauf wartete ich vergeblich auf sie. Sie bekam nie wieder die Erlaubnis, mit uns zusammenzutreffen. Kurz bevor sie Paris verließ, rief sie an, um sich zu verabschieden und schob Kopfschmerzen und »andere« Verabredungen vor.

4

Unsere fast jährlichen Reisen mit unserer internationalen Delegation ermöglichten manches vertrauliche Gespräch. Losgelöst von ihrer gewohnten Umgebung, fühlten sich selbst unsere osteuropäischen Kollegen unbehindert, als wären sie auf einem anderen Planeten. Ich vermied es, als erste unliebsame Themen anzuschneiden, aber von ihnen aus gesehen war es ein Verrat an der Freundschaft, wenn man es nicht tat.

»Ich bedauere zutiefst, Ihren Vater nicht kennengelernt zu haben. Was hätte er als Staatsmann wohl vom Krieg in Afghanistan gedacht?«

Die Frage überraschte mich, aber ich konnte wahrheitsgemäß antworten: »Er erzählte mir, daß er Französisch-Nord-Afrika im Jahre 1910 besucht hatte, um die drei unterschiedlichen Regierungsformen in Marokko, Algerien und Tunesien zu studieren, in der Absicht, sie in verschiedenen Gebieten Zentralasiens anzuwenden, denn sie wurden zu der damaligen Zeit als Muster von Kolonialverwaltung angesehen. Anschließend begab er sich mit einer Regierungskommission auf eine Inspektionsreise nach Turkestan.

Da Rußland nur wenig Zugang zu den Meeren hatte, brauchte es dringend eine Basis für die kaiserliche Flotte im Persischen Golf. Das iranische Öl stand damals noch nicht zur Debatte, aber man erwartete, daß der Einfluß Groß-Britanniens in Indien nachlassen würde. Abmachungen mit Persien waren stets möglich, wogegen eine Eroberung Afghanistans unmöglich erschien, ohne daß man sich auf einen endlosen Guerilla-Krieg einließ, wie gegen Schamyl im Kaukasus im vorigen Jahrhundert, womit man sich die Feindschaft der moslemischen Völker unter russischer Herrschaft eingehandelt hätte. Darum entschied man sich für eine Politik auf lange Sicht, die darin bestand, keine feindseligen Maßnahmen gegen die üblen Emire von Buchara zu ergreifen, sondern sie stattdessen handfest zu bestechen. Jede Aktion, die eine Verwicklung mit Afghanistan bedeutet hätte, mußte um jeden Preis vermieden werden.«

»Ich bin völlig der gleichen Ansicht«, sagte mein sowjetischer Freund verständnisvoll.

»Wurde die Invasion nicht mit Zustimmung der Armee unternommen?« fragte ich.

»Sie war dagegen, aber in unserem Land wird jede einzelne Angelegenheit vom Politbüro entschieden, und dort hat man keine Ahnung von den Erfahrungen früherer Tage.«

Dann sprachen wir über die Olympischen Spiele von 1980 in Moskau.

Die Studenten mußten ihre Zimmer räumen, ohne zu wissen, wohin sie gehen sollten oder wo sie ihre Sachen aufbewahren sollten, die wahrscheinlich verschwinden würden. Die Klassenräume wurden beschlagnahmt, und natürlich bekam keiner von ihnen auch nur eine Eintrittskarte. Jetzt sagen sie: »Wir haben die Revolution überlebt; wir haben die Nazis überlebt; wir werden auch die Olympischen Spiele überleben!«

Das verhärtete System hat sich nicht verändert. Um nicht in ihrer Ideologie, welche die Wirtschaft erstickt, Konzessionen machen zu müssen, hat die Nomenklatura dem Westen erlaubt, sie zu finanzieren und ihr aus allen ökonomischen Schwierigkeiten herauszuhelfen, wodurch sie in der Lage ist, das Kolchosensystem beizubehalten.

Ihre notwendigen Kontakte mit dem Westen vermitteln einen oberflächlichen Eindruck von Liberalisierung, besonders in Moskau, wo der Lebensstandard um etliche Grade höher ist als im übrigen Teil des riesigen Landes. Der »Gulag« besteht noch und die Unterdrückung verläuft gezielter, aber ebenso gnadenlos. Die Nomenklatura beansprucht immer noch alle Vorteile für sich, aber als Folge davon ist sie mehr denn je vom Lande isoliert. Allein schon in Ruhe gelassen zu werden, bedeutet für den Durchschnittsbürger, daß das Leben, wenn auch auf dem niedrigsten Niveau, etwas leichter wird. Es gibt jedoch keine Anzeichen von einer Änderung oder Entwicklung.

Da er außerhalb der Kirche gelebt hatte, wußte mein Freund nicht recht, wie er ihr beitreten konnte, aber er sprach von ihr mit Respekt.

Eher zögernd sagte ich: »Ich kann nicht darüber urteilen, aber all diese Jahre hin-

durch, die wir uns kennen, schien es mir, daß Sie mehr von einem Christen haben als manch einer, der das von sich behauptet.«
Er wurde sehr nachdenklich: »Tanitschka, unsere Freundschaft hat sehr viel für mich bedeutet, und ich habe oft das Gefühl gehabt, daß ich durch Sie zu Ihrem Vater sprach, der für mich all das vertritt, was ich in unserer gemeinsamen Vergangenheit am meisten achte. Ich denke, wir wären über die meisten Dinge derselben Ansicht gewesen, und ich versuche, unsere Probleme mit seinen Augen zu sehen.«
Damit bezeichnete er unsere Beziehung, und es rührte mich tief.
»Ich habe meinem Vater von Ihnen erzählt, und ich glaube, daß er das gleiche fühlte. Er war froh, zu wissen, daß jemand wie Sie eine Stellung einnahm, von der aus Sie einen Einfluß auf die Jugend hatten – außer den Politikern.«
Als er ging, sagte er: »Darf ich Sie umarmen, Tanitschka? ›Na Proschanie‹ (zum Abschied).«
Zwei Monate darauf starb er an einem plötzlichen Herzanfall.
Die Menschen leben nicht lang in Sowjet-Rußland.

5

Bei Gelegenheit erschienen im Westen auch namhafte Künstler. Die Veranstalter des Wiesbadener Musik-Festivals brachten mir Obrastsow und seine Frau zu Besuch. Er war Direktor des berühmten Moskauer Puppen- und Marionettentheaters, das ich aus Zeitmangel niemals hatte besuchen können. In Wiesbaden war sein Programm »Das außergewöhnliche Konzert« gewesen, das eine bemerkenswerte Satire auf jede Art von Musikausübung war, angefangen von der kreischenden, überbewerteten Primadonna, begleitet von dem überforderten, erschöpften Pianisten, bis zu einem symphonischen Stück, das auf Kochtöpfen, Blechdosen, WC-Spülungen usw. gespielt wurde, und es endete mit einer Parodie auf den Moskauer Zirkus, wo am Schluß Pferde auf Tigern ritten. Es war witzig, unbeschwert, lebensnah, mit einigen versteckten Seitenhieben auf das Regime.
Obrastsows Frau, geborene Erlanger, war eine bezaubernde grauhaarige Dame, die ihn am Klavier begleitete, wenn er allein auftrat. Wir waren gleich auf freundschaftlichem Fuß miteinander, und er erzählte mir, daß seine Familie ihn zum Rechtsanwalt bestimmt hatte. Er war geschickt im Nachahmen und konnte mit seinen Händen alles beschreiben. Als die Revolution ausbrach, war ihm seine Begabung sehr zustatten gekommen, denn er konnte seine Zuhörer mit seinen Imitationen faszinieren. Jetzt war er einer der großen Stars in Sowjet-Rußland und hatte einen umfangreichen Stab von Mitarbeitern.
»Was planen Sie als nächstes?« fragte ich.
»Meine nächste Show wird ›Don Juan in aller Welt‹ heißen. Es ist eine Satire auf die Rituale des Liebeswerbens . . .« Er stellte sich sofort vor uns auf und begann die

verschiedenen Situationen darzustellen, in denen Don Juan sich befinden würde. Wir schauten fasziniert zu, wie dieser kleine alte Mann uns von Land zu Land führte, im Gefolge des immer entflammten und katastrophal glücklosen Don Juan. Jemand wollte eine Frage stellen, aber Frau Obrastsow schnitt sie mit einer Geste ab und murmelte: »Er komponiert es jetzt, wie er da herumgeht ... Sch ... Er hat noch nichts niedergeschrieben ...«

Es war wirklich eine Ehre, dem Entstehen dieser Schöpfung beizuwohnen. Bei Solovorstellungen hypnotisierte er seine Zuhörerschaft, indem er kleine Geschichten erzählte und sie mit den spärlichsten Requisiten darstellte. Jede Geschichte hatte eine Moral, und doch war alles so leicht wie Luft, poetisch und mit einer unerwarteten Wendung zum Ende.

Er ist eine der wenigen Persönlichkeiten von hervorragendem Talent, die die Sowjet-Union weder fertiggemacht noch des Landes verwiesen hat.

6

Im Jahre 1971 besuchte ich in Paris eine Ausstellung eines sowjetrussischen Künstlers, der kürzlich in den Westen gekommen war und schon einen großen Ruf genoß: Michail Chemiakin.

Ich wurde mit einer neuen Spezies konfrontiert: einem sowjetischen Hippie, einer bärenhaften Erscheinung mit sehnigen Armen und schwermütigen, freundlichen Augen, groß, breitschultrig, mit buschigem, schwarzem Haar und stark ausgeprägten schönen Gesichtszügen. Gekleidet war er in zottige, schwarze Schafsfelle, und seine Hosen steckten in hohen, klobigen Stiefeln. Nachdem er herumgestapft war und mir und meinen Freunden seine originellen Bilder gezeigt hatte, saßen wir in einer Ecke, und er erzählte mir seine Geschichte.

Er war 1943 geboren, als Sohn eines sowjetischen Generals, der nach dem Krieg zur Besatzungsmacht im zerstörten Dresden versetzt wurde, wo Michail daher als Kind gelebt hatte. Nach seiner Heimkehr nach Rußland hatte er sich in ständigen Schwierigkeiten befunden, wurde von verschiedenen Akademien wegen »Nonkonformismus« ausgestoßen und war zuletzt »Mädchen für alles« im Eremitage-Museum in Leningrad. Ein Abteilungsdirektor bewunderte seine Gemälde und arrangierte eine Ausstellung für ihn. Daraufhin wurden beide hinausgeworfen. Bald waren seine Werke unter den Bildern, die von sowjetischen Panzern weggewalzt wurden, als er und andere strebsame Künstler es riskierten, sie außerhalb ihrer Häuser zu zeigen. Danach landete er in einer »Psychiatka«, die ihm eine schwer zu überwindende Allergie gegen Ölfarben beibrachte. Er heiratete ein bezauberndes jüdisches Mädchen, Riva, und seine kleine Tochter, Dora, zeigte große Begabung zum Malen. Endlich wurde ihm gestattet auszureisen. Vielleicht hatte sein Vater dabei etwas zu sagen gehabt, obwohl Chemiakin hinzufügte: »Sie müssen wissen, wir haben nicht viel Gemeinsames!« – »Wer war Ihr Vater?« – »Er war ein ›Besprizorny‹, eines jener Kinder von Ermordeten oder Verschleppten, die wie Unkraut oder wie Banditen aufwuchsen. Der zukünftige Marschall Zhukow, der als junger Soldat an einer ›Liquidations-Aktion‹ gegen sie beteiligt war, nahm ihn unter seine Fittiche und machte einen Soldaten aus ihm. Sicher wäre er das ohnehin geworden, unter jedem Regime, denn das war seine Berufung ... Ich glaube, wir sind kaukasischer Abstammung, vielleicht sogar Fürsten ...« Der Name Chemiakin klang mir eher nach dem eines ukrainischen Kosaken, aber wer kann es sagen? Als die Welt auf dem Kopf stand, wußten viele von diesen armen Kindern überhaupt nicht, wer sie waren.

»Ich kann den potentiellen Verbrecher in fast jedem Menschen spüren, der mir begegnet«, sagte er. Er fügte aber auch hinzu: »Der Mensch ist ein Tier, das auf seiner Stirn das Siegel Gottes trägt.«

Er schickte mir seinen Katalog von bedeutsamen Bildern und ein Buch mit Zeichnungen, von denen viele grauenhaft und eindringlich Solschenizyns »Gulag« vor Augen führen.

»Die Menschen sagen mir oft, sie könnten es nicht ertragen, ihn zu lesen, aber meine Zeichnungen befähigen sie dazu, auf einen Blick zu erfassen, was Solschenizyn beschreibt.«

Mit Hilfe von Rostropowitsch und Baryschnikow sollte er bald eine hervorragende Ausstellung von russischen »Dissidenten«-Malern organisieren.

»Die Dinge scheinen sich ›dort‹ zu verbessern dank der Korruption«, sagte er ironisch. »Vorher haben sie unsere Werke zerstört, nun werden diese beschlagnahmt und in ihren Wohnungen aufgehängt.«

Chemiakin und seine Freunde betiteln ihre Werke: St. Petersburg, 19.... (welches Jahr auch immer).

»Eines Tages wird die Stadt wieder ihren wirklichen Namen zurückerhalten. Wir zeigen nur den Weg.«

7

Januar 1977. Wolodja Bukowsky war gerade aus Sowjet-Rußland herausgekommen. Mit dreiunddreißig Jahren hatte er dreizehn Jahre in »Gulag«-Zwangsarbeitslagern und psychiatrischen Anstalten verbracht, wo er zu seiner Überraschung von Spritzen und anderen Medikamenten verschont blieb. Anscheinend wurde irgendeine unbekannte, schützende Hand über ihn gehalten.

Cornelia Gerstenmaier, die Tochter des deutschen Bundestagspräsidenten, die ihn in Rußland vor seiner Einkerkerung gekannt hatte, scheute keine Mühe und keinen Ärger, um seine Freilassung zu betreiben. Daß es schließlich gelang, lag teilweise daran, daß sie unermüdlich bedeutende Politiker auf beiden Seiten des Ozeans

bedrängte. Endlich wurde Bukowsky im Dezember 1976 gegen den chilenischen Kommunistenführer Luis Corvalan ausgetauscht.
Corvalan beschreibt sein Erstaunen, als er über das Radio von seiner Freiheit erfuhr, während Bukowsky in einer fensterlosen Zelle ohne jeden Zugang zu einem Radio saß. Als man ihn holte, dachte er, man führe ihn zum Erschießen. Stattdessen wurde er in ein Flugzeug gesteckt und in den Westen geschickt. Er und Corvalan sind einander niemals begegnet.
Um Aufsehen zu vermeiden, hatte Cornelia arrangiert, daß er nach seiner Pressekonferenz in Frankfurt bei uns wohnen sollte. Der Saal war zu klein, um die riesige Menge Menschen aufzunehmen, die sich dazu drängte, ihn zu hören. Mehrere hundert Leute blieben draußen und waren auf Lautsprecher angewiesen. Glücklicherweise war der Abend mild und ohne Regen oder Schnee. Wir waren früh gekommen und konnten vorne sitzen. Ich hatte nur Nikolaus Lobkowitz eingeladen, damals Rektor der Münchner Universität, der tschechischer Abstammung ist, und meinen Nachbarn Jakob Eltz, dessen eindrucksvolle Burg an der Mosel den deutschen Fünfhundert-Mark-Schein schmückt.
Bukowsky saß an einem langen Tisch mit Cornelia als Dolmetscherin, Marion Dönhoff von der »Zeit«, einem geflohenen DDR-Schriftsteller, einem bekannten Anwalt des Bundesgerichtshofes und Lobkowitz. Schwärme von »Paparazzi« stolperten über Blumentöpfe und die Leitungen der Fernsehkameras, bis die Zuhörer laut protestierten und man sie veranlaßte, sich hinzuhocken, was ihnen ein noch affenartigeres Aussehen gab als vorher.
Bukowsky wurde mit viel Beifall empfangen. Wenn er mit schwierigen Fragen konfrontiert wurde, bekamen seine Augen den Ausdruck eines in die Enge getriebenen Tieres, das sich zum Sprung bereitmacht. Er sagte uns nachher, er sei Menschen nicht gewohnt und eine Menge verursache bei ihm eine akute Klaustrophobie, aber wenn er Fragen zu beantworten hätte, vergäße er das. Man hatte mit kommunistischen Störversuchen gerechnet, und es waren Vorsichtsmaßnahmen ergriffen worden.
Die erste Frage lautete: »Wieviele Gefangene gibt es in Sowjet-Rußland?« – Er erwiderte schnell: »250 Millionen!«
Frage: »Gehören die Dissidenten noch zum sozialistischen Lager?«
Antwort: »Sie gehören weder zum sozialistischen Lager noch zum kapitalistischen Lager: Sie gehören zum Konzentrationslager!«
Frage: »Stehen Sie mit Ihren eigenen Ansichten links oder rechts?«
Antwort: »Links oder rechts wovon? Diese Anschauung ist ganz relativ und in sich selbst nicht mehr gültig. Jede Originalität wird im Keime erstickt, bis jeder Verwaltungszweig sich aus gesichtslosen ›Aparatschiki‹ zusammensetzt, die nichts können als mit den Ellbogen stoßen. In Sowjet-Rußland tun anständige Menschen unrechte Dinge und kluge Menschen machen dumme Sachen.«

Frage: »Warum hat man Sie herausgelassen?«
Antwort: »Weil es nach sechzig Jahren Kommunismus offiziell keine Dissidenten mehr geben kann. Darum ist ein Dissident entweder verrückt, deshalb die ›Psychiatkas‹, oder er ist ein Verbrecher, daher der ›Gulag‹. Oder aber er wird aus dem Lande gejagt, so daß man in Rußland nichts mehr von ihm hören kann und er darum auch keine Funktionäre mehr in Schwierigkeiten bringen kann, weil sie nicht wissen, wie sie mit ihm fertig werden sollen.«
Frage: »Wie kann man sich informieren?«
Antwort: »Indem man immer das Gegenteil von dem glaubt, was in den Zeitungen steht.«
Frage: »Wo kann man seine Meinung äußern?«
Antwort: »Merkwürdigerweise in den Lagern, wo man von Freunden umgeben ist, denen man trauen kann. In Moskau kann man ihnen weniger trauen und im Ausland muß man sich wirklich umschauen.«
Frage: »Haben die Abmachungen von Helsinki nicht geholfen?«
Antwort: »Wir haben niemals einen Mangel an guten Gesetzen und glänzenden Verfassungen gehabt, ganz zu schweigen von jeder Menge offizieller Zugeständnisse, und dennoch sind sechzig Millionen ermordet worden. Wir verlieren die Hoffnung, wenn wir sehen, wie der Westen in die Falle geht.«
Frage: »Glauben die Leute in Rußland noch an den Kommunismus?«
Antwort: »In Sowjet-Rußland ist das Wort ›Kommunist‹ eine Beleidigung. Es gibt im ganzen Land nicht einen, der die Revolution nicht als eine Katastrophe betrachtet, so daß es bei Moskauer Gesprächen (Moskowskije Rasgowory) immer heißt: ›Wie konnte es geschehen und wie hätte es abgewendet werden können?‹ Und doch hat sich in jenen Tagen die Nation selbst auf den Leichnam Rußlands gestürzt wie die Geier. Das ist es, wofür sie heute zahlen müssen. Das ganze Land ist von einer Art Schuldkomplex belastet im Hinblick auf die Revolution, aber es wäre jetzt unmöglich, die Mörder auszusondern ... Ein Wandel kann nur von oben her erfolgen, aber man mißtraut der Armee und gibt ihr keine Patronen. Das Nichttöten kommt daher, daß sie voreinander Angst haben, aber die Lager sind noch immer voll.«
Als wir in Johannisberg zu einem verspäteten Abendessen zusammenkamen, fühlte er sich sehr bald behaglich, auch wenn er immer noch das vornübergeneigte Hängenlassen der Schultern eines Gulag-Insassen hatte. Wir schrieben den 24. Januar, und er hatte das Gefängnis am 17. Dezember verlassen. Er sprach ruhig, fast ohne die Lippen zu bewegen, aber deutlich. Sein Englisch war äußerst fließend, aber er gebrauchte, wie er es nannte, »veraltete« Worte, dank einem Mangel an Übung, denn er hatte es ausschließlich aus einem Lexikon gelernt.
Allmählich entspannte er sich und lachte wie ein Junge über irgendeinen Witz. Er sagte uns, daß eine seltsame Mischung von Knabenhaftigkeit und »altem Mann«

teilweise die Folge des Lagerlebens sei, wo die Leute hinschwinden, aber nicht altern. Selbst alte Männer benähmen sich zuweilen »kak Maltschiki« (wie kleine Jungen).
Seine vornehmlichste Eigenschaft und Stärke in Sowjet-Rußland scheint die eines Katalysators gewesen zu sein. Wo er auch war, organisierte er Widerstand gegen das Regime, indem er »ihre« eigenen, falsch angewandten Leitsätze gegen sie richtete. Dies geschah in der Schule, in der Universität, in den Lagern und in der »Psychiatka«. Er fand unsere hessischen linken Minister unerträglich unwissend und verlogen: »Es ist fast schwerer, mit ihnen über Marxismus zu diskutieren als mit gut unterrichteten Marxisten, denn sie haben keine Ahnung von Dialektik und lügen nur.«
Er erzählte uns auch, daß der »Samizdat«, der »Selbstverlag«, in Rußland immer noch einen gewaltigen Einfluß besitzt und trotz aller Unterdrückung weiter veröffentlicht. »Sozialismus« wird mit folgender Geschichte verglichen: Es wird ein Problem in Form eines Intelligenztests dargestellt: Wenn ein Zug entgleist, ist der letzte Wagen am meisten gefährdet. Mehrere Lösungen sind vorgesehen: Eine Lokomotive am Schluß des Zuges hinzuzufügen, das Gewicht zu vermehren ... usw. Die Antwort, die dem niedrigsten Intelligenzquotienten entspricht, ist, den letzten Wagen wegzunehmen. – Das ist genau die Lösung des Sozialismus für jedes Problem: Er entfernt die störenden Faktoren, bis nichts übrig bleibt als die Maschine, die verrückt spielt.
Eine andere kuriose Geschichte bezog sich auf das »Gedächtnis des Volkes«. Nichts wird je vergessen. Sonderbarerweise setzt sich irgendein Fetzen von Information fest und verbreitet sich blitzartig über die größten Entfernungen. Zum Beispiel war in irgendeiner wissenschaftlichen Zeitschrift eine kleine Notiz des Inhaltes, daß, seit die Wölfe in vielen Gebieten ausgerottet wären, auch die Hasen verschwanden. In ganz Rußland, selbst im fernsten Sibirien, wiederholten die Leute: »Sie haben die Wölfe getötet, und wir, arme Hasen, sterben auch aus.« (In Rußland gilt der Wolf nicht als bösartige Bestie, sondern einfach als wildes Tier.)
Es gab keine Probleme in unserer Verständigung, aber als ich vor dem Kamin stand, fragte ich mich, wie Bukowsky sich wohl fühlen mochte, nachdem er praktisch ohne Zwischenstation aus der Todeszelle direkt in das liebliche, luftige Johannisberg gekommen war. Er schien meine Gedanken erraten zu haben und bemerkte mit erstaunlicher Intuition:
»Ich bin verblüfft, mich in dieser Umgebung zu finden, aber seltsamerweise muß man sich als Gefangener an eine fixe Idee klammern, um zu überleben; und meine war ein Schloß, nicht wie dieses, sondern eine mittelalterliche Burg mit Türmen und Pfeilern und mit einer Zugbrücke über den Graben, in der man vor einem riesigen Kamin unter Ahnenportraits saß.« – »Warum die Ahnen?« unterbrach ich ihn. – »Um nicht zu viele Zugeständnisse machen zu müssen«, antwortete er schnell

und fügte dann hinzu: »All das war natürlich eigenartig, denn es war nicht Teil unserer russischen Vergangenheit. *Ihre* Leute verteidigten Zitadellen, nicht einzelne Schlösser.«
»Woher wissen Sie das?« fragte ich, denn solche Dinge werden in Rußland nicht gelehrt.
Er erzählte uns dann, daß er eine Zelle in der Psychiatrie mit einem anderen Gefangenen geteilt hatte. Zuerst war es schwer, festzustellen, ob dieser Mann nicht vielleicht wirklich verrückt war, vielleicht ein gemeingefährlicher Wahnsinniger. Denn wie jeder Gefangene, aber auch jeder Verrückte, hatte er eine fixe Idee, welche in seinem Fall eine Besessenheit von dem Thema »Aussterbende Spezies« war. Er redete lange über Sibirische Tiger, über den Blauschnabelpapagei, den Albatros oder die abnehmenden Herden von Nashörnern, Löwen und Elefanten in Afrika. Es war alles sehr aufschlußreich, aber es bewies noch nicht, daß er geistig gesund war. »Jedenfalls sahen wir beide furchtbar aus«, sagte Wolodja. Aber eines Tages brach es aus seinem Gefährten heraus: »Ich gehöre auch zu einer verschwindenden Spezies, denn ich bin Lette und sie rotten uns systematisch aus.« Da wußte Wolodja, daß er nicht verrückt war, sondern nur von seiner eigenen Lage maniatisch voreingenommen. Sein Zellengenosse fügte noch hinzu: »Ihr auch, obwohl ihr Russen seid, und es über hundert Millionen von euch gibt, seid eine aussterbende Art, denn ein Volk ohne Geschichte und ohne Vergangenheit ist seiner Wurzeln beraubt und wird nicht überleben.«
Tief beeindruckt von diesem Argument, ließ Wolodja keine Gelegenheit aus, alles zu lernen, was er über Rußlands Vergangenheit ausfindig machen konnte. Dies war gar nicht so schwer, da er im Gefängnis von der geistigen Elite Sowjet-Rußlands umgeben war.
Als wir am nächsten Tag durch die Wälder gingen, fragte er mich nach den englischen Namen von Sträuchern und Bäumen. Dann wußte er sie sofort auf Russisch. »Aber ich habe nie gewußt, wie sie aussehen«, sagte er. »Sie wachsen nicht in den Lagern«.
Als er eines Morgens mit einem starren Ausdruck zusammengesunken in einem Sessel saß, sagte ich energisch: »Wolodja, man erwartet, daß Sie ein Buch schreiben. Warum fangen Sie nicht damit an?«
»Aber ich *schreibe* es ja«, antwortete er. Ich war in der Tat zum Schweigen gebracht. In einem Konzentrationslager kann man ein Buch nur im Kopf schreiben. Ich fragte ihn, was ihn dazu motiviert hätte, von seiner frühesten Jugend an das Regime zu bekämpfen. Schließlich hatte er keine Vergangenheit, keine Tradition, auf die er sich berufen konnte.
»Es geschah gar nicht aus dem edelsten Motiv, nämlich um des religiösen Glaubens willen«, sagte er, »aber ich konnte die Art und Weise, wie sie auf der Würde des Menschen herumtrampelten, nicht ertragen. Darum habe ich gekämpft.«

Das schien mir ein recht guter Grund zu sein!
Am nächsten Tag arrangierte ich für ihn einen Besuch in der Burg Eltz an der Mosel. Unter den vielen Burgen in unserer Umgebung entspricht sie am besten seiner Vorstellung von einem inneren Refugium. Es interessierte ihn besonders, ob es dort ein Gespenst gäbe, denn das würde ein Weiterleben nach dem Tod bestätigen. Ich glaube nicht, daß sie dort so auf Anhieb eines bereitstellen konnten.
Bukowsky sollte mehrere hervorragende Bücher schreiben, während er sein Biologiestudium fortsetzte. Sonderbarerweise scheinen in unserem konfusen Westen die Ansichten von reuigen Kommissaren oft mehr Gewicht zu besitzen als die ihrer ehemaligen Opfer; in Unkenntnis davon, daß Männer, die überzeugte Stalinisten sein konnten, auch wenn sie es heute bedauern, noch lange keinen Beweis von einwandfreiem Charakter oder guter Urteilskraft geliefert haben.

Bulgarien

Oktober 1971
Mai 1974

I

Dieses Land war die Heimat des Orpheus, des Gladiatoren Spartakus, des Kaisers Trajan, Alexanders des Großen und der Heiligen Kyrill und Methodius.

Um den kommenden F. I. A.-Kongreß vorzubereiten, mußten wir ein paar Tage nach Sofia, aber unsere kurze Reise nach Bulgarien sollte sich als Hindernisrennen erweisen.

Paul empfahl mir, vorsichtig zu sein: »Dies sind die überzeugtesten Kommunisten aller Länder hinter dem Vorhang und Sowjet-Rußland bedingungslos ergeben.«

Eine strahlende Gruppe erwartete uns, als das Flugzeug in Sofia gelandet war, und man überreichte mir einen unhandlichen Blumenstrauß. Die einzige ausländische Sprache, die sie sprachen, war Russisch. Die Dolmetscherin war ein russisches Mädchen, das mir bald erzählte, sie sei als Kind von den Deutschen aus Sowjet-Rußland deportiert worden. Ihre Mutter arbeitete als Putzfrau in Zügen, die von einem Ende Europas zum anderen schaukelten. Sie brachte es dank irgendeinem glücklichen Zufall fertig, ihre kleine Tochter den ganzen Krieg über an ihrer Seite zu behalten. Als sie schließlich nach Hause zurückkehrten, erfuhren sie, daß der Vater an der Front gefallen war. Die Mutter heiratete später einen bulgarischen Ingenieur und sie zogen nach Sofia. Sie war ein nettes, bescheidenes Wesen, das sofort eine große Anhänglichkeit zu mir faßte, mir ihre Lebensgeschichte erzählte und weinte, als wir abreisten.

Man fuhr uns durch eine blumengesäumte Allee in die Hauptstadt, die wie eine bessere russische Provinzstadt wirkte, weniger angenehm als Helsinki, ähnlich der Laisvesallee in Kowno. Das Hotel erinnerte mich auch an das litauische »Versal«.

Wir hatten eine halbe Stunde Zeit, uns auszuruhen und frisch zu machen, und dann ging es ab zum »besten« Restaurant, das auch wieder an das Vorkriegs-Kowno erinnerte, aber die Atmosphäre war viel entspannter als im Moskau von heute. Das durchweg proletarische Publikum versuchte sich einen kleinbürgerlichen Schliff anzulegen. Sie saßen steif und befangen um die Tische, bis der reichliche Alkohol sie zu Lautstärke auflockerte.
Das Essen war genießbar, die Weine süß und schwer. Gute Weißweine wurden abwechselnd mit einem Übermaß an grasgrünem Slibowitz gereicht. Der kleine, rundliche, dunkle Mann, der uns zusammen mit den anderen empfangen hatte, befand sich nicht mehr unter uns. Es wurde bald angedeutet, daß man sich bei ihm vorsehen sollte, er sei das »Holzauge« des Regimes.
Unsere Gastgeber enttäuschten wir mit der Mitteilung, daß wir zwei Tage eher als vorgesehen abreisen mußten, aber bei einem wichtigen Touring-Club-Jubiläum sollte Paul in Wien eine Rede vor der Regierung und dem Präsidenten Jonas halten. Daher war es unmöglich, nach Varna am Schwarzen Meer zu fahren wie ursprünglich vorgesehen.
Auf dem Hauptplatz zeigte man uns die große orthodoxe Kathedrale, die nach der Befreiung vom türkischen Joch 1878 erbaut wurde. Dies war der Wendepunkt in ihrer jüngeren Geschichte und erklärte ihre bedingungslose Treue zu Rußland. Zu jedem Rußland. Sie erwähnten Plevna.
»Plevna? Ich muß gestehen, daß ich dachte, es läge in der Türkei. Mein Großvater Wiasemsky wurde bei dieser entscheidenden Schlacht im Jahr 1877 gegen die Türken schwer verwundet und daraufhin für seine Tapferkeit ausgezeichnet. Seitdem haben ihn viele bulgarische Freunde besucht.«
»Ein Held von Plevna? Ihr Großvater war ein Held von Plevna?«
Sie suchten ihn in ihren Geschichtsbüchern heraus und sooft wir neue Leute kennenlernten, wurde bei der Vorstellung gemurmelt: »Dies ist die Enkelin eines Helden von Plevna!«
Ein Fächer von Scheinwerfern beleuchtete die Kathedrale. Gleich daneben kauerte bescheiden am Rande des Platzes die alt-byzantinische Kirche der heiligen Sofia, die der Stadt ihren Namen gab.
Wir fuhren am königlichen Palast vorbei, der jetzt als Gemäldegalerie fungiert. Genau gegenüber, auf der anderen Seite der breiten Straße (alle Straßen sind breit und mit dichtbelaubten Bäumen bepflanzt) befindet sich Dimitrows Mausoleum. Zu seinen Füßen standen zwei Soldaten in Vorkriegs-Gala-Uniformen. Vermutlich standen sie früher zu Füßen des Palastes, der nur ein paar Meter entfernt ist und brauchten nur die Straße zu überqueren, um sich den veränderten Zeiten anzupassen.
Man führte uns zu einer Art von Ausgrabungsstätte in der Stadtmitte, wo kürzlich ausgegrabene interessante archäologische Funde aus thrakischen Zeiten ausgestellt

waren, und ein Abschnitt der ehemals befestigten Stadtmauer sowie Skulpturen und Keramik zu sehen waren.
Nur eine einzige, kleine Moschee schien in der Stadt übriggeblieben, aber wir besuchten mehrere Kirchen, ein reizvolles Theater aus dem 19. Jahrhundert, riesige Parteigebäude, die in keinem Verhältnis zu ihrer Umgebung standen, und eine etwas verkleinerte Wiedergabe des Hotels »Ukraina« in Moskau. Im übrigen war die Stadt grau und schäbig, aber verhältnismäßig sauber, mit einigermaßen befriedigenden Fensterauslagen, Alleen von Bäumen und blühenden Büschen und einem ausgedehnten Stadtpark. Die Atmosphäre war im ganzen südländisch und muß an Odessa erinnert haben.
Im Fahrstuhl drängten sich einige Sowjet-Russen, ganz unbefangen und entspannt. Sie fühlten sich hier wie zu Hause – vielleicht sogar zwangloser als in der Heimat.
Wundervolle dicke Weintrauben erwarteten uns auf dem Tisch unseres Hotelzimmers.
Am nächsten Morgen besuchten wir noch einmal die Kathedrale. Sie wimmelte von Kindern, ein Strom von Schulklassen jeden Alters, begleitet von ihren verhältnismäßig jungen Lehrern; junge Knaben mit kurzem Haarschnitt und hohen Kragen an ihren enganliegenden Uniformjacken, kleine Mädchen mit weißen Schleifen im Haar und dunklen Schürzenkleidern wie vorrevolutionäre russische Gymnasiastinnen.
Sie zeigten keine besondere Ehrfurcht, aber waren ruhig und wohlerzogen, ebenso gleichgültig wie die Touristenmengen, die durch San Marco in Venedig oder den Mailänder Dom strömen.
Die Krypta unter der Kathedrale war in ein schönes Ikonenmuseum verwandelt. Ein einzelnes thrakisches Grab mit einem fein gemalten, griechischen Fries an den Wänden war vielleicht dort untergebracht, um die Bezeichnung »Museum« anstelle von »Kirche« zu rechtfertigen.
Danach wurden wir losgeschickt in einem amtlichen Wagen mit einem schwarzen Nummernschild. Diejenigen mit einer weißen Nummer – vielleicht ein Drittel der Verkehrsteilnehmer – hielten an wie sich bäumende Pferde, um uns vorbeizulassen, egal ob sie von rechts oder von sonstwoher kamen. Unter hoheitsvoller Nichtbeachtung der Geräusche von quietschenden Bremsen und einem gelegentlichen Krach eines Anpralls hinter uns setzten wir unsere beschämend triumphale Fahrt fort.
Wir verließen dann die Stadt auf eine längere Exkursion. Nach dem schwülen Wetter des Vortages herrschte jetzt feuchter Nebel: »Lissiinaja pogoda« nennen sie es dort, »Fuchs-Wetter«. Es gab der unbekannten Landschaft etwas Geheimnisvolles. Wir kamen in eine enge, gewundene Schlucht. Hoch oben an einer Seite klebte ein kleines, quadratisches Gebäude. Unsere Begleiter erzählten uns, daß es das letzte

Bollwerk gegen die eindringenden Türken gewesen wäre und sie viele Wochen lang aufgehalten hätte. Die Bulgaren sind sich noch immer schmerzlich ihrer Rolle als Schutzwall Europas bewußt, und die folgenden Jahrhunderte der türkischen Unterdrückung ließen ihre schmerzliche Spur zurück. Europa hat ihre Situation nicht wahrgenommen, und diese Tatsache hat sie in die Arme Rußlands geworfen, welcher Art dieses Rußland auch sein möge. Es wurde mir aber immer mehr bewußt, daß sie ein anderes Rußland als das jetzige vorziehen würden.

Wir fuhren durch schäbige und malerische Provinzstädtchen, die aus dem schleichenden Nebel hervortauchten. Die Straße stieg steil an einer Kolchose – einer Obstplantage – vorbei. Sie waren darauf stolz. In Rußland hätte man an solchen Institutionen vorbeigeschaut, da sie schon sehr wohl wissen, daß damit ihre Versorgungsprobleme nicht gelöst werden. Das reichliche Mittagsmahl wurde in dem Berghotel eines leidlichen Kurorts eingenommen.

Die lange Fahrt ging dann an Seen vorbei, durch waldiges Gebirgsland bis zum berühmten Rila-Kloster, in einer Bergspalte eingeklemmt. Es war sowohl eine Festung als eine Herberge und schloß eine bunt und reich bemalte Kirche, an den Burgturm angelehnt, im Innenhof ein.

Der Direktor nahm uns unter seine Fittiche und zeigte uns stolz ein wunderschönes kleines Museum, das er eigenhändig zusammengestellt hatte. Da waren Reskripte (gramoti) von Ivan IV., dem Schrecklichen, von dem ersten Zaren der Romanoff-Dynastie, prachtvolle kirchliche Ornamente, Ikonen und riesige, mit Edelsteinen besetzte Evangelien. Zitate des russischen Historikers Karamzin und Fotografien aus dem türkischen Krieg, die gut aussehende russische Offiziere, die mit ausgestreckten langen Beinen auf den Stufen des Rilaklosters saßen, zeigten, wiesen auf ihre Freundschaft zu Rußland hin.

Die Kirche und der Altar wurden nach 1814 vom Abt (Igumen) Haralampi und meinem Vorfahren Fürst Wassiltchikov wieder aufgebaut. Alle Requisiten sind Gaben aus dem früheren Rußland.

Einige grau-in-grau aussehende Touristen und Besucher aus der Umgebung wanderten hinter uns her zum Kircheneingang. Um das Gebäude herum begann einer der bärtigen Mönche seinen Rundgang um die Kirche, wobei er auf ein riesiges, hölzernes Brett (Simandron) in einem bestimmten trommelnden Rhythmus einschlug.

»Gegen böse Geister«, sagten unsere Begleiter und scherzten: »Vielleicht befindet sich der Teufel unter den Füßen des Mönches oder sitzt auf seiner Schulter.«

Aber ich sagte: »Erinnern Sie sich nicht daran, daß alle unsere Gottesdienste mit ›Isiedi‹ beginnen? (Avaunt Satanas!) In allen Religionen gibt es vor Beginn des Gebetes einen Augenblick der Konzentration durch einen Klang wie z. B. ›OHM‹ oder andere Mittel. Es ist der erste Schritt auf die Meditation oder das Gebet zu. Es erscheint ganz logisch, daß dies stattfinden sollte, bevor die Kirche betreten wird.«

Die kleine russische Dolmetscherin lauschte fasziniert. Sie sagte, das hätte sie noch nie gehört, und bat um weitere Erklärungen: Warum die Kerzen, warum dies, warum jenes?
Der Museumsdirektor hörte schweigend zu. Später, als wir uns in einem barackenartigen Restaurant zum Tee setzten, fragte er mich leise: »Haben Sie in dem Museum meine Absicht bemerkt? Ich wollte hervorheben, daß unsere tiefe Verbundenheit mit Rußland geistiger und nicht politischer Natur ist.« Dann fügte er traurig hinzu: »Es ist nicht leicht, denn wir leben wie in den Zeiten der Thrakier, als der beste Häuptling jedes Stammes dem gefräßigen Gott geopfert wurde. Es gibt keinen Raum für die Wahrheiten, die wir verteidigen wollen. Aber hin und wieder gehen einige hin und sitzen still allein in der Kirche, und dann spüre ich, daß unsere Anstrengungen sich doch gelohnt haben; wenigstens diese wenigen begeben sich auf die Suche nach ihrer Seele.«
Er erzählte mir dann, daß einer der noch verbliebenen fünfzehn Mönche ein russischer Offizier wäre. »Jeder von ihnen hat ein ungewöhnliches Schicksal erlebt. Sie sind auch zum größten Teil hochkultiviert.«
Ich war traurig, als es Zeit wurde aufzubrechen.
Wir fuhren zurück in einem Wetter, das Töne, Gedanken und Gefühle wie Löschpapier aufsaugte und sie beiseite legte, als ob es auf ein neues Erwachen wartete. Dann kam der Nebel herunter in Strömen von Regen, der die Blätter von den Bäumen löste und sie für den Wind bereitlegte, der sie bald in stürmischen Böen forttragen sollte.
Die Dunkelheit war hereingebrochen, als wir Sofia erreichten. Es war kaum Zeit, sich umzuziehen oder gar die Haare zu kämmen. Nahe am Zusammenbrechen wäre ich glücklich gewesen, ins Bett kriechen zu können, aber Paul meinte:
»Nach all der Mühe, die sich unsere Betreuer für uns gemacht haben, können wir ihnen diesen Ausgang nicht nehmen, zu dem sie nur in unserer Gesellschaft berechtigt sind.«
Sie fuhren uns auf den riesigen Hügel, der die Stadt überschattete und in tröpfelnde Wolken gehüllt war, wo ein Folklore-Restaurant, zu dem nur VIPs Zutritt haben, uns erwartete.
»Berühmt für seine Tänzer und seine Musik«, sagten sie uns voller Vorfreude. Es wäre für sie enttäuschend gewesen, solch eine Gelegenheit fahren zu lassen, an der gesellschaftlichen Welt der Privilegierten teilzunehmen.
Den ersten, gewölbten Speisesaal, den wir betraten, füllte ein riesiger Tisch, umgeben von untersetzten, schlitzäugigen Leuten. »Schon Chinesen?« scherzte ich.
»O nein! Nord-Vietnamesen!«
»Sind die so viel besser?«
Kein Kommentar, außer einem zustimmenden Grinsen. Sie sind nicht allzu stolz auf ihre Freunde.

Unsere Leute deuteten auf den Generalsekretär der Partei, welcher der Gastgeber der ausländischen Gäste war: eine zottige Mähne von weißem Haar und ein markiges, hartes Gesicht. Wir gingen an ihnen vorbei zu unserem Tisch, wo sich bald ein früherer Opernsänger zu uns gesellte, der jetzt zum Choristen degradiert war, aber immer noch über eine schöne Baßstimme verfügte. Wir bekamen wieder das übliche Menü, aber bald kamen die Musikanten mit Zigeunerliedern in allen mittel- und osteuropäischen Sprachen an unseren Tisch. Unsere Freunde fielen mit ein. Das russische Mädchen flüsterte mir zu:
»Es ist die Schwäche der bulgarischen Männer, unter jedem noch so geringen Vorwand in Gesang auszubrechen.«
Eine nette Schwäche, denn ihre Stimmen waren klangvoll und musikalisch. Sie erzählten uns, daß ein Sänger in irgendeinem riesigen Restaurant singen sollte und das Mikrofon seinen Dienst versagte. Er warf es geringschätzig weg und dröhnte los wie ein Nebelhorn.
Unser Gastgeber sang Partisanenlieder, was seine gegenwärtige Stellung im Lande erklärte. Der unterhaltsame Abend dauerte zu lange, und als wir endlich ins Bett kamen, waren wir völlig ermattet.
Am nächsten Morgen fand ein Empfang im Ministerium für Tourismus statt. Der Minister, ein angenehmer Mann namens Togorow, sprach fließend Italienisch, denn er hatte in Turin gearbeitet. Paul und er kamen gut miteinander aus und sie machten Pläne für zukünftige Rennmöglichkeiten. Er bat um technische Auskünfte und Paul riet ihm, sich nach Österreich zu wenden, denn die Österreicher hätten so große Erfahrungen mit den Verhältnissen in osteuropäischen Ländern. All das klang hoffnungsvoll – aber wir fragten uns, ob man ihnen erlauben würde, es auszuführen.
Ich begab mich dann zu einer Besichtigung des Rot-Kreuz-Zentrums. Drei Ärztinnen, der nette Vize-Präsident und der Leiter der Rot-Kreuz-Jugend erwarteten mich, und wir setzten uns um einen runden Tisch, während Limonade oder Kaffee angeboten wurden. Wir besprachen unsere gemeinsamen Probleme und bald gesellte sich ein dümmlicher, schwammig aussehender Mann zu uns – der erste Vize-Präsident. Er saß da, eisern schweigend – offenbar wieder ein »Holzauge«.
Bald war es Zeit, sich mit Paul im Touring-Club-Zentrum wieder zu treffen, wo eine Gruppe von Sport- und anderen Journalisten versammelt war, und auch hier war wieder ein Buffet vorbereitet. Eine halbe Stunde später mußten wir zum Flughafen aufbrechen.
In der besten Absicht, aber ohne praktische Überlegung, überreichte man uns drei gewaltige Pakete. Sie waren lose in platzendes Seidenpapier eingewickelt und enthielten einen Karton mit Slibowitz, einen anderen mit Wein, einen weiteren mit Schallplatten (Opernsänger), Textilproben und Souvenirs neben einem schweren, geprägten Album im Bismarck-Stil und einen unhandlichen Blumenstrauß.

Während wir darauf warteten, in die Iliuschin zu steigen, quoll ein Strom von Reisenden durch das Tor. Wir schienen noch nicht an der Reihe zu sein. Man brachte mir einen Stuhl und jemand sagte: »Bitte beunruhigen Sie sich nicht, es wird alles in Ordnung kommen.«

Ich beunruhigte mich gar nicht, aber bei diesen unheilverkündenden Worten schaute ich mich um und bemerkte, daß wir die einzigen Passagiere waren, die sich noch im Warteraum befanden. Unser Freund, der ehemalige Partisane, blaß und aufgeregt, begann mit dem Chef des Flughafens zu diskutieren. Es schien, daß das Flugzeug ohne uns abgeflogen war.

Paul erklärte bestimmt, daß es ihm egal sei, wie sie es zustandebrächten, aber er würde unbedingt am nächsten Morgen um neun Uhr in Wien erwartet. Große Aufregung. Irgend jemand fuhr in die Stadt, ein anderer versuchte zu telefonieren – mußte aber auch in die Stadt fahren, um das tun zu können.

Man schlug uns vor, nach Sofia zurückzufahren: »Das ist viel bequemer für Sie!«

Paul antwortete: »Da wir heute abreisen müssen, ziehen wir es vor, gleich hier zu kampieren.« Viele Stunden verstrichen.

Wir gingen ins obere Stockwerk zu einem verspäteten Mittagessen und der Mann, der uns begleitete, erging sich in Vertraulichkeiten: »Diese Einschränkungen, dieser Zwang ... Man muß sich vor diesen Leuten in acht nehmen!«

Wir wollten das Thema in unserer prekären Situation nicht weiter breittreten, wohl wissend, daß eine Gruppe von Spionen kürzlich aus England ausgewiesen worden war und daß sie möglicherweise nach »Austauschware« suchten. Bei der Gelegenheit hatten sie vielleicht an uns gedacht. Paul versicherte mir ruhig: »Sie können uns nicht hierbehalten; es würde einen zu großen Skandal verursachen!«

Wir gingen wieder hinab in die Abflughalle (allmählich kannten wir uns an diesem Ort aus). Unsere Freunde schienen angegriffen und nervös, aber erklärten: »Alles ist in Ordnung. Wir haben eine Lösung gefunden; Ihr Mann kann um 7 Uhr abreisen und über Ost-Berlin nach Wien fliegen. Und Sie, liebe Tatiana Illarionowna, werden noch einen Tag hier verbringen und all das zu sehen bekommen, was wir Ihnen gerne zeigen wollten. Morgen oder übermorgen, wenn Sie sich ausgeruht haben, können Sie dann nach Hause fliegen.«

Als ob es darum ging, zwischen Tee oder Kaffee zu wählen, protestierte ich mild: »Es wartet ein leerer Sessel auch auf mich an der Seite des Präsidenten der Republik Österreich, und ich muß unbedingt meinen Mann begleiten.« (Das war zwar eine leichte Übertreibung, aber ich hoffte, sie würde ins Gewicht fallen.)

Zwei Plätze über Ost-Berlin wurden schließlich gefunden; sie sagten, man hätte die Maschine gegen eine größere ausgewechselt, um uns aufnehmen zu können. Was könnte daran wahr sein? Es war unmöglich, es festzustellen. Ich protestierte schwach, daß die Pakete Ost-Berlin nicht passieren würden, aber sie meinten, es sei

die einzige Möglichkeit. Infolge des ganzen Zwischenfalls waren sie in heller Aufregung und versprachen, jeden zu »bestrafen«, der daran schuld sei.
Später haben sie uns versichert, daß es die Schuld von irgend jemand aus ihrem Amt gewesen wäre, was aber nicht wahr sein konnte, da das »O. K.« von der Fluglinie abhing, in diesem Fall Tupolew. Vielleicht hatten sie einfach andere an unsere Stelle gesetzt, da es immer die Frage ist, wer ein wichtigerer VIP ist, denn es gibt keine privilegiertere Gesellschaft als die Oberschicht in sogenannten »sozialistischen« Staaten. Nachdem das nun einmal geschehen war, sahen sie sich möglicherweise um, um festzustellen, was sie in der Hand hatten und fragten sich, ob wir »Austauschmöglichkeiten« boten. Unsere ruhige Selbstsicherheit und die Tatsache, daß sie unsere verspätete Ankunft in Wien melden mußten, mag sie dazu gebracht haben, nachzugeben.
Schließlich flogen wir nach siebenstündigem Warten ab. Eine ganze ostdeutsche Hockey-Mannschaft befand sich an Bord, ebenso einige verloren wirkende Schweden.
Unsere »Freunde« weinten, umarmten uns und baten uns, bald wiederzukommen.
Ein alter brummiger Ostberliner Gepäckträger kam uns zu Hilfe, nachdem wir erst einmal die nötigen Visa bekommen hatten, was zwar nur eine Formalität war, jedoch eine langwierige. Wir bestiegen den Bus und fuhren an aufgepflügter Erde, Stacheldraht, Minen, Hindernissen vorbei – der lächerlichen, tragischen, frontähnlichen Teilung zwischen den beiden Hälften Deutschlands.
Ein unangenehmer und unfreundlicher ostdeutscher Beamter inspizierte uns, unsere Pässe und den Gepäckraum des Autobusses. Er leuchtete mit seiner Taschenlampe zwischen alle die Bündel und Koffer. Dann schob er einen langen, flachen Spiegel auf Rädern unter den Bus, um zu sehen, ob da jemand darunter hing.
Nach Menschen suchten sie, nicht nach Schmuggelware.
Auf der anderen Seite winkte uns ein strahlender, lässiger Bursche durchzufahren. Hier bot sich der ganze Unterschied zwischen Ost- und West-Europa wie in einer Nußschale. Lang lebe die Freiheit!
Dann fuhren wir zwischen netten kleinen Häusern entlang, deren Gärten bis an die Mauer heranreichten – zwei Meter weiter wären sie im Niemandsland gelegen.
Jetzt gingen unsere Pakete auseinander wie ein zusammenfallender Pudding. Wir hatten etwa eine Minute Zeit, um unsere Maschine nach Frankfurt zu erreichen und hierbei gingen sie für immer verloren – es tat mir nur um das einzige leid, das zu behalten sich gelohnt hätte, das mit den Schallplatten.
Als wir in Frankfurt ankamen, war ich so erschöpft, daß ich aufgab und nach Hause fuhr, während Paul nach Wien weiterflog.
Seine Rede am nächsten Morgen war ein großer Erfolg, besonders als er die Rolle

der Österreicher auf dem Balkan betonte und sagte, daß sie die einzigen wären, die diesen Ländern zu einem »modernen« und »normalisierteren« Aussehen verhelfen könnten. Mit lobenswerter Nachsicht vermied er jede Erwähnung unserer komplizierten Abreise aus Sofia.

II

Wir kamen trotzdem einige Jahre später wieder zum Kongreß der »F. I. A.« (Fédération Internationale de l'Automobile). Unser erstes Diner fand in einer Sommerresidenz des ehemaligen Königs statt. Den Vorsitz führte ein Minister, dessen kurze, fette Hände mit Fingern wie Klauen, vierschrötiger Körper und einem Kopf, der fest zwischen seine Schultern geschraubt zu sein schien, den Gedanken an einen Bolschewiken der ersten Generation aufkommen ließ – was er vermutlich auch war. Er und seinesgleichen schien in unseren Kollegen aus der sowjetischen Delegation, die dieses Stadium bereits hinter sich gelassen hatten, beträchtliche Abscheu zu erregen, gemischt mit väterlicher Herablassung. Sie waren jedoch eifrig darauf bedacht, zu verkünden, daß meine Verwandten für die bulgarische Unabhängigkeit bei Plevna und Schipko gekämpft hätten. Dies verursachte sofort eine Herzlichkeit, welche sich auch auf sie ausdehnte. Waren nicht Russen und Bulgaren deswegen Freunde für immer? Man mußte sich wirklich wundern!
Während des Essens fragte ich unseren Gastgeber, was sein liebstes Hobby sei. Er antwortete: »Schießen!« – »Auf was schießen?« – »Auf alles!« – Es schien nutzlos, das Thema fortzusetzen.
In seiner offiziellen Rede lobte unser belgischer Präsident die bulgarische Regierung für »alles, was sie für ihr Land getan hatte und noch tut.« – Der Dolmetscher übersetzte mit eiserner Miene: »Anstrengungen zur Verbesserung künftiger Lebensbedingungen«, was nicht ganz dasselbe war.
Nach der üblichen Besichtigungstour durch Sofia wurden die »Ehefrauen« unserer Delegation vom Justizminister zum Tee eingeladen. Das Ministerium war ein eindrucksvolles, neo-klassizistisches Gebäude, welches von der russischen Regierung nach der Niederlage der Türken 1879 erbaut worden war.
Die Justizreform des Kaisers Alexander II. brachte gerechte und gnadenvolle Gesetze, die man nach Jahrhunderten der türkischen Unterdrückung sofort dem bulgarischen Volk zuteil werden ließ. Heute sind diese Gesetze natürlich nicht mehr in Kraft.
Wir wurden im Büro des Ministers empfangen. An den Wänden standen etwa ein Dutzend »Richterinnen«, grauenhaft aussehende Weiber mit krallenartigen Händen und etwas zutiefst Bestialischem im Ausdruck. Der Vizeminister wandte sich zu mir, und ich erwähnte unsere Rot-Kreuz-Sorgen – verschwundene Touristen usw. – und fragte ihn, wer uns da wohl helfen könnte, oder uns sagen, wohin man

sich wenden solle: »Vielleicht wäre eine weibliche Hand da leichter?« schlug ich vor.
»Die Hand einer Frau ist nicht immer die leichteste«, erwiderte er trocken, aber gab mir seine Karte. Als ich sie später den Leuten vom Bulgarischen Roten Kreuz zeigte, zuckten sie sichtbar zurück: »N. persönlich?« – Also hatte auch er keinen so guten Ruf.
Unsere Gastgeberin führte uns durch das Gebäude und zeigte uns auch das Tribunal, wo die Urteile verkündet werden. »Sind Sie es, die die Urteile fällen?« fragte ich so unschuldig wie nur möglich. »Ja, das bin ich.« – »Welch entsetzliche Verantwortung! Ich kann nur hoffen, daß Engel hinter Ihnen stehen, wenn Sie das tun müssen.«
Sie verstummte wie vom Schlag gerührt. Ich fragte mich, was sie wohl wirklich dachte und ob sie mich jetzt haßte oder ob diese Bemerkung eine menschliche Reaktion in ihr erwecken würde.
Wir trafen wieder auf die anderen, und als wir fortgingen, sagte ich zu einigen von ihnen: »Ist Ihnen eigentlich zum Bewußtsein gekommen, was in den unterirdischen Kerkern unter unseren Füßen während dieser gräßlichen Teegesellschaft vorgegangen sein mag?« – Sie hatten überhaupt nicht darüber nachgedacht.
Am Abend gab es eine reizvolle Folklore-Vorführung mit Tanz und Gesang in Trachten. Unerwarteterweise war ich als Ehrengast in der ersten Reihe der Ministerloge zwischen zwei hochrangigen Parteifunktionären placiert worden. Die besten Sänger stammten aus den Rhodop-Gebirgen, der Tradition nach die Heimat des Orpheus. Im Winter sind dort die Bergdörfer durch tief verschneite Täler getrennt und die Bewohner rufen sich von einer Bergspitze zur anderen melodisch zu, wie in Tirol. Das hat ihnen Stimmen von der Klangfülle eines Christoff und eines Giauroff (was auch »Christ« bedeutet) verliehen.
Riesige Blumensträuße wurden meinen Nachbarn übergeben, welche sich beeilten, sie mir mit vielen Verbeugungen und Handküssen zu überreichen. Das hatte ich wieder meinen heldenhaften Ahnen zu verdanken. Unsere sowjetischen Freunde waren entzückt. Sie fühlten sich in die einer Russin erwiesene Ehre mit einbezogen, während Paul hinter mir murmelte: »Das muß man erlebt haben!«
Während man uns in der Pause Getränke anbot, sagte ich: »Da Sie so nett sind, mir Blumen zu schenken, würden Sie vielleicht auch, als einen weiteren Blumenstrauß, unseren Rot-Kreuz-Anträgen zustimmen?« – Ich konnte mich nicht enthalten, sie aufzuziehen: »Es ist interessant, sich daran zu erinnern, daß die traditionellen Helden von Bulgarien Orpheus der Sänger, der römische Kaiser Trajan, Alexander der Große der Eroberer, Spartakus, der gegen das Römische Reich rebellierte, und die Heiligen Kyrill und Methodius sind. Man kann ja wohl auf alle stolz sein!« Sie waren etwas unsicher, wie das wohl in ihre Partei-Ideologie passen könnte.
Später murmelte einer unserer russischen Freunde in bezug auf eine Dame: »Die

Frau verursacht mir eine Gänsehaut!« Ich vermied einen Blick auf ihre festen Beine und sagte: »Aber sie ist doch recht hübsch.« – »Die hübschen sind die schlimmsten«, sagte er mit bitterer Überzeugung. Ich sagte sanft: »Sie haben sicher Grund, das zu wissen.«

Am darauffolgenden Tag wurde extra ein Wagen bestellt, um mich nach Plevna zu bringen, wo ich äußerst liebenswürdig vom Bürgermeister, dem Schulmeister und der Direktorin des kleinen Museums empfangen wurde, das in einem Gartenpavillon eingerichtet war. Hier mußte sich Osman Pascha, der tapfere Verteidiger von Plevna, nach der 143 Tage dauernden Belagerung des Ortes im September 1877 dem Zaren Alexander II. ergeben. Die russischen Truppen kämpften heldenhaft unter der persönlichen Führung ihres hervorragenden Generals Skobelew.

Wir studierten mit größter Genauigkeit das Schlachtfeld, zählten die furchtbaren Verluste nach, und es schien wirklich unglaublich, wie schlecht infolge des Fehlens von Verstärkungen aus dem Hauptquartier die Angriffswellen der Russen koordiniert waren.

Auch jetzt spürte man noch, daß die Bulgaren fühlten, daß ihr gesamtes weiteres Schicksal von dieser entscheidenden Schlacht geprägt worden war, durch welche endlich die verhaßte türkische Herrschaft dank der russischen Hilfe gebrochen wurde. Im Museum baten sie mich um eine Fotografie meines Großvaters und überschütteten mich mit rührenden Geschenken: einem Album, einer gestickten Bluse und einem Taschentuch. Es war der einzige Ort, an dem ich je gewesen war, von dem ich sicher sein konnte, daß einer meiner Ahnen dort gestanden hatte.

Nach einem Besuch des bekannten »Tals der Rosen« wurde die ganze Gruppe am nächsten Tag zum Schipko-Paß gebracht, wo die zweite berühmte Schlacht stattgefunden hatte. Es schüttete, die Straße wurde schlüpfrig und die Busse konnten den steilen Hügel nicht erklimmen. Wir drängten uns in eine Anzahl von Wagen, die am Straßenrand aufgereiht waren. Ich fragte den Fahrer, ob sein Wagen ein Taxi sei. »Keineswegs! Ich bin Arzt. ›Sie‹ haben mich Ihretwegen aufgehalten.« Ich entschuldigte mich und erklärte, daß wir Ausländer wären und die Entscheidung nicht von uns gefällt worden sei. Es war höchst peinlich.

Am Denkmal auf dem Schipko-Paß waren die Reden so endlos, daß unser japanischer Delegierter sich schüttelte, seine Arme verschränkte, das Kinn in den Kragen steckte, die Augen schloß und mit leicht gebeugten Knien und gespreizten Beinen in ein erholsames Nickerchen fiel. Nach einem Seitenblick auf ihn tat sein Begleiter dasselbe. Ich versuchte, ihre Haltung nachzuahmen und fand sie äußerst entspannend.

Auf dem Weg zurück hielten wir einen Augenblick, um die Kirche zu betrachten, die Frau Skobelew, die Mutter des siegreichen russischen Generals, zu seinem Andenken errichtet hatte.

Ich ging mit der sowjetischen Delegation um das Gebäude herum. Ein neu hinzugekommenes Mitglied der Gruppe, der offensichtliche Spion des Regimes, bemerkte gehässig: »Skobelew scheint der einzige zaristische General gewesen zu sein, der eine Schlacht gewonnen hat!«

Ich antwortete: »Man hat offenbar die russische Geschichte ausgelassen, als Sie zur Schule gingen, aber Sie würden gut daran tun, solche Äußerungen nicht vor unseren ausländischen Freunden hier zu machen, denn die wissen es besser.« – »Tatiana Illarionowna stammt aus einer russischen Militärfamilie, auf die sogar heute noch die Rote Armee stolz ist«, warf mein sowjetischer Bekannter freundlich ein. Er hatte sich ja seinen aufgezwungenen Reisebegleiter nicht erwählt.

Wir begaben uns auf einen letzten Ausflug nach Varna am Schwarzen Meer. Schöne goldgelbe Strände erstreckten sich flach und schnurgerade wie alle Strände in Ostblockländern.

Während des Mittagessens in einem »reservierten« Restaurant – man fragte sich, wohin die Einwohner gingen – lieferte unsere Dolmetscherin einen überflüssigen Kommentar zum Thema »religiöser Aberglaube«. – Ich warf dazwischen: »Sie scheinen es vorzuziehen, wie ein Kohlkopf dahinzuleben, ohne geistige Ansprüche. Hätten Ihre Ahnen ebenso gedacht, niemals hätten sie als religiöse und nationale Einheit die türkische Herrschaft überlebt. Selbst im heutigen Rußland hätte niemals ein Mädchen Ihres Alters solch einen Blödsinn von sich gegeben.«

Einige ihrer Landsleute lächelten mir billigend zu. Sie war ihnen sicher schon lange eine Nervensäge gewesen.

Wir kehrten über das aufstrebende Industriezentrum Gablonz zurück. Paul mußte schon zwei Tage früher abreisen, aber mich überwältigte plötzlich die Platzangst, welche sich heimlich in einem zusammenbraut, wenn man in Länder hinter dem »Eisernen Vorhang« reist. Ich fragte unseren sowjetischen Freund, ob er glaube, daß ich ein Taxi nach Sofia bekommen könnte. Er wandte sich an den Bürgermeister der Stadt, der freundlichst sofort eins beschaffte und anbot, mich ein Stück des Weges zu begleiten, indem er wie üblich hinzufügte: »Jeder Bulgare ist froh, der Enkelin eines Helden von Plevna einen Gefallen zu tun.« Unterwegs unterhielten wir uns und er wiederholte: »Unsere Freundschaft mit Rußland ist keine politische, sondern eine brüderliche und wir hoffen, daß das immer so bleiben möge.«

TEIL III

Das Rußland der großen Schriftsteller

Juni 1982

Breschnew: Die Erstarrung

»Gemeine Mittel, auch wenn sie für gute Zwecke angewandt werden, verwandeln diese Ziele in etwas ebenso Niedriges ...«

Tschechow

Unsere Reise »auf den Spuren der russischen Schriftsteller« war überaus sorgfältig geplant und sollte unter der Leitung von dem Autor Lawrence Kelly in London beginnen.
Sir Charles Johnston, verheiratet mit Prinzessin Nathalie Bagration, hatte kürzlich die bis heute beste Übersetzung von Puschkins »Eugen Onegin« veröffentlicht. Nathalie Brooke, geborene Benckendorff, war unsere Reiseleiterin. Wir sollten uns bald auf ihre Geduld und ihr Taktgefühl verlassen können, die es uns ermöglichten, unser umfassendes Programm streng einzuhalten.
Breschnews verlängerter Todeskampf brachte eine Art Erstarrung über das riesige Land, welches wir in der uns zur Verfügung stehenden Zeit so ausführlich wie möglich besichtigen wollten. Ich hatte kurz vorher gehört, daß gegen Ende seiner Ära »dem Bösen nichts mehr zugefügt wurde, obgleich sich nichts geändert hatte.« Die Lahmlegung jeder Entscheidung haben wir während unserer Reise stets wahrnehmen können, und es erklärt auch die Gleichgültigkeit Sowjet-Rußlands sowohl in der Falklandkrise, die gerade voll im Gange war, als auch im Libanon-Krieg. Daher durften wir unsere Fahrt wie vorher festgelegt durchführen, obwohl unser Programm mehr umfaßte, als gewöhnlich erlaubt war.
Die übrigen sieben oder acht Mitglieder unserer Gruppe sprachen alle Russisch. Einige waren fortgeschrittenen Alters und ihre Berufe so verschiedenartig, daß unsere kleine Gesellschaft eine Auswahl von Menschen im Stile der »Brücke von San Luis Rey« wurde. Angelsächsische Zurückhaltung und Rücksichtnahme auf andere verhüteten jede Reibung. Lawrence schlug vor, uns während der Reise täglich eine kurze Vorlesung zu halten.

I. Moskau

1.

Man hatte uns gesagt, daß Zollerklärungen unbedingt erforderlich wären, aber in Moskau waren die Formulare nicht erhältlich. Glücklicherweise waren wir in London mit einer ausreichenden Menge dieser Blätter versehen worden, verbunden mit dem Rat, sie bis ins kleinste Detail auszufüllen, einschließlich Ehering und Taufkreuz.

Im Flugzeug saß ich neben einer Österreicherin, die vor nervöser Spannung, wie das Leben in Rußland wohl sei, fast platzte. Sie sollte mit ihrer kleinen Tochter für zwei Jahre zu ihrem Mann fahren, der dort als Ingenieur arbeitete. Als wir langsam an den versteinert dreinblickenden Beamten in dem neuen, von einer tschechoslowakischen Firma für die Olympischen Spiele erbauten Flughafengebäude vorbeidefilierten, wurden die Österreicherin und ihr Kind zurückgehalten. Ihr Visum war für den nächsten Tag ausgestellt und vorher durfte sie das Land nicht betreten. Sie mußten viele Stunden dableiben, bis es endlich ihrem verzweifelten Mann gelang, sie rechtzeitig zu befreien, bevor sie nach London zurückgeschickt wurden.
Wir waren mit einer britischen Linie geflogen. Ausländische Reisende werden, wenn sie einen Anschlußflug der Aeroflot verpassen sollten, in eine Art Getto neben dem Flugplatz gesteckt, welches sie nicht verlassen dürfen, selbst dann nicht, wenn sie krank sind. Darum hatte unsere Gruppe darauf bestanden, so weit wie möglich mit ausländischen Linien zu reisen.
Wir zogen unsere Koffer über den neuen, blitzblanken Boden des Empfangsgebäudes – unter der symbolhaft niedrigen Decke – zum Zollbeamten, der in schleppendem Tempo seinen Pflichten nachging. Meine Taschen auf japanischen Röllchen verursachten einige Heiterkeit, denn sie liefen vor mir her »kak Sobatschká« (wie Hündchen), rief eine wartende Russin bewundernd aus.
Schließlich bestiegen wir einen neuen Bus und fuhren nach Moskau ab. Zuerst ging es durch ein »Niemandsland« und dann endlose Alleen entlang, vorbei an unzähligen neuen Wohnhäusern. Wie eintönig diese Massenbehausungen auch sein mögen (wir haben sie im Westen ja auch), vor Jahren hatte es sie noch nicht gegeben. Die Sandwege davor waren staubig und müssen sich im Winter in tiefen Schlamm auflösen. Überfüllte Busse brachten Pendler zu ihren Arbeitsstätten.
Die ersten Parolen begegneten uns: »Die Partei ist die Ehre und das Gewissen der Epoche.« Die nächste lautete: »Unsere Politik ist die Politik der Welt«, mit anderen Worten: »Weltrevolution«, eine weitaus bedrohlichere Aussage. Aber im großen und ganzen gab es weniger von dieser schreienden Propaganda als noch vor zwanzig Jahren. Auch die riesenhaften Porträts von Super-Bolschewiken waren nicht mehr so sichtbar, wenn nicht überhaupt entfernt. Vielleicht war auf die Dauer doch eine Übersättigung eingetreten.
Lawrence, der mehrere Jahre in Moskau verbracht hatte, als sein Vater dort Botschafter war, machte uns auf bedeutsame Gebäude aufmerksam: den Englischen Klub, Besuchows Haus, die Stelle, wo die Erlöserkathedrale – 1812 nach der Schlacht von Borodino mit freiwilligen Spenden aus ganz Rußland erbaut – nach Sprengung durch ein Schwimmbad ersetzt worden war ... Die Führerin, eine verhutzelte kleine Person, die auf dem Flugplatz zu uns gestoßen war, bekam einen verärgerten Ausdruck, der sich in der Folge noch verstärken sollte, als sie begriff, was für eine kenntnisreiche Gruppe sie da am Halse hatte.

Im Hotel Metropol, im Post-Aida-Stil errichtet, warteten wir am Fuß einer alles überragenden »Art-déco«-Treppe, die von einer Fontäne von Wrubel und Glastäfelungen von Mucha belebt war, während die nicht endenwollende Prozedur der Zimmerverteilung stattfand. Wir waren ganz offensichtlich nicht die wichtigsten Gäste dort, denn wir bekamen ehemalige Dienstbotenzimmer zugewiesen. Die Bettwäsche war grau und rauh, die Radiatoren der Zentralheizung sahen aus, als wären sie aus ungeschickt gerolltem Toilettenpapier; die Schranktüren fielen einem entgegen, weil irgendein Reisender die brauchbaren Scharniere abmontiert hatte. Die defekten Installationen sollten sowieso das Kennzeichen aller »Luxushotels« auf unserer Reise sein. Wir wurden am Hauptspeisesaal vorbeigeführt, in welchem eine dralle, blonde »Chansonetka« eine geräuschvolle Privatgesellschaft von Parteibonzen mit ihrem Gesang belebte.

Eine Obstschüssel auf hohem Fuß enthielt Orangen. Man sagte uns, wir sollten jeder eine nehmen, »da es unwahrscheinlich sei, wieder welche vorgesetzt zu bekommen«. Das sollte nur zu wahr werden. Als ich für mein Stroganow-Buch Aufzeichnungen machte, war ich auch auf eine Bemerkung des Botschafters des Herzogs von Holstein, eines gewissen Olearius, gestoßen, der im Jahre 1662 beeindruckt war von der Qualität und der Menge an Gemüse und Früchten, die auf dem Moskauer Markt verkauft wurden: »Spargel, so dick wie Daumen; Vögel in einem Überfluß, den man kaum abschätzen konnte.« Sicher hätte er gefunden, daß die Versorgung heute recht heruntergekommen sei, denn wir sollten auf der ganzen Reise kein Obst oder Gemüse mehr sehen.

2.

Lawrence schlug vor, nach dem Abendessen noch einen Gang durch das Zentrum der Stadt zu machen, das sich bis zum letzten Mann entleert, wenn die Untergrundbahn ihre Pforten schließt.

Wir hatten alle das Bild der Reihen von KGB-Stiefeln gesehen, die die Straßen säumten während der Olympischen Spiele, aufgenommen von einem einfallsreichen Journalisten, der seine automatische Kamera unauffällig nach unten hielt. Andererseits jedoch waren der Rote Platz und die Basilius-Kathedrale mit ihren Trauben von Zwiebelkuppeln dank derselben Olympischen Spiele großzügig restauriert worden, und in der klaren, kühlen Nacht erschienen sie, von unzähligen Scheinwerfern angestrahlt, wie ein prächtiges Spielzeug oder eine Seite aus Bilibins Märchen. Puschkin hatte vom »goldgekrönten Moskau« gesprochen, und obwohl nur etwa sechzig von sechshundert Kirchen die Revolution überlebt haben und auch davon nur wenige »arbeiten«, sind die Tage der mutwilligen Zerstörungen vorbei. Während der Stalin-Ära wurde ein Architekt, der gegen den Abbruch

eines berühmten historischen Turmes zu protestieren gewagt hatte, für sein Bestreben umgehend zu drei Jahren »Gulag« verurteilt.
Lawrence hatte uns auf das Flachrelief von Radischtschew hingewiesen, dem Idealisten und theoretischen Revolutionär aus dem Anfang des 19. Jahrhunderts. Man fragt sich, was er wohl von der Verwirklichung seines Zukunftstraumes halten würde? Wir gingen an der Lubianka – dem bedrohlichen, die ganze Nacht hindurch erleuchteten Komplex hinter dem Denkmal des sadistischen Mörders Dzerzhinsky – und den privaten Kliniken und Büros der Partei vorbei.
Als Lawrence diese Gebäude beschrieb, kam ein bleicher Mann mit der grünlichen Haut derer, die längere Zeit eingeschlossen waren, aus einer Seitenstraße. Er trug einen pappesteifen Anzug, einen altertümlichen Filzhut und hatte anscheinend ein Krankenhaus verlassen oder – noch wahrscheinlicher – war er gerade aus dem Gefängnis entlassen worden. Er drehte sich um und starrte uns an, mit einer Welt von Fragen in seinen hohlen Augen. Ich war in Versuchung, ihm Geld zu geben, aber wir hatten unser ausländisches Geld noch nicht gewechselt und ich fürchtete, ihn mit Dollars oder Pfund in Schwierigkeiten zu bringen.

3.

Lawrence überredete mich, mit ihm an der Bar des Hotels zu verweilen. Es schien interessant zu sein, sich dort umzuschauen. Einige westliche Geschäftsleute saßen an kleinen Tischen, eingerahmt von exotischen, verdächtig hübschen Mädchen, den sogenannten »Tschaikas« (Möven), KGB-Spioninnen, mit denen sie, Gläser in den Händen, herumalberten.
Der junge Barmann fragte mich: »Wird es wegen der Falkland-Inseln Krieg geben?« – »Natürlich nicht«, sagte ich, »es wird in den nächsten Tagen vorüber sein, aber wenigstens wird es die Leute davon abhalten, ungestraft in das Gebiet anderer Völker einzumarschieren ... Warum machen Sie sich Sorgen, da man hier doch nur von Frieden redet?« – »Frieden für andere, aber nicht für uns, und ich bin in dem Alter jener, die kämpfen müssen«, sagte er leise. Für den Fall, daß es jemand gehört haben könnte, fügte er schnell hinzu: »Wenn erst einmal die ganze Welt kommunistisch ist, sagen sie uns, wird es endlich Frieden geben.« – »Aber was ist, wenn wir nicht kommunistisch werden wollen und uns wehren?« fragte ich.
Tatsächlich bedeutet nach Lenins Lehre Frieden die kommunistische Kontrolle der ganzen Welt, was es auch an Kriegen kosten wolle, und alle diejenigen, die dieses Ziel für ihn förderten, hatte er »nützliche Idioten« genannt.
Ich hatte gehört, daß die DDR für den Fall, daß sie bei der Unterdrückung Polens mithelfen sollte, ihre Ansprüche auf das verlorene Gebiet jenseits der Oder-Neiße-Linie anmeldete. Das war einer der Faktoren, die die Sowjets von einer tatsäch-

lichen Invasion abhielten, denn ihre Angst vor jedem starken Deutschland ist unüberwindlich. Ein Sowjet-Russe hatte traurig gesagt: »Polen ist weit weg, aber wir wissen alle, daß Hunger auch eine Waffe ist.«
Sowjet-Rußland ist nur eine militärische Basis für weltweite politische Unterminierung – eine Politik, die nichts mit nationalen Interessen zu tun hat.
Am nächsten Morgen zeigten die teppichbelegten Treppen des Hotels ekelhafte Spuren der Ausuferungen vom Abend davor. »Einer der Gäste wurde krank«, erklärte die Etagenfrau, die »Dejournaja«. Niemand machte Anstalten, diese Spuren wegzuputzen. Es war nicht »ihre« Aufgabe.

Unsere Tour durch die Stadt brachte uns gleich, schräg gegenüber dem Hotel, zu der »Dworianskoje Sobranie«, dem früheren »Adelsclub«, heute ein Konzertsaal, mit seiner Fassade von weißen Säulen vor einem blauen Hintergrund, eingeklemmt zwischen viel höhere Gebäude. Unter Stalin fanden hier die großen Schauprozesse statt. Fast gegenüber liegt die Reitschule, in der Tolstoi Radfahren lernte und dabei immer wieder mit einer Dame mit übergroßem Federhut zusammenstieß. Sie wurde auch der Schauplatz der Todesurteile für so viele Offiziere während der Revolution.
Wir begaben uns dann zum Puschkin-Museum, das für uns geöffnet worden war. Der Direktor empfing uns auf der Schwelle des zauberhaften Gebäudes aus dem frühen 19. Jahrhundert, welches gerettet worden war, da es ein Museum beherbergte. Eine rührende und fast übertriebene Aufmerksamkeit hatte man hier auch den kleinsten Einzelheiten gewidmet, und trotzdem waren die Exponate im großen und ganzen von minderer Qualität, die Möbel »aus der Zeit« beschädigt und zerkratzt. »Ist das alles, was Sie finden konnten?« fragte ich, »es gab doch so viel in jedem Haus.« – »Es wurde alles geplündert, zerschlagen, verheizt oder für ein Butterbrot ins Ausland verkauft!« kam die leise Antwort.
Nach dem Zweiten Weltkrieg und Stalins Ende hat man es nur den hingebungsvollen Anstrengungen von Museumsdirektoren zu verdanken, die das Argument »Zerstörung durch die Nazis« – soweit es sich überhaupt nur dehnen ließ – anwandten. Es ist dies ein Vorwand, dem sich selbst eine kulturfeindliche Ideologie nicht entgegenstellen kann, so daß ein Teil von Rußlands kulturellem Erbe wiederaufgebaut und wiederentdeckt werden konnte. Sogar Baron Falz-Fein aus Liechtenstein, dessen Familie das berühmte Tierschutzgebiet »Ascania Nova« in Süd-Rußland geschaffen hatte, bekam kürzlich die Erlaubnis, ein Museum in dem leeren Gemäuer des ehemaligen Herrenhauses auf dem Gut einzurichten. Unglücklicherweise herrscht vielfach noch reine Kulturlosigkeit: Ein westdeutscher Architekt, der ein berühmtes, zweckentfremdetes Kloster in Rostov am Don besuchte, erzählte mir, daß man ihm unbezahlbare mittelalterliche Manuskripte für ein paar Dollar angeboten hatte. Der zuständige Beamte betrachtete sie gewissermaßen als

Abfallpapier. Der Parteichef von Leningrad, der seltsamerweise Romanow hieß, veranlaßte das Eremitage-Museum, ihm das Speiseservice von Nikolaus I. für die Hochzeit seiner Tochter zu leihen. Als die Festlichkeit ein fortgeschrittenes Stadium erreicht hatte, wurden im Rausch viele Teller und Schüsseln zerschlagen.
Das Puschkin-Museum enthält unter anderem eine kleine Bibliothek, die anscheinend durch private Stiftungen oder Hinterlassenschaften zustande gekommen ist. Sie besitzt seltene Ausgaben, Korrespondenzen und Material auch mit den kleinsten Details aus Puschkins Privatleben. Dies sollte eine Mahnung für zeitgenössische Schriftsteller sein, alles zu vernichten, was sie nicht veröffentlicht wissen wollen.
Charlie Johnstons Übersetzung von »Eugen Onegin« erregte leidenschaftliches Interesse. Ich erbot mich, dem Museum einige Seiten aus dem Tagebuch der Gräfin Ficquelmont zu geben, in welchem sie Puschkins Duell in allen Einzelheiten schildert. Er gab uns schöne Bücher, die den Inhalt des Museums mit peinlicher Genauigkeit schildern.

Die Leidenschaft für sorgfältige Forschungen fiel mir noch mehr auf im »Beriozka-Laden« für Ausländer, wo ein »Lermontow-Lexikon« jeden Menschen, jeden Ort, jede Verbindung, die ihn betrafen, beschrieb. Dieser übermäßige Aufwand scheint übertrieben, bis man begreift, daß die minuziöse Genauigkeit, mit der das nur siebenundzwanzig Jahre währende Leben des Dichters belegt ist, siebenundzwanzig Jahre eines ausgelöschten Jahrhunderts ins Gedächtnis zurückruft. Seit 1917 ist die russische Geschichte vorsätzlich verdreht und beschnitten worden durch den anhaltenden Versuch, die Vergangenheit aus dem Bewußtsein der Menschen herauszureißen. Jedoch der durchschnittliche Russe scheint ein tiefeingepflanztes Wissen um seine Vergangenheit in sich zu tragen, und jedes beliebige Ereignis kann dieses schlafende Bewußtsein aufwecken. So brachte der deutsche Einmarsch das Jahr 1812 zum Vorschein; 1980 wurde der fünfhundertste Jahrestag von Dimitri Donskois erstem bedeutenden Sieg über die Tataren von 1380 begangen, ein nationales, fast religiöses Fest. Nur der Westen scheint die offizielle »Reiseführer«-Geschichte Rußlands hinzunehmen. Diese ist eine Mär von Räuberei und Plünderung, deren Helden Stenka Razin, Pugatschow und Bolotnikow sind, die die Führer der Revolution offen als ihre Vorläufer anerkennen.
Nach dem Zweiten Weltkrieg jedoch erfreute sich die napoleonische Zeit einer neuen Welle von Beliebtheit, und ich war entzückt, ein reizendes Büchlein über die Schlacht von Borodino zu finden. Aber Alexander I. ist in kommunistischen, atheistischen Ausdrücken schwer zu erklären, und so hat man ihn kurzerhand weggelassen. Beim Durchblättern des kleinen Büchleins rief ich aus: »Ich habe meinen Urgroßvater gefunden, aber es ist ihnen tatsächlich geglückt, Alexander I. überhaupt nicht zu erwähnen!« Der junge Mann, der mir half, lachte und sagte:

»Sie verlangen zu viel. Seien Sie froh, daß Sie Ihren Verwandten gefunden haben. Das ist ein guter Anfang, und vielleicht haben *wir* bald auch wieder Alexander I.«
Es erübrigt sich zu sagen, daß kein Russe in diesem Laden ein Buch kaufen kann, in welchem nur ausländisches Geld angenommen wird. Die Klassiker erscheinen manchmal in öffentlichen Buchhandlungen in viel zu kleinen Auflagen, die sofort ausverkauft sind.

Nach wie vor sind die Läden mit Waren mager bestückt. Es gibt köstlichen Kefir, eine Art Joghurt, gutes Brot und guten Käse. Sonst nicht viel – kein Gemüse und kein Obst. Kleidung ist von der mindersten Qualität. In der westlichen Konsumgesellschaft kaufen die Leute Luxusartikel, hier sind sie auf ständiger Suche nach allem, was nur angeboten wird. Die Hausfrauen verbringen ungezählte Stunden mit Schlangestehen. Das Leben in der Sowjet-Union muß unsagbar strapaziös sein, und die Menschen werden früh alt. Ich hörte, daß Rußland die höchste Kindersterblichkeit nach Venezuela hat, da keine Babynahrung oder angemessene medizinische Betreuung zu haben seien. Die Russen sind kleiner von Wuchs geworden mangels Vitaminen und ausgewogener Ernährung. Frauen haben alle männlichen Berufe mit übernommen, was nicht unbedingt zu ihrer körperlichen Schönheit beiträgt. Ihr Haar steht in dicht gekräuselten Locken infolge von stümperhaften Dauerwellen, ihre Figuren sind unbeschreiblich stämmig, und obwohl ihre Sommerkleider manchmal recht nett aussehen, sind ihre Schuhe derart schlecht, daß sie sich beim ersten Sommerregen auflösen müssen. Gegen Abend überwiegt im Straßenbild die Jugend. Die jungen Leute stehen in der Untergrundbahn Schlange nach Schallplatten, gewöhnlich Mitschnitte klassischer Konzerte, von Husten und Niesen gestört, oder veraltete Aufnahmen von russischen »Beatles«. Die Beriozka-Läden, zu denen sie keinen Zutritt haben, ziehen weiße Vorhänge zu, um ihre Schätze vor den Augen der Allgemeinheit zu verstecken, und auch diese sind recht ärmlich: Postkarten, hölzernes Spielzeug, Pelzmützen.

Unsere lange Fahrt durch die Stadt führte uns zum Novodewitschi-Kloster und dann zu jedem Haus, das mit Schriftstellern oder ihren Werken im Zusammenhang steht. Nach Jahren von hoffnungsloser Baufälligkeit wurden viele von ihnen restauriert. Wir besuchten auch das berühmte »Haus der Schriftsteller«, das unter dem Vorsitz von Twardowsky gestanden hatte.

4.

Lawrence und ich trödelten etwas auf dem Rückweg zum Mittagessen im Hotel. Eine Bauersfrau, mit einem guten, offenen, runzligen Gesicht, die einen Korb am Arm trug, hielt uns an und fragte nach dem Weg zur Lubianka. Lawrence sagte ihr, wo sie das verhängnisvolle, khakifarbene Gebäude finden konnte, das Tag und

Nacht hinter blinden, leeren Fenstern hell leuchtet. Es ist heute noch ein abscheulicher Käfig voll von Verzweiflung, Trauer und Folter, wo bestialische Taten die Menschen zu abgestumpften Beutetieren machten und der Schmelztiegel des Leidens manchmal seine Opfer in Heilige oder Propheten verwandelte, wie z. B. Solschenizyn. Es war nicht weit dorthin. »Gott segne Sie für Ihre freundliche Antwort«, sagte sie. »Was sind das hier für Leute! Kein einziger wollte mir auf meinem Weg helfen.« Das Wort Lubianka muß sie vor den Kopf gestoßen haben. Es ging alles zu schnell, um sie zu fragen, was sie an diesem gefürchteten Ort suchte. Wollte sie versuchen, sich nach einem Gefangenen zu erkundigen, oder war sie dorthin bestellt worden?

Am Nachmittag machte ich mich auf eigene Faust auf den Weg.

Andere Reisende hatten uns darauf vorbereitet, daß Klauen in kleinem Maßstab, ebenso wie Stehlen in großem, einen Teil des sowjetischen Lebens ausmachten. Das System schafft Parasiten oder Rechtlose, und da praktisch nichts auf legalem Wege beschafft werden kann, finden sogar Scheibenwischer, Schrauben, Scharniere und jeder sonst erreichbare Gegenstand ihren Weg zum allumfassenden Schwarzen Markt.

Ich nahm die Untergrundbahn, um zurückzufahren. Auf der Rolltreppe, die abwärts fuhr, fragte ich eine Frau vor mir: »Wird hier gestohlen? Muß ich auf meine Handtasche achtgeben?«

»Wo wird gestohlen?« fragte sie unsicher.

»Im Ausland manchmal«, sagte ich.

»Hier auch«, gab sie zu und sagte dann: »Sprechen Sie Französisch? Sie sehen so aus, als ob Sie Französisch sprächen.« –

»Ja, warum?« –

»Würden Sie bitte etwas Französisch mit mir sprechen? Sehen Sie, ich lerne es allein, und ich glaube, ich kapiere die Aussprache nicht so richtig.«

Natürlich sprach ich mit ihr, stellte ihr einfache Fragen und erzählte ihr, was wir gesehen hätten. Die Treppe rumpelte in die Tiefen der Erde. Dann warteten wir auf den Zug, was uns eine ganze Viertelstunde auf Französisch schenkte.

»Vielen Dank«, sagte sie herzlich, als wir auseinandergingen, »ich muß versuchen, den Klang in meinem Gedächtnis zu behalten.«

Der Rote Platz war an dem langen Frühlingsabend in ein goldenes Licht getaucht. Ich machte eifrig Fotografien von den schönen alten Kirchen, die neben dem Hotel Rossija wie in einen Graben eingezwängt sind.

Dabei hörte ich zufällig, wie eine junge Frau zu ihrer Mutter sagte: »Was für ein schönes Kleid!« Die ältere Frau antwortete bitter: »Alles, was sie haben, ist schöner, und überdies sind sie selbst auch schöner.« Ich drehte mich um und sagte: »Danke fürs Kompliment«, und lächelnd gerieten wir sofort in eine Unterhaltung.

Die Polizei trug nicht mehr ihre scheußlichen, unverwechselbaren Kopfbedeckungen: Baskenmützen in botanischen Farben oder topfförmige Filzhüte, aber dasselbe blaue Hemd oder der gleiche beige Anzug und Sandalen ersetzten die weggelassene Uniform. Jedoch rückten sie einem nicht mehr dauernd auf den Leib wie früher. Es schien, als ob die Trennung zwischen der Nomenklatura und dem Volk so endgültig geworden sei, daß sie es nicht mehr nötig hatten, es in jedem Augenblick zu beobachten. Kontrolle zu Hause und am Arbeitsplatz schien zu genügen. In dem Zustand völliger Unterjochung durch eine dem Volk aufgezwungene verhaßte Kaste von privilegierten Funktionären entsteht eine Art Solidarität unter den Unterdrückten.

Ich hatte meine Aufnahmen gemacht und versuchte, vorbeifahrende Taxis anzuhalten, aber keines blieb stehen. Darum wandte ich mich an eine recht hübsche junge Frau und fragte, ob sie wüßte, wie ich zu meinem Hotel zurückkommen könnte. »Sie können sie nicht auf der Straße anhalten«, sagte sie. »Sie müssen zu ihrem Stand gehen.« – »Aber da sind um die Zeit keine«, seufzte ich. In diesem Augenblick kam eine endlose Reihe von völlig gleichen schwarzen Wagen aus einer Seitenstraße, die von einem der Haupt-Regierungsgebäude herführte. In jedem von ihnen saß das gleiche Paar von Insassen, nämlich ein Chauffeur und ein hoher Beamter; lauter gesichtslose Bürokraten von höchstem sozialistischen Rang. Wie bei Orwell ordneten sie sich langsam, einer nach dem anderen, in den Verkehr ein, der vor ihnen zum Gehweg zurückwich wie vor einer Schlange. »Soll ich einen von denen anhalten?« fragte ich unschuldig. »Um Gottes Willen, nein!« rief sie aus, aber als sie den Schalk in meinen Augen bemerkte, lachte sie beschämt. »Sie gehen am besten zu Fuß zu Ihrem Hotel; Sie schaffen es so sicherer und auch schneller«, riet sie. Sie hatte bemerkt, daß ich keine Sowjet-Bürgerin war; aber durch die Art, wie sie sprach, gab sie zu verstehen, daß sie und ich »wir« waren und die bleichgesichtigen Würdenträger, die an uns vorbeifuhren, die verhaßten »sie«.

Auf meinem Weg zurück konnte ich es mir nicht verkneifen, einen kleinen Umweg zu einer Kirche zu machen, die wie ein roter Hochzeitskuchen aussah, ein Traum aus dem 16. Jahrhundert, ein Stockwerk auf das andere getürmt, immer enger werdend und schließlich in einer Krone von kleinen Kuppeln mündend. Das phantastische Gebäude, das sich in traurig baufälligem Zustand befand, war hermetisch abgeriegelt, angeschlagen und abblätternd. Es sackte ab, als wäre es erschöpft von allem, was sich vor ihm abgespielt hatte, und lehnte sich an ein hohes Gebäude, das man gerade daneben errichtet hatte. Große Balken stützten es von der Rückseite, so daß man vielleicht noch nicht alle Hoffnung aufgegeben hatte, es zu retten. Im durchsichtigen rosa-goldenen Abendlicht erschien es wie ein verlorener Traum von einem anderen Rußland, in dem Phantasie und zum Himmel steigender Glaube das Land beseelt hatten. Weiter unten, jenseits des Roten Platzes, liegt die zau-

berhafte, winzige Kirche des hl. Simeon zwischen ragenden Wolkenkratzern eingeklemmt. Türmchen und Säulenhallen stützen eine Traube von kleinen grünen Zwiebelkuppeln, wie eine Votivgabe. Der Verkehr brandet um ihre geschlossenen Tore.
Diese Kirchen waren vielfach die Hauskapellen von Herrensitzen (Ussadjba) reicher Kaufleute oder Grundbesitzer. Moskau war bekannt für seine vielen kleinen palastartigen Wohnhäuser, die inmitten ausgedehnter Gärten standen und von Ställen, Seitenflügeln und Nebengebäuden umschlossen waren.

5.

Einige von unserer Gruppe hatten Karten für das Bolschoi-Theater bekommen, die sonst fast ausschließlich für die Nomenklatura oder für ausländische Diplomaten und Ehrengäste reserviert sind. Die besten Tänzer waren unterwegs auf einer Tournée in Ost-Europa, so daß ich es nicht bereute, ein Tschechow-Stück im Wachtangow-Theater gewählt zu haben, das nach dem berühmten Direktor benannt ist. Aber ohne irgendeine vorherige Ankündigung war das Stück abgesagt und durch etwas ersetzt worden, das sich »Der 13. Vorsitzende« nannte, »ein zeitgenössisches Drama« von Asad Abdullin. Die Garderobenfrau versicherte: »*Sie* werden es amüsant finden – nach einem langsamen Anlauf.«
Das Theater füllte sich allmählich bis zum letzten Klappsitz. Von einem Offizier angeführt, kamen reihenweise junge Soldaten herein. Der Vorhang hob sich vor einem Tribunal mit senffarbigem Hintergrund, und wir glaubten, in eines jener tötenden Propagandastücke geraten zu sein. Rechts saßen an einem Tisch fünf »Richter« mit hölzernen Gesichtern, drei Frauen und zwei Männer. Davor, links vom Publikum, lümmelte sich ein nonchalanter Staatsanwalt »neuen Stils«: elegant gekleidet in einem westlichen Anzug, eisig korrekt, herablassend verächtlich. Rechts davon der Parteiideologe, ein altmodischer, rattenartiger Bürokrat, der seine Aktenmappe fest umklammerte und unbehaglich auf einem kleinen Stuhl hockte. Der 13. Vorsitzende einer Kolchose, der vielleicht zufällig Lech Walesa glich, sollte für Abweichungen von der Parteilinie verurteilt werden. Offensichtlich hatte er seine Norm vielfach erfüllt, während einer Dürreperiode seine Herden gerettet und alles, was die Kolchose benötigte, von dem Geld beschafft, das die Kolchose selbst verdiente, da die bezahlten staatlichen Lieferungen nicht eintrafen.
Er hatte demnach »Staatsgelder vergeudet«, wenn es nach dem Ankläger ging, der sich kalt an die Buchstaben des Gesetzes hielt. Sein schlimmstes Vergehen bestand darin, vierzig Angestellte ans Schwarze Meer in die Ferien geschickt zu haben, ohne vorher um Erlaubnis zu bitten.
Die Verteidigung wurde von seinen Kollegen übernommen. Die Richter, der An-

kläger und der Vertreter der Partei waren gelassen, steinern und höflich, während der Angeklagte und seine Verteidiger, lebendig, warmherzig und gefühlsbetont, sinnbildlich für das Leben selbst standen, das unter der abtötenden Hand der Partei-Ideologie pulsiert.

Ein junger Kolchos-Arbeiter rief leidenschaftlich aus: »Unser Leben ist kurz. Wann werden wir die Früchte unserer ständigen Mühen ernten? . . . Wir sind keine Kaninchen, mit denen man experimentieren kann. Wir sind ›Kolchosniki‹, das Leben der Nation. Wir sind auch die einzigen, die noch jede Menge Kinder haben. Alles erwartet man von uns und nichts gibt man uns dafür!« Ein ehemaliger Angehöriger der Armee rief: »Wir Kommunisten verlangen das Recht, unser Wissen und unsere Erfahrungen beizusteuern, um die Lebensbedingungen zu verbessern. Und wir verdienen eine Belohnung!« – »Wohlstand verdirbt«, erwiderte der Parteimensch trocken. »Verdienter Wohlstand verdirbt nicht!« schrie der Soldat, »nur unverdiente Reichtümer tun das! . . . Eure Theorien zerstören das Land und den Viehbestand. Nach einigen Jahren von Fütterung nach euren Regeln muß das Vieh notgeschlachtet werden. Im ganzen Land ist die ›Paroda‹, ist jede Züchtung vernichtet worden!« (Dieser letzte Ausfall wurde im Dunkel des Saales mit donnerndem Applaus bedacht.) »Unsere Väter wußten, wie man das Land bearbeitet. Warum können wir nicht von ihnen lernen?«

Zum Schluß erklärte der angeklagte Vorsitzende selbst, daß er seinen Leuten über Jahre hinweg anhaltende Anstrengungen ohne irgendwelche Ferien abverlangt hätte und jetzt der Meinung war, sie hätten ihre Fahrt ans Schwarze Meer verdient. Eine ältere Frau warf ein: »Endlich fanden wir Zeit zu denken, zu sprechen, unserer eigenen Seele zu lauschen! Eine Nation, die nicht singen kann oder keine Blumen züchtet, ist wirklich unglücklich!« . . .

Der Vorsitzende erläuterte dann, daß er in all den Jahren, in denen er seine Erfahrungen gesammelt hätte, sowie auch alle seine Vorgänger ihr ganzes Leben und ihre ganze Kraft dafür eingesetzt hätten, den Versuch zu machen, zu überzeugen, zu überreden und Widerstand zu überwinden, ohne daß ein Spielraum für produktive Arbeit übriggeblieben wäre. Er selbst habe sich dafür entschieden, zu beweisen, wie die Kolchose funktionieren kann, und nun würde er dafür verurteilt.

Im Dunkeln hatte das Publikum begeistert bei jedem Seitenhieb geklatscht. Aber der Staatsanwalt hatte das letzte Wort: »Wir brauchen keine traditionelle Erfahrung; wir brauchen auch nicht Talent oder Intelligenz von ›Alleswissern‹ (Umniakow) oder gar private Initiative, die Lösungen ausarbeitet, welche unserer Ideologie zuwiderlaufen.«

Als der Vorhang fiel, herrschte eisiges Schweigen. Später wurden die hervorragenden Schauspieler beklatscht. Wir hörten, daß das Stück seit Ende 1979 auf dem Spielplan stand und daß die Kolchosen-Frage nach der katastrophalen Verwaltung durch die Partei-Ideologie im Politbüro diskutiert würde.

Es war schwer zu beurteilen, ob das Schauspiel erlaubt war, um Reaktionen zu messen oder um Dampf abzulassen. Jedenfalls gab es noch keinerlei Anzeichen für eine Reform.
Der Massenmord an der Landbevölkerung und ihre Deportation unter Stalin in den dreißiger Jahren hat die Klasse der Bauern in Rußland vernichtet. Wenn die Kolchose-Arbeiter höhere Löhne bekämen, würden sie aufhören, ihre eigenen winzigen Landstücke zu bearbeiten, denn es gibt ja gar nichts, wofür sie ihr Geld ausgeben können. Die 3 % Land in sogenannter privater Hand produzieren 30 % des gesamten landwirtschaftlichen Ertrages des ganzen Landes.
Cabot Lodge hatte Chruschtschow auf eine Besichtigungstour der amerikanischen Landwirtschaft mitgenommen. Dieser war enorm beeindruckt, aber der Erfolg der Reise war, daß er zu Hause auf riesigen Maispflanzungen in dafür völlig ungeeigneten Gebieten bestand. Es gab ein gewaltiges Fiasko. Landwirtschaft erfordert auch Kenntnisse.
Ebenfalls unter Chruschtschow wurde ein Experiment »zur Verbesserung der Norm« in Achtschir im Altai genehmigt. Die jungen Technokraten, die die Sowchose leiteten, schlossen die Arbeiter und die Bevölkerung in ihr Unternehmen mit ein. Die »Norm« wurde siebenfach verbessert, aber es war gegen die Partei-Ideologie und sie landeten alle in demselben »Gulag« wie Bukowsky, der mir die Geschichte erzählt hat.
Da in Sowjet-Rußland nichts getan wird, was im Interesse des Landes liegt, ist es nur zu wahrscheinlich, daß jeder Reformvorschlag zu den Akten gelegt wird.
Der Westen darf dann zu Niedrigzinsen das Geld borgen, um Getreide zu kaufen.

6.

Ins Hotel zurückgekehrt, drehte ich das Radio an und bekam einen Schwall von antireligiöser Propaganda zu hören. Ein junges Paar erklärte, daß es nicht in der Kirche geheiratet hätte, obwohl die rückständigen Eltern es wünschten, und daß es sich deshalb nicht weniger glücklich fühlte. Die zögernden Antworten wurden dem Paar andauernd vom Interviewer vorgesagt. Dann dröhnte die Stimme eines liebeskranken jungen Mannes mit jazzartiger Begleitung. Seine Angebetete wäre wie eine Festung und wollte nicht weitergehen, als ihr Köpfchen auf seine Schulter zu legen. Trotzdem hoffte er, sie zu erringen und dann würde er alle zur Hochzeit einladen. Weiter nichts. Die russischen Mädchen schienen immer noch so unbeugsam zu sein wie die deutschen Soldaten sie seinerzeit gefunden hatten.
Es war Pauls Geburtstag, und ich versuchte, zu Hause anzurufen. Etwa um vier Uhr morgens teilte mir das Mädchen von der Zentrale bedauernd mit, daß sie nicht durchkommen könnte. Als ich danach noch eine Weile wach lag, hörte ich Schüsse

und Schreie, die aus einer Seitenstraße hinter dem Hotel kamen. Man hatte mir erzählt, daß Menschen manchmal in Botschaften Schutz suchen, die sie aber nicht hereinlassen. Die Polizei nimmt sie dann mit.
Früh am nächsten Morgen kam der Gepäckträger, um meine Taschen zu holen. Er hatte ein nettes, freundliches und kluges Gesicht, mochte etwa fünfzig Jahre alt sein, und das Russisch, das er sprach, war das einer anderen Gesellschaftsschicht. »Meine Koffer haben kleine Räder«, sagte ich, »Sie brauchen sie nicht zu heben; sie laufen hinter Ihnen her.« – »Für Sie würde ich mehr als das heben«, lächelte er und fügte hinzu: »Wir wissen, wer Sie sind!«
Wie so viele andere, die untergeordnete Tätigkeiten ausüben, schien er einer früheren Mittelschicht anzugehören. Mit wenigen Ausnahmen hatten die Angehörigen der vorrevolutionären sogenannten »Intelligenzia« die Revolution begrüßt. Sie sollten aber bald lernen, daß Brüderlichkeit illusorisch ist, es sei denn in Gott; daß Gleichheit anstelle von Gerechtigkeit gnadenlose Unterdrückung bedeutet, und bald sollten sie ausrufen: »Freiheit, wir sehnten uns nach Dir! Wir priesen Dich, aber Du erstachst Rußland wie mit einem Dolch!«
Als Gesellschaftsklasse sollte die Intelligenzia rücksichtslos ausgelöscht werden. Es genügt nicht, die Sowjet-Macht zu lieben, sie muß dich lieben.
Die Sonne schien, als wir durch die Stadt fuhren. Eine Anzahl von Bürger zog es vor, in der Mitte der breiten Straßen zu gehen. Unter den Leitungen der Straßenbahnlinien werden vertrauliche Gespräche wirksam von den Abhörversuchen der Polizeiwagen, die die Straßen entlang patrouillieren, vereitelt. Auf Bänken in den Anlagen oder entlang der Straßen saß jung und alt lesend, seit eh und je die vorherrschende russische Leidenschaft. Es schien keine Cafés zu geben, in denen junge Leute zusammen sitzen konnten.
Als wir Moskau verließen, wurden wir beim Denkmal für die Schlacht, die den deutschen Vormarsch 1941 nur achtzehn Kilometer vor der Stadt zum Stehen gebracht hatte, an die tragische Vergangenheit erinnert.
Wir waren auf dem Wege nach Tolstois »Jasnaja Poliana« und Spasskoje bei Orel, wo Turgeniew seine zauberhaften Beschreibungen der Landschaft verfaßt hatte. Moskau verschwand hinter uns, während wir die gerade, gut gepflasterte Autostraße entlang fuhren. Es gab kaum privaten Verkehr, nur Lastwagen, große Lastzüge und Busse in weiteren Abständen. Hin und wieder erspähte man neben der Straße in den Wäldern große Landsitze aus dem frühen 19. Jahrhundert, größtenteils traurig verfallen, soweit sie nicht irgendeinem öffentlichen Zweck zugeführt worden waren, was allerdings niemals die Pflege des umgebenden Gartens oder Parks mit einschloß, die wie verlassene Hinterhöfe dalagen.
Diese Wohnsitze waren die berühmten »Podmoskowije« – ein Kreis von großen und kleinen Landgütern, deren Besitzer so viel getan hatten, um die russische Kultur zu fördern. Im Verlauf von Bemühungen, einige dieser Bauten zu retten, was

zweifellos dem Anstoß durch Museumsdirektoren wie unserem Freund in Moskau zu verdanken ist, sind kürzlich eine Reihe von Büchern erschienen, welche ihren Beitrag zum kulturellen Leben des 19. Jahrhunderts schildern. Dies wiederum führte zur Beschaffung von Geldern für Restaurierungsabsichten, insbesondere wenn man auch noch auf »faschistische Verwüstung« hinweisen konnte. So manchen sowjetischen Filmen mit klassischem Thema, die sehr gefragt sind, dienten sie als Kulisse, was ihre Restaurierung rechtfertigte. Leider waren aber alle durch Generationen angehäuften Möbel und Schätze, die sie enthalten hatten, zerstört oder für immer zerstreut.

II. Jasnaja Poliana, Orel – Spasskoje

1.

Wie es in so vielen russischen Romanen beschrieben wird, bricht der Frühling auf dem Lande beinahe explosionsartig aus, und es blühen dann wirklich jeder Busch und jeder Baum: Akazien, Tscheremucha (Hagedorn) und Roßkastanien duften in den blaßgrünen Wäldern, in denen das neue Laub sprießt, während Obstbäume in voller Blüte die Hütten in den langgestreckten Dörfern am Wegesrand umgeben. Die unbestellten Felder – denn wo es keine Kolchose gibt, liegt das Land brach – leuchten von Schlüsselblumen, Disteln, Kornblumen und Mohn. Sie wiegen sich leicht in der sanften Brise, die einen Duft von Erde und frischem Gras durch unsere geöffneten Fenster hereinwehte. Weit entfernt von jeder umweltverschmutzenden Industrie schien die Gegend ebenso unberührt wie in Tolstois und Turgeniews Tagen zu sein. Die Landschaft war nicht so flach, wie ich gedacht hatte, sondern wellte sich leicht zum steilen Ufer eines tiefliegenden Flusses hin, welcher silberglänzend unter einem emailleblauen Himmel, getüpfelt von stillstehenden Wolken wie Baumwollflocken, wie in russischen Märchenbildern, dahinfloß.
Wir kamen durch Tula, das scheußliche Industriezentrum, wo zwei leuchtendfarbige Kirchen restauriert wurden. Eine dritte war von Gerüsten eingehüllt. Die Stadt hatte im Kriege gelitten und bekam deshalb die Erlaubnis, ihre »Denkwürdigkeiten«, wie sie es nannten, zu reparieren.
Ein wenig weiter öffnete sich der Blick plötzlich auf eine weite Biegung des Flusses Woronka, der verträumt über Sandbänke unter hohen, von der Sonne gefleckten Birken dahinströmte.
Reisende des 19. Jahrhunderts hatten bemerkt, daß »jeder Russe ein Zimmermann ist. Ohne Zuhilfenahme von Säge oder Meißel, nur mit einer Axt ausgeführte feine

Schnitzereien schmücken Bauernhäuser.« Diese gleichen kleinen Bauernhäuser säumen auch heute noch die Straßen in verhältnismäßig geringen Abständen. Sie sind oft blau oder rot gestrichen und ihre Fensterrahmen mit Schmuckleisten verziert. Trotz ihres heutigen drohenden Verfalls werden sie sorgfältig instand gehalten. Alte Männer sah man, die die Zäune abkratzten oder liebevoll die Fensterläden strichen, während »Babas« in Kopftüchern kleine Beete mit Radieschen oder Salat pflegten, als seien es Orchideen. Wasser ist nur aus einer Pumpe außerhalb der Häuser erhältlich, an welchen Frauen in der schäbigsten Kleidung und zerlumpten Schuhen standen und mit dem Handgriff ruckelten. Man kann sich vorstellen, wie beschwerlich das im Winter sein muß. Dennoch waren selbst im Vorbeifahren Spuren von persönlichem Wohlergehen und Gemütlichkeit festzustellen: Blumentöpfe standen auf den Fensterbrettern; Trauben von Flieder und Sonnenblumen verhüllten kleine Verandas. »Sie werden bald in neuen Wohnbauten untergebracht werden«, prahlte der Führer.
Ich bin sicher, sie würden ihre kleinen Häuschen vorziehen – selbst ohne fließendes Wasser. Vielleicht wird die Tatsache, daß ihre winzigen Gärtchen so viel vom landwirtschaftlichen Ertrag des Landes liefern, diese letzten Überbleibsel persönlicher Unabhängigkeit retten.

2.

Zwei weißgetünchte, gedrungene Türme bezeichneten den Eingang zu einem Herrensitz. Wir wollten »Jasnaja Poliana« besuchen – »Strahlende Wiese« –, das Heim von Graf Leo Tolstoi, einem der größten Schriftsteller Rußlands. Es sollte erst nach dem Mittagessen geöffnet werden, welches wir in einem freundlichen, apfelgrün gestrichenen Pavillon mit weißen Säulen, gegenüber dem Tor, einzunehmen gedachten. Während das Essen zubereitet wurde, begab ich mich zu einem nahegelegenen Hügel und fand eine Schule, die in einem hübschen Gebäude aus dem frühen 19. Jahrhundert untergebracht war – vielleicht war es auch nach dem Kriege wiederaufgebaut.
Lachende Kinder in vorrevolutionären schwarzen Schuluniformen und weißen Kragen, die Mädchen mit roten Schleifen im Haar, rannten den steilen Pfad hinunter. Sie blieben stehen, um höflich einige Worte mit mir zu wechseln, rannten dann weiter und zwitscherten wie Schwalben, die man in den Himmel losgelassen hatte, denn sie waren auf dem Weg zu einem Schulfest. Hinter ihnen kam ihr Lehrer, ein verschrumpelter kleiner Mann in einem schlotternden, schäbigen Anzug. Wir unterhielten uns einen Augenblick, während wir zusammen hinabstiegen: »Es sind die Kinder, die zählen. Man kann nur versuchen, sein Bestes zu tun, immer und immer wieder, und immer wieder hoffen, daß die Dinge besser werden. Aber bis dahin ist es weit ... sehr weit ...«, seufzte er.

Die breite Anfahrt führte an einem Teich vorbei und durch eine schöne Allee auf die Gebäude des Anwesens zu. Es schien alles so vertraut zu sein: die ineinander verschlungenen Buchen und Birken, die breiten Birken- und Ahornalleen, der ferne Wald von Sasseka, wo Tolstoi auf unbekannten Pfaden zu reiten liebte, die Felder entlang des Flusses Woronka, wo er Seite an Seite mit seinen Bauern Heu erntete und der Geruch von weidendem Vieh über das Wasser herüberwehte.

War wirklich alles so schön und voll tieferer Bedeutung, oder sahen wir unwillkürlich mit Tolstois Augen, erfüllt von irgendeiner ewigen Strahlung, weil er alles so innigst geliebt und es in einer Art tiefer Verbundenheit mit den wechselnden Jahreszeiten und seiner Berückung durch die Natur bildhaft geschildert hat?

Der ungepflegte Park erdrückte das Haus, in dem die Tolstois gelebt hatten, und man fragt sich, warum die wachsende Familie und ihre zahlreichen Abhängigen nicht in das geräumige und wohlproportionierte Gebäude auf einem benachbarten Hügel umzogen. Es hatte zu dem Landgut der Wolkonskys gehört, welches Tolstoi während seiner stürmischen Jugend beim Kartenspiel verloren hatte, und schien ein sehr viel geeigneterer Wohnsitz zu sein. Es wurde dem Gutsbetrieb und dem Vieh überlassen, während Tolstois Schwägerin und ihre Familie sich in einem kleinen Haus dahinter zusammendrängten.

Diese Entscheidung war vermutlich eine Marotte von Tolstoi, genau wie die, sein Haus in Moskau ohne Dienstbotenräume zu planen. Abgesehen von der gräßlichen Idee, mit seiner Frau Sonia die Tagebücher auszutauschen, scheint er auch sonst Gefallen daran gefunden zu haben, unzumutbare Situationen heraufzubeschwören, die sie dann erträglich machen mußte. Ihr ganzes Leben lang hat sie unzählige Male seine Werke kopiert und jedem Wunsch entsprochen. Schließlich versuchte sie nur noch, das väterliche Erbe für ihre Kinder zu bewahren und auch das wurde ihr nicht gewährt.

Auf unser besonderes Ersuchen hin ließ man uns in das Schlafzimmer der Gräfin Sonia. Seine strenge Einfachheit war aufschlußreich: ein eisernes Bettgestell, die nackten Wände verziert mit ein paar Aquarellen von Orten, die sie geliebt hatten, und vergilbte Fotografien in schmalen Holzrahmen. Ein kleiner ärmlicher Schrank und eine Kommode sowie ein marmorgedeckter Frisiertisch waren die einzigen Zugeständnisse an die Eitelkeit. Über ihrem Schreibtisch hing zwischen den beiden Fenstern eine lebensgroße, handkolorierte Fotografie eines kleinen Jungen in einem Matrosenanzug, mit angeklatschten Haaren; jeder Ausdruck war wegretuschiert, außer dem offenen Blick unter geraden Augenbrauen. Es war Wanitschka. Unter ihren zahlreichen Kindern stand er ihrem Herzen am nächsten und sein plötzlicher Tod im Alter von sieben Jahren hinterließ eine Lücke, die nichts wieder auffüllen konnte.

Die arme Sonia war eingeengt und nie wurden ihre Wünsche berücksichtigt. Jedes Privatleben war ihr mißgönnt in diesem überfüllten Haus, das viel zu eng war für die riesige Familie, die zahlreichen Gäste und unzähligen farblosen Schmarotzer. Dazu kam der alles beherrschende Egoismus und die selbstüberzeugte Heuchelei ihres genialen Mannes Leo Tolstoi. Abwechselnd und nach Laune war er ihr Liebhaber und ihr Peiniger. Überquellend von verstehendem Mitleid für das Menschengeschlecht, aber nicht für sie, muß er der unerträglichste Ehemann gewesen sein, den eine Frau sich überhaupt nur denken kann. Aber sie liebte ihn, ertrug und bekämpfte seine unberechenbaren Launen und leidenschaftlichen Ausbrüche jahrein-jahraus, bis sie sich gegenseitig zerstörten.

Vielleicht brachte das gestellte Bild ihres geliebten Kindes eine flüchtige Illusion seiner Gegenwart in das Zimmer, welches ihre letzte Zuflucht war.

Außerhalb ihrer Schlafzimmertür befand sich das kleine Arbeitszimmer, in welchem Tolstoi offenbar mit dem heimtückischen Tschertkow arbeitete; dieses wiederum führte in die Bibliothek des großen Mannes, die in einen Anbau außerhalb des Stockwerkes gezwängt war. Vollgestopfte Bücherregale bildeten eine Art von engem Kabinett, wo er schmökern konnte, während er in absoluter Hörweite des ganzen Hauses blieb. Das konnte dem Frieden nicht dienlich sein und tatsächlich fehlt bezeichnenderweise vor allem diese Eigenschaft in Jasnaja Poliana. Selbst heute spürt man noch etwas von der aufgestauten Spannung und äußersten Beengtheit, die in diesen letzten bitteren Jahren so explosiv wurden.

Zuletzt schlich Tolstoi am 28. Oktober 1910 wie ein Dieb aus dem Haus, weckte den Kutscher in seiner hölzernen »Isba«, seiner Hütte, die heute noch gezeigt wird, und fuhr davon, um in einer Eisenbahnstation am Wege zu sterben.

Sein Grab ist ein einfacher Hügel auf einer kleinen Lichtung im nahegelegenen Wald. Aber selbst dort gibt es keinen Frieden, da sich einander stoßende Menschenmengen darum drängen. Wir hatten uns auf dem Weg aus dem Haus an einer Reihe von »Gruppen« vorbeigekämpft, die sich durch die kleinen Räume stießen und sich reckten, um »Denkwürdigkeiten« zu sehen, während draußen auf der Balustrade etwa dreißig junge Soldaten saßen und darauf warteten, dranzukommen.

In seinen herrlichen Romanen und Kindheitserinnerungen bringt Tolstoi ein verschwundenes Jahrhundert wieder zum Leben. Leider haben sein Streit mit der Kirche und vieles von seiner Philosophie zum Zusammenbruch beigetragen, aber er hat ehrlich nach der Wahrheit gesucht, und obwohl er ein verworrener Denker war, hat er doch tief gedacht. Vielleicht mag er heutzutage endlich einen wohltuenden Einfluß ausüben.

3.

Orel liegt etwa sechshundert Kilometer von Moskau entfernt. Die russische Aussprache des Namens »Ariol« entgeht unvermeidlicherweise jedem Ausländer. Die Stadt selbst und ihre Umgebung waren der Schauplatz von riesigen Schlachten während des Zweiten Weltkrieges, und Orel selbst erlitt die Hauptlast des Angriffs. Alle Qualen der letzten sechzig Jahre werden ständig auf den Zweiten Weltkrieg und den »faschistischen Einfall« geschoben. Die Stadt verdiente sicher ihre Bezeichnung »heldenhaft« und den Vorrang beim Wiederaufbau. Sie schien bislang nur spärlich bevölkert zu sein, denn zu keiner Zeit sah man Menschenmengen. Verschlafene Straßen, mit Bäumen gesäumt, Akazien oder Linden, mit einstöckigen Häusern, die in ihrem alten, recht hübschen Stil wiederaufgebaut waren, führten uns zum Hause der Galachows, das jetzt das Turgeniew-Museum beherbergt.

Früher gehörte es seiner Nichte mütterlicherseits, einer geborenen Utarina. Sie hieß Olga Wassiliewna Schensina und war die Erbin eines väterlichen Onkels, Athanasius Fet, dessen wirklicher Name Schensin war. Sein Vater hatte eine deutsche Dame im Ausland in einer protestantischen Kirche geheiratet, und die Ehe wurde in Rußland als nicht gültig betrachtet. Darum heirateten sie bei ihrer Rückkehr nach Rußland noch einmal, aber ihr Sohn signierte seine Werke weiterhin mit dem Namen seiner Mutter.

Olga Wassiliewna heiratete einen schönen Mann aus Petersburg, Galachow, den Großvater unserer Freunde Wyrubow. Wenn man dem Klatsch Glauben schenkt, war er kein großer Geist, wurde aber trotzdem Gouverneur von Minsk.

Die Provinz Orel war im 19. Jahrhundert ein Zentrum der Schriftsteller gewesen. Sie schienen sich gegenseitig inspiriert zu haben, obwohl jeder von ihnen einen höchst individuellen Stil besaß: Jukowsky, Fet, Aksakow, Kirejewsky, Tschiutschiew, Andrejew, Bunin und Nowikow füllen bei weitem nicht allein die Liste. Tolstoi steht daneben, denn er hat nie einem »Kreis« angehört und selbst seine zeitweilige Freundschaft mit Turgeniew befand sich oft am Rande des Schiffbruchs.

Der Kurator des Museums war eine hochgebildete und energische Frau, die freundlicherweise noch nach Ende der Öffnungszeiten herüberkam, um uns zu führen. Die Geduld, mit der sie uns jede winzigste Einzelheit und jedes Ausstellungsstück erklärte, erlahmte nie. Wie auch im Moskauer Puschkin-Museum hatte man hier ganz von vorne angefangen und eine Ernte von rührenden Erinnerungen eingebracht, wenn auch in bescheidenem Maßstab, aber so gut ausgestellt, daß es die Illusion vermittelte, als wären Turgeniew und sein Werk tatsächlich wieder ins Leben zurückgerufen.

Einmal wäre es beinahe zu einem Duell zwischen Tolstoi und Turgeniew gekommen, und sie freute sich, von Lawrence und Charlie, die immer viel mehr wußten als unsere wohlmeinendsten russischen Mentoren, neue Einzelheiten davon zu erfahren. Es ist erschreckend, wenn man bedenkt, daß nach dem Tode von Puschkin und Lermontow durch Duelle noch zwei von Rußlands größten Schriftstellern nahe daran waren, sich gegenseitig umzubringen!

Im Hotel wurden meine Bettücher gerade gegen neue ausgewechselt, und eine

Rose steckte in einem Glas auf dem Tisch. »Wir hoffen, daß Sie sich hier wohl fühlen werden«, sagte das dralle Zimmermädchen mit einem Lächeln und fügte hinzu: »Man hat uns Ihren Namen genannt.«
Im oberen Stock gab es einen Vortragssaal geschmückt mit dem offiziellen Portrait von Lenin. Lawrence begann mit seinem ausführlichen und glänzend vorbereiteten Vortrag über Tolstoi und Turgeniew. Unsere offizielle Oreler Führerin bat, ihn abschreiben zu dürfen und gab freimütig zu, daß ihr vieles daran vollkommen neu sei.
»Wie recht Sie haben, das Bestmögliche aus solch einer Gelegenheit herauszuholen«, sagte ich ihr. »Es ist einfach wunderbar«, strahlte sie. »Wir haben noch niemals Gäste von dieser Art hier gehabt und es wird mir bei meiner Arbeit sehr viel helfen.«
Wir gingen zum Abendessen, für das in der festlichsten Weise in einem Nebenraum gedeckt worden war. Der Kellner war ein großer und nett aussehender junger Mann. Er kam zu mir und flüsterte: »Ist alles so, wie es sein soll? Sind Sie zufrieden?« – Ich sagte: »Ja, sehr. Aber ich bin nicht die Person, die unsere Tour leitet.« – »Ja, aber *Sie* wissen, wie es gemacht werden muß, also lassen Sie es mich bitte wissen, wenn etwas falsch ist.« Die charmante und taktvolle Nathalie war genauso russisch wie ich, aber ihr Name Benckendorff*) flößte nicht das gleiche Vertrauen ein. Von da an kam er immer wieder, und auch am nächsten Tag beim Frühstück stellte er sich neben meinen Stuhl und fragte mit großer Höflichkeit und Respekt, was gewünscht würde. Wir sind niemals besser bedient worden.
Unsere Führerin erschien am nächsten Morgen mit Lawrences Manuskript und großen Schatten unter den Augen: »Ich habe die ganze Nacht damit verbracht, es zu kopieren«, rief sie aus. »Was?« rief Lawrence. »Haben Sie denn keine Kopiermaschine in der Universität?«
Er hatte vergessen, daß in Rußland hinter jeder Kopiermaschine zwei Soldaten stehen. »Wir sind glücklich, wenn wir eine Schreibmaschine haben«, antwortete sie. Eine Maßnahme, die sicher jeder Entwicklung in Rußland einen Riegel vorschiebt! Als ich das einige Tage später erwähnte, mußte ich hören: »Sie haben Angst vor den Worten: ›Tschto slowo swiajet, metsch ni rasywajet‹, ein altes russisches Sprichwort, ›Was ein Wort gebunden hat, kann kein Schwert trennen‹.«
Wir gingen im Park spazieren und hinaus zu der berühmten Terrasse. Wie gewöhnlich blieb ich etwas zurück, um selbst mit den Leuten zu reden. »Wo gibt es hier eine Kirche? Ich habe bis jetzt noch keine gesehen.« Ich wußte, daß vor dem Zweiten Weltkrieg in der Provinz Orel im Umkreis von vier- oder fünfhundert

---

*) Einer ihrer Ahnen, General Graf Benckendorff, war Polizeiminister unter Nikolaus I. gewesen. Er war ein milder und angenehmer Mann und hatte sich für Lermontow eingesetzt, aber diese Tätigkeit weckte Vergleiche mit der Gegenwart.

Kilometern keine einzige Kirche offengeblieben war. Die deutschen Fronttruppen erst hatten jede, die sie finden konnten, für Gottesdienste wieder geöffnet und festgestellt, daß sie sich sofort füllten.

»›Sie‹ sagen, sie würden sich nicht füllen, wenn man heute eine öffnet. Aber man darf letzten Endes nicht vergessen, daß, als ›sie‹ an die Macht kamen – und Sie wissen ja, wer ›sie‹ waren –, offensichtlich kein Interesse für ›unsere‹ Kirche und ›unsere‹ Religion bestand.« (Kakoje sche im delo bylo do naschei zerkwi).

Die Aussage war äußerst aufschlußreich.

III. Spasskoje

Turgeniews Sommervilla brannte bis auf die Grundmauern ab und wurde 1976 vollständig wiederaufgebaut, so wie sie vorher dagestanden hatte. Selbst die kleine Tapetenfabrik, die zu seiner Zeit in einem Flügel des Hauses untergebracht war, hatte man wiederhergestellt.

Rechts vom Eingangstor stand die Familienkirche, ein ansprechender steinerner Bau, der leider geschlossen war. Das Haus selbst war aus Holz gebaut und blau gestrichen, während die Schnitzereien um die Fenster, das hölzerne Zierwerk, welches das Dach einfaßte und die Brüstung der Veranda, die um das ganze Haus herumlief, in Weiß gehalten waren, was dem weitläufigen und phantasievollen Gebäude ein lichtes Aussehen verlieh. Eine kurze Treppe führte zur Veranda und in das Vorzimmer, wo ein älterer, bärtiger Führer uns empfing. Er war freundlich, wußte viel und war besonders von Charlie angetan wegen dessen hervorragender Übersetzung von Turgeniews »Aufzeichnungen eines Jägers«. Aber irgendeine Lebensquelle schien in ihm versiegt zu sein, so als ob seine Seele zu Tode verwundet worden war, und ich fragte mich, welche Tragödie wohl hinter seiner ruhigen Art stecken mochte.

Die kleinen dunklen Zimmer waren mit den gleichen Möbelstücken ausgestattet, die früher dort gestanden hatten, einschließlich des scheußlichen viktorianischen, ledergepolsterten Ruhesofas, auf welchem Tolstoi eingeschlafen war, während Turgeniew ihm sein neuestes Werk vorlas. Dieser Vorfall hatte zu ihrer gegenseitigen Zuneigung nicht beigetragen.

Das Eßzimmer konnte nicht mehr als acht Jagdgäste aufnehmen, denn das Haus war als Jagdhütte gedacht, und man zeigte uns Turgeniews Lieblingsgewehr. Im danebenliegenden kleinen Wohnzimmer hing eine herrliche Familienikone des Erlösers mit ihrem Schmuckbeschlag, der »Risa«. Es war der edelste Gegenstand im Haus und wurde einem Vorfahren des Dichters von Ivan IV. dem Gestrengen geschenkt. Alles übrige waren eher schäbige viktorianische Möbel, außer einem Schreibtisch und einigen Stücken aus karelischer Birke. Wie in den meisten russischen Wohnungen war Turgeniews Schlafzimmer auch sein Arbeitszimmer, und es kam vor, daß er mitten in der Nacht aufsprang, um noch eine Zeile hinzuzufügen oder manchmal bis zum Morgen weiterzuarbeiten. Die Räume liefen ineinander und die Billard-Bibliothek am Ende des Hauses ersetzte einen Korridor, da sie zu zwei bescheidenen, spärlich möblierten Gastzimmern führte. Seine Bücherschränke enthielten alle russischen und ausländischen Klassiker, einschließlich Dickens.

Es war alles liebevoll mit sorgfältiger Beachtung aller Details zusammengestellt, aber insgesamt wirkte es beinahe spartanisch.

Turgeniew verbrachte viele Monate im Ausland, größtenteils in Paris, in einer seltsam harmonischen Dreiecksbeziehung zu der bezaubernden französischen Sängerin Pauline Viardot und ihrem Mann. Maupassant hinterließ eine lebendige Beschreibung von seinem »schneeweißen Kopf mit fließendem Bart und silbernem Haar, das ihn wie Gott den Allmächtigen oder wie einen Flußgott Ovids aussehen ließ.« In regelmäßigen Abständen zogen Turgeniew und seine Freunde nach Baden-Baden, wo man sich heute noch an ihn erinnert. Aber schreiben konnte er nur in Rußland, über Russen, und zwar ausschließlich in Spasskoje. Wie so viele seiner Landsleute, die eine westliche Erziehung genossen hatten, sprach er fremde Sprachen und fühlte sich in vielen anderen Ländern ganz zu Hause, aber seine Wurzeln verblieben zutiefst in Rußland. Hier hatte er auch seine bestrickende Erzählung »Erste Liebe« geschrieben, welche von intimen Anspielungen auf seine Eltern und seine Kindheit durchzogen ist. Sein fast zu schöner Vater, dessen Portrait im Wohnzimmer von Spasskoje hängt, hatte mit neunzehn Jahren bei Borodino gekämpft. »Streng, kalt und distanziert, behandelte er seinen Sohn mit liebevoller Gleichgültigkeit ... Niemals war ein Mann ruhiger, selbstbeherrschter und so imponierend mit so viel Eleganz ... Und doch konnte sein Gesicht solche Zärtlichkeit und solch ein Bedauern ausdrücken.«

Seine Mutter war zehn Jahre älter als ihr Mann und sie wußte allzugut, daß er sie wegen ihres Geldes geheiratet hatte: »Sie war immer beunruhigt, eifersüchtig und verärgert, aber nicht in seiner Gegenwart, denn sie fürchtete ihn.«

Nach dem Tode ihres Mannes wurde sie immer herrschsüchtiger und gönnte sich bald eine Affäre mit Dr. Behrs, dem Vater von Tolstois Frau Sonia.

Diese Tatsache nagte an Tolstois Seele und vermehrte die Anwandlungen von Abneigung gegen seinen gewandten und weltmännischen Nachbarn. Es hätte keinen größeren Kontrast zwischen ihnen geben können, denn Turgeniew war gleichermaßen über Tolstois gespielte schlechte Manieren wie seine bäuerliche Maskerade verärgert, denn er kannte die bäuerliche Mentalität und schilderte sie mit ebensoviel Feingefühl und Verständnis wie Tolstoi selbst.

Jedoch, als Tolstoi nach Spasskoje kam, erkannte er schließlich die tiefgehenden russischen Wurzeln dieses verwestlichten Edelmannes, den er versucht hatte zu verachten.
Genau wie wir es taten, müssen die beiden die berühmte Allee entlanggegangen sein, die zu dem hohen Ufer des Flusses führt, und die Wälder erreicht haben, die so schön in Turgeniews »Aufzeichnungen eines Jägers« beschrieben sind, während um sie herum »die Luft erzitterte in einem Wind, der alles erschüttert, aber nichts zerstört«.
Es gereicht den beiden großen Schriftstellern zur Ehre, daß sie gegenseitig ihre Werke hoch schätzten. In ihrer unausgeglichenen Beziehung herrschte keine Eifersucht, denn es gibt keine bitterere Eifersucht als die von unerfüllter literarischer Eitelkeit.
Auf der Rückfahrt nach Moskau erinnerte ich mich an Tolstois Beschreibung des endlosen Stroms von Reisenden, Arbeitsuchenden und vor allem von Pilgern, die zu Fuß durch das weite Land wanderten. Sie wurden alle von demselben Nomadeninstinkt und der Sehnsucht nach dem Raum – »Prostor« – getrieben. Das Wort enthält sowohl Poesie, als auch kosmisches Bewußtsein und religiöses Gefühl.
Vielleicht würden sie heute mit Fahrrädern, Motorrädern oder Autos unterwegs sein, aber wir trafen nichts dergleichen auf unserem Weg, und es schien mir, als ob die Beschränkungen, die diesem tiefverwurzelten Instinkt entgegenwirkten, mit die lästigsten der täglichen Quälereien sind, denen die schon so lange leidende Bevölkerung ausgesetzt ist. Wer auch immer von unserer ausgedehnten Reise hörte, seien es die Kellner in den verschiedenen Hotels, die Führer oder selbst die Museumsbeamten, seufzte tief und klagte: »Wenn man doch bloß dahin reisen könnte, aber es wird wohl nie möglich sein!«
Nach einem meiner beiläufigen Gespräche mit Sowjet-Bürgern, die ich zufällig auf meinem Wege traf, fragte ich einmal: »Woher wissen Sie sofort, daß ich eine von den ›Früheren‹ (Iz bywschich) bin?« – »Niemand sonst würde mit Fremden so höflich und unbefangen reden«, bekam ich zu hören. »Es ist hier nicht üblich. So sprechen wir nur mit Freunden, denen wir vertrauen können.«
Was auch immer der Grund sein mochte, ich war überrascht und gerührt über ihr Vertrauen.
Zwischen Lawrence und unserer offiziellen Führerin war aber eine spontane und heftige gegenseitige Abneigung entstanden. Lawrence war schon bei früheren Gelegenheiten mit einer Anzahl solcher Mädchen konfrontiert gewesen und ärgerte sich sowohl über ihre Gegenwart als auch über ihren Mangel an echtem Wissen und ihre unvermeidlichen Berichte. Er brüskierte die unsrige von Anfang an und sie nahm es übel. Typisch, wenn wir allein waren, beschwerte sie sich bei mir. Ich versuchte, sie zu besänftigen: »Eine russische Frau kann mit jedem Mann auskommen. Zufällig weiß er über diese Dinge sehr viel mehr als andere. Lassen Sie ihn

nur!« – »Aber er ist so ›jechidni‹!« – Sie war den Tränen nahe. »jechidni« ist ein unübersetzbares Wort und bedeutet gleichzeitig abfällig und schlau. »Sie haben andere Feinde«, sagte ich besänftigend.

Bevor wir Rußland verließen, brachte sie mir eine Ausgabe des letzten Kirchen-Journals des Moskauer Patriarchats. Wie ich es mir gedacht hatte, war sie doch auch nur zu bemitleiden.

Am nächsten Morgen auf dem Flugplatz, als wir Moskau in Richtung Krim verließen, wies Lawrence darauf hin, daß alle sowjetischen Inlandsflugzeuge jederzeit für militärische Zwecke umgestellt werden können. Die Sicherheitsgurte funktionierten alle, wogegen ich gehört hatte, daß das selten der Fall sei. Wir bekamen nichts zu essen, während Tabletts an uns vorbei zu der Nomenklatura getragen wurden, die es sich in der ersten Klasse bequem gemacht hatte. Aber nach unserer Ankunft bekamen wir, obwohl es schon nach drei Uhr war, ein ausgezeichnetes Essen im Intourist-Hotel.

Simferopol, eine Stadt von etwa 350000 Einwohnern am Fluß Salghir, war die einstige Hauptstadt des Griechischen Taurus und erinnerte mich an Perpignan. Staubige Palmen machten deutlich, wie weit wir in den Süden gekommen waren, während sich ein deutlicher Wechsel in der Atmosphäre feststellen ließ und die Menschen gelassener und fröhlicher zu sein schienen.

IV. Krim

1.

Die ältesten Einwohner dieses Gebietes waren die Taurier, die von den Skythen aus dem Norden zurückgedrängt wurden. Vom 6. Jahrhundert an war es eine griechische Kolonie, aus der dann die Republik Cherson entstand. Später kamen die Griechen unter die Herrschaft des Königs Mithridates von Pontus, der als römischer Vasall regierte. Es gibt noch die Überreste einer römischen Festung an der Südküste innerhalb der Grenzen der skythischen Siedlung. Das Königreich Pontus wurde im 4. Jahrhundert in das oströmische Reich von Byzanz eingegliedert, die Chasaren eroberten es im siebten. Es kam während der Kreuzzüge als wichtiges Zentrum für den Handel mit den italienischen Republiken Venedig und Genua zu neuer Blüte. Die Tataren machten diesem glücklichen Zustand ein Ende, aber früh schon gelangte das Krim-Chanat unter die Herrschaft des Ottomanischen Reiches. Fürst Dolgoruky eroberte die Halbinsel für Katharina II. Der Friedensvertrag Kutschuk-Kainardji bestätigte 1774 diese Annexion, die den letzten Chan

Mengli-Girei »unter russischen Schutz« stellte. Die Fürsten Girei gibt es heute noch, und obwohl sie viele von ihren eigenen Traditionen und poetische Namen behalten haben, sind sie völlig in die russische Aristokratie integriert. Physisch waren die Krim-Tataren von allen anderen Tataren dank ihrer starken Vermischung mit Tscherkessen und Griechen verschieden.

Bei der Fahrt durch die Berge zeigte man uns die Stelle, an der im Jahre 1783 der General Kutusow bei einem Scharmützel mit Aufständischen ein Auge verlor. Wir fuhren durch Weingärten an den steilen Hängen der Hügel, und unser Führer, welcher Seemann gewesen war und auch der Sohn eines Seemannes (ich fragte mich, was sein Vater in der Revolution wohl für eine Rolle gespielt hätte?), erklärte, daß die örtlichen Massandra-Weine »die besten der Welt wären und viele Goldmedaillen gewonnen hätten«.

»Sie haben kein Glück«, scherzte ich. »Wir besitzen den Johannisberg, den besten Weißwein in der Welt neben dem Château Yquem in Frankreich.« Er zuckte mit den Achseln und sagte: »Kaschdyi Kulik chwalit swoje boloto.« (Jeder Kulik – ein Vogel mit einem langen Schnabel – lobt seinen eigenen Sumpf.)

Wir hatten gehofft, Sewastopol zu besuchen, aber man sagte uns, daß es für uns gesperrt sei. Wir hörten bald, daß dort ein Flugzeugträger gebaut wurde. Während des Krim-Krieges in den fünfziger Jahren des vorigen Jahrhunderts hatte Karl Marx eine Serie von Berichten über den Fortschritt der Feindseligkeiten verfaßt, ohne sich aus London herauszubewegen. Alles, was er schrieb, beruhte auf irrigen Annahmen, die zu falschen Schlußfolgerungen führten, und sein Werk ist offensichtlich historisch ebenso steril wie das von manchem sogenannten Sowjetologen heutigentags.

Oberhalb von Sewastopol liegt der Tempel der Iphigenie von Aulis und im nahegelegenen Cherson wurde 988 der heilige Wladimir getauft, der Rußland christianisiert hat.

Die Landschaft überrascht durch den Kontrast zwischen verhältnismäßig hohen, felsigen Bergen und den bewaldeten unteren Hängen, die in Weingärten auslaufen. Hohe Pinien stehen auf Terrassen, die zu dem zerklüfteten Ufer hinabsteigen. Ein üppiger Kranz subtropischer Vegetation und hochragende Bäume rahmen den plötzlichen Anblick des Meeres, das ein tieferes Blau als das Mittelmeer hat.

2.

Das Hotel Jalta erhob sich wie ein riesiges schmales Schiff, auf das Meer gerichtet. Es war sechzehn Stock hoch, und wenn Lawrence seinen täglichen Vortrag im obersten Stockwerk hielt, blies der Wind in pfeifenden Böen durch die geschlossenen Fenster.

Über dem eindrucksvollen, marmorgetäfelten Vorraum war – wie in Sowjet-Rußland üblich – die Decke zu niedrig. Es gab wieder die Warterei vor den Aufzügen. Als ich das mir zugewiesene Zimmer erreichte, stieß ich mit zwei jungen Frauen zusammen, die mit ihren Kleidungsstücken über dem Arm gerade herausgesetzt worden waren, um für mich Platz zu machen. »Sie sind offensichtlich ›wichtiger‹«, zischten sie. Ich drehte mich um und beschwerte mich bei der Etagenfrau, der »Déjournaja«: »Wir tun so etwas nicht im Westen. Wir setzen niemals andere Gäste hinaus.« Besänftigt schauten mich die Mädchen freundlicher an, während die arme Déjournaja stotterte: »Das ist nicht Ihr Problem, es ist unseres.« Ich hörte später, daß sich die Mitglieder unserer Gruppe in jedem Stockwerk beschwert hatten.

Vor dem Balkon meines Zimmers erstreckte sich eine herrliche Aussicht über die Stadt Jalta und die ganze Küste. Die Farbe des Himmels veränderte sich von Blau zu Gold über das dunkle Meer weit unten. Der Anblick war überwältigend, und ich wurde nie müde, über den ehemaligen »Pontus Euxinus« zu schauen. Ich hatte gelesen, daß er eine Tiefe von 2264 m erreicht, was ihn so tiefblau macht. Tschechow bezeichnete es bitter als »dunkel wie Vitriol«.

Wir beabsichtigten, vor dem Mittagessen zu baden. Ich umging das Schwimmbekken, nahm eine Reihe von Fahrstühlen bis hinunter zum Meeresstrand und fand meine Freunde schon in der abgelegensten Ecke des unangenehm steinigen Ufers eingerichtet. Um sie zu erreichen, mußte ich über unförmige männliche und weibliche Körper hinwegsteigen. Diese Zurschaustellung abstoßendster Häßlichkeit konnte nur als ein »Chaos der Natur« beschrieben werden, gekrönt von den erschreckendsten Physiognomien, die ich seit langer Zeit gesehen hatte. Bestenfalls erinnerten sie an Breschnew, selbst in männlicher, weiblicher oder sogar in kindlicher Form und riefen mir Tschechows Beschreibung eines bestimmten Beamtentyps ins Gedächtnis: »Nackt ausgezogen und braun angemalt hätte er wie eine Kröte ausgesehen.«

Dies war offensichtlich die Crème der verdienstvollen »Nomenklatura«, vielleicht nicht gerade die höchste Schicht, aber jene, die am meisten von dem unmenschlichen System profitiert. Es war schwer sich vorzustellen, daß sie alle einst, wie die Franzosen sagen, »des bébés roses« gewesen waren.

Unser riesiges, neues Hotel war 1976 von der DDR errichtet worden. Obgleich alle neuen Hotels und Flughäfen von ausländischen Gesellschaften gebaut werden, wurde uns ständig und beharrlich verkündet, daß jedes bedeutende Bauwerk vorrevolutionärer Zeiten nur dem »Volk« zu verdanken sei. Also warum nicht heute? Es ist offensichtlich, daß das System überall Mittelmäßigkeit und Unfähigkeit verursacht. Dem russischen Volk wird nicht gestattet, sich über das Niveau totaler Unterjochung durch diese privilegierte Brut von Kröten zu erheben.

Ich schwamm hinaus in das kühle, grüne Meer, froh, von der Küste wegsehen zu können. Ein hoher Drahtzaun war am Quai aufgerichtet, um die Hotelgäste vor allen Eindringlingen zu schützen. Zwei kleinen Jungen, die eifrig flüsterten, war es gelungen, sich durch die Stangen zu zwängen und neben mir zu baden. Ihre Kleidungsstücke, die zu einem Haufen gestapelt neben der Mauer lagen, waren unbeschreiblich ärmlich, die Sandalen zerrissen und durchlöchert. Ihre süßen, offenen Gesichter waren voller Heiterkeit, und obwohl sie mich anfangs etwas beunruhigt angeschaut hatten, plantschten wir bald zusammen herum. Nachher halfen wir ihnen durch das Gitter in »ihre« Welt zurückzukrabbeln.

Als ich wieder mit dem Lift nach oben fuhr, gesellte sich noch ein Passagier dazu. Er war sauber gekleidet und von einer anderen Art als die unten. »Wo kommen Sie her?« fragte ich. »Duisburg in West-Deutschland.« – »Und ich komme vom Rhein.« – »Sie müssen vorsichtig sein!« warnte er mich eindringlich, »es sind schreckliche Leute hier!« – »Warum sind Sie gekommen?« konnte ich mir nicht verkneifen zu fragen. »Man hatte mir gesagt, daß es hier so schön sei ... aber diese grauenhaften Menschen sind alles, was man zu sehen bekommt. Ich will nie wieder hierher reisen.«

In meiner Etage war die »Déjournaja« – wie in jedem Hotel – in eine nie enden wollende, höchst gefühlvolle Unterhaltung mit Freunden oder mit ihrer Familie vertieft. In diesem Fall war es ihre Tochter, die gerade ein Baby bekommen hatte: »Milenkaja (Liebste), du weißt, wie ich mich sorge! Bitte versteh mich! Wie geht es dem Kleinen? Schreit er? ... Ißt er? ...« und so ging es weiter. Der Dialog zog sich in die Länge und hörte nicht auf, als sie mir geistesabwesend meinen Schlüssel aushändigte. Unten waren die Mädchen, die unser Geld wechselten, die Serviererinnen und die Kellner, die Mädchen am Empfang und die Gepäckträger alle normale und meist angenehme menschliche Wesen, ebensoweit entfernt von der Krötenrasse wie wir.

Wir begaben uns nach Jalta (vom griechischen Yalos = Küste), um in dem vorrevolutionären Hotel oberhalb des Hafens zu Mittag zu essen. Fontänen spielten zwischen Palmen in den zwei großen, luftigen Höfen, von zwei Stockwerken mit offenen Galerien umgeben, nach denen die Zimmer hinausgingen. Sie waren – schon vor der Entwicklung von Klimaanlagen – im Winter geschützt vor den Winden und herrlich kühl im Sommer. Wackelige Gartenstühle aus Plastik ersetzten die alten Möbel, aber auch so war es ein wunderbarer Ort und muß früher während der Saison ein anregender Mittelpunkt gewesen sein, besonders während jener letzten, tragischen Monate vor der Abreise 1919. Einige von der Krötenrasse speisten mit ihren vollbusigen Frauen an den benachbarten Tischen. Das Lokal war offensichtlich nur für wenige Bevorzugte erreichbar.

Wir gingen hinunter zum Quai, was mir einen Augenblick ans Herz griff. Von hier aus hatten wir Rußland für immer verlassen.

Vereinzelte luxuriöse Motorboote waren in der Nähe vertäut, aber der gewöhnliche Verkehr beschränkte sich auf wenige Fracht- und Passagierschiffe, die das Schwarze Meer befuhren. Die Kathedrale von Alexander Newsky war 1902 gebaut worden. Ich ging am Sonntag mit Charlie zur Messe und wir dachten beide intensiv an alle diejenigen, die dort am Palmsonntag des Jahres 1919 gebetet hatten.

3.

Am nächsten Morgen begaben wir uns schon zu früher Stunde auf eine ausführliche Tour entlang der Küste. Das Zusammentreffen mit der mediterranen Welt hat einen bedeutenden Einfluß auf die russische Literatur und das russische Denken vom 18. Jahrhundert an ausgeübt. Puschkin, Lermontow, Tolstoi, Tschechow, Mandelstam; alle waren hier gewesen. Potemkin, der Favorit Katharinas II., hatte versucht, die Krim in einen riesigen Lustgarten für sie zu verwandeln. Ihre berühmte Inspektionsreise, die von Triumphbögen, tatarischer Kavallerie und allem, was ein phantasievoller Geist, dem nichts unmöglich schien, sich ausdenken konnte, bereichert war, gab der Entwicklung Süd-Rußlands einen enormen Aufschwung. Russische Herren wetteiferten miteinander in der Planung großartiger botanischer Parks, welche heute viel zu der üppigen Schönheit dieser Küste beitragen.

Wir begannen mit dem botanischen Garten von Nikitskoje, der vom Herzog von Richelieu angelegt worden war, dem französischen Emigranten, der in Katharinas Dienste trat und Odessa gründete und an dessen Beitrag zur Blüte dieses Gebietes man sich noch heute erinnert. Riesige Bäume aller Art umrahmten atemberaubende Aussichten auf das Meer hinter Gruppen von blühender Iris, während auf der höchsten Terrasse Bündel von Glyzinien eine Pergola zierten, die sich in einem seichten Teich spiegelte. Die ersten berühmten Gärtner, Stewan und Gartweiß, gaben ein Beispiel, dem man nacheifern konnte. Viele exotische Bäume waren über hundert Jahre alte Prachtexemplare, z. B. eine Guadeloupe-Zypresse, ein Krokodil-Baum und ein Erdbeerbaum, genannt »der Schamlose« (»Bezstidnitza« auf Russisch), weil er seine Rinde verliert.

Wir fuhren dann weiter nach Artek, wo Puschkin sich bei den Rajewskis aufgehalten hatte und besichtigten die Grotte bei Gursuf, die er beschrieb. Der Berg Aïn Dak, der Bärenberg, hat manch eine Legende inspiriert.

Eine Gruppe von Pionieren in netten Uniformen, Kinder von etwa zwölf Jahren aus allen Teilen Rußlands, gingen mit uns zusammen, und wir unterhielten uns ein Weilchen mit ihnen. Die gemeinsamen Charakteristika von Gebräuchen und Reden der Russen durch ihre ganze weite Welt hindurch trotz Rassenunterschieden waren immer eindrucksvoll und bleiben es auch heute noch. Der Kontrast zwischen den Slawen und den asiatischen Völkern ist durch die gemeinsame Erziehung nicht

so auffallend, wie man es erwarten könnte, solange nicht religiöser Fanatismus oder Verfolgung dieses Verständnis zerbricht.
Meine Familie hatte weit oben an der Küste in der Nähe von Aï-Todor auf einer Besitzung des Großfürsten Alexei Michailowitsch gewohnt. In der Nähe befand sich ein Leuchtturm. Das Haus hieß »Charaks«, was Halbinsel bedeutet. Es muß sehr nahe an der Straße gelegen haben, denn als Kind schien es mir, als ob alles Böse in Lastwagen käme und das Geräusch der Gangschaltung an einem steilen Hügel Bedrohliches ankündigte.
Gaspra gleich daneben gehörte den Panins, Mis-chor (die Mitte), wo Frau v. Kruedener, die Vertraute Alexanders I., starb, den Schuwalows, während Lastotschkoje Gnesdò (das Schwalbennest), ein gotisches Phantasiegebäude, auf einem atemberaubend steilen Felsen hoch über dem Meer klebend, das Heim eines Barons Stengel gewesen war. Kutschuk gehörte dem General Borosdin, Kisil-Tasch den Poniatowskis, Udsuf Artek und Koreis den Galitzins, Aï Daniel in der Nähe von Nikitskoje dem Herzog von Richelieu.
Ligne schrieb seinen Brief an Katharina in Parthenit unter einem Haselnußstrauch, den man heute noch sehen kann.
Die Panins besaßen noch ein Gut außerhalb von Jalta in Losowoje, wo Tolstoi sie besuchte.

4.

Der maurisch-tudorische Palast von Alupka (vom griechischen »Alepu« – der Fuchsbau) wurde vom Vizekönig von Kaukasien, dem Fürsten Michail Semionowitsch Worontzow (1782–1856) gebaut. Als der Bau vollendet war, vernichtete er alle Rechnungen.
Die Mischung der Stile in dem riesigen Gebäude ist irgendwie zu einem harmonischen Ganzen verschmolzen und seine einzigartige Lage am Fuß des Berges Aï Petri, seine zypressenbewachsenen Terrassen, die allmählich zum Schwarzen Meer hinabführen, die breite Freitreppe, von Bagnanis ruhenden Löwen flankiert, und der ausgedehnte Park hinter dem Palast machen Alupka zu einer einmaligen Schöpfung, die dem Format seines Besitzers wohl angemessen ist.
Fürst Worontzow war in England erzogen worden, wo sein Vater Botschafter von Katharina II. war. Kosmopolitisch und weltmännisch, blieb er jedoch in seinem Herzen zutiefst russisch, ebenso wie seine Nachfolger, Fürst Bariatinsky (der schließlich Schamyl besiegte), Graf Stroganow und viele andere. Er war in der Tat seiner Generation würdig, welche durch die Anforderungen der napoleonischen Ära zu heroischen Dimensionen heranwuchs.
Er kämpfte im Kaukasus unter Tzitzianow, im preußischen Feldzug und im türkischen Krieg. Bei Borodino 1812 wurde die Division, die er führte, beinahe aufgerie-

ben und Worontzow selber schwer verwundet. Seine Menschlichkeit machte ihn bei seinen Männern ungeheuer beliebt, und er nahm 150 verwundete Offiziere und Soldaten mit zu sich nach Hause, damit sie sich auf seinem Gut Andrejewskoje erholen konnten.

1813 und 1814 kämpfte er wieder als Generalmajor bei Craonne und schlug überlegene Kräfte, die von Napoleon selbst geführt wurden, zurück. Als er Frankreich verließ, bezahlte er alle Schulden seiner Offiziere aus eigener Tasche, setzte anschließend aber strenge Maßnahmen gegen Glücksspiele durch.

Als Gouverneur von Noworossijsk, Vizekönig von Bessarabien und zum Schluß Vizekönig von Kaukasien hat er bleibenden Ruhm in der Geschichte der Entwicklung Südrußlands erworben, dessen Handelsbeziehungen er in großem Maßstab erweiterte. Im Kaukasus trug er viel dazu bei, den Sieg über die kriegführenden Stämme zu erringen. Er wurde zum Feldmarschall ernannt und starb 1856. Bestattet wurde er in der Kathedrale von Odessa neben seiner Frau, der Gräfin Elisaweta Branitzka, der Erbin des riesigen Potemkin-Vermögens, und seinem Sohn Semeon, der kinderlos starb. Man schändete ihre Gräber während der Revolution.

Es hat wenige Karrieren gegeben, die glänzender und nutzbringender waren. Untergebene wie Puschkin und Tolstoi reizte seine olympische Überlegenheit, aber in Wirklichkeit kann man nicht viel gegen ihn sagen, und wir sollten bald erfahren, daß sein Name heute noch in Südrußland verehrt wird.

Worontzows einzige Tochter Sophie hatte den Grafen Schuwalow geheiratet, und drei ihrer Enkelinnen heirateten die drei Brüder meiner Mutter. Als wir als kleine Kinder auf der Krim weilten, pflegten unsere englischen Kinderfrauen, unsere »Nannies«, sich in Alupka zu treffen, daher gab es mir ein etwas beklommenes Gefühl, mich wieder hier zu befinden. Bei einigen Dingen schlug etwas in mir an: beim Pfauengekreisch eines ziemlich abgerupften Vogels, der über dem Torbogen am Eingang saß, beim Ententeich in dem großartigen Park oben auf dem Hügel, und natürlich bei den Löwen, auf welchen wir als weiche Bündel gesessen hatten, um von bewundernden Müttern fotografiert zu werden.

Im Hause selbst erschienen mir das Eßzimmer und der blaue Salon irgendwie vertraut. Ich hatte dort einmal auf einem kleinen Sofa geschlafen, das man umgekehrt an die Wand stellte.

Potemkin soll zwei Zedern hinter dem Haus gepflanzt haben, und zahlreiche Gäste des Vizekönigs hatten sich beschwert, daß das »Gasthaus zu den zwei Zedern« in der Nähe »schamlos Wucher trieb«. Das Schloß, so groß es auch zu sein schien, hatte nur wenige Gästezimmer, und als Churchill es zur Konferenz von Jalta 1945 bezog, sah er sich diesem Problem gegenüber, aber da gab es kein Gasthaus mehr, auf das man hätte zurückgreifen können. Damals, in der Abwesenheit der Besitzer, waren hier wie auch anderswo an der Küste die Grundstücke für die Öffentlichkeit geöffnet.

Wir machten einen langen Spaziergang in dem prächtigen Park, setzten uns dann hin und schauten durch die ausladenden Zedern auf das dunkle Meer, das einen phantastischen Hintergrund für die großartigen alten Bäume abgab. Endlich waren wir die Menschenhaufen losgeworden. Es war ein Augenblick von großem Frieden. Wir lasen die leidenschaftlichen Gedichte, die Puschkin Worontzwos schöner Frau gewidmet hatte und die ich im Flugzeug auf dem Wege zur Krim übersetzte.
Der vornehme Vizekönig ließ sich nicht dazu herab, von der Vernarrtheit des Dichters Notiz zu nehmen, aber als Puschkin in eine Kontroverse mit der Kirche verwickelt wurde, ergriff er die Gelegenheit, um ihn unauffällig an einen anderen Ort schaffen zu lassen. Der erzürnte und beleidigte Dichter revanchierte sich mit einem skurrilen, vielzitierten, aber höchst ungerechten Spottvers:

»Halb ist er Lord, halb Handelsmann,
Halb Obskurant, halb ist er weise,
Halb Lump, doch raunt die Hoffnung leise,
Daß er ein ganzer werden kann.«

(nach der Übersetzung von Maximilian Schick)

Als wir die Küste entlang zurückfuhren, kamen wir an den Residenzen höherer Machthaber der Partei vorbei, wie dem ehemals kaiserlichen Oreanda, Breschnews Sommeraufenthalt, wo der sozialistische westdeutsche Kanzler Brandt drei glückliche Wochen in zurückgezogenen Gesprächen verbracht hatte. Es war nicht einmal auf der Karte verzeichnet. Dulber (was »schön« bedeutet) in maurischem Stil war auch unzugänglich. Beide konnten früher unbehindert besucht werden.
Wir hielten unterwegs in Kitschkiney, wo Natascha Bagration, Charlie Johnstons Frau, geboren war. Es hatte Nataschas Onkel, dem Großfürsten Dimitri Konstantinowitsch, gehört und ist eine entzückende Villa in maurischem Stil à la Diaghilew, die hoch über dem tintenblauen Meer gelegen ist; so weiß und luftig wie ein Feentraum in einem von Benois ausgestatteten Ballett. Obwohl für die Öffentlichkeit gesperrt, waren keine Wachen da, und wir gingen hinein. Es schien ein Erholungsheim der Armee zu sein, und ich fragte ganz kühl nach dem Direktor. Ein jüngerer Offizier empfing uns, und nach ein paar Worten der Erklärung führte er uns in das Haus, um genau das Zimmer zu suchen, in welchem das bedeutungsvolle Ereignis stattgefunden hatte. Lachend schauten wir alles zusammen an. Im unteren Stock waren die beiden Salons mit nebeneinanderstehenden Betten angefüllt; der eine Raum für die Offiziere, der andere für deren Frauen und Kinder. »Wir bauen einen ›spalnyi corpus‹ (Gebäude für Schlafräume) in den Hügel dahinter und zwar so unauffällig wie möglich, um diesen wunderbaren Fleck nicht zu verderben«, erklärte er entschuldigend. Das milde Klima erlaubte es ihnen zur Zeit ohne zu große Härten so zusammengepfercht zu hausen. Es war klar, daß diese letzte Ecke an der Küste, die noch nicht von der Partei weggeschnappt worden war, der Armee er-

laubte, einen Fuß in die Tür zu stellen, oder im Krim-Jargon: einen Fuß ans Ufer zu setzen, was sicherlich ein wichtiges Status-Symbol ist.
Ich fragte unseren Gastgeber, ob wir in seiner hübschen Kantine, die wohl das einstige Eßzimmer gewesen war, zu Mittag essen könnten, aber er schüttelte bedauernd den Kopf: »Ich brauche Bons für jeden einzelnen und die wären unmöglich zu beschaffen.« Er hätte nicht korrekter und natürlicher sein können, ganz im Stil der besten Absolventen von West-Point. »Wir haben von dem früheren Besitzer gehört. Ein vortrefflicher Offizier! Sein Tod war auch eines dieser bedauerlichen Dinge ...«, sagte er, als wir uns von ihm verabschiedeten.
Der kaiserliche Palast von Livadia (»Wiese« auf Griechisch), wo Alexander III. am 20. Oktober 1894 starb, war der Schauplatz der Jalta-Konferenz vom 4. bis zum 12. Februar 1945. Hier wurde das Schicksal von Ost-Europa besiegelt. Es ist ein »istoriko-memorialnoje zdanije« (eine historische Gedenkstätte). Nach dem Tod von Alexander III. wurde die reparaturbedürftige kaiserliche Sommerresidenz abgerissen. Der neue Palast war das Werk des Architekten Krassnow, der auch das luftige Kitschkiney und das maurisch-arabische Dulber in so verschiedenartigen Stilen gebaut hatte, die dennoch alle der herrlichen Landschaft angepaßt waren.
Auf der Krim kam die kaiserliche Familie endlich aus ihrer selbstauferlegten Isolierung heraus. Außer Reichweite des hypnotischen Einflusses von Rasputin, durch den die Kaiserin das Rußland entdecken zu können glaubte, welches sich ihr immer entzog, schien sie, die stets Kränkelnde, sich zu entspannen und gelegentlich sogar zu lächeln. An den Nachmittagen zog sie sich in eine der Loggias zurück, von denen man einen Blick über das Meer hatte, und las ihrem Sohn vor, dem schönen kleinen Jungen, dessen Krankheit so sorgfältig vor der Öffentlichkeit geheimgehalten wurde. Sie fuhr sogar gelegentlich zu einem Picknick in Wagen aus Korbgeflecht unter spitzengesäumten Baldachinen und führte den Vorsitz über den Bazar zugunsten der vielen schwindsüchtigen Patienten, die – wie Tschechow – ihre Gesundheit unter dem pfauenblauen Himmel der Krim wiederzuerlangen hofften.
Alle gleich in Weiß gekleidet, mit breiten geblümten Hüten, durften die vier bezaubernden jungen Großfürstinnen, von einer Hofdame begleitet, Einkaufsbummel in der kleinen Stadt machen. Viele zeitgenössische Fotografien zeigen sie, anmutig um ihre Mutter geschart, die sie selten aus den Augen ließ.
Livadia war auch der Rahmen für die ersten Erwachsenen-Bälle der älteren Mädchen Olga und Tatiana, während die jüngeren Kinder durch die Geländer lugten und sie hinterher mit ihren sehr harmlosen Flirts aufzogen. Mit seinen sehnsuchtsvollen blauen Augen und edlen Gesichtszügen war der Großfürst Dimitri Pawlowitsch so schön wie ein Märchenprinz. Der junge Louis von Battenberg jedoch, der spätere Lord Mountbatten of Burma, hatte nur Augen für die dritte Tochter des Zaren, Marie, die noch im Schulmädchenalter war und voller Späße und Gelächter steckte.

Selbst heute wird der grauenhafte Mord an der kaiserlichen Familie – die in einem Keller in Ekaterinburg erschossen, erschlagen und in einen sibirischen Minenschacht geworfen wurde – der sowjetischen Öffentlichkeit gegenüber offiziell verschwiegen.

Das weiße Gebäude ist zu groß für eine Villa und zu klein für ein Hotel, und es muß ziemlich unbequem gewesen sein, darin zu wohnen, trotz seiner einmaligen Lage in einem repräsentativen Park und seinem herrlichen Meeresblick. Es hat nichts von der überraschenden Verzauberung von Alupka oder der üppigen Schönheit von Nikitskoje. Aber es war ein geeigneter Ort, um eine Konferenz abzuhalten.

Hier sind Präsident Roosevelt mit Bohlen, Healy, Burns, Stettinius und Harriman, Stalin mit Gromyko, Pawlow (dem Dolmetscher), Wyschinsky, Molotow und Susslow (die Namen genügen, um einen schaudern zu lassen) und Churchill mit Eden, Cadogan und Bridges mit Europa umgesprungen, als wäre es ein Kuchen, von dem sie nach Lust und Laune Stücke hierhin und dorthin schoben. Es ist ernüchternd, wenn man bedenkt, daß selbst ein Rahmen von solcher Schönheit ihnen nicht mehr Mitleid einzugeben vermochte.

Natürlich war eine der »Stätten«, die wir besuchen mußten, Tschechows Haus, eine entzückende Villa am Berghang oberhalb von Jalta, versteckt zwischen blühenden Sträuchern.

Tschechow war bäuerlicher Abstammung, von Beruf Arzt und ein Mann von höchster persönlicher Lauterkeit. Seine langjährige Beziehung zur Schauspielerin Olga Knipper gipfelte in einer glücklichen Ehe, aber sie waren tatsächlich selten zusammen, und seine Schwester übernahm in seinem Leben die meisten Funktionen einer Ehefrau.

Seine steigende Beliebtheit heute muß der Partei einige Sorgen bereiten, denn er war jeder Ideologie gegenüber mißtrauisch. Es ist für das gegenwärtige Regime schwer, ihn in einen Vorläufer der Revolution zu verwandeln, da er laut verkündet hat: »Gemeine Mittel, auch wenn sie für gute Zwecke angewandt werden, verwandeln diese Ziele in etwas ebenso Niedriges ... Ich könnte niemals der Zerstörung des Gegenwärtigen zustimmen mit dem Ziel, das Morgen vorzubereiten – selbst wenn man mir für eine Unze ehrloser Lügen hunderte von Pfunden zukünftigen Glücks verspräche.«

Trotz seiner angegriffenen Gesundheit erfüllte eine ungeheure Menge schöpferischer Aktivität und tätiger Hilfe sein verhältnismäßig kurzes Leben. Er verlor niemals seinen Glauben an die Menschen: »Ich glaube an die Kraft der einzelnen Menschen, welchen Platz sie auch einnehmen mögen, selbst wenn sie dünn gesät sind.« Er glaubte auch, daß es die Pflicht eines Schriftstellers sei, zu erschaffen und nicht zu predigen. Wenige Schriftsteller haben so kompromißlos ihre Theorien auf ihr eigenes Leben angewandt.

Die Krim liebte und verabscheute er gleichzeitig, was verständlich ist; es ist nicht möglich, ständig »en villégiature« (auf Urlaub) zu leben, was doch seine Gesundheit von ihm forderte.

Unser letzter Ausflug sollte uns zu der ehemaligen Hauptstadt der Krim-Chane führen, dem legendären Bachtschisarai. Zuerst fuhren wir zwei Stunden landeinwärts zu einem Höhlenkloster aus dem 8. Jahrhundert, wo überhängende Felsen, die von Höhlen für die Mönchszellen durchlöchert waren, einem riesenhaften Taubenschlag glichen. Bei unserem Abstieg schenkte man uns kleine Glasröhrchen mit Rosenessenz.

»Bachtschisarai« bedeutet »schmutziger Fluß« und die Tschiuriussa ist tatsächlich ein schlammiger Strom. Das Gebiet war anfangs vom Stamme der Chasaren bewohnt gewesen, die zwar keine Semiten sind, aber die jüdische Religion angenommen hatten. Die Chane mußten den Ort wegen seiner relativen Kühle im Sommer erwählt haben, denn er hat keinerlei strategische Bedeutung. Unter der moslemischen Herrschaft wurde es als das Mekka der Krim betrachtet. Die Macht des Chanats war durch die entscheidende Niederlage von Toktamisch, dem Fürsten von Kiptschak, in der Schlacht von Tartarub am Kaukasus gegen Tamerlan am Ende des 14. Jahrhunderts gebrochen worden. Später wurde es ein Teil des Ottomanischen Reiches und unter Katharina II. von Rußland annektiert.

Der Palast war im Laufe seiner Geschichte von Zeit zu Zeit zerstört worden und wurde jetzt auch gerade restauriert. Katharina II. hatte seinerzeit ihren schottischen Architekten Cameron mit der gleichen Aufgabe betraut. Die weitläufigen Gebäude umgaben einen unregelmäßigen Hof und entfalteten sich wie auf einem Panorama-Faltblatt zu einem harmonischen Ganzen. Die luftigen hölzernen Bauten mit geschnitzten Balkons und Dachvorsprüngen waren hier und da durch nadeldünne Minaretts betont, die in den blassen Himmel stachen. Sie umschlossen eine Reihe von kleinen, versteckten, eingezäunten Gärten, die eine Wildnis von Rosen und verwucherten Bäumen und Büschen um zerbrochene Springbrunnen und ungepflegte Wege enthielten. Nachtigallen konnten ungestört leere Fenster anträllern, an denen in früheren Tagen schöne tscherkessische oder christliche Mädchen um ihre verlorene Heimat seufzten. Im Gegensatz zu tatarischen Häuptlingen anderswo schienen die Gireis zu Romantik und Poesie zu neigen. In diesem märchenhaften Rahmen ist die Fontäne der Tränen, von Puschkins berühmten Versen besungen, ein steingewordenes Gedicht, in welchem Tränen von Wasser in alle Ewigkeit aus einer aufgerichteten Marmorschale herab in die nächste tropfen. Eine andere Fontäne war ein senkrechtstehender marmorner Gebetsteppich, graviert mit goldenen Buchstaben von ebenso feiner Arbeit wie im Tadsch-Mahal in Indien. Ein geheimnisvolles Kreuz, über einem Kamin eingeritzt, erinnert daran, daß eine Favoritin des Chans Christin war. Katharina II. hatte im Schlafzimmer

des Sultans genächtigt, das von Spiegeln glitzerte. Sie freute sich wie ein Kind darüber, daß dieser Traum von südwärtsgerichteter Expansion zur Sonne, zum Meer und nach Byzanz hin konkrete Formen anzunehmen begann. Ihr Fortschritt war von Potemkin glänzend inszeniert, und selbst heute konnten wir noch einen klobigen, weiß-blauen Meilenstein bewundern, der wieder einmal hundert Werst Entfernung von Petersburg bezeichnete und damit das Land »unter die hohe Hand« der Kaiserin brachte.
Wir waren alle froh, wieder den Bus besteigen zu können, denn die lange Tour hatte das, was Lawrence das »Sträflingskolonnenschlurfen« nannte in die sonst so muntere Gangart unserer Gruppe gebracht. Auf einem Hügel in der Nähe von Aluschta, namens Tenerdji, fuhren wir an einem Denkmal für eine große Schlacht während des letzten Krieges vorbei. Daraufgemeißelte vierschrötige Gestalten mit ausgestreckten Händen leisteten den Schwur, sich an allen Faschisten zu rächen.

V. Kaukasus

1.

In Simferopol bekamen wir ein ausgezeichnetes Mittagessen mit Borschtsch und Kiewer Koteletts, so daß wir unsere Gürtel nicht enger zu schnallen brauchten, als die Tabletts mit Essen beladen an uns vorbei in die abgeschlossene, bevorzugte Hälfte des Flugzeuges getragen wurde, wo vermutlich die Krötenrasse abgefüttert wurde.
Wir bekamen einen Pappbecher mit Wasser. Der meinige tropfte.
Tiflis, oder Tbilissi, ist nach heißen Quellen – tbili heißt auf georgisch warm – benannt, die der Gründer der Stadt, König Wakhtang Gorgasale (Wolfshaupt), im 5. Jahrhundert bei einer Jagd entdeckte. Die Hauptstadt Georgiens klettert über eine Reihe von Hügeln, zu ihren Füßen windet sich der Fluß Kurá und sie enthält noch viel von ihrer malerischen lokalen Architektur. Tiflis liegt an den ehemaligen Hauptkarawanenstraßen vom Kaspischen zum Schwarzen Meer und von Armenien nach Rußland.
Die unebenen, grob gepflasterten oder sandigen Straßen sind von blühenden Akazien eingesäumt, die sich vorbeugen, um einen schattenspendenden Baldachin zu bilden, der die niedrigen, pastellfarbenen Häuser auf beiden Seiten beschirmt. Diese sind mit Balkons geschmückt, verziert mit kunstvollen Schnitzereien, die von den Dachvorsprüngen herabhängen, wie feine Spitzen wirken und ihnen ein luftiges und festliches Aussehen verleihen. Es ist der einzige Ort in der Sowjet-Union,

wo die Menschen Arm in Arm lachend durch die Straßen ziehen, dazu noch sehr schöne Menschen, mit leuchtenden Augen und guten Figuren.
Nachdem Tiflis 1395 von Tamerlan geplündert wurde, ist es 1795 von dem gräßlichen persischen Kadjar-Schah Agha Mohammed barbarisch behandelt worden. Dies trieb die Georgier Rußland in die Arme. 1801 vermachte der letzte König der Bagratiden, Georg XIII., seinen Thron Alexander I., und die Georgier kämpften treu an der Seite Rußlands alle folgenden Kriege hindurch. Noch einmal, im Jahre 1921, fegte eine Welle von Massaker, Plünderung und Vergewaltigung über die Stadt hinweg, gefolgt von einer neuerlichen Runde Stalinschen Terrors in den dreißiger Jahren. Das fügte der Loyalität der Georgier gegenüber Rußland großen Schaden zu und ist bis heute nicht vergessen worden. Jedoch bereitet die Tatsache, daß Stalin auch Russen gemordet hat, eine gewisse Befriedigung. Obwohl ein Bandit, war er schließlich Kaukasier!
Das moderne Hotel Iweria erhob sich, viele Stockwerke hoch, am Rande der Stadt und erfreute sich einer herrlichen Aussicht nach allen Seiten. Im Badezimmer fanden wir die gleichen tropfenden Hähne, Löcher im Fußboden und fehlenden WC-Schrauben wie in den vorhergegangenen Hotels. Vermutlich ist dies der Fall in der ganzen Sowjet-Union. Sehr bald stand eine einsame Nelke in meinem Zahnputzglas – wie in jedem Hotel auf unserem Weg – und die Bettücher und Handtücher waren gegen frische, gestärkte ausgetauscht. Als ich mich für diese Aufmerksamkeit bedankte, fragte ich das Zimmermädchen, wem ich das zu verdanken hätte. »Wir wissen, wer Sie sind«, sagte sie, während ein breites Lächeln eine Reihe von metallplombierten Zähnen enthüllte.
In der Nacht fielen Schüsse unter meinem Fenster. Ich rannte hinaus auf den Balkon. Ein leuchtender Halbmond stand hoch am Himmel, und unten sprangen Uniformierte aus einem geparkten Polizeiwagen und schossen in die Luft über einer Baustelle neben unserem Hotel. Sie schienen niemanden zu erwischen und fuhren kurz darauf weg. Eine Weile war es still, dann hörte man das Geräusch von krachenden Brettern. Ich lief wieder hinaus und entdeckte zwei schattenhafte Gestalten, die einen riesigen Klotz von der Baustelle zogen. Es waren Schwarzhändler, die nach alter Tradition Baumaterial stahlen, das auf dem nicht existierenden offiziellen Markt sehr gefragt ist. Dieses Klauen ist in der ganzen Sowjet-Union in riesigem Ausmaß im Gang. Die Polizei kontrolliert eine Baustelle nach der anderen und schießt in die Luft, um Diebe abzuschrecken. Jedoch nur hin und wieder gelingt es ihr, einen zu fangen, was ein Glück ist, denn »Spekulation« und freies Unternehmertum werden mit dem Tode bestraft. Man hat ausgerechnet, daß jährlich bis zu vierhundert vielversprechende Geschäftsleute hingerichtet werden.
Als ich am anderen Morgen den Lift betrat, um mich zum Frühstück zu begeben, sah ich mich einem großen jungen Amerikaner gegenüber. Er hatte einen unverkennbar militärischen Haarschnitt, Segeltuchschuhe, Blue jeans und ein T-Shirt

mit entsprechender Aufschrift. »Wo kommen Sie her?« fragte ich. »Ich bin U. S.-Student.« – »Das würde ich hier nicht so laut sagen«, riet ich. Aber als wir in die marmorne Halle mit der niedrigen Decke hinaustraten und allein waren, gestand er mit einem Zwinkern: »Wissen Sie, was ich wirklich bin? – Ein amerikanischer Offizier!« – »Das würde ich erst recht nicht laut sagen«, lachte ich, war aber erleichtert, als ich hörte, daß er am nächsten Tag abreisen sollte.

Breschnews verlängerter Todeskampf erlaubte einige Abweichungen vom Üblichen, aber schließlich wird er ja eines Tages endgültig sterben, und wenn Andropow nachrückt – nach seinen Taten in Ungarn – könnte sich die Lage leicht zum Bösen wenden.

Wir machten uns zu einer ausgedehnten Besichtigung der Stadt auf. Nachdem wir die Merakaschwili-Brücke passiert hatten, welche ursprünglich von Alexander dem Großen erbaut worden war, erreichten wir die alte Metekhi-Kathedrale aus dem 4. Jahrhundert, die hoch auf einer felsigen Klippe über dem Fluß Kurá und dem georgischen Viertel der Stadt steht. Gleich hinter der Kathedrale wacht das neue und eindrucksvolle Denkmal für den Gründer von Tiflis, Fürst Wachtang, über die Stadt. Die im 5. Jahrhundert erbaute Kirche wurde im 13. erneuert und ist leider nicht in Gebrauch. Die dahinterliegende Zitadelle existiert nicht mehr, aber das ganze steile Flußufer entlang kleben Häuser mit ihren hängenden Balkone am Felsen. Eins davon muß der königliche Palast gewesen sein, wo dem Vizekönig Fürst Tzitzianow so großer Ärger zuteil wurde, als er die Königin Mariam herauskomplimentieren mußte. Er war ein entfernter Verwandter der vorherigen Dynastie und ein weiser, mutiger Statthalter – aber bald bekam er Schwierigkeiten mit der letzten, verwitweten Königin, die sich weigerte, ihr vergoldetes Bett im Palast zu verlassen und auf ihre Vorrechte zu verzichten. Zuletzt wurde ein Offizier hingeschickt, um sie zu überreden, aber kurzerhand ermordeten ihn ihre Kinder. Sie selbst stieß einen Dolch, den sie unter der Bettdecke versteckt hatte, in das Herz des unglücklichen Generals Lazarew, der seinem Untergebenen zu Hilfe geeilt war. Nach einer langen Inhaftierung für dieses Verbrechen kam sie frei, und in den späten fünfziger Jahren des 19. Jahrhunderts konnte man sie wieder bei Hofe sehen. »Eine finster grübelnde Matrone unter den Witwen.« (Lesley Branch)

Auf Tzitzianow folgte eine Reihe großer Vizekönige: Worontzow, Bariatinsky und Großfürst Michail Nikolajewitsch.

Der Imam Schamyl hatte sich 1859 in Gunib dem Feldmarschall Fürst Bariatinsky ergeben. Bei dieser dramatischen Begegnung hatte man dem besiegten Daghestan-Führer sein Schwert zurückgegeben. Diese ritterliche Geste trug viel dazu bei, ihn für die Russen zu gewinnen.

1815 geboren, war Bariatinsky ein herausragender Vertreter aristokratischer Kultur, wie sie unter Katharina II. entstand. Seine Erziehung war wie die einer Menge junger Männer seines Standes gewesen: Russische »Njanjas« bis zum Alter von fünf Jahren, dann ausländische Erzieher und ein abhärtendes Programm mit Reiten, Fechten, Gymnastik und kalten Duschen. Seine Studien schlossen Mathematik, Technik, Landwirtschaft, Schreinerei und ausländische Sprachen ein, vor allem aber Russisch. Er war fünf Jahre lang weit durch Europa gereist und zwei Jahre durch das europäische und asiatische Rußland. Sein Vater, der seine Studien geplant hatte, legte besonderen Wert auf Maßnahmen, die das Wohl seiner Leibeigenen sicherstellten. International und weltoffen, blieb er, genau wie Worontzow, Stroganow und viele andere, dennoch ein überzeugter russischer Patriot und ein würdiger Nachfolger der vorangegangenen heroischen Generation. Tolstoi zitiert einen jungverheirateten Kameraden, welcher sagte, er zittere bei dem Gedanken, der schöne Oberbefehlshaber könnte seiner jungen Frau den Hof machen. Glücklicherweise war Bariatinsky anderweitig engagiert, und das sollte früh seine glänzende Karriere zerstören. Während seiner vier Jahre als Vizekönig vertraute er die lokale Zivilverwaltung anstelle den Mullahs gewählten örtlichen Herrschern an. Außerdem förderte er die Befriedung des Landes und brachte es zu Wohlstand und Blüte.

Nach meinem Urgroßvater Graf Lewaschew war der letzte Gouverneur ein Fürst Chawchawadze. Ein junger Bandit namens Dschugaschwili (der spätere Stalin), der wegen bewaffneten Bankraubes zum Tode verurteilt war, richtete ein Gnadengesuch an ihn. Der Gouverneur war ein charmanter, lässiger Edelmann. Er gab dem jungen Hitzkopf noch einmal eine Chance und begnadigte ihn, um so mehr als dessen Mutter Wäscherin auf dem Familiengut Tsinandali war.

Einige Jahre später wurde Chawchawadze in das Lubiankagefängnis geworfen und zum Tode verurteilt. Jetzt apellierte er an Stalin, dessen Antwort lautete: »Sofort erschießen!« (nemedlenno zastreliat'!)

Tiflis wurde im 4. Jahrhundert und wieder im Jahr 1828 von Erdbeben erschüttert. Die Kathedrale von Sioni schien das Erdbeben der Revolution überstanden zu haben und »funktionierte«.

Fetzen von feuchten, eingerissenen Teppichen und der Mangel an Reparaturen erweckten den Eindruck von Verfall und Mottenfraß wie bei einer großen, alten Dame, die vom Leben mißhandelt worden war. Wie in sämtlichen Kirchen in Rußland waren alle wertvollen Ikonen verschwunden. Schlichte hölzerne Reproduktionen lagen auf den hohen Tischen, den Analoi.

Ich kaufte eine Kerze und stellte sie vor dem Altar auf zum Gedächtnis an alle, die früher hier gestanden hatten. Sofort wurde ich unauffällig von zwei oder drei Frauen umringt, die in der Kirche umherschlenderten, Kerzen aufrichteten und Ikonen liebevoll abstaubten. Sie fragten mich leise: »Haben Sie etwas für uns mitgebracht? Irgendwelche Schriften oder Bibeln?« Ich seufzte: »Wie könnte ich? Wir wurden an der Grenze durchsucht.« Dennoch lächelten sie verständnisvoll und boten mir an, mich in der Kirche herumzuführen. Ich bedauerte, meinen kleinen

Vorrat an Geschenken an diesem Morgen nicht mitgenommen zu haben, und versäumte es in Zukunft nicht mehr.

Die Führerin mischte sich ein: »Ich kann übersetzen.« – »Sie haben es nicht nötig, zu übersetzen. Sie sprechen Russisch wie ich.« Sie schaute böse, aber ging fort.

Der russische Dichter und Diplomat Gribojedow (1790–1827), der das berühmte Schauspiel »Verstand schafft Leiden« geschrieben hat, heiratete Ninó Chawchawadze in dieser Kathedrale. Sie war erst sechzehn. Ihr Ring fiel hin, was als ein böses Omen angesehen wurde. Es muß bei ihr zu Hause in Tsinandali auch irgendeine lokale Zeremonie gegeben haben, denn wir fanden ihre beiden Namen am nächsten Tag dort in einem Register.

Das Glück des armen Mädchens währte nicht lange. Ihr Mann wurde zum Botschafter beim Schah ernannt und kurz darauf in Teheran ermordet. Auf einer Reise nach Erzerum begegnete Puschkin einem Wagen, der dessen Leiche nach Tiflis brachte. »Wer ist es?« fragte er. Es war sein Freund.

Wir besuchten das Kloster des hl. David, wo Gribojedow begraben ist. Seine untröstliche junge Witwe ließ eine Inschrift am Grab anbringen: »Ty i dela twoi bezsmertni w pamiat' russkoi. Do tschewo perezhyla tebia, liubow moja.« (Du und Deine Werke sind unvergessen im Gedächtnis Rußlands. Warum habe ich Dich überlebt, Du meine Liebe.)

Ninó scheint sich an ihre Witwenschaft geklammert zu haben wie an eine Berufung. Es mag ihr in ihrem schmerzlichen Verlust Kraft gegeben haben. Im Orient ist eine trauernde Witwe eine angesehene Persönlichkeit.

Im Inneren der Kirche, etwas auffällig vor dem Altar, bedeckt eine Marmorplatte das Grab der »Kavalerstwennaja Dama« (der »Kavallerie-Dame«), Fürstin Melikow. Sie muß eine dominierende Persönlichkeit gewesen sein, die nach dem Tode ihres Mannes die Zügel an sich riß. Auf dem kleinen Friedhof, der die Kirche umgibt, fand Stalins Mutter, dieselbe, die im Haushalt der Chawchawadze Wäscherin war, ein christliches Begräbnis.

Die Drahtseilbahn, die uns auf den Berg emporzog, war im Jahre 1912 solide gebaut worden, denn sie transportierte immer noch einen ständigen Strom von Tbilissiern zu dem Restaurant auf dem Gipfel. Riesige Portraits von Lenin und Stalin zierten seine Fassade. Diese sind verschwunden, ob infolge schwindender Überzeugung oder weil man davor zurückschreckte, Stalin allein abzumontieren, war nicht festzustellen.

Unser Fahrer schimpfte den ganzen Weg zum Fort von Narikala hindurch, obwohl sein asthmatischer Motor den Anstieg trotz böser Vorahnungen überstand. Von den Wällen dort hatte man eine wunderbare Aussicht auf die Stadt, die steil an den Hängen der sich schlängelnden Kurá emporkletterte. Trotz aller Anstrengungen, eine ideologische Verschmelzung herbeizuführen, sind die russischen, georgischen, armenischen, jüdischen und mohammedanischen Viertel an ihren ur-

sprünglichen Plätzen verblieben und ballen sich um kleine Kirchen, Tempel oder Moscheen. Rechts zu unseren Füßen erhoben sich die majestätischen Bäume von Worontzows botanischem Garten.
Nathalie war entschlossen, in dem berühmten persischen Hamamm, wo Puschkin ein häufiger Gast gewesen war, ein Bad zu nehmen. Das entzückende blaugekachelte Gebäude, das eher wie eine prunkvolle Moschee oder wie eine luxuriöse Spielerei wirkte, schien sich seit jenen Tagen nicht verändert zu haben.
Zwei große und schöne junge Männer mußten aus Puschkins Bad herausgesetzt werden, damit wir hinein konnten, und standen in Hemdsärmeln im Korridor. Nachdem ich mich entschuldigt hatte, fragte ich sie: »Wußten Sie, daß Puschkin hier zu baden pflegte?« – »Oh ja, wir wissen es. Aber warum nicht mehr von *unseren* Schriftstellern reden, oder von *unseren* Zaren?« sagten sie lachend.
Als wir zum Hotel zurückfuhren, kamen wir an einem Geschichten-Erzähler vorbei, der es sich unter einem Baum bequem gemacht hatte und von einem Kreis eifriger Zuhörer umgeben war, die auf den Fersen hockten. Geschichten zu erzählen, wird im Orient als eine Kunst angesehen, beinahe wie in Homers Tagen, und ein Erzähler kann immer mit einer großen und verzückten Zuhörerschaft rechnen.
Am Abend gingen wir zu einer ziemlich mäßigen Aufführung einer lokalen Inszenierung in die großartige, überreich verzierte Oper, die dem vizeköniglichen Palast glich, den Tolstoi im »Hadji Murad« beschreibt. Ein riesiger Kronleuchter hing über unseren Köpfen. Er muß dem Raum in der Zeit vor der Elektrifizierung eine ungeheuer festliche Note verliehen haben.
Wir gingen zu Fuß durch die laue Nacht nach Hause. Die Straßen waren voll von Menschen, die glücklich Arm in Arm bummelten. Eine Anzahl von ihnen war besonders schön, mit auffallend lebendigen Gesichtszügen. Wenn die Mädchen nicht die langen Nasen ihrer Rasse geerbt hatten, sahen sie mit geschmeidigen, anmutigen Figuren bezaubernd aus.

2.

Als ich am nächsten Morgen den Lift betreten wollte, entstieg diesem eine Gestalt im Ornat mit der runden Mitra, dem Stab und dem Kreuz eines hohen Würdenträgers der orthodoxen Kirche. Es war der Patriarch von Georgien. Wir sprachen einen Augenblick in der traditionellen Weise. Dann segnete er mich, und ich begab mich nach unten, um nach Tsinandali abzufahren, dem berühmten Weingut der Familie Chawchawadze.
Als mein Großvater ein Regiment im Kaukasus befehligte, machte er mit seiner Frau und seinen Kindern dort einen Besuch. Erst später begriffen sie, daß die

Familie mit echt orientalischer Gastfreundschaft selber in ein Nebengebäude gezogen war, um ihnen Platz zu machen.
Die Fahrt mit dem Wagen von Tiflis in nordöstlicher Richtung dauerte etwa zwei Stunden und führte durch eine Kette von Dörfern, die Beaune in Frankreich ähnlich war.
Fast alle sind wegen ihrer Weine wohlbekannt, denn Kakletia ist ein uraltes Weinbaugebiet. Wegen meiner Freundschaft und Verwandtschaft mit Chawchawadzes war ich an diesem Ausflug besonders interessiert.
Unsere georgische Führerin, die sich schon in Tiflis als Ärgernis erwiesen hatte, wurde jetzt zur Plage. Sie hatte alle negativen Merkmale des georgischen Äußeren geerbt: gedrungen und kurzbeinig, die Nase zu groß über einem sprossenden Schnurrbart, buschige, schwarze Haare und eine durchdringende Stimme, die während der ganzen Tour niemals nachließ, da sie ununterbrochen lautstark mit unserer mausgrauen Führerin aus Moskau schwatzte. Sie war ungeheuer beeindruckt von Fitzroy Maclean, der in echter Kolonial-Abenteuer-Tradition, nachdem er in Jugoslawien während des Zweiten Weltkrieges Tito in den Sattel geholfen hatte, in diesen Gegenden als häufiger, unternehmungslustiger und furchtloser Reisender gewesen war. »Ein bewu-u-u-ndernswerter Mann!« schwärmte unsere Führerin und wurde eine Nuance freundlicher, als sie feststellte, daß wir ihn kannten. Er muß in seiner Beziehung zu ihr mehr Glück gehabt haben als wir.
Kleine Holzhäuser, die alle nach einem schlimmen Verfall ausgebessert worden waren, säumten den Weg. Sie waren freundlich eingehüllt von wuchernden Sträuchern von blühendem Flieder, Obstbäumen in voller Blüte und Rosen. Manchmal hatte nur ein Fenster Glasscheiben, während die anderen mit Pappe vernagelt waren, oder bei einer Treppe war nur das eine Geländer ersetzt.
Plötzlich entdeckten wir zwei kleine Jungen, welche eine übermäßig lange Rolle Linoleum in ein dafür ungeeignetes Versteck zu schubsen versuchten. Sie war offensichtlich von irgendeiner Baustelle geklaut worden und sollte wohl aufgeschnitten und gegen andere Waren eingetauscht werden.
Man machte uns beharrlich auf kleine, private Gemüsegärten als große Neuerung aufmerksam. Deodora-Zedern, Maulbeerbäume und Walnußalleen wuchsen längs der sandigen Straße, auf der wir durch Pachetwili, Wawiani, Kalari, Tschanduri, Gursani, Schachmani, Kalauri und Wanta fuhren. Auf derselben Straße waren früher die Karawanen auf ihrem Weg nach Tiflis, von Schemachi, Nuchi oder Kakatal kommend, durch Kakhetien gezogen.
Die Georgier stammen von alten iberischen Stämmen ab und gehören zu der uralten alarodischen Rasse. Ethnographisch ist das ganze Gebiet eine der interessantesten Ecken der ganzen Welt, da ein Volk nach dem anderen durch die Kette des Kaukasus hindurch nach Europa zog und Reste seiner Stämme in den beinahe völlig unzugänglichen Tälern und Bergen hinterließ.

Plinius berichtet, daß die Römer seinerzeit hundertunddreißig Dolmetscher benötigten, um sich mit den Völkern des Kaukasus zu verständigen. Fünf Dutzend Sprachen wurden vor dem Ersten Weltkrieg auf dem Markt von Tiflis gesprochen. Die schönen Abkhasier im Westen behaupten, von Prometheus abzustammen. Noahs Arche schwamm in diesen Gegenden herum und soll die Spalte auf dem Elbrus verursacht haben, bevor sie auf dem Ararat in Armenien zum Stehen kam. Die Kabardaner (oder Tscherkessen oder Zirkassier) wurden als einer der edelsten Stämme angesehen und nahmen nicht teil an dem Heiligen Krieg des Schamyl. Die arischen Osseten an den nördlichen Hängen des Kaukasus sprechen eine Sprache, die dem Persischen ähnlich ist. Die Chewsuren trugen noch bis vor kurzem die Kettenpanzer der Kreuzritter. Die Chewsurenfrauen waren dafür bekannt, daß sie ohne Sattel über die schwindelerregendsten Bergpfade ritten, die kein Mann wagen würde zu Fuß zu begehen. Sie mögen die Amazonen des Altertums gewesen sein.

Die östlichen daghestanischen Lesgier, die Tschechenen und die Usbeken gehörten zu den fanatischsten Mohammedanern, während zwischen ihnen einige Stämme, wie die muskulösen Kistebi, immer Banditen waren, die sich ausschließlich der Plünderung und der Räuberei widmeten und durch Generationen hindurch blutige Fehden mit ihren Nachbarn austrugen. Die Georgier stellen 67 % der Bevölkerung dar.

Griechische Siedler hatten sich in Kolchis niedergelassen und Jasons Reise mit den Argonauten soll sie an diese Küste gebracht haben. Es gibt jedoch in Rußland eine Überlieferung, daß die Skythen das Gold aus den Betten der ins Asowsche Meer fließenden Flüsse gewannen, indem sie Schaffelle durch das Wasser zogen. Auf einem goldenen skythischen Kragen sind zwei bärtige Krieger abgebildet, die wie russische Muschiks von früher aussehen und solch ein Vlies zwischen sich halten, das Jasons Suche zu rechtfertigen scheint.

Die Region war zeitweilig unter der Vormundschaft der Römer, dann der Byzantiner.

Die Armenier waren mit den Phrygiern verbunden. Ihr Land wurde in alten Zeiten Urartu genannt und kämpfte im 6. Jahrhundert v. Chr. gegen Babylon, bevor es eine Satrapie von Darius wurde.

Die Dynastie der Bagration stammte – einer Legende nach – von König Salomon ab und regierte in Georgien seit dem 8. Jahrhundert, aber nach den Einfällen von Tamerlan beschränkte sich ihr Reich auf Kakhetien und Karthli, das ans benachbarte Imeretien grenzte, während die Dadiani-Dynastie über Mingrelien herrschte. Die Einwohner dieses Landes, die zu oft überfallen, zu oft dezimiert wurden, Erben einer uralten Kultur, waren dafür bekannt, emotional beweglich, begabt und fatalistisch zu sein. Trotz ihrer Überschwenglichkeit und Lebenslust ließ ihre unbezwingbare Tapferkeit sie nie im Stich. Jedoch nach wiederholten Einmärschen der

Türken und Perser wurde ihre Lage unhaltbar. Seite an Seite mit Rußland führten sie den langwierigen Krieg gegen die mohammedanischen Bergstämme, in dem beide Seiten sich an das stolze islamische Wort hielten: »Ein Mann ist unsterblich, bis sein Werk vollendet ist.«

Vielleicht bedarf es des Stempels der Tragödie, um bestimmten Orten die Aura des Romantischen zu verleihen, die sie nicht besäßen, wenn sie ruhig die für sie bestimmte Existenz weitergeführt hätten.

Ich schaute auf die bläulichen Berge jenseits des Flusses Alazani, die von dem spitzenartigen Gitterwerk der Veranda eingerahmt waren, das sich ganz um das verhältnismäßig bescheidene Herrenhaus zog, die Sommerresidenz Tsinandali der Chawchawadzes, und versuchte, mir den lauen Julimorgen 1854 vorzustellen.

Die Fürstin Chawchawadze, deren Mann, Fürst David, ein Regiment in der Nähe befehligte, ihre Schwester, die verwitwete junge Fürstin Orbeliani, ihre zahlreichen Kinder und die französische Gouvernante, Madam Drancy, hatten gerade das Frühstück beendet und brachen nun verspätet nach Tiflis auf. Sie hatten eine Reihe von Warnungen, daß Gefahr im Anzug sei, nicht beachten wollen. Plötzlich ertönten wilde Schreie von galoppierenden Murids, die von jenen fernen Hügeln her angeschwärmt kamen, um Geiseln einzufangen, die man gegen den Sohn von Schamyl, den Prinzen Djemal-Edin, Generaladjutant von Zar Nikolaus I., austauschen konnte. Die Frauen, denen man die Kleider vom Leibe und die Ohrringe aus den Ohren riß, wurden rücksichtslos über den Fluß gezerrt und dann hinter den wilden Reitern auf den Pferden verstaut. Der Fürstin Chawchawadze glitt ihr Baby Lydia aus den Armen, das von den Hufen der nachfolgenden Pferde zertrampelt wurde. Die höllische Reise zum Aul (Dorf) von Schamyl dauerte mehrere Wochen und endete mit einer achtmonatigen Gefangenschaft unter entsetzlichen Bedingungen, bis Prinz Djemal-Edin zu seinem Vater und seinen Verwandten zurückkehrte, mit denen er nichts mehr gemein hatte.

Dem Dichter Fürst Alexander Chawchawadze am Anfang des 19. Jahrhunderts, dem Vater von Fürst David, der »fortschrittlich in seinen Anschauungen« gewesen sein soll, hat man es zu verdanken, daß das Anwesen heute ein Museum ist. Manch ein bedeutender russischer Dichter hat hier glückliche Abende als sein Gast verlebt: Sein Schwiegersohn Gribojedow, Puschkin und Lermontow, der angeblich Teile seiner Dichtung »Der Dämon« hier geschrieben hat. Jede Erwähnung der Chawchawadzes, bis hin zu den letzten Nachkommen im Ausland, wird heute mit Ehrfurcht aufgenommen.

Sie waren wirklich eine bemerkenswert begabte Familie, aber auf tragische Weise vom Unglück verfolgt. Der Dichter Fürst Alexander wurde aus seinem Wagen geschleudert und getötet, weil seine Pferde scheuten, als eine Frau am Wege einen Eimer Wasser ausschüttete. Abgesehen von der Ermordung seines Schwiegersohnes Gribojedow in Persien und dem Heldentod seines Schwagers Orbeliani, kam

dann der schreckliche Überfall. Ein Neffe, Fürst Ilija Chawchawadze, wurde 1907 zufällig von lesghinischen Bergräubern ermordet, und Stalin entledigte sich des Gouverneurs von Tiflis. Der Pianist George Chawchawadze und seine Frau starben ein halbes Jahrhundert später bei einem furchtbaren Autounfall in Frankreich.
Unsere aufsässige Führerin behauptete, daß Fürst Ilija auf Befehl aus Petersburg ermordet worden sei, und das zu einer Zeit, da Lenin und Stalin beide mit unbestrittener Milde unter dem letzten Zaren behandelt wurden. Ich wies sie darauf hin und ersuchte sie, solchen Unsinn nicht zu wiederholen. Ich versuchte auch, den Direktor des Weingutes an der Rückseite des Parks aufzusuchen, aber das »war nicht in unserem Programm«. – »Wo kann ich die Erlaubnis bekommen, das zu tun?« – »Beim Moskauer Intourist!« – Eine staatliche Behörde, die Tausende von Kilometern entfernt ist, bitten zu müssen, einen Weingarten besichtigen zu dürfen, der in Sichtweite liegt, das ist ein typisches Beispiel von sowjetischer Absurdität.
Sieben Meilen von Tsinandali liegt die alte Stadt Telawi, die sich rühmt, die Burg der Könige von Kakhetien gewesen zu sein und Sitz des Bagration-Königs Irakli war, den König Friedrich II. von Preußen bewundernd als den »unbesiegbaren Herkules« bezeichnete.
Unser nächster Halt war die alte Kirche und Akademie von Ikalto, wo wir das einzige existierende Portrait der berühmten Königin Tamara zweifelhaften Rufes aus dem 13. Jahrhundert sehen konnten, sowie ein Exemplar von Rustawelis »Ritter vom Pantherfell«; aber nicht einer konnte uns sagen, wovon dieser Klassiker handelte. Gegen Abend erreichten wir die weiße Basilika von Alawerdi.
Von der spitzen Kuppel der georgischen Kirchen gekrönt und von einem Kranz bröckelnder Befestigungen umgeben, schien die Kirche wie ein gewaltiger Schwan in einem Meer von grünen Maisfeldern zu gleiten. Alawerdi bedeutet: »Gott sei mit Dir« und war früher ein Wallfahrtsort. Der Name hat den gleichen nachhallenden Klang wie der georgische Gruß »Tamardschu!« – »sei siegreich«.
Von allen Seiten von fanatischen Feinden umgeben, hatten die Georgier diese Ermutigung äußerst nötig. Ursprünglich ein Volk von zwanzig Millionen, waren sie einmal auf etwa vierhunderttausend reduziert worden.
Im Inneren war die Kirche fast leer. Einige Mönche pflegten sie noch und lebten in verheerender Armut in den umliegenden Wällen. Eine alte Frau fegte emsig. Sie muß uns für eine kommunistische Delegation gehalten haben, denn sie murmelte hörbar auf Russisch, damit wir es mitbekommen sollten: »Sie denken, sie können alles tun und alles ist in ihren Händen! Aber wer bringt den Regen und die Sonne, wer bringt uns in dieses Leben und in das nächste?« und sie zeigte kampflustig nach oben, war aber besänftigt, als sie mich vor dem Altar das Kreuz schlagen sah. Ich wurde gleich mit einem Blitzen metallener Zähne und einem Klaps auf die Schulter belohnt: »Gehen Sie mit Gott!«
Wir mußten uns beeilen, wieder nach Tiflis zu kommen, denn wir hatten eine Ein-

ladung zum Abendessen. Durch Alleen von Walnußbäumen fuhren wir zu einem zauberhaft restaurierten Haus. Es war blau gestrichen und hatte offene, mit Laubsägearbeiten verzierte Galerien, die auf jedem Stockwerk entlangliefen. Wir waren vom örtlichen Kulturbeauftragten eingeladen, einem alten Freund von Lawrence. Er hatte am Bürgerkrieg teilgenommen, aber das war alles schon lange her. Jetzt empfing uns ein ergrauter Herr, erlebnismüde und jeder Illusion beraubt. Sein Nachfolger war ein vollblütiger Ellbogentyp, sichtlich bereit, aus allem seinen Vorteil zu ziehen; die Dame aus Leningrad, die gekommen war, um Lawrence vom Flugplatz abzuholen, vervollständigte unsere Gesellschaft.

Zuerst mußte der Gastgeber oder »Tamadà« bestimmt werden, der dann die Trinksprüche mit einigen Bemerkungen und Komplimenten auf die Gäste ausrief. Es erinnerte mich an unsere Weinproben am Rhein. Die Mahlzeit bestand aus Zakuski und einigen heißen und scharf gewürzten Fleischspießen, während Musikanten für uns Duduki (Flöte), Dolin (Trommel) und Geige spielten. Die sehnsüchtigen Melodien mit hinreißendem Rhythmus erinnerten zuweilen an den »canto hondo« in Andalusien. Sie waren zu Gedichten desselben Dichters Saweli Rustaweli, der in Ikalto erwähnt wurde und der in die Königin Tamara verliebt war, komponiert.

Mit ihrem südländischen Sinn für Spaß und ihrem Verlangen nach Freizeit und Vergnügen, das selbst der gleichmachende Kommunismus nicht zerstören konnte, sind die Georgier nach wie vor die überschwenglichsten Gastgeber, und wir verbrachten einen reizenden Abend.

Ich erwähnte der jungen Frau aus Leningrad unsere beabsichtigte Reise durch die Darial-Schlucht und fragte mich, was für einen Eindruck dieser Landstrich auf jemanden machen könnte, der seine jahrhundertealte gewalttätige und tragische Geschichte nicht kennt, die ihren Höhepunkt in dem endlosen Krieg fand, an dem so viele unserer Ahnen teilgenommen hatten.

»Seit meiner frühesten Kindheit beweinten wir das Opfer von Djemal-Edin, das in dem Buch ›Gazawat‹ (heiliger Krieg) beschrieben ist. Es hatte einen blaßblauen Einband mit Goldprägung und trug vorne ein Bild von Schamyl. Es war mein Lieblingsbuch«, sagte ich.

»Meines auch«, sagte sie schlicht. »Mein Vater hatte es gerettet und schenkte es mir, als ich ein Kind war.« Plötzlich bestand zwischen uns das Gefühl eines vollkommenen Einverständnisses.

3.

Wir waren wirklich traurig, Tiflis am nächsten Morgen verlassen zu müssen. Es ist ungewöhnlich, wenn man bedauert, irgendeinen Ort hinter dem Eisernen Vorhang zu verlassen. Jedoch die Aussicht, den Kaukasus zu durchqueren, versetzte uns alle in freudige Erregung.

Die meisten frühen georgischen Kirchen bilden einen wesentlichen Bestandteil der Landschaft und scheinen mit ihrem Sockel auf Felsen oder Klippen verankert zu sein. Der Eindruck von zeitloser Festigkeit wird noch verstärkt durch den gerippten Aufsatz, der wie eine Narrenkappe mit Facetten den Turm krönt, welcher sich aus einem kreuzförmigen Grundriß erhebt. Sie geben den strengen Gebäuden einen Anstrich von Fröhlichkeit, fast von Leichtsinn.

Unser erstes Ziel war die alte Kirche von Dzhwari, die hoch auf einem Felsen über dem gewundenen Fluß Kurá hockt, der Ort, an dem die hl. Nina das erste Kreuz errichtete; ausnahmsweise trug der Turm ein abgeflachtes Facettendach aus roten Ziegeln. Das Bauwerk war kompakt wie eine Festung, wozu es wohl auch öfters im Laufe seiner Geschichte gedient haben muß.

Weit unten am Zusammenfluß von Aragwa und Kurá liegt die einstige Hauptstadt von Georgien, Mzkheta, um die Kathedrale Sweto-Zkhoweli oder »die heilige Säule« gedrängt, welche sich bei der Errichtung der Kirche von selbst an ihren Platz geschoben hätte. Die Gräber aller erreichbaren Bagratidenkönige, einschließlich des letzten, Georg XIII. Bagration, der seinen wackeligen Thron Alexander I. vermachte, liegen in enggeschlossenen Reihen vor der Apsis. Ein großes Modell der ursprünglichen Kirche war in einem Seitenflügel abgestellt. Ich entdeckte eine Farbfotografie vom Patriarchen von Georgien, Ilija II. Schilaschwili. Es war jener Würdenträger, mit dem ich am selben Morgen in Tiflis gesprochen hatte. Die Kathedrale »funktionierte«, aber leider fand gerade kein Gottesdienst statt. Außen war die strenge Einfachheit der hohen Mauern durch bemerkenswerte Flachreliefs in dem höchst eigenartigen Stil des Landes aufgelockert.

Bei Passanuri, wo die weiße und die schwarze Aragwa zusammenkommen und dann Seite an Seite weiterfließen wie die gescheckten Hosen eines Renaissance-Narren, aßen wir in der bewachsenen Laube eines wuchernden Gartens vor einem behaglichen Restaurant zu Mittag. Es war in demselben fröhlichen Blau gestrichen wie so viele Holzhäuser in ganz Rußland, vielleicht wegen der Fliegen, denn es wird behauptet, daß diese Farbe sie abschreckt. Wir wurden von einer außerordentlich schönen jungen Frau bedient. Ihre langen geschwungenen Wimpern, die keinerlei Kunstgriff zu verdanken waren, verschleierten mandelförmige große dunkelblaue Augen unter gebogenen, fein gezogenen Augenbrauen. Eine nette Frisur à la Prinzessin Diana, vollkommene Gesichtszüge, Teint und Figur wären überall eindrucksvoll gewesen – hier waren sie einfach sensationell. Ihr unvorteilhaftes, bedrucktes Nylonkleid wirkte an ihr wie eine Verkleidung.

Ich stupste Lawrence an, der gerade hereinkam, nachdem er eine Fotografie von Stalin auf der Rückseite eines verwahrlosten Ladens unten an der Straße erspäht hatte. »Unmöglich, sie nicht zu bemerken!« sagte er.

Diese unerwartete Erscheinung machte die Geschichte, die man uns in Verbindung mit der Festung von Ananuri erzählte, die wir kurz darauf besichtigten, um so glaubwürdiger.
Der Herr von Ananuri, ein ungestümer georgischer Häuptling, der Eristaw der Aragwa, war aus seiner Bergfestung herausgestürzt, um die schöne Frau seines verhaßten Nachbarn zu rauben, als sie in ihrer Sänfte die sich windende Bergstraße gegenüber langsam hinauffuhr.
Kurz darauf flatterten rosaseidene Pluderhosen am höchsten Mast der Burg und brachten dem zurecht erzürnten Ehemann Kunde von den peinlichen Folgen dieses Überfalls. Er verbündete sich mit mohammedanischen Stämmen, stürmte Ananuri und steckte statt der Hose den Kopf seines Rivalen an den Mast, während seine zeitweiligen Verbündeten die zwei schönen Kirchen plünderten. Später führte der Sieger die Hose im Wappen und gab damit ein frühes Beispiel dafür, wie man eine peinliche Niederlage zu stolzem Sieg umkrempelt. Solche mörderischen Fehden waren die Ursache, daß die Kaukasier den persischen und türkischen Einfällen nicht widerstehen konnten.
In der Kirche waren Bauarbeiter damit beschäftigt, Gips über feuchte Flecken an den Wänden zu spachteln. Eine genial gebrechliche Konstruktion aus Baumrindensplittern, aufs Geratewohl mit dünnen Brettchen verstärkt, reichte als Gerüst bis hoch hinauf in die Kuppel. Sie schien allein vom Heiligen Geist zusammengehalten zu werden und erklärte, warum im 13. Jahrhundert König David »der Erbauer« einen verfrühten Tod erlitt, als er von einem schwindelnd hohen Gerüst abstürzte.
Die Landschaft wurde immer wilder und immer schöner, je mehr wir uns Mlety näherten und allmählich zu den hochragenden Bergen vor uns aufstiegen.
Mein Baedeker von 1912 empfiehlt dem unerschrockenen Reisenden, bevor er in den Kaukasus vorzudringen wagt, sich einen zuverlässigen und aufgeweckten Diener zu engagieren, der neben Russisch auch Georgisch, Tatarisch und Armenisch spricht und der dazu ein guter Koch sein müßte. (Anscheinend war ein solcher Schatz leicht zu finden.) Man sollte sich mehrere Pferde kaufen – zu sechzig Rubel das Stück – und sie nach der Reise wieder verkaufen. (Eine frühe Form von »rent-a-car-service«.) Weiter sollte der Reisende seinen eigenen Sattel mitbringen, da die örtlichen unbequem wären, ein Feldbett oder Schlafsack, Decken und Toilettenartikel, einen Klappstuhl und ein Luftkissen, eine Laterne, Galoschen, Konserven, Brot oder Zwieback, Tee, Zucker, eine tragbare Feuerstelle oder Herd, Porzellan und Bestecke, Nadeln und Zwirn, Stecknadeln, Riemen, Stricke und Bindfaden, Insektenpulver, Medikamente, Chinin, einen Revolver, einen Wecker, eine Taschenlampe, Seife, Streichhölzer, Kerzen, Papier und Schreibutensilien, eine Axt und einen Hammer, Nägel für Schuhe und Holzkohle für den Fall, daß man lagern müßte – was man alles in Tiflis kaufen könne. (Es ist eine ausführliche

Liste und vielleicht auch heute noch inspirierend, falls einen die Lust packen sollte z. B. die Wüste Gobi zu durchqueren.)

Das Buch warnte auch: »Nicht mehr Alkohol, als für Krankheitsfälle nötig!« (Wir können uns schon vorstellen, warum), und fügt dann hinzu: »Sollte man Fleisch wünschen, muß man gleich ein ganzes Schaf kaufen.«

Beunruhigende Ratschläge folgen: Alles Gepäck sollte in verschließbaren, wasserdichten Beuteln gepackt sein, die man über die Pferde oder auf die Rücken von Trägern werfen kann. Ein Zelt wäre unbedingt erforderlich, denn es gäbe keine Gasthäuser außer einem im Dorfe Duchan, aber das sei unmöbliert. Unwillig gesteht der Reiseführer, daß im großen und ganzen die Bevölkerung gastfreundschaftlich sei, aber näher auf das Thema eingehend betont er: »Führer und Pferde brauchen Zeit, um sich an den Reisenden zu gewöhnen. Die Pferde müssen bei Nacht bewacht werden, sonst werden sie gestohlen; auf das Gepäck muß genau acht gegeben werden. Wenn man im Zweifel ist, sollte man nie den Ratschlägen der Einheimischen folgen, sondern eine Karte zu Rate ziehen und einen Bergführer engagieren, da den Kaukasiern nicht getraut werden kann. Vorsicht vor Bergfieber! Kein Wasser trinken! Sich nicht den Anschein geben, daß man es eilig hat, weil sonst die Preise in die Höhe schnellen.« In dem Gefühl, daß der Reisende vielleicht den Mut verlieren könnte, ermahnt das Buch: »Schwierigkeiten können nur überwunden werden, wenn man Energie und Beharrlichkeit zeigt« und schließt tröstlich: »Ein Reisender geht nicht unbedingt ein Risiko ein; trotzdem ist es besser, nicht allein zu reisen oder zu viel Geld zu zeigen.«

Beinahe als zusätzlicher Vorschlag wird erwähnt, daß ein Mann von bescheideneren Mitteln auch die Postkutsche nehmen könne.

Der französische Schriftsteller Alexandre Dumas, dessen Romane von Liebe und Abenteuer heutzutage in Sowjet-Rußland geschätzt sind, scheint alle Hindernisse 1858 gut überstanden zu haben, trotz einer schier unglaublichen Menge an Gepäck und Kisten voll Champagner. Zuzeiten lief seine Einbildungskraft mit ihm bei der Schilderung Rußlands davon, wie z. B. bei der Beschreibung einer Familie, die »im Schatten einer großen Kliukwa« Tee trank. Die »Kliukwa« (Moosbeere) ist ein kleiner Strauch von höchstens dreißig Zentimenter Höhe, und seitdem nennt man ähnliche Erzählungen »Kliukwa«. Das Buch über seine Reise ist trotzdem ebenso amüsant wie lesenswert.

4.

Bei Mlety beginnt der Weg zum Paß, der zur Darial-Schlucht führt. »Dar i alan« bedeutet »das Tor der Alanen«. Die Alanen und Osseten waren Arier und sprachen eine Sprache, die dem Persischen verwandt war.

Gelegentlich kamen uns umfangreiche Schafherden entgegen. Die Hammel hatten große, geschwungene Hörner, aus denen die Bergbewohner ihre Trinkhörner fertigen, die in Silber gefaßt an silbernen Ketten an ihren Gürteln hängen. Wolfsähnliche sahnefarbige Hunde sprangen in weiten Sätzen neben ihnen her. Auf großen Rädern klapperten gedeckte Wagen. Unangebundene Pferde und kleine, dünne, aber widerstandsfähige Kühe trotteten hinterher.

Wir folgten dem Tschortowo-Tal, dessen Name oft als »Teufelstal« mißgedeutet wird, da Tschort Teufel bedeutet, aber »Tschertá« heißt Linie, und das Tal war die einstige Grenze Georgiens. Keuchend und ächzend begann der Bus mit dem langsamen Aufstieg zum Kreuzpaß, der über 2000 m hoch ist. Die Straße entstand zwischen 1857 und 1861. Auf beiden Seiten wuchsen strichweise große Gruppen von blühenden, duftenden, orangenen Azaleen an Stellen, wo der Schnee geschmolzen war. Ihre Blätter waren oft die einzige Nahrung für Schamyls abgehärtete Muriden.

Zu unserer Linken fiel der Hang senkrecht ab. Ermolow nahm 1824 diesen Weg, und man kann sich lebhaft vorstellen, wie gefährlich die erste Landstraße gewesen sein muß, als der Schnee sich rechts türmte und Lawinen drohten, links aber eine steile Schlucht zu einem reißenden Fluß weit unten abfiel und am Tage die Sonne die Oberfläche der Straße in eine Eisfläche verwandelte.

Das Kreuz, welches dem Paß seinen Namen gab, war entfernt worden. Überwältigt von dem Blick über halb Georgien, das sich zu seinen Füßen entfächerte, hatte Lermontow bemerkt, daß die Berge von Wolken rauchten, »als wären sie Altäre für die Götter«. Er malte ein bezauberndes und eindringliches Bild dieses Abschnitts seiner Reise.

Wir wandten uns hinunter zur Baidara-Schlucht, durch welche der Fluß gleichen Namens ein silbernes Band zieht, und kamen an der alten Festung Sión vorbei. »Türme von alten Burgen starren ernst durch den Nebel, gewaltige Wachen an den Toren des Kaukasus ... die ihre Zeit abgedient haben wie ein alter Mann, der Freunde und geliebte Menschen überlebt hat.« (Lermontow)

Legenden gibt es im Überfluß in diesem uralten Land, durch welches so viele Völker sich ihren Weg erkämpft hatten. Ich fragte mich, wie viele Sprachen hier heute wohl noch gesprochen würden.

Dieses Gebiet war nur ein Teil des Schauplatzes, auf dem die kaukasischen Kriege am Anfang des 19. Jahrhunderts getobt hatten. Der Imam von Daghestan, Schamyl, war eine sehr viel edlere Gestalt als der heutige Khomeini, aber er scharte die mohammedanischen Stämme um sich mit dem gleichen Fanatismus und herrschte mit demselben gnadenlosen Terror. Es wurde ein grimmiger Konflikt. Schamyls wilde Muriden sammelten Köpfe und Hände von Gefangenen als Trophäen. Die besiegten Feinde wurden geblendet oder verkrüppelt und in eine Grube geworfen, wo sie vermodern konnten. Frauen und Kinder behandelte man nicht minder hart.

Als Schamyls Muriden die Bewohner von Tsinandali zum Aul des Imams schleppten, wurde ein Baby an einen Felsen geschleudert, weil sein Geschrei einem der Entführer auf die Nerven ging.

Russische Offiziere wurden zwar manchmal für irgendwelche Vergehen in den Süden strafversetzt, aber es gab auch viele Freiwillige, und sowohl Offiziere wie Mannschaften, von jeglicher sozialen Schicht, kämpften stolz aus Liebe zu ihrem Land und Treue zum Zaren. Über dreißig Jahre lang hatte die »Grusinische Heerstraße«, die Ermolow erbaute, es den Zügen von Maultiergespannen mit dem Nachschub für die russische Armee ermöglicht, ihren gefahrvollen Weg entlang derselben Strecke zu nehmen, die wir jetzt befuhren.

Als brächte die überwältigende Landschaft extreme Qualitäten in den Menschen hervor, geriet der endlose Feldzug zu einem Epos unglaublicher Heldentaten auf beiden Seiten. Die Russen, die an Schlachten in der Ebene gewöhnt waren, kämpften sich an schmalen Furchen entlang, die in den nackten Fels der hochaufragenden Berge geschnitten zu sein schienen, überquerten Talengen auf lose zusammengebundenen Holzbalken, die gähnende Abgründe überspannten, wobei sie die Augen ihrer Pferde verbinden mußten, damit sie nicht erschraken.

Der heldenhafte General Passek, dessen Name in der russischen Militärgeschichte sprichwörtlich wurde, fiel in der Nähe von Dargo. Seine ergebenen Männer schleppten seine Leiche in einem rohgezimmerten Sarg aus Baumrinde auf schwindelerregenden Ziegenpfaden mit sich, bis sie bei einem Gefecht über den Rand einer Kluft rutschte. Hadji Murad sprang in einen bodenlosen Abgrund, um seinen russischen Wächtern zu entkommen; der Soldat, der das Ende des Seils hielt, welches dem Gefangenen um den Leib geschlungen war, wurde bei dem Sturz getötet, aber Hadji Murad, der Tapferste der Tapferen, überlebte, um sein tragisches Schicksal zu vollenden (Tolstoi). Die Augen des russischen Arztes, der zu dem sterbenden Djemal-Edin ritt, mußten verbunden werden, damit er nicht von dem Pfade abstürzte, der zu eng zum Gehen war. Botschaften, die zwischen russischen Militärlagern gewechselt wurden, waren auf Französisch abgefaßt, damit die Muriden sie nicht verstehen konnten.

Selbst lange nachdem Schamyl besiegt war und sich mit Rußland versöhnt hatte, kamen Räuberbanden im Kaukasus häufig vor. In alten Tagen hatten sie die Karawanen überfallen, aber nach Kriegsende versuchten sie, die friedlichen Bewohner der Täler zu plündern, denn die Tradition von Gewalt und Rache ließ sich schwer ausrotten.

Kurz vor dem Ersten Weltkrieg hatte ein Petersburger Gardeoffizier eine schöne Georgierin geheiratet. Auf der Hochzeitsreise im Kaukasus wurden er und seine junge Frau durch einen Überfall lesghinischer Banditen aus der Betrachtung der wunderbaren Landschaft gerissen. Er griff nach seiner Pistole, aber der Kutscher und die Lakaien hatten bereits ihre gezogen und die Angreifer überwältigt. Sie wandten sich dann an ihre Herrin und knurrten: »Töten wir sie gleich?« Sie wollte die poetische Stimmung des schönen Abends nicht zerstören und sagte sanft: »Nein. Nicht jetzt ... Später!«

Als er diese Geschichte lachend in den Petersburger Salons erzählte, fügte der junge Mann hinzu: »Ich dachte, ich hätte eine Lilie geheiratet, und entdeckte, daß sie eine Tigerin ist!«

Stalin gehörte zu dieser Brut von Bergräubern. Nachdem die Revolution ihm zufällig die höchste Macht in die Hände gespielt hatte, überschritt er alle Grenzen von lokaler Rache und verfuhr mit dem russischen Volk so, als ob es ein Stammesgegner von einst gewesen wäre. Mord oder Massenmord – der Unterschied liegt nur im Maßstab.

Lermontow hatte mehr Glück als wir, denn er hatte »eine Kette von verschneiten Gipfeln« beschrieben, »die wie eine blaßlila Wand vor dem klaren, azurblauen Himmel stand, den bei Sonnenuntergang ein goldener Schleier einhüllte. Unter ihnen, sie alle überragend, erhob sich der Kasbek, der »König des Kaukasus«. Nebelstreifen rauchten von jedem steinernen Vorsprung wie von einem riesigen versteckten Vulkan, und enttäuscht konnten wir vor Wolkenschwaden die fernen Gipfel darüber nur ahnen. Der Fluß Terek, an dem wir entlangfuhren, bahnte sich seinen Weg weit unten zwischen immer steileren Felswänden, bis wir schließlich das Dorf Kasbek am Fuße des Berges erreichten, an dem Prometheus angekettet gewesen sein soll. Auf einem steilen Hügel gegenüber dem Dorf steht ein Fort und eine alte Kirche der Heiligen Dreifaltigkeit.

»Fürst« Kazbeghi, der örtliche Grundbesitzer, war ein bescheidener georgischer Edelmann, aber glücklicherweise auch ein Dichter von einigem Ruf, was sowohl sein einstöckiges Herrenhaus als auch sein Denkmal im davorliegenden Gärtchen vor der Zerstörung bewahrte. Das Gebäude enthielt ein ihm gewidmetes Museum, dessen Exponate eine Anzahl vergilbter Fotografien sind, die sich auf seine Zeit und seine Zeitgenossen im 19. Jahrhundert beziehen. Der Raum am Ende des Hauses war den revolutionären Umtrieben eines lokalen Schlägers von gorillaartigem Aussehen gewidmet, der einen hohen Orden für »gnadenlose Vergeltung« erhalten hatte, vermutlich für die Ermordung der Reste von Denikins Armee, als diese über die kaukasische Bergkette nach Persien flohen. Da ich allein in dem Raum war, geriet ich in Versuchung, sein anzüglich grinsendes Konterfei von der Wand zu reißen, erinnerte mich aber rechtzeitig daran, daß es als »Zerstörung historischer Memorabilien« gelten würde und verzichtete darauf. Das verblichene, feuchte Foto würde wohl sowieso nicht lange dort hängen.

Fürst Kazbeghi hatte in seiner Jugend in Paris studiert und übernahm nach seiner Heimkehr die Pflicht, die Schafhaltung seiner Familie zu führen. Alexandre Dumas, der dieselbe Strecke wie wir zurücklegte und ihn bei seiner Herde stehen sah, fragte ihn nach dem Weg und bekam die Antwort in einem perfekten Französisch, worauf er vermerkte, daß alle kaukasischen Schafhirten die Sprache Racines und Molières fließend sprächen. Diese vorschnelle Schlußfolgerung ist denen vieler heutiger »Sowjetologen« nicht unähnlich.

Wir überquerten den Terek und erklommen den steilen Berghang, der sich senkrecht über uns erhob, als wir in die berühmte Darial-Schlucht kamen. Aus irgendeinem unerklärlichen Grund schien unser georgischer Fahrer es auf einmal eilig zu haben und konnte nicht dazu überredet werden, anzuhalten, um es uns zu ermöglichen, die atemberaubende Aussicht zu fotografieren, bis eine ganz besonders undurchdringliche Schafherde ihn zum Stillstand brachte. In einem ständigen Strom, gedrängt wie ein zweiter Fluß, überschwemmten Hunderte von dahertrottenden Schafen, mit einem Esel und ein oder zwei Ziegen dazwischen, die Wagen, als sie um uns herumwirbelten. Die überlappenden Wogen von Tieren fanden mit der Geschicklichkeit von Steinböcken sicher ihren Weg um die schiefen Meilensteine herum, die gefährlich nah am nackten Abgrund standen und den Straßenrand bezeichneten. Mit einer dunklen »Burka« (Filzumhang) über die Schultern geschlagen und mit Pelzmützen auf den Köpfen, die ebenso zottig wie ihre Schafe waren, schritten die Hirten dazwischen. Ihre Augen leuchteten; breites Grinsen erhellte ihre schmalen, rauhen, schmutzigen Gesichter. Sie schwenkten lange Stäbe und gaben gutturale Schreie von sich, während ihre bedrohlich aussehenden Hunde die abirrenden Haufen zusammentrieben.

Mein Reisehandbuch empfahl dem Reisenden in diesen Gegenden »Mundvorrat mitzunehmen, da man im Freien übernachtet«. Auch heute noch schlafen die Hirten in ihre Burkas eingerollt, ihre Mützen ersetzen ein Kissen. An Entbehrungen gewöhnt und von ihren eigenen Sitten beherrscht, die von Stamm zu Stamm verschieden sind, scheinen Kriege und Revolution keine Spuren in ihrer Lebensart hinterlassen zu haben.

Weit unter uns gurgelte der Terek, ein silbernes Band in einem breiten Bett von weißen Steinen und Felsblöcken – wie z. B. dem großen »Ermolow-Felsen« –, zwischen denen sich sogar Berittene leicht verbergen konnten. Dieser Felsen scheint das einzige Denkmal des großen General zu sein, der die Grusinische Heerstraße erbaut hat. Er war eine beliebte und volkstümliche Gestalt. Allein schon sein Name genügte, um die Feinde wankend zu machen, und ist bis heute sprichwörtlich.

Brücken waren in Girlanden über den Fluß geschlagen wie Bänder. In beschwingten Versen hatte ihn Lermontow bei Hochwasser beschrieben, »springend wie ein Löwe, mit einer Mähne aus Schaum. Sein Brüllen ist wie das Heulen des Sturmes. Tränen fliegen von den glitzernden Wellen. Unter goldenen Wolken beugen sich hohe Felsvorsprünge in geheimnisvollen Träumen, um seinem Lauf zu folgen … In den Tiefen der Darial-Schlucht, wo der Terek in der Dämmerung seinen Weg pflügt, da stand ein alter Turm und dunkelte auf dem düsteren Felsen. In diesem

hohen und engen Turm residierte die Königin Tamara, schön wie ein Engel und böse wie ein Dämon ...«
An ihre endlosen Flächen gewöhnt, wurden die Russen vom Staunen gepackt beim Anblick der riesenhaften Bergkette.
Der Kritiker Bielinsky sagt, daß »der Kaukasus dazu bestimmt schien, die Wiege unserer poetischen Talente zu sein«. Er inspirierte eine Anzahl von russischen Schriftstellern zu ihren bemerkenswertesten Werken: Tolstoi, Puschkin, Gribojedow, Chawchawadze. Aber Lermontow, der auch ein begabter Liebhabermaler war und dem viel differenzierteren Fürsten Gagarin nacheiferte, scheint das Wesen dieser außergewöhnlichen Gegend lebendiger als irgendein anderer erfaßt zu haben:

»Wie liebe ich Dich, majestätischer Kaukasus,
Die kriegerischen Sitten Deiner Söhne,
Die durchsichtigen Töne Deines Himmels,
Und das herrliche Heulen Deiner plötzlichen lauten Stürme ...

Die wilden Stämme jener Schluchten,
Deren Gott die Freiheit ist, und Krieg – Gesetz;
Erzogen für geheime Schlachten,
Für Taten der Gewalt und ungewöhnliches Tun!

Wo einen Feind zu täuschen kein Verbrechen ist;
Wo Freundschaft wahr ist, wahrer noch die Rache,
Wo Gut mit Gut bezahlt wird, Blut mit Blut
Und Haß wie Liebe ohne jedes Maß!«

Nicht nur russische Schriftsteller waren vom Kaukasus beeinflußt, sondern auch die Komponisten Balakirew, Rimsky-Korsakow, Borodin und Mussorgsky entdeckten in ihm eine reiche Quelle der Inspiration. Nach dem Katzenjammer und der romantischen Laune, die den napoleonischen Kriegen gefolgt waren, brachte die Entdeckung des Kaukasus dem russischen Denken eine neue und beinahe heroische Dimension. Der Kontrast zwischen der überwältigenden Schönheit der sich hoch auftürmenden Berge und der Weite ihrer riesigen Steppen gab der russischen Sehnsucht nach dem »Prostor« eine andere Richtung, während die Herausforderung durch eine gnadenlose Kriegsführung und das erhebende Gefühl, gemeinsam Gefahren ins Auge gesehen zu haben, Offiziere und Mannschaften näher zusammenbrachte. Genau wie es 1812 der Fall gewesen war, fand ein neues Verständnis für das Volk, für den einfachen Soldaten seinen Ausdruck in der russischen Literatur und Musik.
Unterwegs erschnorrte sich ein wenig einnehmender Bursche namens Mischa eine Mitfahrgelegenheit in unserem Bus. Er schien ein örtlicher »Aparatchik« zu sein, aber seine Anwesenheit unter uns war zufällig; er zeigte nicht das geringste Inter-

esse an uns oder unserem Tun, als er gekrümmt neben dem Fahrer saß und eine stinkende »Machorka« (Zigarette) rauchte, die er vorsichtig zwischen einem dicken Finger und einem stummeligen Daumen hielt.
»Gibt es hier immer noch so viele verschiedene Stämme?« fragte ich ihn.
»Viele sind in Zentral-Asien angesiedelt worden (Verschleppt). In den fünfziger Jahren wurden die Tscherkessen und die Inguschi zurückgebracht (nach Stalins Tod).« – Nach einem Augenblick fügte er hinzu: »Aber sie konnten sich nicht anpassen, besonders die Inguschi, und man mußte mit ihnen fertigwerden, ›Tak i potuschili‹.« Also wurden sie ausgelöscht.
»Wie?« fragte ich.
»Mit Flammenwerfern«, antwortete er gleichgültig.
»Frauen und Kinder auch?« ließ ich nicht locker.
»Tschto je tam rasbiratsa?« (Was sollte man da schon sortieren?) sagte er, als ob es sich um eine DDT-Aktion handelte.
»Wann war das?« fragte ich und würgte vor Schreck.
»In den sechzigern oder so.«
Während der kaukasischen Kriege im letzten Jahrhundert überfielen die Stämme die russischen Garnisonen aus dem Hinterhalt von ihren hochgelegenen »Auls« (Dörfern). Zu einem gewissen Zeitpunkt wurden darum eine Reihe von Dörfern in Siedlungen in der Ebene evakuiert und ein russischer Offizier beschrieb in einem Brief an seine Frau, was für ein peinlicher Auftrag es war, Frauen und Kinder von ihren bisherigen Heimen fortzubringen, obwohl sie in Wirklichkeit dort unter verbesserten Bedingungen leben würden.
Von »Auslöschen« war nie die Rede.
Die Schlucht erweiterte sich allmählich zum Tal von Balta, wo Denikin einen letzten Widerstand gegen die Bolschewiken zu leisten versuchte. Im Osten lag die Provinz Kabardà, von wo eine »tatarische« Prinzessin Maria gekommen war, um Ivan IV. den »Gestrengen« zu heiraten. Ihr Bruder Temruk hatte eine hohe Stellung am Hofe errungen, aber er muß oft sehnsüchtig an seine abgelegene Bergfestung in Naltschik gedacht haben.
Wir waren begierig, das berühmte Schlachtfeld an der Furt von Tatartub am Terek zu sehen, wo 1385 Tamerlan den Chan der Goldenen Horde, Toktamisch, besiegte. 1785 fand eine zweite Schlacht an derselben Stelle statt, als Scheich al Mansur, der in Wirklichkeit der italienische Abenteurer Giovanni Battista Boetti war, von General Potemkin, dem Vetter des Favoriten von Katharina II., in die Flucht geschlagen wurde. Zu unserer Empörung raste der Fahrer an diesem Platz vorbei, während wir uns anstrengten, das Denkmal zu entdecken, das zum Gedächtnis an diese Ereignisse errichtet worden war.
1942 fand eine große Schlacht an der Elchotowskaja-Pforte statt, die das Tal wenige Meilen von hier abschließt und wo die deutsche Armee endgültig zurückgeschla-

gen wurde. Es gibt dort ebensowenig Spuren von Zerstörung und dem Sterben vieler Menschen wie in Tatartub; so als ob die Hand der Zeit und die wiederkehrenden Jahreszeiten alle Tränen verwischen.
Wir wandten uns dann Wladikawkas zu, das von demselben General Potemkin gegründet wurde und heute Ordzhonikidze heißt, nach einem von Stalins Kumpanen.
An der ersten Verkehrsampel wurde unser georgischer Fahrer von einem Polizeiwagen angehalten, und ein Offizier mit einem Fuchsgesicht, schmalen Lippen, scharfen Gesichtszügen, rötlichen Haaren und hellen Augen fragte nach seinen Papieren. Uralter Rassenhaß explodierte und sie beschimpften sich in eindeutigen Ausdrücken. »Verdammter Ossete«, fauchte unser Fahrer und weigerte sich, ihm seine Dokumente auszuhändigen. Unsere Führerinnen hatten die größte Mühe, den Zwischenfall beizulegen, aber sie versicherten uns nachher, daß unser Mann nach Hause zurückkehren durfte.
Auf dem Flur vor meinem Zimmer im Hotel zeigte der Fernseher einen sowjetischen Film, der eine Hochzeit aus der Zeit vor der Revolution beschrieb. Im Laufe der Geschichte wurde das ganze Vaterunser rezitiert, und die um das Gerät versammelte Gruppe schien an jedem Wort zu hängen, wie in der Kirche.

5.

Irgendwo auf dem Weg war ein »lokaler« Führer zu uns gestoßen. Er war O-beinig, viereckig und stämmig, mit einem rauhen, wettergegerbten, ehrlichen Gesicht und hörte auf den Namen Anatoli. »Ein Reiter«, dachte ich, »wahrscheinlich ein Kosak.«
Kosak, auf russisch »kasak«, bedeutete ursprünglich Reiter und später »nomadisierender freier Mann«. Die Kosaken ertrugen keine Seßhaftigkeit und bildeten Lager oder »Tabors« von Kämpfern, die in »Stanitzas« (Dörfer) entlang den Grenzen Rußlands aufgeteilt waren. Ihre Zahl wurde von Ausgestoßenen oder Verbannten vermehrt oder aber auch durch Abenteuer, die mit der Zentralregierung in Streit geraten waren. Potemkin, neben den Stroganows und anderen einer der größten russischen Kolonisatoren, hatte sie entlang des Schwarzen Meeres und im nördlichen Kaukasus angesiedelt, während die Nogai-Tataren, von denen man annahm, sie seien jüdischer Abstammung (vielleicht frühere Chasaren), als ihre Tagelöhner dienten. Häufig heirateten sie einheimische Frauen und nahmen einen Teil ihrer Sitten an. Später stießen noch religiöse Dissidenten zu ihnen, wie die ziemlich tolstoianischen Duchoborzi und die Molokany, die diese Form von Exil in schönen Ländern paradiesisch fanden.
Der Fluß Terek trennte die Kosaken von den kriegführenden Bergstämmen. Hier

ein reißender Wildbach, der lose Kiesel und Felsbrocken mit sich führte, konnte der Fluß sich aber auch dort, wo er sich ins Tal ergoß, zu einem dünnen Rinnsal in seinem grauen, sandigen Bett verändern und den stets lauernden Tschetschenen einen leichten Übergang von Süden her ermöglichen. Dann wurden die »Stanitzen« am nördlichen Ufer eine halbe Werst vom Ufer zurückgenommen, während kleine Abteilungen von Kosaken die Straße von einem Dorf zum anderen sicherten. Bei so engem Kontakt befanden sie sich schließlich in einer Art Vetternschaft mit den feindlichen Tschetschenen. Sie nahmen manche von ihren Gebräuchen und ihre Kleidung an, behielten aber stets ihre eigene Sprache und Religion. Trotzdem fühlten sie sich oft mehr im Einklang mit jenen als mit den russischen Verstärkungen, die man ihnen aus dem Norden schickte. Aber sie wurden niemals untreu.

Sie lebten nach ihren eigenen Gesetzen, besaßen ihr Land gemeinsam und waren vom Militärdienst anderswo befreit. Dafür bemannten sie die Grenzposten und bestellten ihr Land mit dem Gewehr über der Schulter, was zu der chinesischen Redensart führte: »Die russischen Grenzen verlaufen über den Sattel der Kosakenpferde.« Zutiefst fromm, ihrem Gott, ihrem Land und dem Zaren, was für sie alles eins war, treu ergeben, erwies sich ihr mutiger und standhafter Dienst in den kaukasischen Kriegen als unschätzbar.

Sie saßen immer zu Pferd, und ihre Außenposten zählten oft nicht mehr als ein Dutzend Männer. Sie galten als das »Auge der Armee« und bekamen den schmeichelhaften Titel »Peredowije Peredowich« – die Vorhut der Vorhut. Ihr Kommentar zu den fanatischen Muriden, die ihre Kinder wie Wurfgeschosse den russischen Bajonetten entgegenwarfen, lautete: »Sie haben nicht einmal den Anstand zu wissen, wann es Zeit ist zu sterben!«

Diese heldenhafte Vergangenheit schoß mir durch den Kopf und ich fragte Anatoli mit leiser Stimme: »Wy is kasakow?« (Gehören Sie zu den Kosaken?) Er nickte; und in einem wenn auch wackeligen selbsterlernten Englisch mit einem Akzent, den man mit einem Messer hätte schneiden können, während seine blauen Augen träumerisch aus seinem runzeligen braunen Gesicht schauten, beschrieb er halb versonnen die berühmten kaukasischen Kabardà-Pferde. »Es ist Rasse über zweitausend Jahre alt«, sagte er, und tatsächlich ist seit Alexander dem Großen der Kaukasus bekannt als »das Gebirge der Pferde«.

»Er ist höchst verläßlicher Freund von Mensch«, fuhr Anatoli fort. »Pferd von *einem* Herren. Nicht schönes Tier, aber sehr, sehr tapfer, klug und verläßlich. Kann überqueren schlüpfrigen Baum, geworfen über Abgrund, Mann auf Rücken, und nicht fallen. Wenn durch Furt geht, immer steckt erst Fuß in Wasser zu prüfen Tiefe bevor weitergeht. Im Winter braucht keinen Stall; findet Futter tief unter Schnee. Gemischt mit Vollblutpferden – aber nicht Arabern – kann sogar werden schön.«

Gerührt von diesem Lobgesang, forschte ich vorsichtig: »Besitzen Sie ein Pferd?«
Er schüttelte den Kopf.
Er war ein amputierter Zentaur!
Später erklärte er mir den Namen Suworowskaja: »Die Kosaken machten die Türken weglaufen unter Suworow, wurden belohnt mit Land und nannten Dorf nach verehrtem General.«
Ich erwähnte die spärlich bevölkerte Gegend. »Die Deutschen töteten sie alle, auch Frauen und Kinder«, sagte er. – Das war also die offizielle Version.
»Glauben Sie das wirklich?« fragte ich.
»Das ist, was man uns sagt«, antwortete er zögernd.
»Wie sind Sie entkommen?«
»Mein Vater unterstützte die Revolution.«
»Warum?«
»Er wollte mehr Land!«
»Aber Sie hatten doch schon Ihr eigenes Land?« bohrte ich weiter.
»Sie versprachen mehr«, gab er widerwillig zu. »Und dann nahmen sie weg, was wir hatten. Wir gingen fort. Ich wurde Soldat und war nicht mehr hier.«
Mit anderen Worten: Die Nachbarn trauten ihnen nicht mehr, und sie mußten das Gebiet verlassen, denn die Kosaken blieben unerschütterlich antikommunistisch bis zum bitteren Ende.
Aber unter den Kosaken war Anatolis Vater eine Ausnahme.
»Wo war das Stroganow-Gestüt?« fragte ich. Es war berühmt für seine arabischen Pferde, welche die letzten Stroganows zu internationalem Ruf gebracht hatten. Sie waren weit und breit herumgereist, um Siglawi- und Koheilan-Hengste und -Stuten zu erwerben, aus denen die Koheilan-Siglawis gezüchtet wurden, welche die besten Eigenschaften der beiden ursprünglichen Rassen vereinigten.
Anatoli gab dann eine Beschreibung des staatlichen Gestüts bei Piatigorsk. Ein Gestüt von weitreichender Tradition, welches Käufer aus der ganzen Welt anlockt, die bis zu einer Million Dollar für ein Pferd zahlen. Ich hatte gehört, daß ein amerikanischer »Großmakler« namens Hammer, der stark in die Handelsbeziehungen mit Sowjet-Rußland verwickelt war, Hengste bei Tersk besaß.
»Können wir es besuchen?« fragte ich. Nein, das wäre nicht möglich, da die Auktion gerade bevorstünde und unser Besuch »die Pferde nervös machen würde«.
»Aber wo war das Stroganow-Gestüt?« beharrte ich, da ich wußte, daß es irgendwo bei Piatigorsk gewesen war.
Mit leiser Stimme murmelte er auf russisch: »Was hat es für einen Sinn zu fragen? Natürlich ist es dasselbe. Es gibt hier nichts, was nicht schon vorher da war!«
Ich erinnerte mich, wie es dem Gestüt der Wiasemskys bei Tambow ergangen war und fragte: »Wie konnte es überleben?« – »Sie hatten gute englische Leute da

(wahrscheinlich Iren), die die Pferde gerettet haben.« Sie müssen wohl erklärt haben, daß das Gestüt ausländisches Eigentum war.

Wir kamen auf dem Weg von Piatigorsk zum Flugplatz nahe an dem berühmten Tersker Gestüt vorbei. Es war eine Siedlung von niedrigen, weißgetünchten, mit roten Ziegeln gedeckten Gebäuden, die unter Baumgruppen in einem weiten Bogen zwischen der Smeika, der Lyssaja, der Zhelesnaja und den Beschtau- und Maschuk-Hügeln lagen; in der Nähe des Dorfes Karras, wo Lermontow und seine Sekundanten und auch sein Gegner Martynow vor dem verhängnisvollen Duell am 15. Juli 1841 zu Mittag gegessen hatten.

Die Gegend von Tersk war gut gewählt für das Gestüt, da wilde Pferde hier zugeritten werden konnten, indem man sie in vollem Galopp den Berghang hinaufritt, ein Sport, in welchem die letzte Gräfin Olga Scherbatow-Stroganow sich besonders hervorgetan hatte.

Das Gestüt von Tersk fing mit zwei Hengsten und zwei Stuten an, die Graf S. S. Stroganow 1888 während seiner Reise nach Syrien und in die Nordarabische Wüste kaufte. Die Stuten wurden Anaza-Beduinen abgekauft, und die Hengste kamen aus Damaskus. Ein Hengst, Emir al Arab, war ein Kahelan-al-Krusch; der andere, Sottan-al-Krusch, war ein grauer Siglawi-Djedren.

Die älteste Rasse arabischer Pferde ist die Anaza oder die Hassan, die von nomadisierenden Beduinen gezüchtet wurde. Reinrassige Zucht kann nur bei den Anaza- und Schammar-Beduinen in Zentral-Arabien gefunden werden.

Der Name »Kohelan« kommt von den dunklen Schatten um die Nüstern und die Augen, die aussehen, als wären sie mit »Kohl« (Antimon) gezeichnet. Diese Pferde sind nicht nur wegen der Schönheit ihrer Bewegungen berühmt, sondern auch wegen ihres Temperaments und Durchhaltevermögens. Sie sind trittsicher und können die steilsten und steinigsten Hänge hinabsteigen.

Die »Siglawi« und die etwas größeren »Kohelan« stammen von den Pferden »Nassim«, »Souvenir«, »Muskat« und »Amourat« ab. (Amourat war der Sohn von »Baraktar«, einem Siglawi-Djedren.)

Wir erfuhren, daß das Gestüt heute praktisch dem »Amerikaner« Arnold Hammer gehört, der den Vermittler bei der Finanzierung von Lenin spielte und nach der Hungersnot, welche die Revolution verursacht hatte, Getreidegeschäfte tätigte. Dafür verschwanden geplünderte russische Kunstsammlungen und der Inhalt manch eines Museums in seinen bodenlosen Taschen.

Es war gefährlich, sich ihm in den Weg zu stellen, und selbst heute ist er in Rußland noch gefürchtet.

Piatigorsk, wo wir einige Tage bleiben sollten, ist ein wohlbekannter Urlaubsort in der Provinz Stawropol und wurde 1777 von Potemkin gegründet. Stawro bedeutet Kreuz und bezieht sich auf die Christianisierung des nördlichen Kaukasus. In vorgeschichtlicher Zeit befand sich hier das Sarmatische Meer, welches das Kaspische

mit dem Schwarzen Meer verband. Geblieben ist davon eine Kette von Salzseen, und Meeresfossilien werden häufig auf den Berggipfeln gefunden.
»Luft sehr gesund für menschlichen Körper, Wasser produzieren stärkenden Effekt«, pries Anatoli.
Wir bezogen das Hotel Maschuk, ein blaugestrichenes Gebäude aus dem vorigen Jahrhundert am Rande des Parks, des »Zwetnik« (Blumengarten). Flieder und Akazien waren vor unserem Balkon im ersten Stock in voller Blüte. Gleich dahinter befand sich eine entzückende Promenade, wie eine verwilderte Lichtentaler Allee in Baden-Baden. Blaue Teppiche bedeckten die Böden unserer Zimmer, und die Badezimmer waren für sowjetische Begriffe luxuriös, obgleich sowohl Kachelung wie sanitäre Anlagen willkürlich angelegt und brüchig waren, mit großen feuchten oder herausgebrochenen Stellen auf Boden und Decke. Das WC stank wie gewöhnlich. Nebenan saßen Arbeiter auf Stapeln von Zementsäcken und schweißten ohne Schutzbrille.
Das Essen war eintönig, aber verhältnismäßig gut, und die südländische Freundlichkeit vorherrschend. Wir begannen unseren Aufenthalt zu genießen.
Das Hotel Maschuk wurde während der Revolution zum Hauptquartier der Tscheka (Geheimpolizei). Ich hörte erleichtert, daß es später ausbrannte, so daß unsere Zimmer, die aus dem letzten Jahrhundert zu sein schienen, nicht die gleichen sein konnten, in denen kaltblütige Verbrecher als gnadenlose Folterknechte und Richter fungierten.
Im Zweiten Weltkrieg beherbergte Piatigorsk das Hauptquartier des früheren deutschen Militärattachés in Moskau, General Köstring. Mit Hilfe des nachmaligen deutschen Botschafters in London, »Johnny« v. Herwarth, versuchte er, das Los der Bevölkerung zu erleichtern und die ruchlose Politik von Hitler und Rosenberg zu umgehen. Das Experiment der Selbstverwaltung, das Köstring durchführte und wobei er Kolchosen in Genossenschaften umwandelte – was übrigens schon Stolypins Methode vor der Revolution gewesen war –, hatte einen derart eklatanten Erfolg, daß man nur hoffen kann, daß irgendeine zukünftige, feinfühligere Regierung in Rußland diesem Beispiel folgt. Das scheint der einzige Weg zu sein, um die russische Landwirtschaft zurück auf den Standard von vor dem Ersten Weltkrieg zu bringen. Die Folge des Köstringschen Versuches war, daß ein großer Teil der Bevölkerung – Kosaken, Kaukasier und andere – mitging, als die deutsche Armee sich nach Westen zurückziehen mußte, denn sie war den Nazimethoden in anderen Besatzungszonen nicht ausgesetzt gewesen.
Ihre unvermeidliche Ernüchterung, gefolgt von der entsetzlichen Entscheidung der Alliierten in Jalta, sie alle an Stalin auszuliefern, was ihre sichere Vernichtung bedeutete, ist eine der erschütterndsten Episoden unserer Tage.

6.

Als »Exil« hielt man Piatigorsk in der Mitte des 19. Jahrhunderts, was Klima, Gesellschaft und die Möglichkeit von Abenteuern anbetrifft, für so außerordentlich angenehm, daß viele Menschen dorthin drängten – zur Empörung des kommandierenden Offiziers, der ihnen einen störenden Einfluß zuschrieb.
Obgleich sowohl Benckendorff wie auch der Schriftsteller Zhukowsky sich beim Kaiser Nikolaus I. 1837 in Tiflis für ihn eingesetzt hatten, war Lermontow einer jener stürmischen jungen Offiziere, die dorthin verschickt wurden, um abzukühlen.
Piatigorsk hat heutzutage alle Erinnerungen an seine Vergangenheit mit einer tiefen Verehrung für den jungen Dichter verbunden, der dort in einem sinnlosen Duell im Alter von siebenundzwanzig Jahren umkam.
Wir eilten sofort zum kleinen Museum, das in dem ehemaligen Haus des Kommandanten Wersilin eingerichtet ist, wo alle erreichbaren Erinnerungen an den Dichter einschließlich vieler seiner Bilder gesammelt sind. Der kleine Salon war liebevoll eingerichtet, möglicherweise mit den echten Möbeln von damals, denn eine der Wersilin-Töchter heiratete einen Khangirei, und ihre Tochter, Elena Achimowna Khangirei, wohnte in dem Hause bis zu ihrem Tode 1943 im Alter von neunzig Jahren, wodurch viele Erinnerungen gerettet wurden.
In diesem Hause hatte Lermontow auch wieder einen seiner Kameraden, den eitlen und dummen Martynow, gehänselt und ihn »le montagnard au grand poignard« genannt (den Bergbewohner mit dem großen Dolch).
Wütend hatte Martynow ihn aufgefordert, seine Scherze in Gegenwart der Damen zu unterlassen. Als sie dann alle zusammen die kleine Treppe hinuntergingen, sagte Lermontow neckend zu ihm: »Würden Sie mich dafür fordern?« Ja, das würde er tun, sagte Martynow starrsinnig. Niemand nahm das zu diesem Zeitpunkt ernst.
Gleich hinter Wersilins Haus befindet sich das Häuschen, welches Lermontow mit seinem schönen Vetter Stolypin teilte. Ihre nächsten Nachbarn waren die Fürsten A. J. Wassiltschikow und Trubetzkoi und in dem folgenden grün-weiß-gestrichenen Häuschen Arnoldi und Schwede. Sie müssen eine herrliche Zeit miteinander verlebt haben, bis die Tragödie die kleine Gemeinschaft zerstörte.
Lermontow hinterließ eine Beschreibung dieses strohgedeckten Hauses »am Rande der Stadt, an ihrem höchsten Punkt am Fuße des Maschuk. Nach drei Seiten hat man einen wunderbaren Blick. Im Osten liegt der fünfspitzige Beschtau, der sich blau verfärbt wie die letzte Wolke eines abziehenden Sturmes. Im Norden erhebt sich der Maschuk wie eine zottige persische Kappe ... Im Westen ist die Aussicht lieblicher: Zu meinen Füßen erstreckt sich die farbenfrohe, neue kleine Stadt ... und dahinter in einem weiten Halbrund erheben sich noch blauere und nebligere Hügel, während der Horizont aus einer silbernen Kette von verschneiten Gipfeln

besteht, vom Kasbek bis zum zweihäuptigen Elbruz ... Die Luft ist so rein wie der Kuß eines Kindes ...«
Am nächsten Morgen bestieg ich den Hügel hinter der Stadt, um einen Blick auf den Elbruz zu erhaschen, der 5600 m hoch ist und angeblich von der Arche Noahs auf ihrem Weg zum Ararat angekratzt wurde.
Unterwegs hielt ich an, um mit einem alten Soldaten zu sprechen, der an seinem Stock hinkte. Eine Reihe von Medaillen gaben seiner schäbigen Jacke einen feierlichen Anstrich. Eine Frau, die etwas weiter oben ein phantasieloses Blumenbeet pflegte, ließ ihren Wasserschlauch fallen, um mir den Weg zu zeigen, und wir kamen wieder ins Plaudern. Ich hatte entdeckt, daß überall in Rußland Hotelgepäckträger, Garderobenfrauen, Gärtner und sogar Straßenkehrer häufig von höherem kulturellen Niveau sind als sie es in West-Europa wären.
In einer sowjetischen Broschüre wurde versichert, daß frühere Hospitäler in Piatigorsk »vom Volk erbaut waren, aber ihm dann nicht mehr zur Verfügung standen«. In meinem Reisehandbuch stand jedoch, daß ein Soldatenhospital 1837 mit 1200 Verwundeten belegt war. Neue Sanatorien sind seitdem hinzugekommen und nehmen jetzt verdiente Veteranen und Arbeiter auf.
Auf dem Gehweg vor unserem Hotel war plötzlich ein improvisierter Markt aus dem Boden geschossen. An die Wand gelehnt, stellten stämmige Frauen ihre Waren aus, die dünngesät vor ihnen auf rauhen, von Böcken gestützten Brettern lagen: Rollen von weißem Baumwollgarn, einige Streichhölzer, alte Bildpostkarten mit Eselsohren und Magazine wetteiferten mit kleinen Deckchen, die mit bescheidenen Ansätzen zu kunstvoller Stickerei verziert waren. Ein halbes Dutzend T-Shirts und wenig reizvolle Unterwäsche schienen sehr gefragt zu sein. Etwa eine halbe Stunde später war das bescheidene Angebot ausverkauft.
In dem ungepflegten Park saßen zwischen Flieder und anderen unbeschnitten wuchernden, blühenden Büschen medaillengeschmückte Veteranen aus dem Zweiten Weltkrieg in fröhlichen Gruppen beisammen und spielten Karten, die sie in scherzhaftem Triumph hinschmetterten. Die höhere »Nomenklatura« hielt sich an die Krim und Sotschi; Kislowodsk liegt, soweit es den Parteistatus betrifft, irgendwo dazwischen.
Gegenüber dem Hotel befand sich die berühmte Grotte der Diana, wo Lermontow und seine Freunde eine Woche vor seinem schicksalhaften Duell einen kleinen Ball veranstalteten. Er war mit Absicht arrangiert worden, um den Obersten Fürst Galitzin zu ärgern, der an dem Abend auch einen Ball gab. Die Grotte war »mit Tüchern behangen, die Kandelaber mit Blumen geschmückt, die auch die Säulen umrankten, die Bänke mit Teppichen belegt und zweitausend Laternen hingen von der Decke«.
Nathalie und ich gingen nochmals in den Park und um die Konzerthalle herum, welche eine der Ausstellungshallen der Messe von Nijhny-Nowgorod 1896 gewe-

sen war, eine luftige Eisen- und Glas-Konstruktion, blau und silber gestrichen, mit spitzen Mauertürmchen an beiden Enden. Sie bildete einen erholsamen Kontrast zu den neuen, modernen Gebäuden, die sich am Rande der kleinen Stadt erhoben. Für den Abend hatten wir für dort Konzertkarten, da wir selten eine Aufführung versäumten, ganz gleich, wo wir auch sein mochten. Wir hatten zunächst keine Ahnung, was uns erwartete, aber die Halle war gedrängt voll von jungen Leuten, und wir erfuhren bald, daß wir die »Spitze des Pops« der Sowjet-Union hören sollten, eine georgische Gruppe aus Batumi. Die Abkhasier stehen im Ruf, das schönste Volk im Kaukasus zu sein. Mit billigem, aber einheitlichem schwarzen Satin und roten Hemden ausstaffiert, sahen die Männer tatsächlich sehr gut aus. Das einzige Mädchen, auch in enganliegendem schwarzen Satin und hohen Absätzen, hatte mit Erfolg eine Ähnlichkeit mit Prinzessin Diana von Wales zustande gebracht. Ihr blondes Haar war zum gleichen wohlbekannten Schwung gebürstet – sie hätte überall verführerisch gewirkt. Es begann mit dem etwas altmodischen, aber lebendigen Vortrag mitreißender Weisen mit einem extremen Sinn für Rhythmus, und ihre Augen und weißen Zähne blitzten. Der Jazz ist erst vor kurzem durch das Eis in Sowjet-Rußland durchgebrochen.

»Ob die nicht Lust hätten, einmal ordentlich loszulegen?« rief Lawrence in der Reihe vor uns aus.

Zwei der jungen Männer hatten sehr reizvolle, bardenartige Gesänge komponiert, welche sie zusammen in einer Art Synkopierung sangen, während sie an entgegengesetzten Enden der Bühne standen. Es war alles ganz entzückend.

Am nächsten Abend gingen wir zu einem Konzert der Arktischen Flotte (Sewernomorski Flot), wie sie zur Unterscheidung von der Baltischen, der Schwarzmeer- und der Fernöstlichen Flotte genannt wird.

Am Hintereingang der Ausstellungshalle luden mehrere junge Seeleute ihr Zubehör aus. Abgesehen vom Stern an ihrer Mütze waren die Uniformen die gleichen wie vor der Revolution. Nach kurzer Zeit waren wir in emsiger Unterhaltung begriffen. Sie baten uns, im Saal so zu sitzen, daß sie uns sehen konnten. »Es macht so viel aus, wenn man weiß, daß man Freunde im Publikum hat.« Es waren gutaussehende, schlanke junge Burschen, wahrscheinlich Berufsmusiker, denn ihre Aufführung am Abend stand größtenteils auf einem sehr hohen Niveau, außer zwei oder drei Propagandastücken, die vom Chor vorgetragen wurden und die Oktoberrevolution verherrlichten. Angesichts der Massenmorde der Marine an ihren Offizieren 1918 ein Ideal, dem zu folgen heute wohl etwas zweifelhaft sein dürfte. Dann folgte eine klangvolle Versicherung, daß sie mit Freuden zwei Jahre ohne Urlaub dienten.

»Kann das wahr sein?« fragte ich meine Nachbarin, eine dickliche junge Frau in ihrem besten Sonntagskleid, denn unsere Gruppe saß über den ganzen Saal verstreut. »Die Armee dient zwei Jahre ohne Unterbrechung, die Marine drei«, sagte sie. »Aber vielleicht ist es besser so, denn sonst wäre es schwer zu ertragen.«

Diesen ersten Nummern folgten schnelle Tänze und anregende Lieder oder komische Duette, welche natürlich mit donnerndem Applaus aufgenommen wurden. Später am Abend hörten wir aus unseren Fenstern, die auf schmiedeeiserne Balkone gingen, von denen man den Park übersehen konnte, klangvolle Stimmen durch den mondbeschienenen und nach Blumen duftenden Garten tönen: »Dewuschka, molodaja! Postoi! Ostanowis! ...« riefen sie klagend. »Mädchen, bleib stehen für einen Augenblick. Wir wollen uns nur unterhalten, weiter nichts. Wir kommen von so weit her und fahren morgen schon wieder ab!« beschworen sie. Unterdrücktes Kichern in den Büschen deutete auf einiges Einverständnis hin.

Nathalie war auf ihren Balkon neben dem meinen herausgekommen, und wir wurden Zeugen eines urkomischen Schauspiels, als diese unglaublich weittragenden Stimmen überredeten und beschwatzten wie in einer Operette. Aus verschiedenen Enden des Parks waren sie noch bis spät in die Nacht zu hören.

Obwohl die sowjetische Marine einer viel strengeren Disziplin unterworfen ist als die westlichen Flotten, sah sie sich am 8. November 1975 einer Meuterei auf dem Kreuzer »Storojewoy« der »Kriwak«-Klasse ausgesetzt. Unter dem Vorwand, irgendein unbekanntes Fahrzeug oder Unterseeboot verfolgen zu müssen, war er von Riga aus, wo Manöver stattfanden, zum offenen Meer und zur schwedischen Küste aufgebrochen. Obwohl ihre Meldungen entstellt waren, ließ sich die Sowjet-Marine nicht täuschen und setzte bald zu einer heißen Verfolgung an. Die »Storojewoy« war nur mit Platzpatronen ausgerüstet. Als Flugzeuge sie bombardierten – eins davon weigerte sich, es zu tun –, ergab sich das Schiff und mehrere Offiziere begingen Selbstmord. Offiziere und Mannschaft wurden gnadenloser Vergeltung ausgesetzt. Nach ihrer Überholung wurde die »Storojewoy« unter einem neuen Namen – ihre Nr. 500 in 220 umgetauscht – mit einer völlig neuen Besatzung zur Pazifischen Flotte versetzt.

7.

Die Zentralbibliothek von Piatigorsk hatte eine offizielle Einladung an unsere Schriftsteller ergehen lassen, und Charlie Johnston, Lawrence Kelly, Nathalie Brooke und ich gingen eines Morgens um elf dorthin. Wir kamen an dem säulengeschmückten Vorbau der berühmten »Restawratija« vorbei, wo Lermontows Held Pechorin die Prinzessin Marie traf, bestiegen den dahinterliegenden Berg und erreichten eine quadratische Rasenfläche, die von Blumen und einem schönen, frisch gestrichenen schmiedeeisernen Geländer begrenzt wurde. »Endlich etwas Neues und Schönes«, dachte ich und fragte den Gärtner, der an einem der Blumenbeete arbeitete, wann es aufgestellt worden war. »Die Hauptkirche von Piatigorsk stand hier, wo jetzt der Rasen ist. Tak i snessli (Sie haben sie abgerissen)«, sagte er verächtlich. »Das Gitter umgibt das Gelände, auf dem sie stand.« – »Wie schade!« rief ich aus. – »Ja, wirklich – es war sehr schade; sie war überhaupt nicht reparaturbedürftig.« Er seufzte tief und hackte weiter.

In einem Duell zu sterben wird von der orthodoxen Kirche dem Selbstmord gleichgesetzt und schließt eine kirchliche Bestattung aus, aber diese Maßnahme wurde selten durchgeführt. Sowohl Puschkins wie Lermontows Beerdigungen wurden darum so unauffällig wie möglich durchgeführt. Die Beisetzung von Lermontow fand in der kleinen Friedhofskirche auf dem Hügel oberhalb des Ortes statt. Sie steht noch heute, als Kirche »funktionierend«, erhalten dank ihrer Verbindung zum Dichter.

Ich schloß mich den anderen wieder an, die vorausgegangen waren, und wir betraten zusammen die Bibliothek. Wir wurden von einer Frau mit einem Gesicht wie ein Teller empfangen, deren dunkles Haar unerbittlich zu einem harten Knoten zusammengedreht war, mehreren Assistenten und einem grob aussehenden Individuum, wahrscheinlich dem örtlichen »Agitprop«. Er öffnete kein einziges Mal seinen Mund und sah nicht so aus, als ob er lesen oder schreiben könnte – wie man von einem bestimmten Nazi-Typ zu sagen pflegte: »Reiner Zement vom Kragenknopf an aufwärts«.

Man führte uns in einen großen Raum, der wie ein Klassenzimmer von Bücherregalen umgeben und mit Bänken gefüllt war, und wo wir uns etwa vierzig jungen Leuten – Studenten oder Helfern – gegenübersahen, die sich erhoben, als wir eintraten. Die Frau, die uns empfangen hatte, begann dann eine endlose eintönige Rede. Sie beschrieb das Bibliothekssystem, welches den meisten Lesestoff kontrolliert, der an ein gierig lesendes Publikum ausgegeben wird, denn die Russen scheinen wirklich Bücher so nötig zu haben wie Blumen das Wasser. Wohin wir auch gingen, hatten wir sie auf Parkbänken, an die Räder ihrer Fahrzeuge gelehnt, in der Untergrundbahn fahrend oder Schlange stehen gesehen – immer mit einem offenen Buch in der Hand. Sie gab zu, daß Übersetzungen ausländischer Autoren sehr gefragt und darum selten erhältlich seien: Jack London und Alexandre Dumas konnten immer mit einem dankbaren Publikum rechnen. Und natürlich die Klassiker! Sie wußten von Charlies Übersetzung von Puschkin und von Lawrences Biographie über Lermontow, was uns zu willkommenen Gästen machte, denn die russischen klassischen Autoren sind zweifellos heute mit Abstand die beliebtesten. Irgendwie fühlte sich die Gesellschaft von diesem Thema angesprochen, aber man spürte eine gewisse Unruhe, als unsere Gastgeberin sich beeilte, zeitgenössische sowjetische Autoren aufzuzählen.

Wir hatten gehört, daß man zwanzig Kilo Papier abliefern mußte, wenn man einen Artikel drucken wollte. In einem Land mit riesigen Wäldern war Papier

nicht frei erhältlich, und alle Luxusausgaben und Kataloge, die gegen harte Währung nur an Ausländer verkauft werden, sind im Ausland gedruckt, obwohl der russische Buchdruck vor der Revolution hervorragend war.
Wenn ein sowjetischer Autor endlich verlegt wird, erreicht die Auflage höchste Zahlen und ist dennoch sofort ausverkauft. Daher die Bedeutung der Leihbüchereien. Ziemlich verständlich wurden wir dann darüber informiert, daß »Lieblingsthemen« mit dem Lande zusammenhingen – und tatsächlich gibt es eine tiefe Sehnsucht nach dem dörflichen Leben, auch wenn kaum noch eine Chance besteht, daß es je wieder dazu kommen könnte. Auch Themen aus dem Zweiten Weltkrieg und aus dem »täglichen Leben« wurden als beliebt erwähnt.
Die Zuhörer hatten das alles offensichtlich schon oft zuvor gehört, und als die Sonne durch die hohen Fenster blitzte und die monotone Stimme weiterleierte, schien äußerste Schläfrigkeit die jungen Leute, welche in den Reihen vor uns saßen, zu übermannen. Fischäugig starrten sie vor sich hin.
Die Direktorin wandte sich dann an Lawrence und fragte: »Welche unserer Autoren werden bei Ihnen gelesen und geschätzt?«
Es gab eine Pause und dann sagte Lawrence gedehnt: »Nur Solschenizyn!«
Man hätte eine Stecknadel fallen hören können. Die Zuhörer wurden plötzlich lebendig. Sie richteten sich auf, ihre Augen funkelten und ein Anschein von Grinsen überzog ihre bis dahin teilnahmslosen Mienen.
Peinlich berührt murrte unsere Gastgeberin: »Wir betrachten ihn nicht als guten Schriftsteller.«
»Darum geht es nicht. Sie haben mir eine direkte Frage gestellt und ich habe Ihnen eine ehrliche Antwort gegeben«, erwiderte Lawrence.
Ihre Stellvertreterin mischte sich besänftigend ein und sagte zu mir: »Sie tragen einen historischen Namen. Vielleicht können Sie uns etwas über ihre Familie erzählen.«
Sie hatte bestimmt »Metternich« gemeint, aber ich verstand sie absichtlich falsch und antwortete: »Ja, ich bin eine geborene Wassiltchikow und meine Mutter war eine Wiasemsky, und wie Sie wissen, gehören beide Namen zur Geschichte dieses Landes. Mein Großonkel war zufällig der Sekundant Lermontows bei diesem schicksalhaften und idiotischen Duell.«
»Es steckt ein Geheimnis hinter diesem Duell!« warf sie schnell ein.
»Überhaupt kein Geheimnis«, sagte ich entschieden. »Keiner der Sekundanten hatte erwartet, daß sie aufeinander schießen würden. Sie waren sogar in demselben Gasthaus kurz vorher zusammengetroffen und hatten sich nicht einmal die Mühe gemacht, einen Arzt mitzunehmen. Als Lermontow vor seinem Gegner stand, erklärte er laut: ›Ich würde auf diesen Blödian sowieso nicht schießen!‹ (Ja w etowo bolwana wsjo rawno by streliatj ni stal!)
Gereizt schoß Martynow und tötete ihn, was nicht seine Absicht gewesen war,

aber er war ein schlechter Schütze. Bis zu seinem letzten Atemzug hat er es sich nicht verziehen, aber Rußland hatte einen großen Dichter verloren. Allerdings machte diese Geschichte Lermontow so wenig Ehre, daß man es für besser hielt, sie nicht zu verbreiten. Diese Einzelheiten waren aber in meiner Familie gut bekannt. Leider war Lermontow ein unverbesserlicher und herausfordernder Sekkierer gewesen. (Zadira).«

Sie waren so fasziniert, endlich die wahre Geschichte zu hören, daß sie mich nicht unterbrachen.

Es wurde Zeit für uns, zu gehen, aber alle Zuhörer kamen und schüttelten uns mit echter Herzlichkeit die Hände. Charlie und Lawrence versprachen, ihnen am nächsten Tag ihre Bücher zu schicken.

Mir kam der Gedanke, daß bei jenen Typen wie dem »Agitprop«, dem wir begegnet waren, und die das untere Ende der KGB-Informationsleitung darstellen, jede Kritik, die sie vielleicht vorbringen wollten, mit ihrer Entfernung aus den gemütlichen Pöstchen, die sie bekleideten, enden würde. Als Folge davon muß jede Information, die Moskau über seine eigenen Leute erhält, ebenso verzerrt wie irreführend sein. Nur die Armee hat mit der Wirklichkeit Berührung, die ganze Skala hinauf und herunter.

In Lermontow vertieft, wie wir es waren, konnte ein Besuch des benachbarten Urlaubsortes nicht umgangen werden, in welchem so viele Szenen vom »Helden unserer Zeit« spielen. Auf unserem Weg dorthin fuhren wir durch mehrere entzückende Dörfer, von denen sicher viele Kosakensiedlungen gewesen waren. Auch jetzt noch schienen diese Dörfer spärlich bevölkert zu sein, aber Blumen und Obstbäume, frisch gestrichene Fensterläden, gackernde Hühner und Kaninchenverschläge in den Hinterhöfen gaben ihnen einen Anschein von Behaglichkeit, den wir anderswo nicht entdeckt hatten. Alte Frauen saßen auf wackeligen Stühlen am Straßenrand und verkauften ihre Erzeugnisse, die vor ihnen auf Zeitungspapier ausgebreitet lagen, während die Käufer die Waren in ramponierten Aktenmappen verstauten. »Ergänzende Landwirtschaft«, erklärte Anatoli.

Wir gingen hinauf zu dem »Felsen wie ein Ring«, den Lermontows Held Pechorin mit Prinzessin Marie bestiegen hatte, und wanderten den Pfad hinab, den er zum Duell gegangen war, das Lermontow wie in einer Vorahnung seines eigenen beschrieben hatte. Wir durften allerdings nicht bis zu dem naheliegenden berühmten Felsvorsprung gehen, »weil es nicht in unserem Programm vorgesehen war«.

Es war seltsam, daran zu denken, daß die Überfälle der Tscherkessen bis nach Kislowodsk kamen. Der zauberhafte Urlaubsort aus dem frühen 19. Jahrhundert war etwas luxuriöser als das gemütliche Piatigorsk, konnte aber nicht mit dessen einzigartiger Lage wetteifern.

Wir aßen in einem eleganten, staatlich geführten Restaurant zu Mittag, welches ganz neu eröffnet gewesen sein muß, denn alle Tischdecken und Servietten waren

aus erstklassigem steifen Leinen. »Wo kommen die her?« fragte ich die Kellnerin. »Nur aus der Staatsfabrik von Kostroma«, sagte sie. »Es gibt keine andere.« Eine einzige Fabrik für gutes Leinen in ganz Rußland – mir verschlug es den Atem.
Als wir das Hotel Maschuk am nächsten Morgen verließen, um zum Flugplatz zu fahren, lief Nathalie noch einmal in ihr Zimmer zurück, um nach ihrem vergessenen Schirm zu sehen, und fand die Stubenmädchen dabei, ein heißes Bad in ihrem Badezimmer zu genießen. Es stand ihnen sicher kein anderes zur Verfügung.

VI. Wieder in Moskau

1.

Wir erreichten Moskau am späten Nachmittag. Ich beeilte mich, ein Taxi zu nehmen, das vor unserem Hotel National in der Nähe des Kremls stand, und fuhr noch einmal zur Buchhandlung des Beriozka-Ladens. Ich fragte den jungen Fahrer nach dem Preis der Fahrt, da ich Geld in Rubel umtauschen mußte. »Würde es Ihnen etwas ausmachen, mir stattdessen ein Buch zu kaufen?« fragte er zögernd. »Ich nehme an, Sie sind eine von den ›Früheren‹ (bywschich), Sie verstehen doch, nicht wahr?« – Er hatte um Sostschenko gebeten, den satirischen Schriftsteller, der im Gulag verschwunden war und kürzlich wieder verlegt wurde, aber seine Bücher waren nicht mehr erhältlich und so kaufte ich ihm seinen anderen Vorschlag, Dumas' »Monte Christo« in zwei dicken Bänden. Er strahlte vor Freude und versteckte sie unter seinem Sitz. »Der Plastikbeutel wird auch nützlich sein«, lächelte er.
Charles Johnston, Lawrence und ich wurden in der britischen Botschaft zu einem Apéritif erwartet, bevor wir zu einer Gesellschaft gingen, die Lawrence organisiert hatte.
Reiche Moskauer Zuckerhändler, die Charitónenkos, hatten ihren Palast im Angesicht eines großen Teils der Kreml-Mauer bauen lassen. Nachdem die Vergangenheit vergessen war und ihr Name sogar falsch ausgesprochen wurde, bot ihre frühere Residenz manch einem britischen Botschafter, der versuchte, das zu übersehen, was er weder ändern noch beeinflussen konnte, eine feudale und ungewöhnliche Umgebung. Gewaltige Handelsverträge brachten alle Skrupel, die im Zusammenhang mit so unerfreulichen Dingen wie Säuberungen hätten auftreten können, zum Schweigen. Das Verschleiern von Kriterien trug dazu bei, die Ansichten mancher ausländischer Diplomaten zu färben, die sich dann »bemühten, den sowjetischen Standpunkt zu verstehen«.

Unter Stalin und in allen darauffolgenden Epochen genossen die Diplomaten aller Nationen eine Atmosphäre freundschaftlicher, häuslicher Geselligkeit untereinander und williger Hinnahme der Vorzugsbehandlung seitens der Regierung, welche sie wirksam von jedem wirklichen Kontakt mit dem Lande und seinen Bewohnern abhielt.
Wir kamen zur Teezeit und wurden herzlich vom Botschafter begrüßt, der sich seine erhitzte Stirn nach einem belebenden Tennisspiel mit seinem liebenswürdigen australischen Kollegen abwischte, der sich unserer kleinen Gesellschaft bald zugesellte.
Die Frau des Botschafters führte mich dann durch das erstaunliche Haus und hinaus auf die Terrasse, wo wir beschirmt von Grün, blühendem Flieder und hohen Bäumen fern von der Außenwelt saßen. Die Nachrichten vom Falkland-Konflikt schienen viel unmittelbarer und näher als irgendwelche Dinge, die das hermetisch abgeschlossene System betrafen, das sie hier beobachten sollten.
Immerhin, unsere Reise bewirkte eine Diskussion, obwohl es mir schien, als ob wir eine Fahrt zum Mond schilderten.
Sowohl beim Eintreffen wie beim Verlassen wurden wir von den wartenden Wachposten genau kontrolliert.

2.

»1896« stand in der Mosaikbeschriftung, die den Boden der kleinen Vorhalle bedeckte, als wir über die Schwelle der Moskauer Wohnung des Korrespondenten einer Anzahl von westlichen Zeitungen traten. Das kleine Haus muß sich je nach Bedarf willkürlich ausgedehnt haben. Stufen führten von einem Zick-Zack-Gang, der von Stiefeln, Mänteln und Stöcken eingeengt war, nach oben und nach unten. Die Bewohner schienen wie in einem Schrank zu hausen, der mit dem ganzen Drum und Dran des Lebens vollgestopft war, um es, wenn nötig, beiseite zu schaufeln, um Platz für die gelegentlichen und vermutlich immer willkommenen Gäste zu schaffen.
Nach gegenwärtigen Moskauer Kriterien war dieser Kaninchenbau von Wohnung als luxuriös zu bezeichnen.
1896 fand die Krönung von Nikolaus II. statt. Solche Erinnerungen an eine frühere Epoche waren nicht zu übergehen.
Wir traten hinaus in den Hinterhof, der in einen ungepflegten Garten auslief, und den an einer Seite eine überdachte Terrasse abschirmte. Unser Gastgeber war eine feiste Hemingway-Gestalt, dessen geschwollene Augenlider einen scharf beobachtenden Blick verschleierten. Sein angenehmes Auftreten wirkte irreführend gemütlich. In langsam schleppendem, fast perfektem Russisch stellte er uns pauschal

einer bunt gemischten Gesellschaft von etwa dreißig Gästen vor, größtenteils Künstler und Schriftsteller. Ein hochrangiges Mitglied des Kultusministeriums wies eine erstaunliche Ähnlichkeit mit dem deutschen sozialistischen Minister Egon Bahr auf. Undurchdringlich, schmallippig, ausdruckslos-höflich und aufmerksam sah man ihn im Laufe des Abends am Rande jeder Gruppe, die sich in angeregter Unterhaltung befand. Ich habe nie seine Stimme gehört.

Unsere Fahrt durch Rußland »auf den Spuren der russischen Schriftsteller« erweckte lebhaftes Interesse und Sympathie. Ein kleiner Mann mit schütteren Haaren, der sich als Künstler vorstellte, fragte wie üblich: »Wie hat Ihnen Ihre Reise gefallen?« Ich sagte, die fast übertriebene Verehrung für unsere großen Schriftsteller, wo immer wir auch hinkamen, hätte mich auf den Gedanken gebracht, daß eine Neigung dazu bestünde, frühere »Personenkulte« durch solche für Puschkin, Lermontow, Tolstoi usw. zu ersetzen, und ihre übergenauen Biographien ließen vergessene Geschichte wieder aufleben. Er belebte sich sichtbar und murmelte: »Das haben Sie bemerkt?... Wie interessant.« Er rief dann seine Frau herüber. Sie war die anscheinend berühmte Dichterin Bela Achmadulina, von tatarischer Herkunft. Ihr kleines, verknautschtes Katzengesicht umrahmte buschiges Haar, das zu einem Bubikopf geschnitten war und beinahe ihre Augen verdeckte. Gekleidet war sie in eine unvorteilhafte dunkle, weinrote Rüschenbluse über schlecht sitzenden schwarzen Hosen. Sie besaß eine unleugbare Ausstrahlung, obwohl ihre Sprache schon undeutlich war.

Wir gingen zu der erhöhten Terrasse zum Essen. Ein langer Tisch war auf Böcken unter einer hohen Veranda aufgebaut, die nach hinten nur teilweise abgeschirmt war. Durch die Öffnungen konnte man Unterwäsche auf einer Leine im Hinterhof des Nachbarn hängen sehen. Mülleimer lehnten unsicher an halbzerbrochenen Zäunen unter dürren Fliederbüschen, und doch muß es ein willkommener Auslauf für Kinder und Hunde, welche in Moskau wieder im Kommen sind, gewesen sein. Oben in einer Ecke der Veranda, wo eigentlich eine Ikone hätte hängen sollen, war ein Schädel befestigt. Ein Gast bemerkte meinen Blick und bemerkte: »Unheimlich, zu denken, daß das einmal ein Mensch war, der gedacht und gelitten hat wie wir es tun!«

»Hast du den Dichter gesehen?« fragte Lawrence neben mir. Eine hohe, schlaksige Gestalt, die nur aus Armen und Beinen zu bestehen schien, stand da in einem blaßblauen Anzug und hielt ein Glas in der Hand. An langen, gelenkigen Fingern trug er viele Ringe. Sein quadratischer Kopf, sein strähniges blondes Haar und seine durchdringenden hellblauen Augen waren unverkennbar: Ewtuschenko.

Überschwenglich gesprächig unterhielt er sich in seiner eigenen Art von fließendem Englisch. »Eine englische Frau und auch zwei englische Söhne«, erklärte er, als er uns erzählte, daß er einen Film über sein eigenes Leben als kleiner Junge in Sibirien machte. Er las seine Mitwirkenden von der Straße auf, denn er wollte

nur unbekannte Gesichter. »Nur die größten Schauspieler können sich vom Stempel vorangegangener Rollen befreien.« Ein kleines, dunkles Mädchen, das jedes Wort, welches aus seinem Munde kam, bewundernd in sich hineintrank, wurde nonchalant vorgestellt: »Meine Assistentin. Auch eine Amateurin.«
Wir setzten uns zusammen an die lange hölzerne Tafel, Ewtuschenko am Ende. Er hörte aufmerksam zu, wenn man mit ihm sprach. Von Lermontow wurde gesagt: »Er hört nie auf das, was Sie ihm erzählen. Er hört darauf, *wie* Sie etwas sagen und beobachtet Sie!« Genauso Ewtuschenko. Aber wenn er sprach, war er um Worte nie verlegen, redete leicht und mit bemerkenswertem schauspielerischen Talent, als er englische und russische Schriftsteller verglich. Sein Monolog zeigte große Kenntnisse, gemischt mit unerwarteten Irrtümern. Ein Autodidakt.
Die Assistentin nannte ihn »Ewgeni Alexandrowitsch« und »Wy« (Sie). »Wenn *er* spricht, gibt es kein Halten mehr«, vertraute sie uns mit einem mütterlichen Lächeln an. Sie war erst zwanzig. Wein wurde reichlich serviert und Ewtuschenko beharrte: »Wir müssen Bela dazu bringen, eins ihrer wunderbaren Gedichte vorzutragen: ›Son‹ (ein Traum). Wir müssen uns beeilen, bevor sie zu viel getrunken hat. Sie ist ein netter Mensch, wie ich gut weiß, weil ich mit ihr verheiratet war. Vier Jahre lang!« Und er rief ihr zu: »Belotschka, skaji son!« (Belachen, trag den »Traum« vor!)
Auch schon recht betrunken, schrie eine Dame, die auch eine »Ex« von Ewtuschenko zu sein schien: »Hör auf, moltschi Genia!« (Schweig, Genia!) Das Wort »moltschi« fuhr hin und her wie verirrte Tennisbälle, bis das schallendste »moltschi« unseres Gastgebers schließlich die Dame zum Schweigen brachte. Bela hatte tatsächlich schon einen tranceähnlichen Zustand erreicht. Mit halbgeschlossenen Augen wanderte sie wie eine Schlafwandlerin um den Tisch und deklamierte in einem fast unhörbar »sowjetischen« Singsang etwas, das wie ein Liebesgedicht an Ewtuschenko klang. Er lauschte dem affektierten Deklamierton selbstzufrieden, aber sie brach auf halben Wege zusammen und wurde unauffällig zu einem Sofa im Inneren des Hauses geführt.
Mit großer Empfindung rezitierte Ewtuschenko dann eigene Verse. An einem bestimmten Punkt ergab sich eine Diskussion über die menschlichen Fehler von Puschkin und Lermontow, und ich zitierte Puschkin, der sich an seine Kritiker gewandt hatte mit den Worten: »Ja, ich bin schlecht! Ja, ich bin schwach! Aber nicht wie Ihr. Anders!« Woraufhin Ewtuschenko mich in die erste von vielen Bären-Umarmungen nahm. Mit leiser Stimme rezitierte er dann ein mitreißendes Gedicht gegen den Einmarsch in Afghanistan. Der Aparatschik hatte seinen Stuhl verschoben und saß jetzt neben Ewtuschenko, der aber leichthin sagte: »Eto mezhdu nami« (das ist etwas zwischen uns), was übersetzt bedeuten könnte: »Das geht Sie nichts an!«
Ich fragte meine Nachbarin: »Hat er das aufgeschrieben?« – »Oh nein, Ewgenij

Alexandrowitsch schreibt solche Dinge nicht nieder.« Sie versprach mir, daß sie mir ein Gedicht zukommen lassen würde, das er als sein bestes Werk betrachtete. Ich sagte ihr, wir befänden uns im Hotel National. »Oh, sie werden mich dort nicht hineinlassen. Aber wenn Sie mir sagen, wann ich kommen kann, werde ich außerhalb warten, etwas weiter unten.« Sie vertraute mir auch an, daß sie in solcher Gesellschaft den Boden unter den Füßen verliere, aber »man trifft so jemanden wie Ewgenij Alexandrowitsch nur einmal im Leben.« Sie schien bereit zu sein, ihm wenn nötig in die Hölle zu folgen, wie Fausts Gretchen. Inzwischen verkündete Ewtuschenko laut: »Ich bin ein Bolschewik, aber ich bin gegen *jedes* Blutvergießen.« – Vielleicht war das für den Aparatschik gesagt. »Nesowmestimo!« – »Unvereinbar!« sagte ich laut und bemerkte tückisch, daß wir in den Tiefen des Kaukasus einige Male das Schlagwort »Ehre sei Stalin« mit Kreide an die Felsen geschrieben gesehen hatten. »Das hat dort nichts zu sagen. Grusien (Georgien) ist weit weg. Wenn man das in Moskau sieht, ist es Zeit, es zu beachten!«
Lawrence sagte dann einige passende Worte des Dankes in unserem Namen und erklärte den Zweck unserer Reise. Ewtuschenko rief plötzlich: »Lawrenti, Lawrik (nebenbei zu mir: ›ich liebe diesen Mann, er ist so lebendig‹). Lawrik, Sie haben alle Denkmäler für alle Dichter besucht, aber Sie waren nicht am Grab von Pasternak. Wir fahren heute abend dorthin.«
Die meisten Gäste waren schon gegangen, und als wir uns auch anschickten aufzubrechen, sagte eine Frau, die anfangs neben mir gesessen hatte, bitter: »Er wird immer vor allen anderen auf dem Kamm der Welle schwimmen, aber er wird niemals auf eine Barrikade steigen oder eine Sache verteidigen.« Für sie nahm Schwäche die gleiche Funktion wie Verrat ein, aber verlangte sie da nicht zuviel?
»Sie wissen es zwar besser«, sagte ich, »aber vielleicht ist es noch zu früh, das zu sagen. Bis zum letzten Atemzug eines Menschen kann man nicht wissen, welchen Weg er endgültig einschlägt.« Ihr Mann, ein bärtiger Gemälderestaurator, murmelte: »Ich hörte, was Sie über unsere Schriftsteller sagten, als Sie hereinkamen, und hätte mich gern mit Ihnen unterhalten.« Da ich schon müde war, seufzte ich: »Ich vertrete nur Ihre Vergangenheit«, worauf er entgegnete: »Vielleicht auch unsere Gegenwart und unsere Zukunft!«
Wir traten hinaus auf die leere Straße und zwängten uns in Ewtuschenkos Wagen. Er und die Assistentin saßen vorne, während Charlie, Lawrence und ich uns den Rücksitz teilten, von dem Mäntel und Pakete entfernt worden waren. Man sprach immer noch von dem Besuch an Pasternaks Grab, aber Charlie erklärte, er wäre erschöpft und wolle ins Hotel zurück. Ich fragte ihn leise, ob ich mitgehen solle, aber er schüttelte klugerweise den Kopf. Lawrence bestand: »Wir dürfen das nicht versäumen!« und als ich zögerte, stieg Charlie aus und wir fuhren weiter durch die verlassenen Straßen von Moskau.
Es war lange nach Mitternacht. Der beinahe volle Mond schien auf die vergoldeten

Kuppeln und frischgestrichenen Paläste des Kremls und der Basilius-Kathedrale und verlieh der außergewöhnlichen Zitadelle eine theatralische Unwirklichkeit.
Wir fuhren auf Peredelkino zu, etwa 20 km vor Moskau. Ich erhob Einwände: »Wie sollen wir jemals zurückkommen?« Lawrence war zu jedem Abenteuer bereit: »Wir werden wahrscheinlich dort schlafen«, flüsterte er. Ewtuschenko spottete: »Die Tochter der Bojaren hat Angst!« Ich sagte: »Ich habe keine Angst, aber wie das Kabardà-Pferd liebe ich es, die Tiefe des Flusses zu prüfen, bevor ich hindurchwate.«
Plötzlich hielt er auf dem leeren Boulevard an, stieg aus und ging zu einem geparkten Taxi, welches nur er bemerkt hatte, und dessen Fahrer hinter dem Steuerrad schlief. Mit einer gebieterischen Geste verkündete er: »Ich bin Ewtuschenko. Folgen Sie uns für etwa zwei Stunden!« Der Mann nickte und fuhr hinter uns her, als wir uns aus der Stadt hinausschlängelten.
Lawrence sagte ihm, er müsse das englische Wort für »Poschlost« finden. Ewtuschenko dachte einen Augenblick nach und verkündete dann, es bedeute »einen Menschen, der mit seinem Bauch anstatt mit seinem Kopf denkt«. Mir wäre es lieber gewesen, wenn er statt »Kopf« »Herz« gesagt hätte.
Wir ließen die riesige Stadt hinter uns und kamen endlich in eine kleine Siedlung, die in einem Tannenwäldchen steckte. Hohe grüne Zäune liefen die sandige Straße entlang: »Hier rechts lebte der rote Marschall Budenni«, sagte Genia. »Wir waren Nachbarn, und er erzählte mir die folgende wahre Begebenheit. In den dreißiger Jahren schickte Stalin vier Wagen voll NKWD-Leuten, um ihn zu verhaften. Budenni hatte aber eine eigene Leibwache und die mähte die ungebetenen Gäste mit Maschinengewehren nieder. Dann rief er Stalin per Telefon an und brüllte: ›Koba, du hast vergessen, wer ich bin. Ich werde jeden töten, den du nach mir ausschickst.‹ Stalin antwortete mit seinem byzantinisch-orientalischen Zynismus: ›Das habe ich erwartet. Ich hätte sie sowieso abserviert‹. Aber es kamen keine mehr.«
Wir hatten Ewtuschenkos eigenes Gartentor erreicht, er öffnete es, um das Taxi in einen kleinen Hof zu lassen, während er an einem Sommerhäuschen, einer »Isba« vorbei, das in den Bäumen versteckt lag, in das hölzerne, spitze Haus ging. Er kam mit zwei Kerzen und einer Flasche Weißwein wieder heraus. Wir fuhren weiter, parkten am Ende der Siedlung und gingen dann einen gewundenen, erdigen Pfad hinunter, der über eine Wiese zum äußersten Ende des Waldes führte, welchen wir wieder betraten. Die Nacht war plötzlich kalt geworden, und ich schauderte in meinem dünnen Kleid. Das Mädchen versuchte, ihren Regenmantel mit mir zu teilen, aber er war zu klein. Ewtuschenko zog sofort seine Jacke aus und legte sie mir über die Schultern. Dann ging er vor uns her.
Der Vollmond schien hell und fahl, und die Szenerie erinnerte an Bilibins Illustration zu dem Märchen »Wassilissa und die Baba-Jagá«. Die Assistentin packte meinen Arm und flüsterte: »Ich habe Angst. Nach Mitternacht einen Friedhof zu be-

suchen, ist so unheimlich.« – »Beten Sie für die Toten und Sie werden sie nicht mehr fürchten«, tröstete ich sie, aber ich hatte viel mehr Angst, über KGB-Wachen zu stolpern als über Geister.
Ein Geräusch von Rascheln und Flüstern ließ uns plötzlich anhalten. Mit seiner klangvollen Stimme rief Ewtuschenko: »Kommt heraus und zeigt euch, wer ihr auch seid!« Aus den Büschen kroch ein erschrecktes junges Paar: Sie hatten Blumen auf Pasternaks Grab niedergelegt. »Stupaite!« (Geht weiter!) sagte Genia. Wir erreichten die kleine Umfriedung, die von hohen Bäumen beschattet wurde und durch einen aufrechtstehenden Stein bezeichnet wurde, auf dem Pasternaks Profil roh eingehauen war. »Kein Name, kein Datum!« rief das Mädchen entsetzt aus. »K tschemu?« (wozu?) sagte Genia. »Jedermann weiß, daß es sein Grab ist.« Eine Anzahl von Marmeladengläsern und Blechdosen mit frischen Blumen bildeten einen Teppich vor dem Stein. Im Hintergrund stand eine kleine Bank. Ich bekreuzigte mich, sprach ein kurzes Gebet und dann setzten wir uns und tranken Wein: »Zur Ehre eines großen Mannes, dem ich viel verdanke und dem zu begegnen ich viermal die Ehre hatte!« erklärte Ewtuschenko, indem er die Flasche grüßend hob. »Dies zu seinem ewigen Gedenken!« – »Meinen Sie, daß er gläubig war?« fragte er mich. »Ich denke schon.« – »Ich muß Alexander Alexandrowitsch Turintzew fragen, was er glaubt.« – »Wen?« sprang ich hoch, denn er hatte einen nahen Freund von uns erwähnt, den russischen Priester in Paris, der sowohl Schriftsteller war als auch heiliger Mann und der ein Regimentskamerad meines Onkels gewesen war. »Ich habe heute mit ihm in Moskau zu Mittag gegessen«, sagte Ewtuschenko.
Ich fühlte mich wie in einem seltsamen Traum, so unwirklich und außergewöhnlich war die ganze silberschimmernde Szene im weißen Mondlicht. Ewtuschenko stellte eine brennende Kerze auf das Grab zwischen die Blumen. Es war eine Geste auf der Suche nach einem Ritual, nach einem Ausdruck von Verehrung, in einer tastenden, verworrenen und gleichzeitig doch überzeugenden Art.
Als wir den Wiesenpfad wieder zurückgingen, erwähnte Lawrence Fitzroy Maclean. »Was für eine Art Mensch ist er?« fragte Čenia. »Der letzte Pirat«, sagte Lawrence, und meinte einen abenteuerlustigen Häuptling aus dem schottischen Hochland, »was seine Zuneigung für die Bergstämme im Kaukasus erklärt.«
Bald befanden wir uns wieder in Ewtuschenkos Garten. Der Taxichauffeur schlief fest, und wir gingen in die »Datscha« zu einem letzten Umtrunk in »Nephrit«-geschliffenen Gläsern, welche auf einer massigen Anrichte im Wohn-Eßzimmer standen, neben schweren, bürgerlichen Möbeln. Die Wände waren mit Bildern von unterschiedlicher Qualität bedeckt: Picasso, Chagall und ein umfangreiches schwarz-rotes Gemälde, welches zwei riesige Gesichter mit wabbeligen, geschwollenen Lippen zeigte und unserem Gastgeber besonders gefiel. Zwei Frauen mittleren Alters kamen aus einem Hinterzimmer zum Vorschein. Zuerst sagte Čenia

erstaunt: »Ich habe euch noch gar nicht zurückerwartet.« Aber dann umarmte er sie und stellte sie vor: »Meine Mitarbeiter. Sie sind unentbehrlich!«
Er führte uns eine Wendeltreppe hinauf in sein Arbeitszimmer. Ein großes Bett hinter einem Schirm und ein gewaltiger, überladener Schreibtisch nahmen den größten Teil des verfügbaren Raumes ein. Eine Wand war voller Bücher, die andere mit einer schuljungenhaften Ausstellung von Fotografien getäfelt, die Ewtuschenko mit Fidel Castro, mit Allende, mit wem auch immer von denen, die beim Sowjet-Regime in hohem Ansehen standen (vielleicht als Alibi) händeschüttelnd zeigten. Darüber war ein zerbrochener, wurmstichiger grüner Pfosten befestigt, mit rätselhaften Zahlen und Buchstaben versehen, an dem ein Stück Stacheldraht hing. »Das ist alles, was von Kolyma übriggeblieben ist!« sagte er. »Ich fuhr dorthin, um es selber zu sehen.«
Es freute mich zu hören, daß wenigstens dieses entsetzliche Gulag-Lager aufgelöst war, in welchem so viele hunderttausend unschuldige Opfer jämmerlich umgekommen waren. Aber der »Gulag« existiert immer noch ...
Wir begannen aufzubrechen, und Ewtuschenko signierte seine Bücher für uns. In meines schrieb er: »Ihr Leibeigener (Krepostnoi) für immer« und fügte hinzu: »Zwischen Ihnen und mir kann es nie Probleme geben.«
Er bezahlte das Taxi großzügig und bat Lawrence, seine Frau in London anzurufen. »Sagen Sie ihr, daß sie meine Mutter ist!« rief er aus. (Ich fragte mich, ob ihr das gefallen würde.)
Zu mir sagte er auf englisch nach einer weiteren Bären-Umarmung: »Good-bye, Cinderella!« (Auf Wiedersehen, Aschenputtel).
Erfrischt von seiner überschwenglichen Vitalität, vergingen die Stunden für uns wie im Fluge und es war weit nach zwei Uhr morgens, als wir das Hotel erreichten.
Der Besuch in Peredelkino rundete unsere Reise an einem seltsam bedeutungsvollen Tag ab: Puschkins Geburtstag und Pfingstsonntag.

3.

Am späteren Morgen, während meine Begleiter sich einer letzten Besichtigung widmeten, bat ich wieder um ein Taxi. Mein Freund vom Vortage fuhr gerade ab und winkte mir bedauernd zu, aber ein anderer junger Mann stand auf und öffnete elegant seine Tür.
Die Taxichauffeure sind vermutlich alle verpflichtet, der Polizei Bericht zu erstatten; ihre Wagen sind wahrscheinlich alle auch Nomenklatura-Fahrzeuge. Immerhin, selbst bei diesen Vorbehalten waren mein junger Fahrer und ich sofort auf freundschaftlichem Fuß.
»Mein Kamerad hat mir erzählt, daß Sie ›is bywschich‹ (eine von den ›Früheren‹)

sind«, sagte er gleich, als er unfehlbar sicher zur Kathedrale fuhr. »Gehen Sie nicht auch zur Kirche an solch einem wichtigen Festtag?« fragte ich vorsichtig. »Ich bin verheiratet und habe zwei kleine Söhne. Es ist der einzige Tag, der uns für einen Familienausflug bleibt«, sagte er entschuldigend, »aber sehen Sie, da es solch ein ›Prasdnik‹ ist, habe ich für meine Frau die üblichen Blumen gekauft«, und er zeigte auf ein kleines, sorgfältig eingeschlagenes Sträußchen aus Tulpen und Flieder. Als es ans Zahlen ging, fragte er: »Haben Sie nicht vielleicht irgendeine Kleinigkeit übrig?« (Besdeluschki). Ich holte einen Kugelschreiber, einige Modellautochen, Strümpfe und Kölnisch Wasser heraus. Er freute sich wie ein Kind unter dem Weihnachtsbaum, denn es gibt ja nichts, was ein Sowjet-Bürger kaufen kann.
Die Kathedrale war so voll, daß ich mich kaum hineinzwängen konnte. Die Messe war von ungeminderter Pracht, der Gesang so perfekt wie in Paris, und die ganze Gemeinde zeigte, genau so wie ich es zwanzig Jahre vorher in Leningrad erlebt hatte, eine Konzentration und Ehrfurcht, die sie alle in einem ernsten Gebet zusammenschloß. Beim Hinausgehen leerte ich alles, was ich noch in meiner großen Handtasche mit mir herumtrug, Kaffee, Strümpfe und kleine Geschenke, in die Hände einer Frau neben mir.
Vater Alexander Turintzew war zufällig zur gleichen Zeit in Moskau, wie Ewtuschenko gesagt hatte. Er gehörte zum Moskauer Patriarchat und reiste in regelmäßigen Abständen nach Rußland.
Eine Frau kam in der Kirche auf ihn zu und bat ihn, mit ihrem Mann zu sprechen, einem Armeeoffizier, der sich in den Wehen einer moralischen Krisis befand, denn er hatte zufällig das Markusevangelium gelesen und wie vom Blitz getroffen seinen tiefen Glauben an Christus erkannt. Daraufhin suchte er einen Staretz auf, einen heiligen Mann, der tief im Innern des Landes wohnte und den man ihm empfohlen hatte. Der Staretz riet ihm, seinen Vorgesetzten das Parteibuch ins Gesicht zu werfen und »alles zu verlassen«.
»Ich bin ein Feigling«, sagte er traurig zu Vater Turintzew. »Ich konnte es nicht tun und meine Familie ins Unglück stürzen.«
»Warum glauben Sie, daß das, was der Staretz Ihnen sagte, für Sie das Richtige ist?« fragte unser Freund.
»Er hatte den Ruf, ein heiliger Mann zu sein«, sagte er.
»Jeder Mensch muß seinen eigenen, besonderen Weg gehen«, sagte Vater Turintzew. »Was für ihn richtig war, braucht nicht für Sie richtig zu sein. Versuchen Sie, als Christ zu leben, und es kann geschehen, daß ›sie‹ Ihnen dann das Parteibuch wegnehmen. Lassen Sie es von ›ihnen‹ aus kommen. Ich glaube nicht, daß Sie verpflichtet sind, eine schwerere Bürde auf sich zu nehmen, als Sie tragen können.«
Das Gesicht des Mannes hellte sich auf und später kam seine Frau, um Vater Turintzew zu danken. »Er ist plötzlich wieder glücklich!«

Von den drei Säulen der Macht, dem Politbüro, dem KGB und der Armee, vertritt allein die Armee – wie gemaßregelt und kontrolliert durch den KGB sie auch sein mag – das Volk vom niedrigsten bis zum vielleicht nicht allerhöchsten Niveau. Sie allein weiß, was das Volk wirklich denkt, und sie allein hat das Recht, sich auf ihre Traditionen zu berufen. Sie hat der Partei niemals verziehen, sie am Vorabend des Zweiten Weltkrieges dezimiert und die heimkehrenden Kriegsgefangenen ermordet zu haben.

Es ist symptomatisch, daß sich die Suche nach einer anderen Wahrheit in ihren Reihen ausdrückt.

Als wir an Puschkins Geburtstag vom Hotel zum Flugplatz hinausfuhren, kamen wir an seinem Denkmal vorbei, um das sich eine Anzahl junger Leute versammelt hatte, um seine Gedichte zu rezitieren und Blumen zu seinen Füßen niederzulegen. Das Standbild von Lenin stand bedrohend nicht sehr weit davon entfernt. Keine Blume zierte seine nackten Stiefel.

Auf dem Flugplatz fragte mich der Beamte, als ich mit meiner Zolldeklaration in der Hand durch die öde Zollprozedur ging: »Wieviele Kreuze?«, worauf ich laut antwortete: »Was für eine sonderbare Frage. Jeder Orthodoxe hat ein Taufkreuz, wie Sie sehr gut wissen.« Die Bemerkung hellte die Gesichter der Umstehenden auf, während die arme Nathalie einer endlosen Prüfung unterworfen wurde: Alle ihre Gepäckstücke wurden auseinandergenommen.

Ein Mitglied unserer Gruppe bekam plötzlich keine Luft. Obgleich ich schon jenseits der Schranke war, wurde ich nochmals zurückgelassen, um ihn zum Sanitätsraum zu begleiten, wo zwei dicke, mütterliche Rot-Kreuz-Schwestern ihn unter ihre Fittiche nahmen. Wir plauderten gemütlich, bis sie fanden, daß es ihm gut genug ging, um weiterzugehen, worauf ich einfach an allen Zollbeamten vorbei in der überraschendsten Weise auf die andere Seite hinüberging. Mir fiel dabei ein, daß Grigorenko nur darum überlebte, weil man seine Furchtlosigkeit als das Zeichen einer Protektion von höchster Stelle gedeutet hatte.

Und jetzt endlich war es Zeit abzureisen, mit dem tiefen Seufzer der Erleichterung, den man bei der Abreise aus jedem kommunistischen Land von sich gibt. Nun hatte man Zeit, alles zu überdenken, was wir auf unserer Reise von zweitausend Kilometern im Wagen und dreitausend im Flugzeug gesehen hatten. Es blieb ein unschätzbares Privileg, nach eigenem Willen abreisen zu können.

Man hatte auch das erleichterte Gefühl, wieder frei denken zu können, ohne Rücksicht auf Abhören oder auf Zuhörer, die man weder beleidigen noch kompromittieren möchte.

Was kann die Zukunft bringen? Es scheint für das System unmöglich zu sein, sich zu liberalisieren oder nachzugeben. Trotz der vielen Leninbilder glaubt keiner mehr an die Ideologie, aber es wird starr nach ihren Richtlinien gehandelt.

Die Privilegien der »Nomenklatura«, der herrschenden Klasse, sind auch kein Geheimnis mehr. Die versprochene Kampagne gegen die allgegenwärtige Korruption kann nur die reduzierte Bewegungsfreiheit der Sowjet-Bürger noch mehr einengen, da die Möglichkeit »sich zu arrangieren« – oft eine reine Überlebensfrage – eingeschränkt wird. Die schlimmste Korruption ist ja die der Nomenklatura selbst.

Andropows Name löst immer noch ein Schaudern aus. »Er ist klüger als die anderen ...«, das bedeutet, »er weiß, wo er zuschlagen muß«. Seine Vergangenheit als Chef des KGB ist bedeutsam genug. Staatspolizei und Politbüro fest in derselben Hand – das ist kein beruhigender Gedanke. Als sowjetischer Botschafter in Budapest hat er 1956 seine ehrenwörtliche Zusage sicheren Geleits für Maleter und Nagy gebrochen.

Das Schlagwort »Klassenkampf« ist heute durch »Friedenskampf« ersetzt. Es ist noch unklar, ob er mit friedlichen oder anderen Mitteln geführt werden soll.

Obwohl, wie vor zwanzig Jahren, dieselbe Trostlosigkeit über das breite Land, wo nur die Kinder lachen, hinwegzieht, gibt es keinen offensichtlichen Hunger. Allerdings trägt jeder Mensch eine Tasche, falls er »irgendetwas« in den leeren Läden findet. Das Schuhwerk ist noch jämmerlich, aber die Kleidung hat sich verbessert und die unzähligen gleichen Wohnblocks an den Rändern der wichtigsten Städte mildern die dramatische Wohnungsnot. Junge Ehepaare müssen sich jedoch oft mit fünf Quadratmetern begnügen oder zu den Schwiegereltern ziehen, und diese Zustände sind der Grund für die sich häufenden Scheidungen.

Elektrizität ist weit verbreitet, aber sobald man die großen Städte verläßt, bleiben sanitäre Installationen eine unbekannte Kunst. Die Bemerkung des ehemaligen Botschafters Falin, den Russen fehle es an Initiative, ist irreführend. Es ist die Partei, die ihnen jede Initiative nimmt. Als Volk sind die Russen ausgesprochen erfindungsreich und begabt. Wenn man sie selbständig handeln ließe und ihnen einen gewissen Ansporn gäbe, würden diese Eigenschaften wieder zum Tragen kommen. Nach siebzig Jahren in diesem erdrückenden System herrscht aber völlige Resignation vor, und niemand zuckt auch nur mit der Wimper, wenn etwa Dampf aus einer Ritze in einem Flugzeugrumpf strömt. Der Sozialismus führt jeden Staatsbürger unweigerlich dazu, ein Parasit oder ein Gesetzloser zu werden. Es entsteht ein Zustand kollektiver Unverantwortung, die zu einer minderwertigen Produktion führt, da niemand an seiner Arbeit Interesse hat. Der Schwarzmarkt und allgemeiner Diebstahl sind dann unvermeidlich, auch der Schwund jeder Arbeitsmoral.

Der Bannstrahl gegen Wodka, den Fluch des russischen Volkes, hat unerwartete Folgen gezeitigt. Eine davon ist, daß die Leute mehr Zeit und einen klareren Kopf haben, um über ihre feuchtfröhliche Verblödung hinaus nachzudenken und zu diskutieren. Andererseits – und das ist der negative Aspekt – wird als Ersatz giftiges Zeug hergestellt, »Samogon« (Selbstgebranntes), das aus fast allem gebrannt werden kann, sogar aus Aceton.

Ein durchschnittlicher Sowjet-Bürger kann für sein schwerverdientes Geld nichts kaufen, da er nicht über Dollar oder Devisen verfügt. Es ist für Ausländer fast unmöglich, sich ein Bild des täglichen Lebens zu machen, da die offizielle Sprache alles verdreht. Sogar ein Nachtwächter heißt »ein Agent zur Erhaltung nichtflüssigen Eigentums« (des Staates natürlich). Einem Ausländer geben die Russen ungern ihre Unterdrückung und ihre Misere zu, denn sie sind ein stolzes und patriotisches Volk und vertragen kein herablassendes Mitleid. Wenn ihr persönliches Los auch schwer zu tragen ist, sind sie stolz darauf, daß ihr Land eine Großmacht ist, mit der die Welt rechnen muß. Sie wissen aber auch, daß sich die ethnischen Minderheiten wieder regen. Für die baltischen Staaten, Georgien und Armenien war schon vor der Revolution progressive Autonomie innerhalb der großrussischen Föderation geplant sowie eine politische Vertretung aller Minderheiten im Lande. Das hätte das Reich wohl nicht erschüttert. Heutzutage ist die Zahl der Großrussen bedenklich zurückgegangen. Sie waren diejenigen, die die meisten Opfer in den Gulag-Lagern zu beklagen hatten.

Man behauptet, daß es der Vorzug des Sozialismus sei, daß niemand stempeln gehen muß. Doch in Azerbaidjan waren 60000 Arbeiter ohne Beschäftigung, und man schickte sie einfach zur Unterstützung der sibirischen Industrie, ohne Rücksicht auf ihre Fähigkeit und Erfahrungen.

Begnadigte Gefangene werden nicht rehabilitiert, obwohl sie nach unmenschlichen Paragraphen verurteilt wurden, die jenseits aller Norm einer zivilisierten Rechtsprechung stehen.

Das Recht zur Arbeit wird ihnen auch entzogen. Ein gewisser P. Rubin wurde zu sechs Jahren Zwangsarbeit verurteilt, weil er eine kleine Freiheitsstatue schnitzte, und bekam neun Jahre dazu, weil er seinen Sohn zu einem Arzt ins Ausland schikken wollte.

Nach wie vor sind weite Strecken von gutem Ackerland unbebaut, wenn sie außerhalb der Reichweite oder der Kapazität der nächsten Kolchose liegen.

Computer und Kopiermaschinen sind ausschließlich – wenn vorhanden – der Partei und der Armee zugänglich. Schlangen warten, um Aeroflot-Flugzeuge zu besteigen, da niemand im voraus sagen kann, ob Plätze frei werden. Die Maschinen bleiben auch oft wegen Treibstoffmangel am Boden.

Außer auf dem Schwarzen Markt ist es unmöglich, in der Sowjet-Union eine Bibel zu bekommen. Die wenigen, die ich mitgebracht hatte, waren darum mehr als willkommen, aber es erwies sich als äußerst schwierig, sie behutsam und vor allen Dingen unauffällig zu überreichen. Selbst eine Person in hoher Position würde sich nach allen Seiten umschauen, bevor sie das kleine Buch wegsteckt. Eine Frau sagte mir, man könne unmöglich Karriere machen, wenn man als gläubiger Christ (oder auch Moslem) bekannt sei. Man darf dann nur »unwichtige« Berufe ausüben. »Mir macht das nichts aus«, fügte sie hinzu, »ich verdiene genug um auszukommen,

schließlich ist es wichtiger, seine Seele zu retten.« – »Denken viele wie Sie?« fragte ich. »Viel mehr als man annimmt.«
Christentum und Kommunismus werden im Westen oft als »ähnliche« Systeme dargestellt, obwohl ihre Grundprinzipien genau entgegengesetzt sind.
Ivan IV. der Gestrenge wird mit Stalin verglichen, um eine Kontinuität der russischen Geschichte zu beweisen, als ob die dazwischenliegenden drei Jahrhunderte mit ihrem steten Fortschritt nicht gewesen wären. Die einzige Kontinuität in Sowjet-Rußland ist eine geographische.
Jeder Erscheinung, die die Friedhofsruhe der sowjetischen Vorherrschaft zerstören könnte, wird im Westen mit Mißtrauen begegnet. Solschenizyn, Bukowski und den Polen wird geraten, ruhiger und versöhnlicher zu sein, was unvermeidlich an die Stimmung der moralischen Niederlage erinnert, die vor der Machtübernahme der Nazis herrschte. Dabei wissen wir wohl, was uns erwartet, wenn wir unter die Herrschaft derselben dunklen Kräfte fallen sollten, die die Glocken im heiligen Rußland zum Schweigen brachten.

TEIL IV

Gorbatschow: »Die einzige Alternative«

Frühling 1987

Suzdal und Wladimir, Südostasien: Tadjikistan, Uzbekistan, Azerbaidjan, Armenien und Georgien

»Es geschah zu der Zeit, als der Wind die Blätter leise zittern ließ, daß die Erbin Timurs alle Perlen von Samarkand den Fischen in ihrem türkisenen Springbrunnen zuwarf.« *André Malraux*

Gorbatschows plötzlicher Aufstieg zur Macht 1985 nach dem Tod seiner hochbetagten Vorgänger Andropow und Tschernenko versprach durchgreifende Änderungen in der Sowjet-Union. Da diese nur aus einer Änderung der Ideologie bestehen können und das heranrückende Millennium der Christenheit in Rußland zu großen Feierlichkeiten Anlaß geben würde, bot sich die Gelegenheit, wieder hinzureisen, um sich ein Bild an Ort und Stelle zu machen, wie mögliche Reformen sich sowohl in Zentralrußland als auch in den weit entfernten Gebieten Südostasiens ankündigten.

Gegen Ende 1986 wurde in Moskau ein Puschkin-Festival veranstaltet. Es geriet zu einer großangelegten Propagandaschau mit besonderen Einladungen für alle Medien von »links angehaucht« bis »extrem links«, spärlich verziert mit einigen wenigen aufgeschlossenen Leuten. Martschenko war gerade an Mißhandlung in einem Konzentrationslager gestorben, und Sacharow wurde hastig für eine internationale Inspektion hervorgeholt.

Einer der wenigen »neutralen« Gäste hat mir alles darüber erzählt. Auf den Tischen türmten sich die Delikatessen, die Kaviarschüsseln waren so riesig, daß sie überhaupt nicht leergemacht werden konnten. Draußen auf den Straßen fröstelten lange Schlangen vor leeren Geschäften in der Hoffnung, irgendwelche fast nicht erreichbaren Lebensmittel zu ergattern, und ein Demonstrationszug von älteren Juden wurde gnadenlos von KGB-Schlägern zusammengehauen, die großzügig auch noch westliche Korrespondenten mit einschlossen. Unterdessen attackierten Banden von sogenannten »spontanen« Jugendlichen alles »Westliche«.

Nun stand aber das Millennium der russischen Christenheit bevor.

Der erste Patriarch der russischen orthodoxen Kirche, Tichon, den der »Heilige Synod«, die oberste russische Kirchenbehörde, im Jahr 1917 gewählt hatte, starb den Märtyrertod. Es folgte die Ermordung vieler tausend Bischöfe und Priester. Als Stalin im Zweiten Weltkrieg begriff, daß die Armee nicht ohne ihre Popen kämpfen würde, gewährte er der Kirche eine amtliche Galgenfrist. Später setzte eine heimlichere Form von Unterdrückung ein. Das Patriarchat fand es sogar noch schwieriger, den engen Spielraum an Freiheit zu erhalten, den es im Augenblick der Krise erlangt hatte. Einer seiner hervorragendsten Vertreter während dieser Periode war der Metropolit Nikodim von Leningrad. Er besuchte Paris und sah sich dort einer Horde von Journalisten gegenüber, die ihn mit bloßstellenden und taktlosen Fragen bombardierten. Seine Antworten waren versöhnlich und ausweichend.

Vater Turintzew, sein Gastgeber, fand seine Haltung doppelsinnig und entschlüpfte, um sich in seiner bescheidenen und makellos sauberen Behausung eine tröstende Tasse Tee zu bereiten. Kurz darauf kam Nikodim zu ihm, völlig aus seiner gewohnten Ruhe gebracht. Der Schweiß rann ihm vom Gesicht. Er packte Vater Turintzew an den Schultern: »Lieber Alexander Alexandrowitsch, bitte sagen Sie, daß wenigstens *Sie* verstehen, daß ich dies nur um der Kirche willen tue!«

Nikodim sollte viele Jahre später an einem plötzlichen Herzanfall während einer Audienz bei Papst Paul VI. sterben. Als er am Boden lag, knieten der Papst und andere hohe katholische Würdenträger betend um ihn herum, Seite an Seite mit Nikodims orthodoxem Priester-Sekretär. Diese ökumenische Szene lag ganz auf der Linie von Nikodims Denkungsart und war für ihn ein würdiges und ehrenvolles Ende. – In Rom gab es jedoch viele Gerüchte, daß es sich um einen unnatürlichen Tod gehandelt habe, denn der Papst starb auch kurz darauf, und beide hatten an dem gleichen offiziellen Diner teilgenommen.

Nikodim ist im Ausland wegen seiner versöhnlichen Haltung gegenüber dem Sowjet-Regime kritisiert worden. Ein russischer Bischof sagte mir jedoch: »Jeder Christ von x-beliebigem hierarchischen Rang kann das Märtyrertum wählen. Aber weder der Papst noch der Patriarch von Moskau können das von der gesamten Kirche verlangen, wie sie auch selber für sich allein entscheiden mögen.«

Der Versuch eines von den Bulgaren in Verbindung mit dem KGB ausgebildeten und unterstützten Türken, den Papst Johannes Paul II. zu ermorden, scheint den Gerüchten um den plötzlichen Tod Nikodims und des Papstes noch mehr Glaubwürdigkeit zu verleihen, da der Kommunismus seine grundsätzliche Feindschaft gegenüber jeglicher Form von Religiosität nach wie vor behauptet. Und Lenins fürchterliche Verfolgung der Kirche setzte ja Stalin bis zum Krieg fort. Kaum war der Krieg zu Ende, als die tückisch getarnte Verfolgung wieder einsetzte.

Der Freund meines Vaters, Professor Lev Platonovitch Karsavin (Bruder der berühmten Partnerin von Nijinski), dozierte an der Kovno-Universität in Litauen. Er hielt oft abends bei uns Vorträge über kirchliche Fragen. Er sah die Vereinigung der christlichen Kirchen nicht als Unterordnung aller Kirchen unter eine von ihnen und deren Aufgehen in ihr, sondern als Entfaltung einer universalen Wahrheit, welche jede in ihrer Weise zum Ausdruck brachte. Er war mit meinem Vater der Meinung, daß die »unierte« Kirche nicht zur Vereinigung beitrug, da auf Bauernebene ein recht unglückliches Tauziehen zwischen primitiven »Ksenzen« (katholische Priester) und Popen stattfand. Diesbezüglich führte mein Vater vor dem Ersten Weltkrieg ein äußerst versöhnliches Gespräch mit dem zukünftigen Papst Pius XII., das ganz im Sinne Karsavins verlief.

Dieser meinte immer, das größte Kleinod der Orthodoxie wäre die Freiheit, die die dogmatisch schöpferische Rolle der Laien in der orthodoxen Kirche erklärt und sie auch in der Verfolgung in ihrer Ganzheit bestehen läßt. Nach dem sowjetischen Einbruch in Litauen wurde Karsavin nach Workuta, einem Polarlager in Sibirien, verschleppt, wo er sogleich einen philosophischen Lehrkreis bildete und vielen unendlich geholfen haben muß. Sein Leben und Tod im Lager waren die eines Heiligen.

Er fand aber im Gulag Zuhörer und Jünger – nach sechzig Jahren der Glaubensverfolgung. Es stimmt nachdenklich wahrzunehmen, daß die sowjetische Jugend eine tiefgreifende Erfahrung des Leidens durchgemacht hat. Es muß sie reifer machen als ihre westlichen Zeitgenossen, wenn man ihnen auch diese Erfahrung gern erspart hätte.

Die Reise nach Zentralasien war ursprünglich von einem russischen Freund geplant und vorbereitet worden. Seine plötzliche Herzerkrankung beraubte uns auch anderer Mitreisender, woraufhin wir von den Veranstaltern mit einer zweiten Gruppe zusammengelegt wurden, die zu unserem beiderseitigen Vorteil nach Khiva, Baku, Eriwan und Tiflis gehen sollte.

Zum ersten Mal verlangten die sowjetischen Behörden diesmal außer dem gültigen Reisepaß auch noch einen »Staatsangehörigkeitsnachweis«.

Mein Original-Geburtsschein und meine Heiratsurkunde lagen, nicht greifbar, im Metternichschen Familienarchiv, jetzt in Prag. Kopien hatte es im Rathaus von Charlottenburg in Berlin gegeben, das späterhin zu Asche zerbombt worden war. Es stellte sich jedoch heraus, daß einige Archive nach Ostdeutschland verlagert worden waren. Zu unserer Überraschung brachte ein Telefonanruf sofort Fotokopien zutage. Es war interessant festzustellen, daß wir in Ostdeutschland registriert waren.

Im großen und ganzen waren meine Kusine Xenia und ich erleichtert, diesen zusätzlichen Beweis zu haben, uns außerhalb der sowjetischen Jurisdiktion zu befinden.

Moskau

Bei der Zollkontrolle wurde Xenias Gepäck bis zum Boden ihrer unhandlichen Taschen durchsucht. Die junge Frau, die für meine Schlange zuständig war, fragte barsch, was ich an Lesestoff mitgebracht hätte. Ich antwortete gleichgültig: »Bücher über Zentralasien, wo wir hinfahren, und meine Bibel, denn ich bin gläubige Orthodoxe.« Sie schloß hastig meinen Koffer und sagte: »Gehen Sie weiter!«

Es gab einige wenige Gepäckträger, aber die meisten unserer Gepäckstücke rollten auf Rädern. Nach langem Warten wurden wir zu dem Bus geführt, der zu unserer Verfügung stand.

Unser Reiseleiter schien etwa vierzig Jahre alt zu sein; ein unterernährter Intellektueller, ärmlich gekleidet und ungepflegt, aber er sollte sich als gut informiert und niemals boshaft erweisen. Mit müder Verachtung, sowohl für sich selbst als auch für die eifrigen oder gleichgültigen Herden von Touristen, die er durch riesige Gebiete zu führen hatte, hielt er sich von allem Anfang an an nackte Tatsachen. Ich weiß aus Erfahrung, wie sehr Sowjet-Bürger die Schlußfolgerung übelnehmen, sie seien ein »Dritte-Welt-Volk« und sollten zufrieden sein mit Lebensbedingungen, die kein West-Europäer ertragen könnte. Dummen Ausländern gegenüber geben sie dies natürlich nicht zu.

Wir kamen am ersten warmen Tag an, eine Vorahnung des Frühlings. Die lange Fahrt nach Moskau hinein zog sich kahl und trostlos hin. Eine eindrucksvolle Zahl von riesigen, gesichtslos wirkenden Wohnhäusern war seit meinem letzten Besuch gebaut worden. Vereinzelt warteten noch in unförmige Winterkleidung gehüllte Gestalten mit unendlicher Geduld an den seltenen Bus-Haltestellen entlang der breiten Straße, die mit Bäumen gesäumt war, noch so trocken wie aufrechtstehende Besenstiele. Keine Läden, nichts, was diese dahintrottenden Figuren auf ihrem Weg aufmuntern könnte.

Während wir diese öde Fahrbahn entlangfuhren, erzählte man uns, daß die Stadt neun Millionen Einwohner hätte, neun Eisenbahnstationen, zwei Schiffsanlegestellen, vier Flugplätze. Solche belanglosen Angaben sagen sich so leicht daher und erwecken beim Reisenden die Illusion, daß keine Information zurückgehalten würde.

Wir wurden im Erdgeschoß eines riesigen Gebäudes abgeladen, dem Hotel Kosmos. Um unser Gepäck wollte man sich gelegentlich kümmern, aber wir armen Menschen sollten steile Treppen steigen und noch dazu unser Handgepäck schleppen, da die Fahrstühle erst von einem höheren Stock an fuhren. Der Ort wimmelte von Touristen aller Nationalitäten ... aber kein Sowjet-Bürger durfte durch die Eingangstür hinein.

Unsere Zimmer waren einigermaßen bequem und entsprachen einer Schablone, die für die ganze Sowjet-Union gilt. Es muß eine einzige Fabrik geben, die dieselben harten Betten produziert (niemals gemacht – denn eine Decke und ein besonderes Futteral dafür liegen darauf zusammengefaltet), denselben Stuhl, Tisch, Schrank. Es gibt immer noch keine Stöpsel für Badewanne oder Waschbecken. Seit meinem letzten Besuch jedoch waren Badetücher, Aufhänger und Toilettenpapier zum Inventar hinzugefügt worden. Meine »Allzweck«-Gummistöpsel erwiesen sich als sehr nützlich, auch für unsere Freunde. Die freundlichen Zimmermädchen, die auf den Korridoren ständig schwatzten, brachten wärmliches Mineralwasser

und ermahnten uns, das Fenster nicht offen zu lassen. Die dünnen Vorhänge würden vom Zugwind hinausgeblasen und sorglose Touristen, die von oben Zigarettenstummel fallen ließen, könnten eine Feuersbrunst entfachen und dann: »Gott helfe uns«, wie wir bald herausfinden sollten. Das Feuer im Hotel Rossija hat kürzlich etwa dreißig Touristen das Leben gekostet.
Dann gingen wir zum Abendessen. Ich empfahl meiner Nichte Sandra, sich an »Kumiß«, Brot und Butter und Suppen, zu halten.
Xenia war glücklicherweise optimistisch bereit, fast alles zu probieren. Wir drei und Ghislaine Schoeller, die Frau des Verlegers, hielten dann ein Taxi an – einige hundert Meter vom Hotel, denn sie dürfen nicht näher kommen. Wir ließen uns ins Stadtzentrum fahren – Meilen entfernt, um auf dem Roten Platz spazierenzugehen und einen ersten Blick auf den Kreml zu werfen, den wir am nächsten Tag ausführlicher besuchen sollten.
Das Frühstück am nächsten Morgen war die befriedigendste Mahlzeit, denn wir hatten unseren eigenen Nescafé und eigene Konfitüre mitgebracht. Menschen standen Schlange, um Geld zu einem miserablen Kurs zu wechseln, viermal weniger als der Rubel wert ist, d. h. daß alles das Vierfache seines Wertes kosten würde. Da es keinen freien Wettbewerb gibt, ist dieser »Wert« vollkommen willkürlich und von der Regierung aufgezwungen. Nach wie vor kann man für Rubel kaum irgend etwas kaufen, und der durchschnittliche Sowjet-Bürger hat fast keine Gelegenheit, seine Rubel auszugeben, denn viele begehrte Dinge stehen auf der »Dollar-Liste«.
In der Hotelhalle wurde ich »sotto voce« gefragt, ob ich Dollars zu »inoffiziellem« Kurs umtauschen wollte. Solch ein Vorschlag hätte eine Provokation sein können, und ich lehnte ab, da ich mich daran erinnerte, daß man in Sowjet-Rußland nie mit Leuten reden sollte, die einen ansprechen. Mehrere von unserer Gruppe tauschten ihr Geld rasch »außer Haus«.
In der warmen Frühlingssonne fuhren wir zum hinteren Eingang des Kremls, dem gleichen, den wir 1963 benutzt hatten. Das vordere Haupttor schien nur für Staatsbeamte reserviert zu sein, für die »Super-Nomenklatura«. Wir wurden nicht in die Erzengel-Michael-Kathedrale geführt, auch nicht in die Verkündigungskathedrale (Blagoweschtschenje) oder die Risopoloschenje, die »Gewandniederlegungskathedrale«, wohl aber in den Uspenski Sobor (die »Verklärungskathedrale«), erbaut im Jahre 1480 von Fioravanti, die Kirche, in der die Krönungszeremonien der Zaren stattfanden. Hier zeigte unser Führer wirkliche Kenntnisse und erklärte die Ikonenreihen auf der hohen Ikonostasis und ihre symbolische Bedeutung mit tiefer Ehrerbietung.
1. und 2. Reihe: Patriarchen und Propheten.
3. Reihe: Biblische Begebenheiten, derer durch jährliche Festtage gedacht wird.
4. Reihe: »Theosis« oder »Deesis« (Gebets- oder »Molba«-Reihe), die Christus

in seiner Majestät darstellt (Pantokrator), dazu die Gottesmutter, die Erzengel Michael und Gabriel sowie die Apostel Johannes, Petrus und Paulus.
5. Reihe: Lokale Schutzheilige.
(Eine Anordnung, die entfernt an diejenige altägyptischer Monumente erinnert.)
Der kaiserliche Thron in der Kirche steht links vom Altar, der des Patriarchen auf der rechten Seite.

Die Touristen sprachen mit leiser Stimme. Auch sie schien dieser heilige Ort, der die letzten 70 Jahre entweiht war, zu ehrfürchtiger Verehrung zu zwingen.

Danach durften wir herumgehen und die gewaltige Glocke betrachten, die abstürzte und sprang, noch bevor sie ihren Platz im Glockenturm eingenommen hatte.

Nach diesem frühen Beispiel von Uneffizienz betasteten wir die große Kanone, aus der niemals ein Schuß abgefeuert wurde. Wer auch nur einen Schritt von der Gruppe abwich, wurde sofort zur Ordnung gerufen, bis wir schließlich auf den Roten Platz hinausgingen und das Äußere der Kathedrale des Vassili Blazhennyi betrachteten mit ihrer Fülle von vielfarbigen Kuppeln, erbaut von Ivan dem Gestrengen.

Vollkommen von dem monumentalen Hotel Rossija in den Schatten gestellt, drängten sich die Überreste eines anderen Moskau: Die kleine Kirche der hl. Barbara neben dem sog. Englischen Hof, einem ehemaligen Handelszentrum, gefolgt von der Snamenskaja-Kirche und dem ursprünglichen Stadthaus der Bojarenfamilie Romanow, dann die entzückende blau-weiße Kirche des hl. Georg (des Schutzheiligen von Moskau), die Kirche der hl. Anna und schließlich die kleine Kirche des hl. Triphon aus dem 16. Jahrhundert. Was ihr Äußeres anbetrifft, waren sie oberflächlich restauriert. Nach der gnadenlosen Zerstörung von Kirchen und Monumenten in Rußland nach der Revolution hat man sich jetzt dazu entschlossen, bekanntzugeben, daß Lenin der Ansicht war, daß sie als »Erbgut der Nation« erhalten werden sollten. Besser spät als nie.

Nach einem schnellen, nicht allzu reizvollen Mittagessen in unserem Hotel führte uns der Nachmittagsausflug in das Andronnikov-Kloster aus dem 14. Jahrhundert, wo der berühmte Mönch und Ikonenmaler Rublev (1360–1430) seine Meisterwerke mit der Hilfe seines Freundes Danilo »dem Schwarzen« malte, im Schatten der kleinen Kirche der wegweisenden Muttergottes (Putevoditelnitza), oder »Hodigitria« auf Griechisch. Die Ikonen wurden auf Tafeln von Lindenholz gemalt, die mit einer weißen Grundierung versehen waren, zuerst die vergoldeten Teile, dann die tieferen Farbtöne und schließlich die hellen. Sie verwendeten Mineralfarben, die mit Eigelb oder Leinöl angerührt wurden. Die umgekehrte »Perspektive« deutet auf ein »Gottschauen«. Die vier Evangelisten wurden als Engel, Adler, Löwe und Stier symbolisiert. Das Original von Rublevs berühmter »Dreieinigkeit« befindet sich in der Tretiakov-Galerie, die zur Zeit renoviert wird.

»Der Hauptunterschied zwischen den Muttergottesdarstellungen der Katholiken und der Orthodoxen«, erklärte unser Führer in entschiedenem Ton, »wäre der, daß die Katholiken die Jungfrau als irdische Schönheit darstellen würden, während die Orthodoxen ein himmlisches Wesen zeigen.«

Die Palecher Schächtelchen, die in den »Beriozka«-Läden verkauft werden, sind die Arbeit früherer Ikonenmaler.

Das Andronnikov-Kloster war einstmals eine eng verflochtene Siedlung, fast ein Dorf für sich. Es ist jetzt immer noch ein schöner Ort, aber in einem grauenhaften Zustand von Baufälligkeit, denn nur wenige der ursprünglichen Gebäude bestehen noch.

Auch im Novodevitschi-Kloster, das wir als nächstes besuchten, konnte man zaghafte Ansätze einer Restaurierung feststellen. Man hatte auch alle hölzernen Bauten entfernt, die sich früher darum herum scharten, einschließlich einer Anzahl von Gräbern. Die endgültige Entscheidung darüber, was stehenbleiben sollte, schien vollkommen willkürlich zu sein. Wir versuchten, in die »funktionierende« Kirche hineinzugehen, aber eine »Baba« (Weib) warf mir die Tür vor der Nase zu. Da immerhin noch eine Anzahl von Menschen in der Kirche war, öffnete ich sie ruhig wieder und trat ein. Dieselbe Frau schrie jetzt auf eine ausländische Dame ein, die Postkarten kaufte. Ich sagte laut: »Dies ist keine Art, sich an einem heiligen Ort zu benehmen, also wollen Sie bitte sofort aufhören zu schimpfen!« (rugatzia).

Die in der Schlange Wartenden, größtenteils Russen, griffen das gleich auf: »Sie haben ganz recht! Sie scheint sich nicht klar darüber zu sein, wo sie sich befindet!« – Die Baba verstummte und wir konnten die Kirche besichtigen und unsere Postkarten erwerben, aber eine Bibel hätte ich ihr nicht anvertrauen mögen.

Im nahegelegenen »Beriozka«-Laden fanden wir eine Reihe interessanter Bücher, unerreichbar für durchschnittliche Sowjet-Bürger, da sie in Dollars bezahlt werden mußten. Wir wußten jedoch, daß nichts einem Russen größere Freude bereitet, als wenn man ihm ein Buch schenkt ...

Am Abend konnten wir nur Karten für den Zirkus bekommen, den es in fast jeder größeren russischen Stadt gibt, denn Russen lieben diese Mischung von Naivität und Witz und die Perfektion von einfachen Tricks und Akrobatik, ohne irgendwelche Maschinerie oder sonstigen Hilfsmittel, oft von ganzen Familien aufgeführt. Wir waren hingerissen von einem bemerkenswerten Clown, gelenkig wie ein Affe und voll reizender Einfälle und ungezwungenem Spaß. Als er sich die zottige orangefarbene Perücke und die riesige rote Nase herunterriß, die sackförmigen Hosen und die Jacke fallen ließ, kam ein schönes, schlankes junges Mädchen zum Vorschein.

Als wir für ein Glas Mineralwasser anstanden, hörte ich zufällig einen Mann seinen Nachbarn fragen: »Was geschah mit Kolja?« – »Er bekam zweieinhalb Jahre.« – »Wofür?« – »Für einen Witz, den er einem Freund per Telefon erzählte.« – »Teurer Witz!« kommentierte der erste Mann mit einem Achselzucken. – »Teurer

Freund«, sagte der andere nachdenklich. Nach einer Weile fragte der erste Mann: »Glaubst du, daß er eine Frau hat? Ist er verheiratet?« – »Besser zwei als eine«, sagte der andere, »er wird jemand brauchen, der ihm Essen bringt.«
Eine von uns hatte eine ganze Reisetasche voll Kleidung und Leckerbissen mitgenommen, um sie Freunden von Freunden zu bringen. Die Durchführung dieses Unternehmens erwies sich als äußerst schwierig. Nachdem man sie endlich ausfindig gemacht hatte, wurde für den nächsten Morgen ein Treffen verabredet, in der Nähe der Bus-Haltestelle die Straße abwärts, etwa 200 Meter vom Hoteleingang, um zu vermeiden, daß sie sich dem »Kosmos« näherten. Die Tasche wurde am Straßenrand abgestellt und unauffällig von einem Verwandten aufgenommen. Die Empfänger plauderten dann einen Augenblick, schauten über die Schulter und sagten, sie seien seit Jahren nicht mehr so genau beobachtet worden. Tatsächlich hatte ein Franzose, der in Moskau arbeitet, in letzter Zeit festgestellt, daß seine alten Moskauer Freunde ihn mieden: Man hatte ihnen dringend nahegelegt, alle ausländischen Kontakte zu vermeiden.

Wladimir und Suzdal

Wir hatten die Erlaubnis bekommen, Suzdal und Wladimir nördlich von Moskau zu besuchen, weil ich hartnäckig darum ersucht hatte, bevor wir aus Paris abreisten. Natürlich wollte jeder dahin, trotz der zusätzlichen Kosten für einen größeren Bus. Man riet uns, früh abzufahren, da es eine Fahrt von drei bis vier Stunden sei.
Ich durfte vorne Platz nehmen, gleich hinter den zwei Fahrern und unserem Reiseleiter. Xenia saß in der Nähe, und so konnten wir ihrer sehr aufschlußreichen Unterhaltung folgen, von der vieles sich auf ihr tägliches Leben und die Lebensbedingungen bezog. Einer von ihnen war ein Akademiker, hatte aber seinen Beruf an den Nagel gehängt, da das Gehalt eines Chauffeurs höher war als alles, was er anderswo hoffen konnte zu verdienen. Der andere war ein einfacher Bursche, vergnügt und lebenslustig.
Als er nach einer Weile hungrig wurde, begann er seine Lieblingsgerichte zu schildern wie auch die Art ihrer Zubereitung. Xenia, die selbst eine ausgezeichnete Köchin ist, ging darauf ein, und nach kurzer Zeit tauschten sie in der lebhaftesten Weise Rezepte aus. »Seit dem 1. Mai dürfen wir alle private Unternehmungen anfangen«, frohlockte er. »Ich koche hervorragend, meine Frau ebenfalls, und mit unserer Tochter zusammen wollen wir versuchen, ein kleines Restaurant aufzumachen. – Wo Sie herzlich willkommen sein werden«, fügte er höflich hinzu.

»Du kannst nur außerhalb deiner Dienstzeit arbeiten, du bekommst kein Anfangskapital, du mußt dem Staat 50 % deiner Einnahmen geben, wenn nicht mehr, und du verlierst deine Pension«, kommentierte der andere trocken.
Geknickt protestierte der erste: »Aber das ist doch unmöglich! Wie kann ich denn wissen, ob es ein Erfolg wird, und wie kann ich denn ohne Geld anfangen? Wollen ›die‹ denn nicht, daß wir reich werden?« – »Nein, das wollen sie nicht«, sagte sein Freund. »Plan folgt auf Plan. Dann spucken sie und geben ihn auf. Und obendrein bestrafen sie den Kerl, der ihnen geglaubt hat. Das ist deine Freiheit!« – »Dann bleibe ich doch lieber bei meiner Stelle«, seufzte der erste Fahrer niedergeschlagen, aber nach einer Weile wurde er wieder munterer und fing an, seine Segnungen aufzuzählen: »Ich habe eine kleine Wohnung und wir leiden keinen Hunger mehr. Eigentlich schimpfen jetzt alle auf Breschnew, aber unter Breschnew ließ man uns in Ruhe und es wurde alles etwas besser.« – »Der Mensch lebt nicht vom Brot allein«, kommentierte der Reiseleiter.
Wir hatten ein ansprechendes Rasthaus erreicht, das auf einem kleinen Hügel in altrussischem Stil errichtet war. Kaffee oder Tee wurde auf sauberen, schweren, ganz neuen Holztischen serviert. »Kann jeder hierher kommen?« fragte ich. – »Nein, nur Touristen.«
Wir fuhren weiter auf der geraden, guten Straße durch eine schöne, leicht hügelige Landschaft. Spuren von Schnee hatten sich noch in den Gräben gehalten und die Luft war frisch, frühlingshaft und duftete nach Erde und jungem Gras. Die Fahrer deuteten auf Flaschen, die an Birken befestigt waren, und erklärten, daß sie dazu dienten, den steigenden Saft zu sammeln, was nur zu diesem Zeitpunkt, dem Frühlingsbeginn, möglich sei. Ein kleine Kerbe im Baum ließ die klare Flüssigkeit in die Flasche tropfen. Sie hielten an und leerten eine in ein Gefäß, und wir tranken alle etwas davon. Es schmeckte wie süßliches Wasser und ist anscheinend reich an Vitaminen und wirksam gegen Erkältungen und viele andere Beschwerden, denn Medikamente sind kaum erhältlich.
Bei der Weiterfahrt gab der Führer der Gruppe tröpfchenweise verschiedene Informationen. Das Wort Kopeke käme von »Kopje« = Lanze und Rubel von »rubitj«, hacken. Sibirien bedeutet »schlummerndes Land«. Einige Teile des Landes sind völlig bewohnbar, nicht kälter als Moskau, wo 30° Kälte ganz ungewöhnlich wäre, und die Kinder dann von der Schule »kältefrei« bekämen, aber in Verchoiansk in Sibirien könnte die Kälte 70° minus erreichen. – Die Russen machten die Hälfte der Gesamtbevölkerung der Sowjet-Union aus und bildeten den Kern der Nation, zahlenmäßig in ziemlichem Abstand gefolgt von anderen ethnischen Gruppen (280 Millionen im ganzen). Sowohl die jeweils einheimischen Sprachen als auch Russisch würden in den Schulen gelehrt, aber zwangsläufig könnte spezialisierter Unterricht nur in größeren Städten geboten werden, wo Russisch vorherrsche. Militärdienst wäre mit 18 Jahren obligatorisch, zwei Jahre beim Heer und drei Jahre

bei der Marine – ohne Urlaub. Die Ausbildung wäre frei, aber die Studenten müßten danach drei Jahre dem Staate dienen. Der Führer fügte kein Wort der Propaganda hinzu, sondern hielt sich an die Tatsachen, ohne Erläuterungen zu geben. Er versuchte auch, eine elementare Kenntnis der russischen Geschichte zu vermitteln, ganz auf die herkömmliche Weise, ohne kommunistische Verzerrungen.

Wir erreichten schließlich Wladimir, das Zentrum des sogenannten »Großrußland«, auf dem hohen Ufer des Flusses Kliasma gelegen. Mein Baedeker von 1912 erwähnt Wladimir als großes Industriezentrum. Aber das Fehlen eines Absatzmarktes, von Läden jeglicher Qualität und von kommerziellem Austausch ist sofort ersichtlich. Dies scheint der Hauptschandfleck des Systems zu sein, abgesehen von der religiösen Verfolgung, durch die so viele Kirchen und religiöse Kunstwerke geschlossen oder zerstört wurden.

Die alte Stadt Wladimir wurde 1116 von Xenias und meinem Ahnen Wladimir Monomach gegründet und von Andrei Bogoliubsky (1169–1174) erweitert und verschönert.

Von den Tataren 1238 unter Baty-Chan erobert und zerstört, kehrten diese 1328 unter Uzbek wieder, der das Fürstentum den Moskauer Fürsten übergab. Man zeigte uns eine lebendige Darstellung dieser tragischen Ereignisse über dem »Goldenen Tor«.

Die Verklärungskathedrale (Uspenski Sobor) enthält die Gräber des Fürsten Andrei, des Heiligen Fürsten Gleb und vieler anderer Fürsten von Wladimir. Sie beherbergte die berühmte Ikone der »Muttergottes von Wladimir«, die dem Evangelisten Lukas zugeschrieben wird und die während des 5. Jahrhunderts von Jerusalem nach Konstantinopel gebracht worden sein soll, dann im 12. Jahrhundert nach Kiew, 1158 nach Wladimir und schließlich 1395 nach Moskau, wo ich sie 1963 im Arsenalmuseum gesehen hatte. Diese am meisten verehrte Ikone kam nach Moskau, um die Stadt vor dem Angriff von Timur zu schützen, der, seinerseits von Taktamisch angegriffen, dann wieder nach Süden abdrehte. – In höchster Bewunderung standen wir vor der wunderschönen Kirche des hl. Dimitri, erbaut von Vsewolod III. im Jahre 1197, die sich hoch über dem Fluß erhebt und in ihrer Schlichtheit überwältigend wirkt. Wir durften nicht hineingehen. Der hl. Alexander Newski war in der Rojdestevenski-Kirche bestattet, aber die Partei ist jetzt in der danebenliegenden erzbischöflichen Residenz untergebracht, und darum darf man sich dem Gebäude nicht nähern. Die Gebeine des Heiligen wurden 1724 von Peter dem Großen nach Petersburg überführt.

Es war nicht vorgesehen, daß wir die Uspenski-Kathedrale besuchen sollten, die noch »funktioniert«, aber der Haupteingang war nur von einem dünnen Brett versperrt, so daß Sandra und ich drunterkrochen und die Kirche in aller Muße betrachteten.

Nur ungern verließen wir diesen geweihten Ort, der im heutigen Rußland leider

für den üblen Ruf seines Gefängnisses bekannt ist, aber es war Zeit, nach Suzdal weiterzufahren, etwa 40 km entfernt, am Flusse Kamenka. Die Stadt stammt aus dem Jahre 1042 und wurde 1238 von den Tataren zerstört.
Wir näherten uns einer richtigen altrussischen Märchenstadt, ganz weiß, mit farbigen Kuppeln und leuchtenden Kreuzen über ihren Kirchen, ringsherum von einer roten Ziegelmauer umgeben und mit Zinnen versehenen klobigen Türmen. Glücklicherweise war das neue Hotel und Restaurant, in dem wir bald ein recht gutes Mittagessen einnahmen, am Stadtrand errichtet, und es hatte nicht höher als die Stadtmauer gebaut werden dürfen. Wir schlenderten nachher durch den Kreml, der von niedrigen Holzhäusern mit farbigen Fensterläden und geschnitzten Rahmen durchsetzt ist. Die lange Reihe von kleinen Läden, die den einst vermutlich geschäftigen Marktplatz umgaben, machten einen armseligen Eindruck, aber dennoch wirkte alles harmonisch und wunderbar friedlich. Die Christi-Geburts-Kathedrale aus dem 16. Jahrhundert, die nach dem Tatareneinfall wiederaufgebaut wurde, diente Fioravanti als Vorbild bei der Errichtung der Uspenski-Kathedrale in Moskau. In der Kirche war es eiskalt, so daß wir nur einen flüchtigen Blick auf eine hoch aufragende goldene Ikonostasis und ganz mit Fresken bedeckte Säulen und Wände werfen konnten. Es war gleichzeitig atemberaubend und tief ergreifend, als ob man in eine schöne Ikone eingetreten wäre. Leider »funktionierte« die Kirche nicht, da Suzdal dazu verurteilt ist, ein »Freilichtmuseum« zu sein, was wenigstens Erhaltung bedeutet, aber auch »tote Stadt«. Einige hölzerne Nachbildungen der Kirchen auf der Kidji-Insel wurden in der Nähe gebaut. Bei den Arbeitern war zwar eine Prügelei im Gange, aber trotzdem konnte nichts den Frieden der ganzen Stätte stören.
Es wurde bald Zeit umzukehren, denn wir hatten noch eine lange Fahrt vor uns. Um sich die Zeit zu vertreiben, stachelten sich unsere Fahrer, vielleicht angeregt durch die Anwesenheit unserer sehr netten Führerin aus Wladimir, gegenseitig zu Späßen, Liedern und äußerst witzigen Dialogen an, mit denen sie sich auf den Arm nahmen. Es war wie eine Zwei-Mann-Folkloreschau nach der uralten Tradition der »Skomorokhi« (Gaukler). Xenia und ich lachten bald von Herzen mit.
Wir fuhren an einem Tümpel vorbei, an dessen Rand geduldig ein Angler stand. »Das ist wahre Freude, solch ein Friede!« kommentierten die Männer neidisch. Sie waren Städter, aber sie liebten das Land. Eine Katze lief vor uns über den Weg. »Was war das?« – »Ihr Moskowiter«, sagte unsere Wladimirsche Führerin verächtlich, »kennt nicht den Unterschied zwischen einer Katze und einer Kuh.« »Ciao bambina«, sagte der Fahrer, »sie würdigt uns keines Blickes!«
Bald jedoch wendete sich das Gespräch der Frage zu, was der Westen von Sowjet-Rußland dächte und wir sahen uns plötzlich mit der Propaganda konfrontiert, der ein Sowjet-Bürger von unkritischem Niveau ausgesetzt ist. Nach dem, was man ihnen erzählt hatte, sah es so aus, als ob die Amerikaner Stützpunkte in Afghani-

stan eingerichtet hätten, wodurch sie die friedliebende Sowjet-Union zwangen, ihre Interessen zu »verteidigen« und das Land von der Unterdrückung durch die Vereinigten Staaten zu »befreien«. – Die Sowjets wären arm und die Lebensbedingungen so hart, weil sie »die ganze Welt ernährten: Angola, Cuba, Tschechoslowakei, Polen usw. ...« – »Ich lebte in der Tschechoslowakei«, bemerkte ich, »und sie war eins der reichsten Länder in Europa, eine zweite Schweiz, und wäre es auch wieder geworden, wenn ihr nicht einmarschiert wärt.« Darauf beteuerten sie: »Trotzdem: der Westen greift uns immerzu an, und wenn das so weitergeht, werden wir ihm wohl mal eins auf die Nase geben müssen. Nur dann werden wir Frieden haben.«

Eine bedrohliche Vorhersage! Da ich mich nicht auf eine heftige Diskussion einlassen wollte, sagte ich sanft: »An dem Tag, an dem *ihr* die Erlaubnis bekommt, zu reisen, werdet ihr selber sehen, wie die Welt aussieht.« Das ließ sie verstummen, denn es war ja tatsächlich unleugbar, daß wir die Freiheit besitzen, uns überallhin zu begeben, während sie das nie können.

Plötzlich hielt der Bus mit quietschenden und rauchenden Bremsen. Unser Reiseleiter und die Fahrer sprangen heraus und deuteten erregt auf ein kleines Haus am Straßenrand, dessen Dachstock in ein Treibhaus verwandelt war. »Gurken! Tomaten! Erdbeeren! Petersilie!« riefen sie. Wir waren einen Augenblick völlig verdutzt. »Warum ist das so außergewöhnlich?« – »Es war in den Moskauer Zeitungen erwähnt«, erklärten sie. »Vom 1. Mai an darf man ein kleines Unternehmen gründen, und dieser Mann ist der erste, der das getan hat.« – Wir waren etwa 150 km vor Moskau, und dieser schüchterne Versuch von freiem Handel erschien ihnen sensationell. Es war pathetisch.

Obwohl die oberen Schichten Rußlands vom Sowjet-Regime vernichtet worden waren, hat man nach Stalins Tod 1953 begabte Menschen nicht mehr behindert, zurückgesetzt oder verbannt. Eine neue Klasse fähiger Leute ist herangewachsen. Jedoch wie wir es sehen konnten, werden auch auf dem Niveau der Proletarier – und die sind verhältnismäßig noch am besten dran – alle mundtot gemacht und von jeder persönlichen Initiative abgehalten.

Früh am nächsten Morgen, als unser Gepäck schon abgeholt war und wir uns beeilten, abzureisen, rief Sandra: »Ich habe meinen Schuh verloren und kann nicht mitgehen!« Wirklich, er lag deutlich sichtbar auf der Terrasse, die sieben Stockwerke tiefer um das Hotel herumging. Ich rief den Gepäckmann, der im Korridor herumschlurfte und erklärte, daß Sandra versucht habe, den Staub auf dem Fensterbrett abzuschlagen und der Schuh mit seiner Sohle aus Seilgeflecht sei mit einem Salto aus dem Fenster geflogen. »Würden Sie ihn bitte für uns holen? Meine Nichte hat keinen anderen, denn die Koffer sind schon in den Bus verladen worden.« – »Das wird nicht so einfach sein«, sagte er. »Darf ich Ihr Telefon benutzen?« Dann rief er die Moskauer Feuerwehr an. Die Antwort war deutlich vernehmbar: »Nicht wichtig genug für uns. Wenden Sie sich an die Miliz!« – Er rief die Moskauer Miliz an und dort gab man ihm die Erlaubnis, sich an die Hotelmiliz zu wenden. Diese erlaubte dann dem Direktor, von seinem Schlüssel Gebrauch zu machen. Das Zimmermädchen ging hinunter und wurde auf die abgeschlossene Terrasse gelassen. Bald darauf brachte sie dann Sandra die Sandale. »Mein Kind, dein Schuh ist jetzt aus Gold. Verliere ihn nicht wieder so leicht«, sagte sie mit einem breiten und freundlichen Lächeln – die typische russische »Niania« von einst.

All dies zeigte, daß wir praktisch Gefangene in unserem Hotel waren. Niemand konnte etwas herauf- oder hinunterwerfen wegen der breiten Terrasse, die es umgab. Es war erschreckend, sich auszumalen, was im Falle eines Brandes geschehen könnte.

Beim Frühstück erzählte uns unser Mitreisender M. Robert Richard, früherer französischer Botschafter, der fließend Russisch sprach und in jeder Hinsicht äußerst gut informiert war, daß man ihn nachts angerufen und ihm gesagt hätte, Mädchen oder Buben stünden zur Verfügung, falls er eine bestimmte Nummer anriefe. Er tat es und hörte Gekicher. »L'atmosphère semblait joyeuse!« (Die Stimmung schien fröhlich zu sein.) Er legte dann auf, aber es war doch seltsam, zu wissen, daß alle Möglichkeiten zur Verfügung stehen, um naive Ausländer bei Bedarf zu kompromittieren.

Wir mußten wieder durch ganz Moskau durch, da unser Flughafen sich auf der anderen Seite der Stadt befand. Wir kamen bei der Ausfahrt an einem schönen, ummauerten Kloster vorbei. Es erinnerte an eine Miniaturstadt, schien sich aber kurz vor dem Einsturz zu befinden. »Sie haben vor, es zu restaurieren«, sagte unser Führer, »und es soll Museum werden.«

Man fragte sich, wie weit das gehen kann: Ist es möglich, religiöse Gefühle auszurotten und gleichzeitig Kirchen zu erhalten? Im letzten Jahr, 1988, war es tausend Jahre her, daß Rußland christlich wurde. Anscheinend beabsichtigt man, das auch in der Sowjet-Union zu feiern. Angesichts der widersprüchlichen Erklärungen Lenins dürfte es schwer werden, historische Vergangenheit ins Leben zurückzurufen und gleichzeitig die christliche Botschaft zu übergehen oder zu schmähen.

Ein Freund erzählte mir, daß er sich kürzlich bei einem Besuch in Moskau den Knöchel verstauchte, einige Stufen zu einem Taxi heruntergeführt wurde und über den Gehsteig humpelte, als ein fetter Sowjet-Bürger vor seiner Nase einstieg, um sofort von seiner ebenso drallen, wütenden Ehehälfte herausgezerrt zu werden: »Kannst du denn nicht sehen, daß da ein Behinderter ist, der den Wagen braucht? – Aber du mußt dir ja immer alles zuerst schnappen ...!« Zu der Melodie dieser häuslichen Reiberei stieg mein Freund ein und bat, ins nächste Krankenhaus gefahren zu werden. Dort angekommen fragte er den Fahrer, was er ihm schuldig sei. »Nichts!« kam die schroffe Antwort. – »Ich kann Sie in Dollars bezahlen, wenn Sie wollen.« – »Ich sagte: ›Nichts‹«, antwortete der Fahrer noch schroffer.

Dann brach es aus ihm hervor: »Duscha ne posvoliajet! (Meine Seele erlaubt es nicht!) Wie kann ich Geld von einem Invaliden nehmen?!«
Man half meinem nachdenklich gewordenen Freund aus dem Wagen und er humpelte in die Klinik.

Duschambé, Hauptstadt Tadjikistans

Während des 3400 km langen Fluges von Moskau hierher saßen wir eng zusammengepfercht und bekamen die ganzen fünf Stunden nur ein Glas Mineralwasser serviert. Unsere Reisegesellschaft wurde streng beisammen gehalten, fern von anderen ausländischen Gruppen (es gab da noch eine), aber vor allem fern von allen Sowjet-Bürgern; doch diejenigen, die am Rande saßen, konnten zwangsläufig, falls sie Lust dazu hatten, mit Einheimischen ins Gespräch kommen.
Auf dem letzten Abschnitt des Fluges kamen wir in ein Gebiet von hohen, schneebedeckten Bergen, denn wir näherten uns dem Pamir.
Wir hatten keine Ahnung, was uns in Duschambé erwarten würde, dessen Name »Montag« bedeutet, denn Montag war üblicherweise Markttag und all diese asiatischen Städte entlang der »Seidenstraße« waren von alters her berühmt für ihre Märkte.
Obwohl »Tadjik« eine geringschätzige Bezeichnung ist, bedeutet sie »der Gekrönte«. Die Tadjiken sind persischer Abstammung und stehen den Afghanen nahe. M. Richard erzählte mir, daß über hunderttausend Tadjiken nach Afghanistan flohen, um der Verfolgung und Auslöschung der mittelständischen Händlerschicht zu entgehen, von der trotzdem ein großer Teil unter dem Sowjet-Regime liquidiert wurde. Die Tadjiken in Afghanistan kämpfen offensichtlich heute mit gegen die Russen. Tadjikistan hat etwa vier Millionen Einwohner, von denen die Hälfte Tadjiken sind, die Erben einer alten seßhaften Kultur. Ihre berühmten Dichter sind Rudaki, Firdusi Djani und Aïni, und sie prahlen, ebenso wie ihre Nachbarn, mit dem großen Gelehrten Avicenne, was nicht ganz ungerechtfertigt ist, da ihr Land einst viel größer war.
Das Flugzeug landete holprig in einer Art von üppigem Garten. Wir wurden sofort von dem köstlichen Duft blühender Akazienbäume und riesiger Rosensträucher überfallen. In der Luft spürte man trotz der heißen Sonne einen Hauch von Schnee. Der Himmel war türkisblau, mit dahintreibenden flauschigen Wolken.
Als hätten wir Champagner getrunken, wurden wir alle angeregt fröhlich. Zudem schienen wir genau die richtige Jahreszeit getroffen zu haben. Man fuhr uns in das moderne Hotel »Tadjikistan«, wirbelte uns durch die Drehtür, über einen marmornen Fußboden und empfahl uns, schnell zum Mittagessen zu gehen. Sandras und

mein Zimmer besaßen einen Balkon, der auf einen blumenreichen Park ging, in dem am Nachmittag Musik spielte und die Bevölkerung abends spazierte. Xenia, begeistert wie immer, erklärte: »Hier könnte ich wochenlang bleiben!«
Nach dem Mittagessen gingen wir ungehindert durch die Stadt und stießen auf einen recht enttäuschenden »Markt«. Nur das Notwendigste an Kleidung und Nahrungsmitteln wurde feilgeboten, und wir fühlten uns nicht in Versuchung geführt, außer von den gestickten Scheitelkäppchen namens »Tsubitejka«.
Im örtlichen Museum fanden wir wunderbare Trachten aus Brokat und Seide in bezaubernden Farben, märchenhaften Silberschmuck und sattgetönte Teppiche – wohl die Waren, die man früher auf diesem Markt finden konnte. – Der »Tschaikhana Rochat« war eine vergitterte Teestube, ganz in persischem Stil, wie in Isfahan, wo malerische ältere Tadjiken im Schneidersitz auf himmelblauen Holzpritschen um einen Springbrunnen aus türkisen und dunkelblauen Kacheln saßen und ihren grünen Tee schlürften. Die vergitterten Rundbogenfenster gingen auf einen Rosengarten. Im oberen Stock war ein großer Saal in persischem Stil, oft der Schauplatz von Konzerten und Ballettaufführungen. Parteiveranstaltungen schienen woanders stattzufinden.
Wir fuhren weiter zum Opernhaus, vorbei an recht vornehm wirkenden Gebäuden, Springbrunnen und immer wieder an diesen Baumreihen in der Mitte der Straßen, wie noch in den Moskauer Seitenstraßen. Der örtliche Staatsladen, die »Beriozka«, war für die meisten Mitglieder unserer Gruppe zur Sucht geworden, obwohl es offensichtlich war, daß wir dort jedesmal bemogelt wurden. Die Preise schwankten beträchtlich, obwohl man uns das Gegenteil versicherte, und ein Bauernschal oder eine Tsubitejka kosteten die Hälfte oder das Doppelte, je nach Ort und Laune.
Das Wetter war so herrlich, daß wir nach dem Abendessen noch einen Gang machten. Als Sandra und ich später noch im Bett lasen, schien unser im obersten Stock gelegenes Zimmer leicht zu schwanken, während die Möbel den Fußboden entlang schlitterten. »Ein Erdbeben«, sagte ich. Wir warteten, aber nach einem weiteren kurzen Stoß geschah nichts mehr. Am nächsten Tag erwähnten sogar die Moskauer Zeitungen das Erdbeben, aber anscheinend gibt es jährlich Tausende solcher »Stöße«, so daß kein Grund zur Besorgnis bestand. Sandra war entzückt, daß sie »außerplanmäßig« eines erlebt hatte, und Xenia eher enttäuscht, daß es auf der unteren Etage nicht zu spüren gewesen war.
Ein Ausflug zum Fort Guizar wurde vorgeschlagen, etwa 30 km entfernt und seit dem 18. Jahrhundert wegen der Höhenluft die Sommerresidenz des Emirs von Buchara.
Tadjikistan grenzt im Osten an China und im Süden an Afghanistan, und wir waren begierig, mehr von dem Land zu sehen. Das grüne Tal von Duschambé ist unglaublich fruchtbar: Baumwolle, Maulbeerbäume für die Seidenraupen, jede Art

von Obstbäumen und -büschen, Gemüse, Weinstöcke und eine verschwenderische Fülle von Blumen umsäumten die Straße auf beiden Seiten. Man erzählte uns, daß alles in Kolchosen angebaut würde, außer kleine, persönliche Stückchen in eigenem Betrieb. Guizar (oder Hissar) bedeutet »Wächter«, und tatsächlich hat das Fort auch eine ideale Lage auf einem Höhenzug, von dem man zwei parallele Täler überblickt. Es gab keine Spur mehr von den Kacheln, die es früher geschmückt haben müssen. Zu seinen Füßen wurden zwei Medressen wiederhergestellt – für Touristen, nicht zum Gebrauch.

Wir befanden uns in der Sogdiana, einem Teil von Transoxanien und dem antiken Reich Baktrien, der Heimat der Roxana, die Alexander den Großen mit ihrem Tanz bezauberte. Viele der Einheimischen haben helles Haar und grüne Augen. Eine Wildkatze wie sie stellt man sich dunkel vor, aber vielleicht war sie genau so blond?

Am Abend gab es im Hotel eine Darbietung von Folkloretänzen. Wir wurden höchst unbequem verteilt auf breiten, flachen Sofas, auf denen man mit untergeschlagenen Beinen sitzen sollte, eine Fertigkeit, die man sich in frühester Jugend aneignen muß, wenn sie auch nur mit einem Anflug von Grazie ausgeführt werden soll. Unsere Gruppe zappelte deshalb herum wie Seehunde, die man auf eine Sandbank gesetzt hatte. Die Musikinstrumente waren ein großes Tamburin, eine zweisaitige Laute (eine Art von Guimbarde) und ein Instrument, das wohl der Großvater der Mandoline sein mochte und dem ungewöhnlich scharfe Töne entlockt wurden. Ziemlich große und unförmige Frauen, die so aussahen, als hätten sie sich gerade ihren Schnurrbart abrasiert, bewegten sich anmutig im Gleitschritt zu diesen Klängen. Ihr Haar war in viele kleine, straffe Zöpfe geteilt, die zu ihren Bewegungen mitdrehten wie die Seile eines Karussells. Eine der jüngeren und beinahe hübschen Frauen war die Mutter eines reizenden kleinen Jungen, der in seiner tadjikischen Tracht wie ein herausgeputztes Spielzeug wirkte und uns mit lebhafter Neugier anstarrte. Die Männer sahen verhältnismäßig gut aus. Einer von ihnen, in einem roten Seidenhemd, zwirbelte an seinem Schnurrbart und warf feurige Blicke auf Xenia, die in jeder Hinsicht dem Ideal einer südländischen Schönheit zu entsprechen scheint. Der baktrische Wein war köstlich, aber madeiraähnlich und schwer. Man hatte uns empfohlen, Wasser und Salat zu meiden, aber Mineralwasser gab es im Überfluß, was bekanntlich nicht der Fall gewesen war, als Alexanders Heere hier durchzogen.

Am nächsten Morgen begaben wir uns auf den vergleichsweise kurzen Flug von 300 km nach Samarkand über die hoch aufragenden Alai-Berge, einem Vorgebirge der Himalaya-Kette. Es war ein atemberaubender Anblick. Gewaltige Gipfel und Gletscher schienen mit ihren drei- bis fünftausend Metern zum Greifen nahe. Sie sahen wie doppelt so große Alpen aus und erinnerten mich an unseren Flug von Katmandu zum Everest. Man sah keinerlei Anzeichen von Wohnstätten, Dörfern oder tiefere Schluchten. Nicht umsonst wird der Pamir das Dach der Welt genannt, denn diese große, wogende Masse, die stellenweise eine Höhe von 7495 Metern erreicht, ist überwältigend.

Samarkand

»Spiegel der Erde«, »Haupt des Islam«, »Garten der Seligen«, »paradiesischer Ort«. Die Stadt ist das Marakanda des alten Griechenland und liegt an dem berüchtigten Seravtchan-Fluß, dessen ungesundes Wasser die eindringenden Heere zum Mißbrauch des schweren baktrischen Weines verführte.

Es ist wahrhaft ein Ort, von dem man träumen könnte, und Xenia und ich befanden uns in einem euphorischen Zustand, einfach nur, weil wir da waren. Sie neckte mich, ich würde vermutlich Sandra im Morgengrauen wecken, um historische Zusammenhänge in ihre unwilligen Ohren zu pumpen, etwa daß Alexander, von Kleitos bei einem Fest beleidigt, eine Lanze durch den Palastsaal nach ihm warf und ihn tötete. Er wurde dann von solcher Verzweiflung gepackt, daß seine Freunde für sein Leben fürchteten, denn Kleitos war nicht nur einer seiner treuesten Gefährten gewesen, sondern hatte ihm auch beim Übergang über den Granikos das Leben gerettet. Trotzdem hatte er dann einen Abgesandten ausgeschickt, um Parmenion, Kleitos' Vater, zu töten, einen seiner fähigsten Generäle, den er als Gouverneur in Persien zurückgelassen hatte. Er wußte, daß er ihm niemals verzeihen würde und handelte als König. Diese sind eigentlich die einzigen Makel in Alexanders sonst so edlem Charakter.

Die Stadt wurde 1221 trotz heldenhafter Gegenwehr von Dschingis-Khan gnadenlos geplündert. Es scheint fast eine Art von Wiedergutmachung zu sein, daß sein Nachkomme Tamerlan sie zu seiner Hauptstadt machen sollte. Er nannte sich selbst »die Geißel Gottes« und sammelte alle Reichtümer Asiens, um sie nach Samarkand zu bringen. Er hatte jede Stadt, die sich ihm in den Weg stellte, gebrandschatzt und zerstört. Er erschlug Männer, Frauen und Kinder und schonte nur Künstler und Wissenschaftler, die nach Samarkand gebracht wurden, um auch seine Kinder und Enkel zu zivilisierten und kultivierten Edelleuten zu erziehen, die sich später als völlig unfähig zeigen sollten, seine so blutige Erbschaft zu übernehmen.

Tamerlan starb auf dem Wege nach China, und sein Enkel Khalil ergriff die Macht. Er war ein poetischer Jüngling und bis über beide Ohren in Chadolmolk, die schöne Konkubine eines Emirs, verliebt, die er jetzt zu seiner Kaiserin machte. Um die unruhige Armee für sich zu gewinnen, kam dieses unbedarfte Paar auf die Idee, alle von Tamerlan aufgehäuften Schätze zu verteilen. Sie gingen völlig in ihrer Liebe auf und hatten keine Verwendung dafür.

Als ob die Büchse der Pandora sich geöffnet hätte, »ergoß sich Gold über Samarkand und brachte Hunger, Verrat, Habgier und Verachtung.« – Anfangs schüttete das Herrscherpaar eigenhändig die Münzen und Juwelen über jedermann. »Es geschah zu der Zeit, als der Wind die Blätter leise zittern ließ, daß die Erbin Timurs alle Perlen von Samarkand den Fischen in ihrem türkisenen Springbrunnen zuwarf«, schrieb Malraux. – Die Schatzverteilung schien kein Ende zu nehmen. Die Chronisten berichten, daß Asien sechsunddreißig Jahre lang an Tamerlan Tribut gezahlt hatte. All die Reichtümer, die sich durch Jahrhunderte angesammelt hatten, alles, was den Kaisern von Iran und Turan geplündert und gestohlen worden war, schleuderte man achtlos hinaus.

Tamerlans Sohn Schahruk, ein großzügiger und friedliebender Fürst, der über Khorasan herrschte, sah sich jetzt gezwungen einzuschreiten. Es gelang ihm, Ordnung und Recht wiederherzustellen, und er erlaubte überraschenderweise seinem Neffen, den er sogar mit Chadolmolk wieder vereinigte, den Irak zu regieren. Beide lebten nicht mehr lange und wurden im gleichen Grab in Rey beerdigt. Danach setzte Schahruk seinen Sohn Ulug-Beg, den berühmten Astronomen, im verarmten und erschöpften Samarkand ein. Die Stadt war nicht mehr die große Metropole von einst.

Im Uzbekischen heißt »rachmat« danke. Wie in jeder Sprache so auch hier ein unerläßliches und magisches Wort. Unser Zimmer im Hotel war die genaue Nachbildung desselben in Duschambé. Wie üblich hatte die Badewanne keinen Stöpsel, und die Betten waren ungemacht. Aber abgesehen von diesen kleinen Nachteilen war Samarkand »den Umweg wert«. Wir konnten es kaum erwarten, die Stadt zu besichtigen, nachdem wir unterwegs nur einen flüchtigen Blick auf den eindrucksvollen Registan, den vormaligen Marktplatz, und die hochragende Bibi-Khanum-Moschee werfen konnten, die ganz in Gerüste gehüllt war.

Der Bazar jedoch erwies sich als äußerst enttäuschend, ein paar elende Buden auf der riesigen Fläche, auf der geschäftiges Treiben in jenen Tagen geherrscht haben muß, als freier Austausch, selbst unter den größten Willkürherrschern, im wirtschaftlichen Interesse des Landes nicht nur erlaubt, sondern auch gefördert wurde. In den frühen Abendstunden kehrten wir zurück, um auf dem weitläufigen Registan-Platz spazierenzugehen.

Registan bedeutet »Sandplatz«, von alters her das Herz der Stadt, eingerahmt von drei stattlichen Madrassahs (oder Medressen), Koranschulen. Ayvan, wie man es oft bezeichnet, bedeutet einen Platz, der an drei Seiten umschlossen ist und nach der vierten hin offen.

Ulug-Begs Medresse zur Linken geht auf das frühe 15. Jahrhundert zurück, ihre blaue Kachelung verblaßt sanft vom Alter. Der »Scherdor« und die »Tillya-Kari« wurden Anfang des 17. Jahrhunderts gebaut und ersetzten vermutlich frühere Bauten. Tamerlan pflegte hier Paraden abzuhalten und seine Beute nach langen

Feldzügen auszustellen, aber auch hohe und höchste Würdenträger hinrichten zu lassen, wenn sie seine Befehle während seiner Abwesenheit nicht zur Zufriedenheit ausgeführt hatten. Dieser berühmte Marktplatz, der vor Farben und Leben überschäumte, ist verschwunden und durch jene armseligen Stände jenseits der Bibi-Khanum-Moschee ersetzt worden.
Eine Gruppe von uzbekischen Kindern zog durch die leeren Medressen. Ich gab ihnen Süßigkeiten, aber ein böser, alter uzbekischer Lehrer, der gutturale Drohungen knurrte, eilte herbei und zwang sie, diese zurückzugeben. Enttäuscht gehorchten sie sofort.
Das Grabmal Tamerlans, Gul-Emir, war großartig restauriert worden. Tamerlan baute es ursprünglich für seinen Lieblingsenkel Mohammed Sultan, der als Knabe in der danebenliegenden Medresse studiert hatte. Die in leuchtendem Türkis gekachelte Kuppel hat dreiundsechzig Rippen, die Mahomets Alter entsprechen. Ulug-Beg, Tamerlans Enkel, schmückte dessen Grabstein in der Krypta unter dem Mausoleum mit Nephrit, schwarzer Jade.
Über dem Eingang des Gul-Emir verkündet eine Inschrift in Sufi: »Glücklich ist der Mann, der die Welt ablehnt, bevor die Welt ihn abgelehnt hat.«
Aber auf Tamerlans Grab selbst steht geschrieben, daß, sollte seine Grabstätte entweiht werden, sich eine größere Katastrophe ereignen würde, als irgendeine, die er selbst verursacht hätte. Der sowjetische Archäologe Prof. Gerassimov öffnete Tamerlans Grab am 22. Juni 1941, dem Tag, an dem die deutschen Armeen in Rußland einfielen.
Eine Abteilung der polnischen Armee erreichte Samarkand während des Zweiten Weltkrieges. – Als die Tataren im 13. Jahrhundert in Krakau eindrangen, hatten sie einen Trompeter vom Turm der dortigen Kathedrale heruntergeschossen, der nach der Tradition eine Melodie in die vier Himmelsrichtungen blies. Die Weise wurde nie beendet, aber die Tataren verschwanden ebenso schnell, wie sie gekommen waren, denn sie sahen es als böses Omen an, den »Muezzin« getötet zu haben. Siebenhundert Jahre später ließen die Polen einen Trompeter im Gul-Emir die Melodie zu Ende blasen.
Die Nekropole von Sahki-Zinda ist eine gekachelte Stadt der Toten. Ihre Bauten zeugen von 2500 Jahren Stadtgeschichte. Hohe Mausoleen, in allen Schattierungen von Blau, mit einem Anflug von Gold gekachelt, säumen die ansteigende Straße. An einigen steinernen Gräbern im Freien waren kleine Mulden ausgehöhlt als Vogeltränken. – Sie steckten die Welt in Brand und dachten doch an die Vögel!
Hinter dem Friedhof steigt der Hügel an bis zu der Stelle, wo die antike Stadt Afrossiab lag, aus der Marakanda entstand, das Alexander gekannt hat. Der fürstliche Palast oder die Burg lag auf einem Hügel darüber und muß der Schauplatz des Festmahls gewesen sein, bei dem der tragische Mord stattfand.

1428 baute Tamerlans zivilisierter Enkel Ulug-Beg sein berühmtes Observatorium auf dem Kuchak-Hügel am Stadtrand von Samarkand. Es wurde 1908 von dem russischen Archäologen Wiatkin entdeckt, der auch an dem Platz beerdigt ist. Das Observatorium war ein dreistöckiges, rundes Bauwerk, außen mit Kacheln verkleidet und nach oben offen. Es beherbergte einen riesigen marmornen Sextanten mit einem Radius von 40,2 m und einem Bogen von 63 m. Das Instrument war mit außergewöhnlicher Genauigkeit nach dem Meridian ausgerichtet und in einen Graben von 2 m Breite und 11 m Tiefe eingebaut. Es vermaß die Koordinaten von Sonne, Mond und Sterne mit bemerkenswerter Genauigkeit. Ein Rest des Beobachtungstunnels ist bis heute erhalten geblieben und erinnert merkwürdig an das Innere der großen Cheops-Pyramide in Ägypten.

Obwohl sich Ulug-Beg als fähiger Herrscher erwies, lagen die Interessen des großen Wissenschaftlers natürlich anderswo, und Tamerlans Reich löste sich fast ebenso schnell wieder auf, wie es entstanden war. Dennoch ist die Geschichte von Samarkand mit den Namen vieler führender Dichter, Schriftsteller und Gelehrter des Ostens verbunden. Die Stadt rühmt sich auch heute noch einer Universität, und es werden große Anstrengungen gemacht, um ausgedehnte Restaurierungen durchzuführen. Puristen mögen gegen die sorgfältige Wiederherstellung uralter Monumente protestieren, aber die Alternative wären Haufen von Mauerwerk, die an zerkrümelnde Zwiebacke erinnern oder an mit einigen Kachelscherben bestreute Ameisenhaufen, wie beim großen Tor des Ischratschana-Mausoleums, das vergangene Herrlichkeit kaum zu vermitteln vermag.

Später am Nachmittag kehrten wir zum Registan zurück und saßen auf einer niedrigen Mauer gegenüber dem dreiseitigen Ayvan. Wir schauten auf den großen Platz, der unter dem rosa Himmel der untergehenden Sonne in goldenes Licht getaucht war und auf die türkisenen Kuppeln, die in den letzten Strahlen aufleuchteten. Trotz Samarkands äußerst stürmischer Geschichte und der Erinnerung an Belagerungen, gefolgt von gewaltsamer und gnadenloser Zerstörung, wurden wir von einem Gefühl des Friedens, der Harmonie und ewiger Auferstehung erfüllt, so als ob dieser wunderschöne Ort nie vom Angesicht der Erde getilgt werden könne.

In unserem Hotel fanden wir das Zimmermädchen dösend auf dem Gang. Als wir kamen, sprang es auf und erklärte uns dann, daß die Dienstboten vierundzwanzig Stunden in einem Stück zu arbeiten hätten, gefolgt allerdings von drei Tagen Ruhe, da viele von ihnen weit außerhalb der Stadt wohnen.

Unten wartete unsere Gruppe, umgeben von einer eindrucksvollen Zahl von Tüten, Reisetaschen und Koffern, und als die Dunkelheit anbrach, wurden wir in den wartenden Bus getrieben und zum Bahnhof gefahren. Es schien unwahrscheinlich, daß unser Gepäck, das gesondert befördert wurde, je wieder zu uns stoßen könnte. Jedoch als der Zug in den Bahnhof einfuhr, war alles da.

Die Transkaspische Eisenbahn, welche die Stadt mit dem Kaspischen Meer verbindet, wurde 1888 gebaut. Der Zug selbst entsprach der russischen Breitspur, und unser Viererabteil (I. Klasse, VIP usw.) war recht groß und bequem. Unser Gepäck wurde schnell hinter uns hereingeschleudert. Es fehlte nichts, und zu unserer Überraschung fuhren wir pünktlich ab. Wir hatten bemerkt, daß die anderen Waggons bis zum Bersten mit Einheimischen überfüllt waren und wußten darum umsomehr unsere bevorzugte Stellung zu schätzen. Zwei gemütliche Schaffner, die aus dem alten Rußland zu sein schienen, brachten uns Tee in hohen Gläsern mit Metallhaltern. Sie behandelten uns vier Damen (Xenia, Ghislaine Schoeller, Sandra und mich) mit einer Fürsorge wie Nianias von einst und brachten uns beinahe zu Bett.
Wie vor hundert Jahren zuckelte mit Fauchen und Schnaufen und mit schrillem Pfeifen der Zug ab. Hinter dem Fenstervorhang erstreckte sich eine vom Mond beschienene Landschaft. Wir durchquerten die Kysyl-Kum- und später die Kara-Kum-Wüsten (die Rote und die Schwarze Wüste), die ihren ungastlichen Namen alle Ehre machten. In dem beruhigenden Gefühl, bei dieser nächtlichen Fahrt nicht viel zu versäumen, sanken wir alle bald in Schlaf.

Bukhara

Wir erreichten Bukhara am frühen Morgen und durften sofort ein reichliches Frühstück in unserem neuerbauten Touristenhotel einnehmen.
Ein Teil des Gebäudes war ein Jahr vorher abgebrannt, und dieses Ereignis hatte unsere damals geplante Reise verhindert.
Ein englischer Freund erzählte mir, daß die Mitglieder seiner Gruppe während ihrer Reise vor einigen Monaten – wohl als ziemlich britische Reaktion auf das Gefühl, ständig kontrolliert zu werden – eine Kissenschlacht im Gang veranstaltet hätten. Aus einer versteckten Tür erschien daraufhin die zornige Gestalt einer KGB-Beamtin, mit quadratischen Stiefeln, einem festen Haarknoten und böse schimpfend. Als sie den Korridor entlangstapfte, stürzte mein Freund in das Zimmer, aus dem sie gekommen war und entdeckte eine ansehnliche Reihe von altmodischen Apparaten und Tonbandgeräten, mit allen Zimmernummern versehen, die mit riesigen rotierenden Spulen jedes Wort abhörten, das ein nichtsahnender Tourist äußern mochte. Sie kam wütend zurück, während er sich vor Lachen schüttelte, wie er mir später erzählte. »Sie würde nie wagen einzugestehen, daß ich ihre vorsintflutliche Anlage erblickt hatte!«
Wir schauten uns immer in unseren Zimmern um und glaubten, daß ein Stück Draht, das zwei kleine Knöpfe verband, so etwas wie ein Mikrofon sein müßte,

denn das gleiche Gerät fand sich in jedem neuen Hotelzimmer. Man fühlte sich sehr versucht, den Draht mit einer Nagelschere durchzuschneiden, aber das hätte vielleicht zu unnötigen Repressalien geführt, so daß wir davon Abstand nahmen.

Xenias beinahe orientalische Schönheit, ihre tiefen Blicke und ihr Charme hatten in diesen südlichen Regionen ständig Erfolg. Sogar unser ziemlich schlampiger Reiseleiter konnte diesem Ansturm von Weiblichkeit nicht widerstehen. Sein schmutziger Pullover und seine fadenscheinigen Jeans hatten sicher bessere Tage gesehen. Wie ein indischer Schlangenbeschwörer schmeichelte sie ihn aus seiner schäbigen Kleidung heraus: »Wäre es nicht kühler in einem leichteren Gewand?« – »Jeder hat seinen Stil«, erwiderte er in demselben scherzhaften Tonfall. »Wir Frauen lieben gepflegte Männer«, gurrte Xenia.

Als wir uns nachher alle wieder zu einem Ausflug durch Bukhara trafen, fanden wir ihn rasiert, gebürstet und – wie wir annahmen – auch gewaschen. Er trug ein sauberes blaues Hemd und ebensolche Hosen. M. Richard war ganz erstaunt: »Vous avez réussi à le faire changer? Mes compliments!« (»Es ist Ihnen gelungen, ihn zu bewegen sich umzuziehen. Meinen Glückwunsch!«) Es war der Witz des Tages. Trotzdem versuchte er, schnell noch genauere Informationen über mich, Ghislaine und die Richards zu erfragen und gab zu, daß er seine Vorgesetzten in Taschkent jeden Tag anrief.

Obwohl der Mai der ideale Monat war, um in diesen Gegenden zu reisen, war es schon so warm wie an einem heißen Sommertag. Bei diesem Kontinentalklima können die Sommertemperaturen bis über 40° steigen.

Bukhara war über Jahrhunderte berühmt für seine Märkte und seine Handwerker. Heute besteht die staatlich kontrollierte Produktion größtenteils aus Baumwolle, Erdöl und Persianerschafen der umliegenden Wüstengebiete. Seide und Goldbrokat waren nirgends zu finden, obwohl man uns versichert hatte, es gäbe noch eine spärliche Seidenraupenzucht. Die wenigen ausgestellten Teppiche waren scheußlich, und die Bevölkerung ärmlich gekleidet in malerischen Überbleibseln von einst farbenfrohen, anziehenden Trachten.

Die Stadt – Samarkands ewige Rivalin – wurde von dem legendären Siavusch, dem Sohn des Königs von Iran, gegründet. Der benachbarte König Turan Afrasiab besiegte und tötete ihn, und Bukhara wurde ein Teil Sogdianas. Nach wiederholten Einfällen machten die Araber es im 9. Jahrhundert zur Hauptstadt des großen Samanidenreiches. Es erblühte zu neuem Wohlstand und brachte berühmte Dichter, Schriftsteller und Gelehrte hervor: Faraby – Enzyklopädist und Universalgenie; Avicenne – Arzt, Gelehrter und Philosoph, der im 10. Jahrhundert in Arschana in der Nähe von Bukhara geboren wurde und dessen Abhandlung über Medizin, ins Lateinische übersetzt, ein Standardwerk für Studenten in ganz Europa wurde.

Es war interessant festzustellen, daß sich alles als Wasser für die kommunistischen ideologischen Mühlen verwenden läßt, und sogar so berühmte Gestalten wie Avicenne und der Dichter Rudaki wurden rückwirkend zu Vätern des veralteten »Materialismus« des 19. Jahrhunderts. Avicenne war immerhin ein Anhänger des Aristoteles und ein Vorläufer der modernen Wissenschaft, so daß vielleicht in diesem Sinn sogar etwas dran ist.
1220 von Dschingis-Khan verwüstet, wurde Bukhara 1370 Teil von Tamerlans Reich, im 16. Jahrhundert ein unabhängiges scheibanidisches Khanat und war bald wieder berühmt für seinen Handel und seine Kunsthandwerker. Der Abstieg begann im 18. Jahrhundert unter den Mangiten. Als Zentralasien zu einem Teil Rußlands wurde, kam Bukhara unter russische Schutzherrschaft, behielt jedoch nominell die Unabhängigkeit. 1888 brachte die Transkaspische Eisenbahn von Krasnovodsk nach Samarkand und 1907 von Bukhara nach Kagan Krankenhäuser, Schulen und neuen Wohlstand für die Märkte der Stadt.
Die letzten Emire von Bukhara standen bei ihren Nachbarn nicht in hohem Ansehen. Im 19. Jahrhundert wurden zwei englische Offiziere, die da herumschnüffelten, in den Kerker gesteckt und schließlich von der Spitze des Kalian-Turmes hinabgeworfen, der oft für solche Zwecke benutzt wurde. In den Tagen meines Vaters konnte man es erleben, daß Hände sich aus unterirdischen Gelassen emporreckten und um Brot flehten.
Das russische Kaiserreich hatte ernstlich strenge Maßnahmen erwogen, aber mit Bukhara fertigzuwerden, hätte leicht bedeuten können, Afghanistan zu reizen. Nach den Niederlagen, die die Briten dort erlebt hatten, war entschieden worden, es zum Gegenstand derzeitiger und zukünftiger Politik zu machen, sich aber unter keinen Umständen mit Afghanistan anzulegen, und darum mußte der Emir mit anderen Mitteln gezügelt werden. Er wurde mit Gold überschüttet und allmählich in eine Villa an der Krimküste gelotst. Ein polnischer Freund entsann sich noch gut, wie seine Tante ihn zu einem Besuch bei dieser legendären Gestalt mitnahm. Obwohl er damals noch ein kleines Kind war, erinnerte er sich an einen übermäßig dicken, kleinen Mann, der mit untergeschlagenen Beinen auf einem ebenso dicken Kissen saß und an einer langen Wasserpfeife paffte. Er war zu einer lokalen Sehenswürdigkeit geworden.
Unser Bus brachte uns zum »Ark«, der Zitadelle der Stadt. Der kürzlich unternommene Versuch, die Wälle wiederherzustellen, mißglückte, und eine ganze Mauer stürzte ein. Jetzt versucht man sie wieder aufzurichten. Als Mittelpunkt im geschäftigen Treiben eines riesigen Marktes, der bis an die Mauern der Zitadelle heranwogte, war die Fläche auch der Schauplatz öffentlicher Hinrichtungen, die vermutlich auch zum Ergötzen des Volkes stattfanden, wie ich es bei einem Besuch in Damaskus vor einigen Jahren erlebte.
Der »Ark« war ursprünglich auf sieben Pfeilern errichtet, denen die Konstellation

des Sternbildes des »großen Bären« als Plan zugrundelag. Dies wurde als günstig angesehen, nachdem vorangehende Versuche unglücklich ausgegangen waren. Wir betraten das Innere über eine steile Schräge durch einen Torbogen, den in früheren Zeiten eine riesige lederne Peitsche schmückte, Sinnbild der unerbittlichen Macht der Emire. Heute ist diese nur noch ein Schaustück im Museum des Ark. An beiden Seiten der Steigung befanden sich Zellen für Gefangene, die auf Verhöre oder Verurteilung warteten, sowie einige Vorratsräume. Ganz oben stand die Djami-(Freitags-) Moschee mit ihren hölzernen Säulen. Man konnte sich gut vorstellen, wie turbanbedeckte Gestalten im Schneidersitz im Schatten ihres Portals saßen und Freund und Feind beobachteten, wenn sie sich feierlich näherten oder den Abhang hinaufgezerrt wurden.
Die Moschee befand sich in einem traurigen Zustand des Verfalls, und auf der Plattform, die sie umgab, stand kein Gebäude mehr, da der Ark 1920 von den Roten unter Frunze gestürmt worden war und die nachfolgende Zerstörung tiefe Wunden hinterlassen hat. Vom »Thron« oder dem »Krönungshof« standen nur noch kümmerliche Überreste. Teile der höherliegenden Galerie umrandeten noch einen weiten, leeren, zum Himmel offenen Raum. Ein altertümlicher persischer Steinlöwe bewachte den Eingang.
Einige winkelige Gassen, von malerischen, aber brüchigen Behausungen überragt, waren alles, was von der alten Stadt übriggeblieben war. Der sogenannte Palast muß auch ein Labyrinth von engen Räumen gewesen sein, ausstaffiert mit geschmacklosen, riesigen Spiegeln in schweren, überladenen Goldrahmen; vermutlich Geschenke russischer Würdenträger im 19. Jahrhundert. Außer diesen fragwürdigen Zugaben und einigen schweren Möbelstücken war keinerlei Spur von irgend etwas Europäischem zu finden. Die fetten Emire saßen wahrscheinlich auf ihren quadratischen Thronen in persischem Stil in der Galerie des Thron-Hofes und ergötzten sich zum puren Zeitvertreib an Grausamkeiten oder schäkerten mit ihren ebenso fetten, mandeläugigen Frauen und Konkubinen im Harem.
Im 10. Jahrhundert erwähnte der Gelehrte Avicenne eine wunderbare Bibliothek, in der er Bücher fand, von denen er vorher nie gehört hatte und die »ihm die tiefgründigsten Kenntnisse vermittelten«. – Sie wurde von den tatarischen Horden im frühen 13. Jahrhundert geplündert und zerstört.
Wir hatten eine träge uzbekische Führerin bekommen, die durch ihr mangelhaftes Französisch behindert war und auch nicht das geringste Interesse für ihre Umgebung zeigte. Wir wanderten langsam, viel zu langsam, durch das Ark-Museum und über den Registan in einen kleinen Park, der zu der schönen, palastähnlichen Bala-Khosa-Moschee führte. Die zahlreichen Parks und Gärten in Bukhara verwandelten unseren geruhsamen Bummel durch die Stadt in einen angenehmen Spaziergang, trotz der zunehmenden Hitze. Es hatte früher über 360 Moscheen und Medressen in der Stadt gegeben. Eine Anzahl davon sind erhalten geblieben,

wenn auch zum größten Teil stark beschädigt und geschlossen. Es waren jedoch wirkliche Bestrebungen im Gange zu restaurieren, aber alles hing vom fernen »Staat« ab, was zwangsläufig Verzögerung und Knappheit an Geldern bedeutete. Dieser ständige Kampf gegen persönliche Initiative erstickt jeden beginnenden wirtschaftlichen Fortschritt oder Wohlstand und wurde uns noch deutlicher vor Augen geführt, als wir durch den ehemals berühmten gedeckten Basar oder »Tim« zogen, mit seinen früher vor Leben sprudelnden Straßen, voll von Juwelieren, Teppichknüpfern und allen nur erdenklichen Waren, besonders Brokaten und Seidenstoffen. Die von Abdullah-Khan erbauten Bogengänge gewährleisteten Kühle und Luftigkeit. Der »Toki-Zargaron«, öffentliche Bäder unter zahlreichen Kuppeln, war auch außer Betrieb. Wenigstens waren »Tschaikanas« (Teestuben) für Ältere zugelassen. Um einen See herum reihte sich eine Anzahl himmelblauer Betten mit goldenen Kugeln auf spindelförmigen Pfosten, bedeckt mit mehrfarbigen, fadenscheinigen Teppichen. Zwei bis vier betagte Uzbeken hockten darauf an kleinen Tischen, die zwischen ihnen aufgestellt waren, und spielten Domino. Die jüngeren Männer waren anscheinend alle bei der Arbeit, und die Frauen hielten sich in taktvollem Abstand. Höchstens durften sie mit kleinen Kindern im Schlepptau im Park spazierengehen.

Um das Mausoleum der Samaniden-Dynastie aus dem 9. Jahrhundert hatte sich eine Hochzeitsgesellschaft versammelt, und so konnten wir alle unsere Fotosammlungen mit malerischen Einheimischengruppen bereichern. Der jetzige sogenannte Bazar war auf eine kochendheiße sandige Fläche außerhalb der Stadt verbannt, wo unter Blechdächern die spärlichen Erzeugnisse »privater« Kleingärten neben einer kläglichen Auslage von sowjetischen Hemden oder anderen unerläßlichen Kleidungsstücken, gelegentlich angereichert von einer Tsubitejka, der üblichen gestickten Kappe, ausgebreitet waren. Unwillkürlich sehnte man sich nach den kühlen, überdeckten Bazaren der alten Zeit mit ihren Brokaten, Seiden, Teppichen, Dolchen und Juwelen.

Auf dem Weg zurück zum Hotel besuchten wir noch die Tschu-Minar-Moschee, deren vier in leuchtendem Türkis gedeckte stumpfe Türme sich in den lapislazuliblauen Himmel zu bohren schienen. Im späten 19. Jahrhundert erbaut, und darum nicht mit der Schönheit der Kalian-Moschee mit ihrem Turm oder den Medressen von Ulug-Beg zu vergleichen, gehört sie doch zu den charakteristischen Merkmalen von Bukhara.

Nach einem frühen Abendessen machten Xenia, Ghislaine, Sandra und ich nochmals einen langen Spaziergang. Der Frühlingsabend war wie Seide, der Himmel ein weiches Rosa über der bisquitfarbenen Stadt, die mit türkisenen Rundungen und Kuppeln durchsetzt war.

Bukhara war ein zweites Mekka und die Kalian-Moschee gegenüber der Miri-Arab-Medresse die größte nach der Bibi-Khanym in Samarkand. Der Kalian-Turm läßt den weiten Platz dazwischen klein erscheinen. Man gab ihm den unheimlichen Namen »Turm des Todes«, denn zum Tode verurteilte Gefangene oder untreue Frauen wurden die 150 Stufen hinaufgezerrt und aus 46 m Höhe auf das untenliegende Pflaster gestürzt. Das erste Mal im 12. Jahrhundert erbaut, brach er einmal zusammen und stürzte auf die große Moschee, die 10000 Pilger aufnehmen konnte. Heute steht diese leer und verfällt langsam. Wir versuchten, in die Miri-Arab-Medresse hineinzugehen, aber ein junger Mann hielt uns zurück und erklärte uns, daß dies das einzige religiöse moslemische Seminar in Zentralasien sei. Es beherbergte zur Zeit achtzig Studenten und es wurden jährlich zwölf für ein siebenjähriges Studium aufgenommen. Er fragte mich, ob ich gläubig sei. Ich sagte: »Ja! Ich bin orthodoxe Christin.« – Er nahm meine Hand zwischen seine beiden Handflächen und sagte sanft: »Dann sind wir Brüder!«

Wir gingen wieder auf die Straße hinaus, und plötzlich spielte sich vor unseren Augen eine äußerst brutale Szene ab. Ein wild dreinblickender junger Uzbeke befand sich in einem wütenden Kampf mit einem anderen jungen Mann. Er hatte ihn zu Boden geschlagen und trat ihm auf den Kopf. Auf beiden Seiten versuchten andere junge Leute, die Kämpfenden zu trennen. Xenia, die ihnen am nächsten war, machte Anstalten einzugreifen, als der rasende Uzbeke sich ihr zuwandte und sie beinahe auch geschlagen hätte, wenn seine Kameraden ihn nicht weggerissen hätten. An dem stillen Abend schien dieses Aufblitzen von hemmungsloser Wut eine böse Vorahnung davon zu geben, was in diesem fast gottlosen und unterdrückten Land schon dagewesen ist und jederzeit wieder geschehen kann. In gedrückter Stimmung kehrten wir heim, an Lehmhäusern vorbei, durch die engen Straßen, die unvermittelt auf große, von Medressen flankierte Plätze führten.

Am nächsten Tag konnten wir die Stadt in Ruhe anschauen, aber im hellen Sonnenlicht verlor sie viel von ihrem Zauber. Am Abend wirkten die verlassenen Straßen friedlich, aber jetzt war das Fehlen von Bewohnern bedrückend, als ob die zweitausendjährige Geschichte Bukharas stehengeblieben wäre und auf einen neuen Anfang wartete.

Bevor wir abreisten, besuchten wir noch den Sitoray-Palast, die Sommerresidenz der Emire, einige Kilometer außerhalb der Stadt. Er muß ein Geschenk der russischen Regierung gewesen sein und ist ein recht anziehender Bau in einem pseudoorientalischen Stil à la Diaghilev, verspielt, aber geschmackvoll, trotz des süßlichen Thronsaals, der ganz aus Spiegeln und Stuck besteht. In den Gärten, durchzogen von einem Netz kleiner Kanäle, blühten köstlich duftende altmodische Rosenbüsche.

Beim Abendessen auf dem Flugplatz stieß ich mit verheerenden Folgen für meine weiße Jacke an eine Teekanne. In der Küche nebenan schrubbten und bürsteten zwei oder drei lächelnde, mitleidig gackernde »Babas« den Fleck über einer Blechschüssel. Weit und breit war kein einziges elektrisches Gerät zu sehen.

Wir sollten nach Taschkent, der Hauptstadt von Uzbekistan, fliegen und am nächsten Tag beinahe auf der gleichen Strecke nach Khiva zurückkehren, nur um dann wieder nach Taschkent zu fliegen (über 1000 km) und schließlich endgültig nach Baku. »Warum eigentlich dieser riesige Umweg?« – Unser Führer war ebenfalls verblüfft, aber wir erkannten, daß er verpflichtet war, dem Hauptquartier in Taschkent Bericht zu erstatten, damit »sie« sich davon überzeugen konnten, daß wir alle da waren, eine disziplinierte kleine Herde.

Taschkent

am Fluße Tschitschik, einstmals Hauptstadt von Turkestan, bedeutet »Mut« oder »Steinerne Stadt«. Es ist die viertgrößte Stadt der Sowjet-Union (über zwei Millionen Einwohner) und wird bedauerlicherweise häufig von heftigen Erdbeben heimgesucht, wie von jenem, das 1966 einen großen Teil der Stadt zerstörte. 1977 gab es neue Erschütterungen. Es ist eine Stadt, in der kein Wind weht. Wir befanden uns nordwestlich von Duschambé und so spürte man demnach sofort die frische Bergluft. Vor 2000 Jahren gegründet, war es ein Vorposten von Tamerlans Reich, aus dessen Zeit der Dom, die Moschee (Gumbaz) und mehrere Medressen stammen.
Obwohl die Stadt von vielen Rassen bewohnt wird, ist sie das europäische Zentrum dieses abgelegenen Landesteils. Wir waren angenehm überrascht von ihrem freundlichen Anblick: Parks, Springbrunnen, Alleen und viel einfallsreichere moderne Bauten als wir sie anderswo gesehen hatten. Es stellte sich heraus, daß eine große Zahl von Kindern und Müttern aus Leningrad während der Belagerung hierher evakuiert worden war. Viele von ihnen konnten nicht mehr heimkehren, nachdem sie ihr Heim und oft auch ihre Eltern verloren hatten. Sie wurden Architekten, Ärzte, Wissenschaftler. Der kulturbringende Einfluß ihrer fernen Heimat ist, wie auch in Duschambé, deutlich wahrnehmbar. »Sie kamen aus Piter«, sagte man uns, »und alles Gute in Rußland ist immer aus Piter gekommen.« Xenia und ich waren sehr erfreut, unsere Heimatstadt liebevoll als »Piter« – eine Koseform von St. Petersburg – bezeichnet zu hören, niemals als Leningrad.
Es war für mich interessant, den Gouverneurspalast zu sehen, den wir bewohnt hätten, wenn mein Vater den Posten eines Gouverneurs von Turkestan angenommen hätte, der ihm zu Beginn des Ersten Weltkrieges angeboten worden war. Aber meine Mutter fürchtete, es könnte dort keine geeignete Nahrung oder medizinische Versorgung für kleine Kinder geben, so daß er die Ehre ablehnte.
Der Palast wurde während der Revolution gestürmt und seine Bewohner ermordet. Wir hätten den Umsturz also nicht überlebt.

Das Hotel hatte eine höheres Niveau als alle, die wir bis dahin erlebt hatten. Beim Abendessen fragten wir nach Kefir, aber den konnte man nur zum Frühstück haben. Es war unmöglich, irgend etwas »Außerplanmäßiges« zu bekommen. »Moscou a dit non« (Moskau hat abgelehnt), bemerkte M. Richard, nachdem die gutwillige Kellnerin uns geknickt die enttäuschende Kunde brachte.
Es war an dem Abend nichts weiter zu tun, so stellten wir den Fernseher an. Dort lief eine Sendung über Schlankheitskuren – eine wichtige Maßnahme angesichts der »naturbedingten Fülligkeit«, die jede durchschnittliche sowjetische Frau in einem relativ frühen Alter erwartet. Selbstverständlich ist die zur Verfügung stehende Kost daran schuld, denn alles, was man zu essen bekommt, macht dick, dazu kommt der Mangel an Vitaminen infolge von unsachgemäßem Transport und mangelhafter Organisation.
Wir sollten am nächsten Morgen um fünf Uhr aufstehen und noch vor dem Frühstück abreisen. Es gelang uns, ein freundliches Zimmermädchen zu bestechen, uns kochendes Wasser für unseren Nescafé zu bringen. »*Das* nennt ihr Ferien?« rief sie in mitleidiger Entrüstung.

Khiva

Nach endlosem Warten konnten wir endlich nach Urgentsch fliegen. Von dort brachte man uns nach Khiva, etwa 30 km entfernt. Die lange, schnurgerade Straße führte an den fruchtbaren, von Kolchosen bestellten Feldern der einstigen Oase Khoresm vorbei, dem Amu-Darja entlang, den Oxus Alexanders, zwischen den Wüsten Kyzyl-Kum und Kara-Kum, wo von alters her massenhaft Karakulschafe gezüchtet werden. Die Kopfbedeckung der Khivaner ist eine hohe Mütze aus Astrakhan-Fell, wie ein Zuckerhut.
Die »Gurza« oder »Vipernwüste« liegt im Norden der Kara-Kum, zwischen dem Kaspischen Meer und dem Aral-See. Sie wimmelt von Giftschlangen, die den eindringenden Heeren schwere Verluste brachten – sowohl den Makedoniern wie auch später den Römern, die offene Sandalen trugen. Ich erfuhr, daß man die Schlangen nicht ausgerottet hat, sondern sie heutzutage für medizinische Zwecke verwendet.
Obwohl wir bei verschiedenen Gelegenheiten recht nah an der Grenze von Afghanistan gewesen waren, sahen wir hier zum ersten Mal zahlreiche Militärfahrzeuge. Auf dem Flugplatz von Urgentsch stand eng zusammengedrängt eine kleine Gruppe von traurig dreinschauenden Rekruten, die später in eine wartende Maschine verfrachtet wurden. »Arme Burschen«, bemerkte ein Fahrer. Auf der Landstraße nach Khiva fuhren zweimal verdächtig aussehende, kleine, mit Planen gedeckte

Lastwagen mit der Aufschrift: »Khleb« (Brot) an uns vorbei. Solschenizyn beschreibt sie als Gefangenentransporte. Sonst konnten wir keinerlei Anzeichen vom gegenwärtigen Krieg entdecken, der um so mehr ein Tabu zu sein scheint, je näher man seinem Schauplatz kommt.

Die Gegend von Khoresm war berühmt für ihre Seidenproduktion und Alleen von Maulbeerbäumen erstreckten sich in alle Richtungen. 300 v. Chr. war das Königreich Khoresm auch bekannt für seine paradiesischen Gärten, deren Erzeugnisse, besonders Melonen, bis nach Bagdad und China versandt wurden.

Von seiner alten Kultur weiß man bislang nur wenig. Spitamanes' Aufstand gegen Alexander befreite das Land von der griechischen Herrschaft und dreihundert Jahre später schlug Khoresm Crassius' römische Legionen, die »geblendet waren von den leuchtenden Farben ihrer seidenen und goldenen Banner, dergleichen sie noch nie zuvor gesehen hatten«.

Gegen Ende des vorigen Jahrhunderts war Khiva eine Stadt von etwa 35 000 Einwohnern. Heute ist sie völlig ausgestorben. Wie man Erbsen aus ihrer Schote streift, hat man die Bewohner nach jenseits der Umwallung verbannt, und ihr hinter die Stadtmauern verlegter »Tim« oder Markt war auf dieselbe klägliche Auslage von Steckrüben und Rettichen unter siedendheißen Wellblechdächern beschränkt, wie wir es schon in Bukhara und Samarkand erlebt hatten.

Wir stiegen den Abhang hinauf zu der völlig unversehrten, von Mauern umgebenen mittelalterlichen Ortschaft und betraten eine Geisterstadt. Durch eine Fügung des Schicksals seit der Tatarenzeit von Einfällen verschont, muß sie frühen Reisenden, wie etwa Marco Polo, falls er je seinen Weg hierher gefunden haben sollte, fast genau so erschienen sein.

Als Trost für das bedrückende Gefühl der Leblosigkeit, das einen beim Durchschreiten der großen Portale überfiel, fanden wir kleine »Beriozka«-ähnliche Stände mit spärlichem Warenangebot entlang der Steigung bis hin zu der Hälfte eines nie vollendeten, riesigen, gekachelten Minaretts. Rechts erhob sich eine große Medresse. Mme. Richard hätte sich gern einen Augenblick zurückgezogen. Ich ging mit ihr hinein, gefolgt von unserem sichtlich beunruhigten Führer. Man führte uns zu einer Tür, die sich wegen des dahinter befindlichen Drecks fast nicht öffnen ließ. Ich fragte nach dem Direktor des mutmaßlich »örtlichen« Hotels. Eine barsch aussehende Frau, zugeknöpft bis zum Hals, sagte, sie wäre zuständig, worauf ich sie bat, uns in das Badezimmer eines unbelegten Zimmers zu lassen, da das, was man uns vorgeschlagen hätte, nicht in Frage käme. »Wir haben keine freien Zimmer!« – »Natürlich haben Sie welche«, beharrte ich, »und übrigens ist es in *Ihrem* Interesse, eins für uns aufzuschließen, denn ich schreibe einen Bericht.« Bei diesem Wort erbleichte sie und ging ärgerlich vor uns her über den Hof, um die Tür eines einigermaßen sauberen Zimmers aufzuschließen. Das Schlafzimmer, das wir dabei durchqueren mußten, enthielt vier ungemachte und schmutzige Betten –

wahrscheinlich das einzige, was ein durchschnittlicher sowjetischer Bürger bekommen könnte, falls er sich zufällig in diese entlegene Gegend wagen sollte.

Als wir wieder herauskamen, fragte unser Führer, der sich während meiner Unterhaltung mit dem »Direktor« schleunigst aus dem Staube gemacht hatte: »Wie haben Sie es geschafft, mit ihr fertig zu werden?« – »Ich sagte ihr, es sei in ihrem Interesse, zu helfen, da ich einen Bericht schriebe.« – Das verschlug ihm den Atem: »Einen Bericht? An wen?« Ich lachte: »Alles in Ordnung! Machen Sie sich keine Sorgen! An unser Reisebüro.«

»Bericht« ist ein Zauberwort. Wenn man in der Sowjet-Union in Schwierigkeiten ist, scheint es eine magische Wirkung auszuüben. Man weiß ja nicht, an wen er geht. Als wir später am Nachmittag wieder vorbeikamen, war der »Direktor« von der Bildfläche verschwunden, aber die vorderen Waschräume, die wir in solch einem entsetzlichen Zustand vorgefunden hatten, waren sorgfältig gesäubert worden.

Dann gingen wir weiter in die »Museumsstadt Khiva«, wie sie heute heißt, hinein. Sie hätte eine wundervolle Kulisse abgegeben für eine Verfilmung des »Diebes von Bagdad«, mit jemand wie Douglas Fairbanks in der Hauptrolle, aber die Leere war bedrückend. Sie ist viel größer als Fatipur Sikhri in Indien, aber ganz offensichtlich eine Stadt, die gebaut wurde, um darin zu leben. Wir gingen durch den »Taschkui« (das steinerne Haus) und durch vier blaugekachelte »Aywans« der Frauen des Khans. Ein kleiner, freier Platz bei der Djami-(Freitags-)Moschee mit ihren 218 geschnitzten hölzernen Säulen (von denen etwa zehn siebenhundert Jahre alt sind) war von blühenden Akazien beschattet. In einem schäbigen Café an einer Ecke konnten wir Tee bekommen. Mottenzerfressene Matratzen auf schlechtgefederten eisernen Bettstellen standen zur Verfügung: die übliche uzbekische Sitzanlage. Wir zogen wackelige Gartenstühle vor und saßen eine Weile im willkommenen Schatten.

Einige zwielichtige Jugendliche tauchten auf, als Xenia und ich allein waren, und boten uns an, Geld zu wechseln oder Drogen zu verkaufen.

Wir setzten die Besichtigung dieser leeren Schale von orientalischer Modellstadt fort und entdeckten schließlich in einer der versteckten kleinen Buden am Rande des Platzes vor der Medresse des Alla Kuli einen alten, runzeligen Uzbeken, der auf eine schöne Messingkaffeekanne einhämmerte. Er wollte nicht mit uns sprechen, aber er muß ein letztes Überbleibsel der berühmten Kunsthandwerker gewesen sein, die sich früher in diesem Viertel scharten. Wahrscheinlich erlaubte die Verordnung vom 1. Mai 1987 ihm, sein Handwerk wieder auszuüben, solange er niemanden beschäftigte oder unterrichtete. Auf diesem Platz wurden früher die Erlasse des Khans dem Volke verkündet und Hinrichtungen vorgenommen, vermutlich auch als Volksbelustigung wie in Bukhara und im heutigen Damaskus.

In einer Seitenstraße war ein kleines Museum dem Arzt und Botaniker Beruni gewidmet, dessen Abhandlung aus dem 10. Jahrhundert heute noch studiert wird. Ein Zitat war in ein Stück Holz des »Karagetsch«-Baumes eingeritzt: »Es ist besser, hundert Jahre im Gefängnis zu sitzen, als zu versuchen, die Wahrheit denjenigen zu vermitteln, die nichts verstehen!«

Unter dem Eindruck dieser pessimistischen Behauptung kehrten wir zu unserem Bus nach Urgutsch und nach Taschkent zurück.

Wir erfuhren, daß kurz nach unserem Besuch der Gouverneur von Bukhara wegen »Korruption« gehängt worden war. Armer Mann. Die Anklage mag wohl gestimmt haben, denn »Korruption« ist besonders augenfällig bei der Klasse der »Aparatschiki«, die in Reichweite aller guten Dinge lebt. Geringere Bürger können kaum weitergehen, als gelegentlich einem Touristen die Kamera zu klauen. Die Kriminalität steigt in diesen Landesteilen stark an. Es entsteht eine organisierte »Mafia« von Banden, die sich die unehrlichen Staatsbeamten als Opfer ausersehen, welche kraft ihrer allmächtigen Stellung und umfassenden Kontrolle von Produktion und Verteilung einträgliche Geschäfte gemacht haben.

Mit dem sprunghaften Anstieg der Verbrechen ist die interne Einschüchterung und Korruption, welche seit vielen Jahren auch die Polizei und den KGB mit einschließt, jetzt offen nach außen aufgebrochen. Da und dort wird mal ein Gouverneur erschossen, aber man kann sich nicht vorstellen, daß das viel ändern wird, denn es handelt sich um einen Auswuchs des Systems und ist die natürliche Folge davon, daß man alle Möglichkeiten abgeschnitten hat, Besitz auf ehrlichem Wege zu erwerben.

Der wachsende Einfluß organisierten Verbrechertums erstreckt sich offensichtlich auch auf die Gefängnisse und Lager. Schon Solschenizyn beschrieb das kriminelle Element im »Gulag«. Es folgte eine zweite Phase, als sich die Lager mit heimgekehrten sowjetischen Kriegsgefangenen füllten, die sich nicht einschüchtern ließen. Wie man so sagt, »hatten sie andere Hunde bellen hören«, und verfuhren mit den Verbrechern auf ihre Weise, wodurch sie deren Einfluß verringerten. Heutzutage kann die organisierte Mafia, wie es scheint, wieder bessere oder schlechtere Behandlung sogar in den Gerichten und Straflagern durchsetzen.

Wie bei der Prohibition in den Vereinigten Staaten kann diese teuflische Unterweltszene nur dann verschwinden, wenn das System zu freiem Unternehmertum umschwenkt. Hin und wieder einen Beamten zu erschießen kann nichts nutzen.

Man hört von diesen Dingen durch Zufall, so als ob der Anstieg der Verbrechen in Uzbekistan nur ein kleiner Einzelfall in der weitläufigen Sowjet-Union wäre, aber es ist überall im ganzen Land genau das gleiche und liegt in der Natur des sozialistischen Systems. Außerdem kann man von einem unterdrückten Volk nicht erwarten, daß es der Zentralregierung irgendwelche Gefühle von Loyalität entgegenbringt. Die Vorspiegelung sogenannter getrennter Volksgruppen in Tadjikistan, Uzbekistan, Azerbaidjan (neben denen, die wir nicht besucht hatten) ist nicht

überzeugend. Alle drei Völker sind in jedem dieser asiatischen Länder vertreten. Ihre angestammten Sprachen und ihre Literatur verbergen sich hinter dem Begriff »Folklore«, die unterdrückten Moslems ziehen sich in den Sufismus zurück, eine geistige Glaubensrichtung, die zu fassen unmöglich ist. Nach einem »Basmatsch«-Aufstand, der 1934 schonungslos niedergeschlagen wurde, ist jetzt die Rede von einem neuen »Dschadidismus«. Selbst die Tschagatai-Osttürken dürfen sich heute nur noch »Alt-Uzbeken« nennen.
Die Vernichtung ihrer Märkte behindert den Austausch. Massendeportationen und Exil haben die führenden Schichten für die Gegenwart ausgeschaltet, aber mit der Zeit werden sie sich wieder erheben.
Vor der Revolution war der Ausdehnung in diesen Landesteilen eine sogenannte »friedliche Durchdringung« unter Ermolov, Kauffmann usw. gefolgt. Auf ihre Sitten und Religionen wurde Rücksicht genommen und Gemeinwirtschaft führte zu großem Wohlstand ...

Baku

Nachdem wir uns mit Mme. Richards Kocher Kaffee und Tee gemacht hatten, waren wir schon beim ersten Morgengrauen auf dem Weg nach Baku in Azerbaidjan am Kaspischen Meer.
Das Wappen der Stadt zeigt drei kleine Flammen. Tatsächlich pflegten Flammen dort sowohl aus der Erde wie auch aus dem Wasser zu flackern, was bereits Marco Polo bemerkte und so mancher andere Reisende seit der Zeit. Es wurde auch zum Ursprung des zoroastrischen Kultes, dessen Anhänger diese Flammen für eine Offenbarung göttlicher Macht hielten. Hier befand sich auch ein altbekanntes Gebiet von Heilquellen. Ein Erzeugnis namens »Naphtalan« (Naphta = Erdöl) wurde als bewährtes Mittel gegen eine Reihe von Übeln wie Arthrose, Rheumatismus usw. in den Apotheken verkauft.
Es lodern keine Flammen mehr aus dem Boden, weil der Petroleumspiegel gesunken ist, aber der kleine Tempel in der Nähe von Surachany auf der Halbinsel Apscheron, zu dem man uns hinführte, spie Flammen aus seinen vier Säulen und aus einer Art von Kohlenbecken in der Mitte. Man berichtete uns, daß »Parsees« aus Indien und Zoroastrier aus dem Iran den Ort mit allen Zeichen der Verehrung besuchten.
Unsere neue Führerin war eine hellhäutige, recht schöne Frau. Sie stammte von den Alanen ab (jetzt Osseten genannt), die heute größtenteils die nordwestlichen Vorgebirge des Kaukasus bewohnen. Sie behauptete beharrlich, daß die Bezeich-

nung »Alan« immer die Nachkommen der ursprünglichen Alanen bedeute, jenes wilden und verwegenen Stammes, der durch den Darial-Paß in den Kaukasus brach, um in Europa einzufallen.

Wohin wir uns auch wandten, überall trafen uns starke Winde, die von allen Seiten zu blasen schienen. »Badkubé« auf Persisch oder »Bakuben«, wie die Stadt früher genannt wurde, bedeutet »Windböe«. Das heutige Baku ist die fünftgrößte Stadt der UdSSR, gehört seit 1806 zu Rußland und breitet sich wie ein riesiges Amphitheater mit Blick auf das Meer über einen steilen Abhang aus. Der Palast des Khans stand hoch oben auf der Zitadelle. In der Mitte einer sechseckigen Umzäunung gestattete ein praktisches Loch das Auftauchen des Kopfes eines Gefangenen zum Verhör. Wenn er kurzerhand enthauptet wurde, fielen die Überreste zurück in einen Kanal, der zum Meer führte. Ein kleiner Garten war wunderschön bepflanzt mit vielen Arten von Bäumen: Magnolien, Judasbäumen, Pistazien und einem seltsamen Strauch, der »Affenbrotbaum« genannt wurde. Ausgrabungen in jüngster Zeit hatten Reste von römischen Bauten und Bädern freigelegt.

Die Altstadt bewahrte noch etwas von ihrem vorrevolutionären Zauber: eine Mischung von blühenden Parks, gemütlichen kleinen Restaurants und buntbemalten Häusern, aber auch grotesken, palastartigen Wohnhäusern von Neureichen aus der Zeit, als Baku am Ende des vorigen Jahrhunderts einen Ausbruch von Wohlstand erlebte. Auch unser Hotel entsprach einer höheren Klasse von Pseudo-Luxus, obgleich ich beim Mittagessen, als ich M. Richard fragte, was er denn da äße, die ironische Antwort erhielt: »Une espèce de Kebab, roulé dans une espèce de Blini.« (Eine Art von Kebab, eingerollt in eine Art von Blinis [Pfannkuchen].) Voll kulinarischer Neugier wollte Xenia unbedingt immer alles versuchen, wozu M. Richard bemerkte: »Nous avons pu constater, que vous jouissiez d'un excellent appétit!« – (Wir haben feststellen können, daß Sie sich eines ausgezeichneten Appetits erfreuen!)

Ihr Erfolg bei den Einheimischen hielt unvermindert an, und unser Chauffeur, ein kräftiger Armenier von imponierendem Äußeren, präsentierte ihr sofort einen hübsch zusammengestellten Blumenstrauß. »Ein wohlverdienter Tribut an eine Dame aus ›Piter‹«, versicherte er ihr. Er erzählte, daß er mit seiner Familie an der Küste jenseits des »Flammentempels« zu baden pflegte, daß aber seit einigen Jahren der Wasserstand gefallen wäre. Kürzlich jedoch hätte man entdeckt, daß das von einem großen Loch bei Krasnovodsk herrührte. Es wurde aufgefüllt und der Pegel stieg wieder an. (Das Ganze muß wohl an einem unterseeischen Vulkanausbruch gelegen haben, dessen Krater wahrscheinlich durch das einfache Mittel, Sprengstoff in ihn zu werfen oder zu pressen, wieder zugestopft werden konnte.)

Aber der Mensch wird mit allem nicht so leicht fertig. Man erzählte uns vom ökologischen Desaster des Aralsees, des drittgrößten Binnensees der Welt. Seine

Häfen befinden sich heute über fünfzig Kilometer vom Ufer entfernt, die Fabriken am Ufer stehen still und die Boote zerfallen. Man hatte versucht, zwangsweise Baumwolle – die unendlich viel Wasser braucht – zu pflanzen, und dafür mit haarsträubender Inkompetenz die Anlagen aus den Flüssen Syr Daria und Amu Darya bewässert. Das Wasser verdunstete unterwegs, anstatt den Aralsee aufzufüllen, der dadurch um ein Drittel zusammenschrumpfte. Zudem verseucht Schädlingsbekämpfung die Gegend und läßt die Kindersterblichkeit bedenklich ansteigen.
M. Richard hatte kaum Zeit, von seinem Stuhl im Restaurant des Hotels aufzustehen, als seine Kamera, die daran hing, schon gestohlen war. Ich versuchte, ein Buch zu kaufen, aber die Buchhandlungen waren leer. Ihre Größe bewies, daß das nicht immer der Fall gewesen war. Der Bürgerkrieg tobte auch hier zwischen 1917 und 1920. Ein schönes Teppich- und Goldschmiedemuseum mit recht beachtlichen Ausstellungsstücken bewies, welch wunderbarer Handwerker sich die Gegend einst rühmen konnte.
Die Weine der Region sind immer noch köstlich und der Staat scheffelt Reichtümer in und um Baku, so daß man hoffen kann, daß die Bevölkerung hier vielleicht weniger elend ist als anderswo.
Leider sind die ethnischen Gegensätze in diesem Land fast unüberwindbar. Die uralte Rasse der so intelligenten Armenier ist immer im Vorteil gegenüber den Azerbaijanern, Fußvolk der türkischen und persischen Einmärsche. Die Armenier übernehmen unvermeidlich jede gehobene Stellung und bilden ganze Kolonien in Narodny-Karabakh und Sigmaït, die zu Unrecht Armenien entrissen waren, aber den Azerbaijanern ein Dorn im Auge sind. Mit letzteren ist auch die Sowjet-Regierung wegen dem Ölvorkommen gezwungen vorsichtig umzugehen. Eine explosive Situation.
Als wir von Tadjikistan nach Uzbekistan und Azerbaidjan zogen, nicht zu reden von Armenien und Georgien, forderte Sandras bezaubernder Anblick immer die gleiche Bemerkung heraus: »Ist sie verheiratet? ... Warum nicht?« Es schien den Leuten unvorstellbar, daß solch ein liebliches Mädchen noch ledig wäre. Sie waren bereit, ihr auf der Stelle einen Mann zu besorgen. Nach ihrer Heimkehr nach Paris hat sie den guten Rat befolgt und sofort geheiratet.
Xenia war eigentlich dazu geboren, eine Sultanin oder die Frau eines Generalgouverneurs eines dieser Länder zu werden. Beide Rollen hätte sie genossen und sie mit eiserner Hand im Samthandschuh ausgeführt. Aber das Schicksal hat sie darum betrogen.

in Armenien hat drei Millionen Einwohner. Hier liegen die Quellen sowohl des Tigris als auch des Euphrats. Da das Flugzeug eine südliche Route einschlug, konnten wir zu meiner Enttäuschung die Gipfel des Kaukasus nicht erblicken, bis wir den Ararat (5160 m) und die hohen Berge, die ihn auf beiden Seiten umgeben, erreichten. Wir flogen auf Armeslänge an ihnen vorbei und gingen in einem Bogen nach Erivan herunter, das schön in einem weiten Kessel liegt, von hohen und höchsten Bergen umrahmt. Wir waren in den Vorfrühling zurückgekehrt, bei den Obstbäumen brachen eben die Blüten auf.

Armenien ist das Urartu des Altertums, das zu der damaligen Zeit ein bedeutendes Königreich war, in dem das Christentum im Jahre 301 zur Staatsreligion erhoben wurde. Seine höchste Blüte erreichte es unter Tigran dem Großen im 1. Jahrhundert. Während der folgenden Jahrhunderte wurde das Land häufig von Persern und Türken überfallen, bis es unter russischen Schutz gestellt wurde. Nach dem Ersten Weltkrieg fand in der Türkei ein unbarmherziges Gemetzel statt, bei dem Hunderttausende von Armeniern umkamen. An diese Tragödie erinnert ein schönes Denkmal auf einem Hügel oberhalb von Erivan, mit einem wehmütigen Blick auf den Ararat, der jetzt auf türkischem Gebiet liegt. Eine große Zahl von Armeniern lebt heute im Ausland, aber diese Diaspora ist noch durch feine Fäden mit ihrer Heimat verbunden. Daher sind die Kirchen hier in weitaus besserem Zustand als irgendwo sonst in der Sowjet-Union. Vielleicht gelang es auch Mikoyan, sein Land vor Stalins drastischen Säuberungen zu bewahren, denn hier ist noch eine Mittelschicht zu finden, und das verstärkte Wachstum des Proletariats scheint sich mehr in Grenzen zu halten als anderswo.

Wenn auch vielleicht nicht auf dem gleichen Niveau, funktionierte das Restaurant im Hotel ebenso reibungslos wie ein solches in Paris. Ein intelligenter, kräftiger Maître d'Hotel mit schwarzen Augenbrauen und ebenso aufgeweckte Kellner, die jedem Wink von ihm gehorchten, begrüßten uns mit Brocken von vier oder fünf Sprachen. Viele der Gäste waren Einheimische, stets in lebhafteste Unterhaltung vertieft. »Grand nez ne dépare pas beau visage«, sagen die Franzosen. (Eine große Nase verunstaltet nicht ein schönes Gesicht.) Die Nasen waren allerdings äußerst hervorstechend, aber so kluge, blitzende, kohlschwarze Augen beobachteten und bemerkten alles, das man beinahe das Gefühl hatte, daß elektrische Wellen von ihrem so wachen Hirn ausgingen, und das fügte ihrer schönen Stadt Leben und einen internationalen Anflug hinzu. Das Unnatürliche am Kommunismus schien sie nicht zu berühren, und sie waren sicher schlau genug, um Beschränkungen zu umgehen. Vielleicht hat das entsetzliche Beispiel des armenischen Völkermordes unter den Türken einer Nachahmung entgegengewirkt.

Das Matenedaran-Museum besitzt eine außergewöhnliche Sammlung von alten, illustrierten Manuskripten und die schöne Gemäldegalerie kann sich einer bemerkenswerten Fülle von russischen und ausländischen Bildern rühmen. Wenige Städte haben so viele Museen von so hohem Niveau, und ich ließ das Mittagessen fahren, um sie zu sehen. Der Chauffeur unseres Busses wartete unterdessen rührenderweise, um mich rechtzeitig ins Hotel zurückzubringen.

In der Galerie hörte mich eine der Frauen, die immer auf dem gleichen Stuhl neben der Tür sitzen, französisch sprechen und redete mich daraufhin in derselben Sprache an, welche sie fließend beherrschte. Sie war ein typisches Beispiel für die Angehörigen der verfolgten Klasse, die nur untergeordnete Stellungen bekleiden dürfen. Ich bedauerte, daß ich nur eine Flasche Eau de Cologne und einen Kugelschreiber bei mir hatte, die ich ihr geben konnte.

Unser Nachmittagsausflug führte uns zur abgelegenen Einsiedelei und Kirche des hl. Gerhard, wo nach einer Überlieferung die Lanze aufbewahrt wurde, die Jesus am Kreuz in die Seite gestochen wurde. Sie befindet sich jetzt im Museum von Etchmiadzin, der Residenz des Patriarchen. Die Kirche ist in den Felsen gehauen und muß in unruhigen Zeiten eine verläßliche Zufluchtstätte gewesen sein. Sie hat Säulen aus dem 13. Jahrhundert, und ein hohes Gewölbe bewirkt eine außerordentliche Akustik.

Auf unserer langen Fahrt zurück hatten wir eine ungewöhnliche Aussicht auf den Ararat, die man nur sehr selten genießen kann, denn den größten Teil des Jahres ist der Berg in Wolken gehüllt. Der Berg Arailer (2775 m) ist nach dem schönen armenischen König Ara »dem Wunderbaren« benannt, den Semiramis, die Königin von Babylon, gern geheiratet hätte. Als er sich weigerte, wurde er angegriffen und fiel in der Schlacht. Man brachte ihr seine Leiche, damit sie sie beweinen könne.

Das gute Aussehen der Kaukasier ist sprichwörtlich. Auf unserem Weg nach Etchmiadzin kamen wir an der Kirche der hl. Rhipsimé vorbei, eines schönen christlichen Mädchens, das Diokletian heiraten wollte. Ihre Weigerung mag die gnadenlose Christenverfolgung mit verursacht haben, die die Regierungszeit dieses Kaisers befleckte. Rhipsimé floh nach Armenien, wo sich der heidnische König Tiridates III. in sie verliebte. Noch einmal ihrer Religion treu, weigerte sie sich wieder und wurde zum Tod durch Steinigen verurteilt.

Die Kathedrale von Etchmiadzin geht auf das Jahr 301 zurück und ist eine der frühesten Kirchen Armeniens. Es ist die Residenz des Patriarchen von Armenien, des Katholikos, dessen Palast durch ein Seminar und eine Druckerei erweitert ist. Das Museum enthält eine hervorragende Sammlung von Geschenken anderer religiöser Zentren aus der ganzen Welt. Auf dem Rückweg besuchten wir die Ruinen der runden, dreistöckigen Kirche »Zwartnoty« (die Wache unserer Zeit), die im 10. Jahrhundert von einem Erdbeben zerstört wurde, und die Überreste eines Pa-

triarchen-Palastes. Die Trümmer waren sorgfältig gestapelt, denn zu verschiedenen Zeiten hatte man vorgehabt, ihn wieder aufzubauen.
Alle Kirchen, die wir gesehen hatten, waren in gutem Zustand und zur Andacht geöffnet, was anderswo nicht der Fall ist. Die Armenier scheinen, mehr als irgendein anderes Volk im Machtbereich der UdSSR, einen vergleichsweise erträglichen modus vivendi erreicht zu haben.
Irgendwo auf unserer Fahrt wurde Xenias Kamera gestohlen.
Am Abend bot man uns ein Folklore-Ballett von weit besserer Qualität als in Duschambé.
Am nächsten Morgen bestiegen wir zu früher Stunde den Bus, um über die Berge nach Tiflis zu fahren, vorbei an einem römischen Tempel und dem großen Sevan-See, der wie eine Scheibe aus blaßblauem Metall still und unberührt dalag, von einem Kranz schneebedeckter Hügel eingefaßt. Eine kleine rotgedeckte, braune Kirche thronte auf dem höchsten Punkt des Ufers an einem steilen Abhang. Der Hügel war einst von einer Burg gekrönt.
Wir kletterten immer höher, an ärmlichen Dörfern vorbei, und erreichten die Schneegrenze. Dann wand sich die Straße wieder abwärts durch eine tiefe Schlucht und wir stiegen durch die Jahreszeiten hinab, vom Schnee zu den Tannenbäumen, vorbei an Lärchen, die zu grünen begannen. Dann kam Laub, das an Buchen und vielen anderen Bäumen auszuschlagen begann, Kirschen in voller Blüte, Iris, Flieder in verschwenderischer Fülle und schließlich blühende Apfelbäume und Rosen. Wir hatten den Sommer wieder erreicht, als wir auf die grünen Felder und in die Pracht des georgischen Flachlandes hinausfuhren.

Georgien

Das Land mit seinen fünf Millionen Einwohnern war das Kolchis Jasons und das Iberien des Altertums. Es wird von 70 % Georgiern und 30 % Osseten bewohnt, den Nachkommen der Alanen, einem Zweig des arischen Volkes und im Aussehen von den anderen so verschieden. Eigentlich sollte noch eine Spur von dem überaus bunten Völkergemisch übrig sein, das es hier früher gab, aber es ist heute nicht mehr erkennbar.
Kurz vor Tiflis kamen wir durch die Industriestadt Rustavi. Es gab zwar viele Hochhäuser, aber die Grünflächen dazwischen waren so saftig, daß sie freundlicher wirkten als an anderen Orten.

Wir mußten natürlich das Denkmal von König Wakhtang Gorgasale vor der baufälligen schönen alten Kirche besuchen. Durch einen Spalt in der Tür sah man Stapel von Brettern und anderem Baumaterial. Man erzählte uns, daß sie für Zusammenkünfte von Kindern benutzt würde, aber das schien mir zweifelhaft. Ein Chauffeur hatte stolz erzählt, das alle Georgier gläubige Christen wären, aber die wenigen Kirchen, die für die Andacht geöffnet sind, befinden sich in einem viel schlechteren Zustand als die in Armenien.

Immerhin war ich freudig erregt, wieder an diesem wunderbaren Ort zu sein, dessen Charme selbst die sowjetische Herrschaft nicht ganz beeinträchtigen kann. Eine Anzahl der malerischen Häuser war, seit ich vor einigen Jahren hier gewesen war, frisch gestrichen worden. Der Taxifahrer, angefeuert durch unsere Begeisterung, wirbelte uns immer schneller die steilen, mit Kopfsteinen gepflasterten Straßen hinauf und hinunter, unter überhängenden, blühenden Bäumen. Nichts konnte ihn zähmen, bis er plötzlich in eine Sackgasse hineinfuhr und so anhielt, daß der Wagen sich wie ein Pferd bäumte. Das veranlaßte ihn zu einer Denkpause und wir schoben uns allmählich langsam rückwärts den steilen Hang hinab, um in einem gemächlicheren Tempo durch die ruhigen Hauptstraßen der Stadt zu fahren.

Das letzte Mal wohnten wir im Iberia-Hotel, diesmal war uns das Adschara, eine vergrößerte Variante davon, zugewiesen. Wie üblich standen die meisten Fahrstühle, und die Schlange vor dem einzig verfügbaren machte es einem schwer, pünktlich zu sein, falls man irgend etwas Wichtiges vergessen haben sollte. Da Xenias und M. Richards Kameras schon unterwegs in Baku und Armenien gestohlen worden waren und meine nicht in Ordnung war, rieten wir denjenigen, die noch eine besaßen, sie an ihren Gürteln zu befestigen. Einer der Busfahrer erkannte mich vom letzten Mal her – es war der Mann, der uns über den Darial-Paß gefahren hatte. Ich war gerührt, daß er sich an mich erinnerte.

Die »offizielle« Rundfahrt nahm ihre übliche Route, auch zur Kirche des hl. David auf dem Berg – neben der Drahtseilbahnstation –, wo Stalins Mutter beerdigt ist und die vielleicht deshalb respektiert wird.

Tiflis wurde im Laufe seiner Geschichte vierzig Mal zerstört, aber diese tragische Vergangenheit, die in den Morden während der Revolution ihren Höhepunkt fand, hat das sorglose, südländische Temperament seiner Bewohner, das Xenia und ich von unseren georgischen Freunden her so gut kennen, nicht bändigen können. Äußerst mutig – denn jahrhundertelang haben sie sich immer wieder gegen überwältigende Übermacht zur Wehr setzen müssen –, vielseitig und begabt, übermäßig ritterlich, haben die Georgier auch eine leichtere Seite in ihrer Natur;

so wie ein Freund von uns, als er gefragt wurde, wie er denn weiterkam, als er ohne einen Pfennig in die westliche Welt hinausgestoßen wurde, kühl antwortete: »Ich habe von meiner Schönheit gelebt!«

Im Restaurant Muchran Tubari, wohin wir Damen zum Essen gingen, wurden wir mit der größten Freundlichkeit und Aufmerksamkeit behandelt, konnten aber auch feststellen, daß das ganze Haus in Kategorien aufgeteilt ist. Als ich das letzte Mal hier war, speiste ich in einem separaten Speisesaal mit Musik usw. ... Diesmal waren wir »Ehrengäste zweiter Klasse«. Es gab da sicher noch eine Reihe anderer Abteilungen, wobei jede Gruppe sorgfältig von der anderen ferngehalten wurde.

Im Museum zeigte man uns eine wunderbare Sammlung sehr alter Ikonen, von denen leider viele während der Revolution verschandelt worden waren. Als wir vor einem goldenen Triptychon standen, dessen Mittelteil bis auf Gesicht und Hände der Muttergottes reduziert war, verkündete die Führerin: »Graf Lewaschev, einer der letzten Gouverneure, hämmerte das Gold heraus und verkaufte es durch den Kaufmann Bodkin.« – Als wir herausgingen, trieb ich sie in die Enge und sagte: »Graf Lewaschev war mein Urgroßvater, ein frommer und auch reicher Mann. Es wäre ihm niemals eingefallen, so zu handeln, wie Sie es darstellten. Sie wissen ganz genau, wann diese Ikonen solch eine mutwillige Zerstörung erlitten haben, und ich bedauere Sie sehr, daß Sie verpflichtet sind, solche Lügen wiederzugeben!« – Offensichtlich wütend, und zwar mit gutem Grund schnauzte sie: »Es ist verständlich, daß Sie Ihre Familie verteidigen wollen, aber Sie scheinen unsere Geschichte nicht zu kennen.« – »Ich verteidige nicht meine Familie, sondern ich widerspreche nur einer eklatanten Lüge. Ihre Geschichte lernte ich von Familienmitgliedern Ihrer früheren Könige. Und jetzt habe ich keine Zeit mehr für Ihren Unsinn!«

Damit stiegen wir alle zurück in unseren Bus und fuhren nach Mskheta, der Hauskirche der Bagration, der Könige von Georgien und Kirche des Patriarchen. Es ist eine schöne Fahrt, und ich war froh, sie wieder zu erleben. Bei dem Besuch in der Kirche hatte ich Gelegenheit, den Zusammenstoß im Museum einem sowjetischen Professor gegenüber zu erwähnen. Der Kommentar dazu, der von einem tiefen Seufzer begleitet war: »Es ist wirklich bedauerlich, daß solche Dinge immer noch wiederholt werden!« – Es besteht anscheinend noch eine tiefe Kluft zwischen der »offiziellen« und der historischen Lesart der Ereignisse, die selbst die eigenen Historiker kennen und anerkennen.

Für den Abend hatten wir Karten für ein georgisches Ballett besorgt. Zu meiner Entrüstung fand es in der Kirche des hl. Nikolaus statt. Mme. Richard sagte tröstend: »Tanzen und Singen auf solchem Niveau ist auch ein Gebet.« – Die Vorstellung war allerdings beachtlich und die Männer wie auch die Frauen der Gruppe ausnehmend schön. Vier Männer sangen zur Gitarre und führten dann ein Ballett von Liebeswerben und Kampf auf. Die Mädchen waren schlank, anmutig und

zurückhaltend, die Männer leidenschaftlich, rücksichtsvoll und dann auch wieder wild tobend in ihren vorgetäuschten Kämpfen oder in reiner Lebensfreude. Xenia seufzte: »Das läßt einen wünschen, man könnte sein Leben noch einmal durchleben!« Sandra, zu einer Generation ohne Illusionen gehörend, bekam Kulleraugen bei dieser romantischen Vision.
Wir traten in den rosa-goldenen Abend hinaus, um noch einen letzten, schnellen Blick auf die liebliche Stadt zu werfen, die noch so viel von ihrem früheren Zauber bewahrte, einen letzten Blick auf »Wolfshaupt« Wakhtang, hoch oben auf seinem Roß, auf die Kirche des hl. David, die sich an ihren Hügel schmiegte. Es fiel uns die hiesige Sage ein: »Als Gott die Welt erschuf, verteilte er gleichmäßig seine Gaben. Einige erhielten Seen, andere Berge, einige Flüsse, andere fruchtbare Äcker; manche Reichtümer über dem Boden, manche unter der Erde. Als alles verteilt war, behielt der Allmächtige noch ein kleines Säckchen mit Geschenken übrig. Da Er nicht genau wußte, was damit anzufangen war, schüttete Er es über Georgien aus, das darum von allem etwas erhielt.«

Wieder in Moskau

Moskau hat ein Wintergesicht und ein Sommergesicht. Das letztere begrüßte uns nun. Die Streifen zwischen den zwei Verkehrsspuren auf den meisten Moskauer Seitenstraßen waren jetzt zu Gartenanlagen geworden: Akazien blühten über Fliederbüschen, die ebenfalls in voller Blüte standen. Die Bänke, die man unter die Bäume gestellt hatte, ließen noch genug Raum für behagliche Gehwege. Auf allen großen Boulevards hatte man diese grünen Oasen entfernt, um Platz für den Verkehr zu schaffen, was der Grund für die außergewöhnliche Breite so mancher Moskauer Straßen ist. Die Dreiteilung war um so vieles freundlicher, und wo sie noch besteht, verhüllt sie die scheußlichen Häuser auf beiden Seiten.
Alle Männer gingen in Hemdsärmeln, die Frauen in sich blähenden, weißen Nylonblusen, und kleine Mädchen trugen sonntags eine riesige, weiße Schleife im Haar. Die endlos lange Schlange vor dem Lenin-Mausoleum erstreckte sich durch den ganzen Alexandergarten, an der Kremlmauer entlang, denn jeder Sowjet-Bürger, der nach Moskau kommt, *muß* das Grabmal besuchen. Das ist kein Zeichen von Treue, sondern es würde schlecht aufgenommen werden, wenn man es nicht täte. Luftballons wurden an den Straßenecken aus großen, bunten Trauben verkauft. Manche davon entflogen den kleinen, rundlichen Kinderhänden und sprenkelten den hellblauen Himmel über den mehrfarbigen Kreml-Türmen mit fröhlichen Farbtupfern.

Solch eine heitere Szene muß einen Korrespondenten des Magazins »TIME« dazu verleitet haben zu erklären, daß die Sowjet-Bürger »offensichtlich mit ihrem Los zufrieden wären«.
Im Laufe unserer Reise, während der wir zehnmal das Flugzeug wechselten und rund 15 500 km in der Luft, in Zügen, Bussen oder Personenwagen zurücklegten, wurden wir oft gefragt: »Was denken sie im Ausland über ›Glasnost‹ (was wörtlich ›Offenheit‹ oder ›Aussprechen‹ bedeutet) und ›Perestroika‹?« – »Haben sie auch von Ligatschov und von Ryschkov gehört?« – Das hatten wir nicht, aber wir drehten die erste Frage um und fragten unsere Gesprächspartner, was sie denn selbst von der »neuen« Richtung hielten. Die Antwort lautete stets: »Sie gibt uns Hoffnung, aber macht uns auch Angst. Aber so konnte es nicht weitergehen! Gorbatschow ist die einzige Alternative. Wir müssen aber immer fürchten, daß diejenigen, die eine neue Tendenz mitmachen, später dafür bestraft werden. Das ist schon mehrere Male vorgekommen. Es ist besser abzuwarten, denn es hat sich für uns nichts geändert. Es gibt sogar erneute Kontrollen, denn sie wollen mehr Leistungsfähigkeit, und das wird unser Los nicht erleichtern.«
Inzwischen versuchen sie mit allen verfügbaren Mitteln, mit der Beharrlichkeit und Tiefe des Denkens, die Madame de Staël vor einem Jahrhundert in Rußland bewunderte, ihre Geschichte und ihre Vergangenheit wiederzubeleben. Mir persönlich wurde mit großer Freundlichkeit und Aufmerksamkeit begegnet, gerade weil ich für sie diese Vergangenheit darstellte. Die unzähligen vertraulichen Gespräche, die ich überall führte, endeten mehrmals mit der Frage: »Wovon leben Sie?« Sie meinten nie: »Wie hoch ist Ihr Einkommen«, sondern »Was motiviert Sie?«
Jede ausländische Nachricht wird aufmerksam gelesen. Man erzählte uns, daß die Sängerin Dalida Selbstmord begangen hätte: »Es stand in der Pravda!« So etwas gibt den Leuten das Gefühl, nicht ganz von den Nachrichten aus dem Westen abgeschnitten zu sein.
Aber zum erstenmal lesen sie auch ihre eigenen Zeitungen. »Vorher benutzte man sie nur, um Fisch einzupacken.«
Bald nach unserer Abreise landete der junge Deutsche Rust auf dem Roten Platz mit seiner kleinen, privaten Cessna. Durch dieses waghalsige Unternehmen gab er Gorbatschow die sehr willkommene Gelegenheit, bei der Armee hart durchzugreifen und unter Betonung derr Vormachtstellung der Partei all diejenigen auszuschalten, die ihm im Wege standen.
Überall wo es Schwierigkeiten gibt, wie in Tschernobyl oder Afghanistan, werden junge Leute aus den sogenannten Randrepubliken über Nacht mobilisiert. Während des Afghanistan-Krieges stießen zwei Truppen-Transportzüge in einem Tunnel zusammen, worauf die KGB-Wachen an jedem Ende die Ausgänge sperrten und die unglückseligen Soldaten umkommen ließen.
Bei der Katastrophe von Tschernobyl wagte ein Ingenieur in einer Kiewer Zeitung

zu behaupten, daß »alles der mangelnden Zulieferung geeigneten Schutzmaterials zuzuschreiben sei«. Man mußte Tausende aus diesem schönen Land evakuieren. Auch für die Helfer waren die Schutzmaßnahmen unzureichend, und auch sie mußten sterben. »Was schert es die Regierung? ...« wurde mir gesagt.
Gorbatschow versucht vor allem, gegen die Absurdität des Regimes vorzugehen. Bei einem Besuch in einer Lastwagenfabrik weigerte er sich, in einen bereitgestellten Lastwagen einzusteigen, sondern wählte irgendeinen anderen, der gleich eine Panne hatte. Der Direktor verlor seinen Posten. Diese Geschichte wurde in ganz Rußland erzählt und wird vielleicht zu einer oberflächlichen Verbesserung führen, aber das Getriebe des Systems ist von vornherein defekt, solange alles von dem »Gosplan« (Staatsplanung) angeordnet wird, der wiederum geschönte Statistiken als »berechtigte Waffe« (Lenin) gebraucht, um jeder Kritik entgegenzutreten.
Riesige Portraits von Lenin schauen einen überall in der Sowjet-Union an, geschmückt mit dem entmutigenden Schlagwort »Er ist unsere Ehre, unsere Weisheit und unser Gewissen!« Wie man seine Lehrsätze auch drehen und wenden mag, der Mord an dem letzten Zaren und vor allem an allen seinen Kindern in Ekaterinburg auf Befehl Lenins ist der sowjetischen Jugend schwer zu erklären. Sie sind das Symbol des russischen Holocaust geworden.
Man fühlt sich in Rußland heute, wie man sich im vierzehnten Jahrhundert nach der großen Pest gefühlt haben muß, mit dem Unterschied, daß die überlebende Bevölkerung mit Gewalt daran gehindert wird, ihre eigene Zukunft in die Hand zu nehmen, so wie Deutschland es nach 1945 tat. Die Sowjet-Russen befinden sich immer noch in einem gigantischen Konzentrationslager, wo – wie in einem modernen Zoo – die sichtbaren Gitter entfernt worden sind. Jedes industrielle Vorhaben, jedes Hotel, jeder Flughafen wird von ausländischen Firmen gebaut. Die gesamte russische Nation ist eine ausgebeutete Kolonie, ihrer Vergangenheit und Geschichte beraubt, und zu einer geographischen Basis für ausländische politische Subversion herabgewürdigt.
Es ist nur Gorbatschow zu verdanken, daß der Granitblock porös geworden ist. Er kann vielleicht selbst nicht übersehen, wie die Geister, die er befreit hat, sich entwickeln, denn Worte haben ihre eigene Dynamik und ihre Eigengesetzlichkeit.
Nur wenn dem sowjetischen Volk Initiative und Mitbestimmung am Schicksal seines eigenen Landes ermöglicht wird, kann es wieder »russisch« werden. Halbherzige, schleichende Maßnahmen führen zu nichts, aber vielleicht werden »Glasnost« und »Perestroika«, die dafür gedacht sind, innerhalb der Partei die Leistungsfähigkeit zu steigern, ihre Fesseln sprengen und einen nicht mehr rückgängig zu machenden Prozeß in Gang setzen, den die lähmende und totale Kontrolle der »Nomenklatura« nicht mehr unterdrücken kann.
Ein französischer Schriftsteller, Servier, erklärte kürzlich, der kommunistische Marxismus gehöre der Vergangenheit an, den »Sozialreligionen« des 19. Jahr-

hunderts. – Nur seine Mißerfolge seien heute noch gegenwärtig. Aber solange eine sowjetische Regierung an dieser Glaubenslehre festhält, wird sie sich immer den gleichen Mißerfolgen gegenübersehen.

Seit Lenin wurde so viel getan, um die Seele des Volkes zu vernichten, daß es überraschend ist, tiefes religiöses Empfinden immer wieder zu entdecken. Unter der hermetisch abgeriegelten Welt der Nomenklatura regt sich, was C. G. Jung das »kollektive Unbewußte« nannte. Die Seele Rußlands hat sich nicht verändert. Sechzig Jahre der Verfolgung mit dem Ziel, Geist und Tradition der Religion zu zerstören, scheinen keine Wurzel gefaßt zu haben. Die Gefängnisse und auch der Gulag sollen Mittelpunkt des Apostolats geworden sein. Im ganzen Land scheint daher das kommende Millennium der Christenheit große Erwartungen zu erwekken, als ob damit, wie durch ein Wunder, die Wende eintreten könnte.

TEIL V

Das Millennium 1988

In den Fußstapfen Puschkins

»Dichten ist so wie Radium gewinnen.
Ein Gramm gefördert
Geschuftet ein Jahr.
Man quält sich ab
Das Wort zu ersinnen
›Mit tausend Tonnen totem Inventar‹.«
(Majakovskij)

Im Mai 1988 schlug mein entfernter Vetter Fürst George Galitzin vor, eine Tour auf den Spuren Puschkins in Begleitung der englischen Nachkommen des Dichters, die auch mit der Dynastie Romanow verwandt sind, zu führen.* Diese Reise würde meine frühere große Reise »im Zeichen russischer Schriftsteller« vervollständigen und ergänzen und die Zusammenstellung unserer Gruppe uns vermutlich viele Türen öffnen.
Das Millennium der Christenheit in Rußland sollte der Tour eine besondere Bedeutung verleihen, und ich versäumte keine Gelegenheit um festzustellen, wie weit die offizielle Zulassung der Tausendjahrfeier nach so vielen Jahren der offenen oder verdeckten Verfolgung der Kirche im Lande Wurzel faßte.
Ich hatte unsere Freunde, die B.s, überredet, mit uns zu reisen. Ania als Polin war der Haß auf Rußland in jeder Form angeboren. Ich dachte mir, daß ein persönliches Erleben dieses Landes sie von diesem Vorurteil befreien könnte. Was ihren Mann anbetraf, sicherte sein österreichisch-ungarisches Erbe eine aufgeschlossene Haltung anderen Völkern, ihren Sitten und Sorgen gegenüber. Tania W. sprach fließend Russisch und hatte ein Buch über Puschkin geschrieben. Sie brachte eine australische Freundin und ein spanisches Ehepaar mit. Er war ein liebenswürdiger älterer Professor, der ständig zu beweisen versuchte, daß Lorca für Spanien ein ebenso wichtiger »Nationaldichter« sei wie Puschkin für Rußland, was genau so wirkte wie ein Vergleich zwischen Keats und Shakespeare. Er war immer noch ein überzeugter Republikaner und betrachtete jede Behauptung, die Sowjets hätten am spanischen Bürgerkrieg teilgenommen, als Franco-Propaganda.
Ich erinnerte ihn daran, daß, als mein Mann nach dem spanischen Bürgerkrieg in Madrid eintraf, festgestellt wurde, daß dort wie in allen »befreiten« Städten Folterkammern der Tscheka eingerichtet worden waren, und daß die »Internationale Brigade« der kommunistischen »Komintern«, die Madrid zwei Jahre lang besetzt hielt, vollständig von Sowjet-Russen organisiert und geführt wurde. Danach hörte unsere Unterhaltung über dieses Thema auf, denn ich wollte mich auf keine weitere Diskussion mehr einlassen. Seine nette Frau war ebenso wohlwollend wie weltfremd. Ich hoffte, ihr Besuch in Rußland würde dem abhelfen, aber was sehen Aus-

* Natalia Alexandrowna, Puschkins jüngste Tochter, heiratete Prinz Nikolaus von Nassau und hieß dann Gräfin Mehrenberg. Ihre Tochter heiratete Michail Nikolaiewitsch, den Enkel von Nikolaus I., und wurde Gräfin Torbi genannt. Sie hatten einen Sohn und zwei Töchter, von denen eine die Großmutter unserer drei Damen war.

länder schon außer einer Fassade von schönen Palästen, großartigem Ballett, reichlichem Essen nur für Touristen und Eisenbahnwagen erster Klasse ... Niemand vertraut sich ihnen an. Es muß für sie wirklich schwer sein, zu erfassen, was sich hinter den Kulissen abspielt.

Der Flughafen Scheremetewo in Moskau war voller denn je. Es scheint einen gewaltigen Zustrom von Touristen nach Rußland zu geben. Wir fanden keine Gepäckwägelchen, aber als ich herumsuchte, traf ich einen jungen Mann, der acht Wagen zusammen vor sich herschob. »Würden Sie mir wenigstens einen davon überlassen?« bat ich. »Die sind alle für eine wichtige Delegation, die ›Puschkin-Delegation‹!« – »Aber das sind ja wir«, rief ich und brachte ihn gleich zu unserer Gruppe. Wir wurden dann durch eine Seitentür an allen Kontrollen vorbei zum wartenden Bus geschleust.

Wir sollten um Mitternacht nach Leningrad abfahren und hatten somit vorher noch Zeit für einen ausgedehnten Bummel um den Roten Platz herum und für das Abendessen im Hotel. Einige sowjetische Freunde waren zu unserer Begrüßung gekommen, und wir konnten uns in lange Gespräche vertiefen, während wir in dem herrlichen Wetter spazieren gingen, welches uns glücklicherweise fast die ganze Zeit über begleitete.

Man erzählte mir gleich von dem Meinungsumschwung und sagte, »daß die Stimmung sich seit dem letzten Jahr sehr verbessert hätte«. Es sei wie ein »seelisches Aufatmen in frischer Luft« – und tatsächlich schienen die Menschen glücklicher auszusehen. Die Lebensbedingungen jedoch waren immer noch gleich armselig; dank dem Samogon, dem selbstgebrauten Wodka, war der Zucker vom Markt verschwunden. Salz war knapp – ebenso wie Streichhölzer. Es gibt neue Bemühungen, Produktionserträge zu steigern. Als weiterer Anreiz sollen Landparzellen verpachtet und deren Erträge durch Genossenschaften vertrieben werden. Das war auch die Vorstufe von Stolypins durchgreifender Reform gewesen und könnte Erfolge zeitigen, falls junge Leute an der Landwirtschaft interessiert sind. Jedenfalls wäre es eine bedeutsame Gegenreform zu Stalins Vernichtung des Bauerntums. Die neue Pressefreiheit hat dazu geführt, daß die Leute um die Morgenzeitungen Schlange stehen. Andererseits weiß jeder, daß ein Teil der Redaktion der Zeitung »Glasnost« für eine Weile eingesperrt wurde. Es gibt ein Wiederaufleben des Christentums unter der Jugend. Die mittlere Generation steht jedem Glauben noch am gleichgültigsten gegenüber.

»Wird Gorbatschow es schaffen?«

»Der Unterschied zwischen ihm und Ligatschow ist der zwischen einem normalen Menschen und einem Banditen.« Die Worte *Mafia* und *Mafiosi* sind aufgetaucht, wenn man auf die »Nomenklatura« Bezug nimmt. »Gromyko ist ein Roboter oder was man früher in Rußland einen Wremenschtschik nannte, ein Opportunist. Er wird immer zum Sieger halten. Vor allem versucht Gorbatschow von der

Widernatürlichkeit wegzukommen, von der totalen Verhärtung. Aber er steht immer noch zum Kommunismus und Leninismus. Eine Hand gibt und die andere nimmt. Wir wissen noch nicht, was vorherrschen wird.« – »Es gibt viele alte Apparatschiks, die sich gegen ihn stellen. Die proletarischen Massen wollen ebenfalls im alten Stil weitermachen, wenn auch ohne Lebensmittelbeschränkungen. Die Intelligenz steht voll zu ihm, ebenso die ganze Jugend und jeder, der einer persönlichen Initiative fähig ist ... Man wird vermutlich noch zwei Generationen brauchen, um aus der Mißwirtschaft herauszukommen, die diese Ideologie verursacht hat.«
»Wie sehen aber jetzt die Wohnungsbedingungen aus?« – »Niemals mehr als 12 qm pro Kopf. Junge Paare ziehen mit ihren Eltern zusammen, und das gibt unvermeidliche Probleme.«
Als wir uns dem Hotel Rossija näherten, erzählte man mir, daß man deutsche Touristen seit einer Weile leicht daran erkennen kann, daß sie einen Finger über ihrem Kopf kreisen lassen, um zu zeigen, wie Rust hier zum Landen ansetzte. »Während des Krieges führte ein unterirdischer Tunnel vom Hotel Rossija zum Kreml. Es war ein Fluchtweg und ein Schutzraum tief unter der Erde. Das Hotel wurde als Tarnung darübergebaut ... Stalin hatte schreckliche Angst und wollte zuerst gar nicht glauben, daß der Krieg erklärt war. Trotzdem fuhr er fort, Offiziere ermorden zu lassen, selbst nachdem der Krieg schon angefangen hatte.«
Jemand sagte: »Neulich hat im Fernsehen ein Mann gesagt: ›Obwohl wir wußten, daß er grauenhafte Dinge tat, hatten wir uns an ihn gewöhnt‹ (priwikli). Ein schreckliches Wort, denn es zeugt von einer allumfassenden Passivität. Als ob man sich je an Horror gewöhnen könnte!«
In dem Buch »Kinder des Arbat« von Rybakow, welches ich gerade las, ist Stalin mit folgendem Ausspruch zitiert: »Die technokratische Maschine strebt nach wirtschaftlicher Vormachtstellung, und es ist eine der grundlegenden Wahrheiten des Marxismus, daß wirtschaftliche Vormachtstellung tatsächliche Vormachtstellung bedeutet ... Wir können also die wirtschaftliche und darum auch politische Vorherrschaft der Technokratie nicht dulden, denn das bedeutet das Ende der Diktatur des Proletariats.« – Solange dieser Theorie nicht abgeschworen wird, ist eine Änderung nicht möglich.
Allzuschnell war es für uns Zeit, zum Leningrader Bahnhof aufzubrechen. Er ist erbaut wie ein Palast jener Stadt – so wie alle russischen Bahnhöfe ihr Endziel in einer Art von Diaghilew-Dekoration anzeigen. Wir konnten nicht widerstehen, die breite Straße zu überqueren, um den Kazaner Bahnhof (oder Wogsal, von »Vauxhall«) zu betrachten, der wie eine Kulisse zu irgend einem exotischen Ballett in gewaltigem Ausmaß wirkte. Die Decke des riesigen Bahnhofsrestaurants zeigte ein recht schönes Gemälde, das den vereinten Anstrengungen von Benois, der Serebriakowa und Lanceray (Anfang des 20. Jahrhunderts) zu verdanken war. Der Raum war ziemlich leer, nur an einem runden Tisch saß eine recht malerische

Gruppe von Zigeunern, welche versuchten, Ania B. ihre Schuhe abzukaufen. Wir fragten, wo sie herkämen und sie antworteten: »Moldau«. Beim Hinausgehen durchquerten wir eine gewölbte, tunnelartige Wartehalle, in welcher Stuhlreihen wie für eine Theatervorstellung standen, aber sie schauten bloß auf eine geschlossene Tür. Eine Menge Menschen saß da mit Kindern, Taschen und klumpigen Paketen und wartete – vielleicht schon seit Tagen. Es war ein deprimierender Anblick. War es denn so schwer, eine Fahrkarte oder einen Platz in einem Zug zu bekommen? Die Kinder waren besonders bedauernswert. Sie starrten aus großen, müden Augen oder kuschelten sich erschöpft in die Arme ihrer Mütter.

Was uns anbetraf, waren unsere Betten im Leningrader Zug schon gemacht. Ich hatte sogar ein geräumiges Einzelabteil. Es wurde bald ersichtlich, daß Geldwechsel ebenso wie Schwarzhandel aller Art leicht möglich war. Wir wollten nicht hineingezogen werden, aber wenn jemand es gewollt hätte – eine Frage genügte. Als der Zug sich in Bewegung setzte, ertönte die Melodie zu Puschkins Gedicht »Ja wass ljubil« (Ich habe Sie geliebt) aus unseren Lautsprechern. Obwohl es nicht im Zusammenhang mit unserer Puschkin-Tour stand, war es jedenfalls sehr passend.

George Galitzin erwartete uns auf dem Bahnsteig und wir wurden schnell zum Hotel »Ewropeiskaja« gebracht, welches sich in einem traurigen Zustand von Beinahe-Zusammenbruch befand. Solange das »Astoria« renoviert wird, ist dieses noch geöffnet, wird aber so bald wie möglich auf der Reparaturliste stehen. Inzwischen ist der Geruch der Abflußrohre und der Badewannen betäubend, der Kühlschrank stampfte wie ein Lastwagen, der einen steilen Berg hinauffährt; das Badewasser floß dunkelorange aus rostigen Rohren. Aber das Wetter war schön, so daß man trotz kühler Nächte das Fenster offenlassen konnte, und aus den Anlagen unten drang das fröhliche Lärmen spielender Kinder.

George erzählte mir, daß er einen oder zwei Tage damit verbracht hätte, am Fernseher zu sitzen und die wichtigsten Verlautbarungen aufzuzeichnen. Diese waren allerdings überraschend: Ein Kommentar sagte, daß »die Furcht voreinander die Menschen unter Stalin unterwürfig gehalten hatte.« Einige hätten an »Klassenkampf« geglaubt, bis die Polizeiwagen, die »schwarzen Raben«, so viele von ihren Nachbarn, ihren Freunden und ihren Familienangehörigen abgeholt hatten, daß sie endlich verstanden, daß es keine Rechtfertigung gab für das, was geschah. Trotzdem traten sie nicht für die Opfer ein, denn frühere Propaganda hatte sie auf die Liquidierung einer Klasse »vorbereitet.«

»Stalin war verschlagen, tückisch und ein gefährlicher Verbrecher; nichts derartiges hatte man vorher je erlebt. Kirow hatte einen riesigen Fehler begangen, als er den Posten des Generalsekretärs ablehnte, denn das kostete ihn und Millionen anderer das Leben. Stalin schuf ›eine teuflische Maschine, welche organisierte Verleumdung und verlogene Denunziation betrieb‹.«

Zum letzten Krieg: »Stalin wußte, daß die Deutschen einen Einmarsch in Rußland planten. Warum konnte man sie nicht in Schranken halten? Es war kein Ruhmesblatt, zwanzig Millionen Menschen infolge kläglicher Führung zu verlieren, und dieses wiederum war die Folge der Dezimierung des Offizierskorps in den dreißiger Jahren. 40000 wurden erschossen, davon 3000 Marineoffiziere. 80% der hohen Ränge wurden liquidiert: Was ist eine Armee, ein Regiment ohne gute Führung? Es wird ein Haufen von Tieren daraus. Stalin vernichtete mehr Offiziere als der Krieg, und das ist die Ursache für die Katastrophe von 1942. Es gab keine Grenzen für Stalins Schreckenstaten, da ihm jede moralische Grundlage fehlte. Es hat in der ganzen Geschichte keine schlimmere Gestalt gegeben!«
George nahm das alles auf Kassette auf, und es war wirklich überraschend, diese Töne zu hören. Lenin wurde immer noch sorgfältig von der Kritik ausgenommen, obwohl die »Nowy Mir« schon eine Führung in Frage stellte, welche die Hungersnot von 1922–1923 verursacht hatte. Es wurde zwar noch gesagt, daß »Lenins Wille nicht befolgt worden war und daß nach seinem Tode nichts übrig blieb als ein Gerangel um die Macht« – »Die Tscheka verdiente Achtung« (!) – »aber der NKWD (was tatsächlich das Gleiche ist) war eine Abweichung von dieser Tradition.«
Es folgte eine heftige Kritik daran, daß die Perestroika viel zu langsam ginge. »Sie sollten damit anfangen, elementare technische Instrumente, wie Hammer und Sicheln, zu produzieren.« – »Bis jetzt hat eine Anstellung bedeutet, so wenig wie möglich zu tun.« Und wieder: »Der Stalinismus war der Fluch unserer Nation ... Wir müssen den Mut haben, dieser ›Abweichung vom Leninismus‹ seit den dreißiger Jahren ins Gesicht zu sehen.«
»Menschen, welche denken und Kunst hervorbringen, egal in welcher Periode, kann man nicht kontrollieren. Solche Menschen arbeiten, bis sie umfallen. Bloch sagte, man müsse sich große Ziele setzen, ohne Ansehen seiner geringen Kräfte.« – »In Rußland hat der Roman einen philosophischen Hintergrund, und man darf nicht vergessen, daß die russische Kultur als eine späte Kultur alle vorhergehenden zusammenfaßt. Mit der Christianisierung Rußlands kam die griechische Kultur nach Rußland, vermischt mit orientalischen Einflüssen« (zu dieser Verlautbarung ertönte ein Kirchenchor im Hintergrund).
»Die Kunst vereinigt die Menschen, um mit großen Kunstwerken die universellen Gedanken und hohen Ziele auszudrücken. Kunst und Literatur des vorigen Jahrhunderts mögen zeitgebunden gewesen sein, aber Schöpfung ist zeitlos und kann nur auf hohe Gedanken bezogen werden.«
Wir waren wirklich erstaunt, all dies zu hören, was im sowjetischen Fernsehen in Form von Interviews oder Talk-Shows gebracht wird. Diese Sendungen beziehen sich immer auf »Rußland« und die »Russen« – während alle offiziellen Erklärungen immer von »Sowjet-Rußland« sprechen.
Kurz darauf berichtete die wöchentliche »Literaturnaja Gazeta«, die auf Präsident

Reagans bevorstehenden Besuch ausführlich vorbereitete, daß das amerikanische Mißtrauen gegenüber Rußland durch Stalins aggressive Politik nach dem Zweiten Weltkrieg gerechtfertigt sei. Sie brachte auch detaillierte Berichte über den Tod von Babel und Meyerhold in den Händen des NKWD 1939, von denen keiner je offiziell zugegeben worden war.

Ein anderer Autor, Gelman, erklärte, daß die zukünftige Existenz der kommunistischen Partei gefährdet sei, falls die Erwartungen, die durch Gorbatschows Perestroika geweckt worden wären, nicht erfüllt würden. Der Parteitag, der zum ersten Mal seit 50 Jahren zum 28. Juni einberufen wurde, soll Gorbatschows Stellung festlegen.

Die Sowjet-Bürger hören das alles mit faszinierter Überraschung und wachsender, wenn auch mißtrauischer Hoffnung an.

Nach dem Frühstück, bei dem das Zauberwort »Kipiatok« (kochendes Wasser) einen guten Nescafé bedeutet hatte, begaben wir uns auf die »Stadtrundfahrt.«

Es ist immer wieder schwer, dem Zauber dieser schönen Stadt zu widerstehen. Ihre Einheitlichkeit, ihre großzügige und doch geordnete Planung in einem Maßstab, den zu der Zeit nur ein Russe erdenken konnte, schließt die majestätische Newa und das dahinterliegende Meer mit ein. So entstand eine Stadt, in welcher man leben konnte und welche ihre Einwohner ständig zivilisierte. Stalin, der »barbarische Mafioso«, wie er jetzt ganz offen genannt wird, fühlte das und ließ Kirow ermorden, um dessen Tod zum Vorwand für eine Säuberung vom Ausmaß eines Nero zu nehmen. Wenn er Leningrad »mit den Wurzeln«, wie er es selbst ausdrückte, hätte ausreißen können – er hätte es getan.

Die umliegenden Orte und Paläste haben im Zweiten Weltkrieg schwerstens gelitten, aber die Front hat nie die Stadt selbst erreicht, abgesehen vom Artilleriebeschuß und einigen vereinzelten Luftangriffen, während die Bewohner furchtbar unter der Belagerung zu leiden hatten. Heute ist alles menschenmögliche getan worden, um die Museen und den kaiserlichen Palast wiederherzustellen. Die privaten Paläste sind noch nicht in Angriff genommen worden, abgesehen von ihren Fassaden, welche in den köstlichsten Pastellfarben neu gestrichen sind und dieser nördlichen Stadt ihren besonderen Charme verleihen.

Als wir die Newa-Ufer auf beiden Seiten entlangfuhren, wies uns George auf jedes Gebäude hin und nannte uns seine frühere Bestimmung oder seinen Besitzer. Wir fuhren an dem blauweißen Winterpalais vorbei, Rastrellis Meisterwerk, an der Isaaks-Kathedrale (die noch geschlossen ist) und dem Denkmal Peters des Großen von Falconet, das Katharina ihm errichten ließ. Wir besuchten das Smolny, welches ein Internat für adlige junge Mädchen gewesen war und später Lenins Hauptquartier, das Taurische Palais, in dem Potemkin seinen berühmten Ball für Katharina gegeben hatte und die Duma ihre Sitzungen abhielt. Die von Peter dem Großen gegründete Admiralität, die Festung und Kathedrale der Heiligen Peter und Paul, wo die Romanows begraben sind ... Aber wir waren auf einer Puschkin-Tour und sollten uns zurückrufen, was er über seine geliebte Stadt schrieb:

»Ich liebe Dich, Peter's Schöpfung,
Ich liebe Dein strenges und edles Gesicht,
Den majestätischen Fluß der Newa
Und den Granit ihrer Ufer,
Die eiserne Spitze Deiner Gitter,
Die transparente Dämmerung
Und mondloses Leuchten
Deiner nachdenklichen Nächte,
Wenn ich in meinem Zimmer
Ohne Lampe schreibe und lese,
Und die schlummernden Massen
Der verödeten Straßen hell schimmern,
Und leuchtet die Admiralitätsspitze,
Und der Dunkelheit nicht die
Goldenen Himmel beschatten zu lassen,
Löst hastig ein Tagesanbruch den anderen ab
Nur eine halbe Stunde gönnend der Nacht ...«

Die ausländischen Architekten, die Petersburg zum größten Teil erbauten, arbeiteten mit erstaunlicher Kontinuität und Harmonie daran, ein Ganzes zu schaffen, das weder italienisch noch französisch ist, sondern ganz spezifisch russisch. Die hellen Farben ihrer Gebäude leuchten blaß im Mondlicht der weißen Nächte, funkeln gegen den winterlichen Schnee und mischen sich dennoch mit Himmel und Wasser zu einer ruhigen Einheit. Die Großzügigkeit der Stadtplanung steht im Verhältnis zum riesigen Hinterland, das keineswegs abgetrennt ist, sondern wie der Bug eines gewaltigen Schiffes zur See hinweist.

Die Russen fühlen das heute so stark wie selten zuvor; daher auch die gewaltigen Anstrengungen, um alles peinlichst genau wiederherzustellen und zu restaurieren, um alles zu retten und zu erneuern, was vor ihrer Zeit geschaffen wurde, als ob sie nicht leben könnten, ohne diese Schönheit um sich herum wahrzunehmen. Vielleicht werden sich ihre Lebensbedingungen eines Tages bessern, denn solch ein Vorbild kann man nicht beiseite schieben. Zur Zeit besteht ein unübersehbares Mißverständnis zwischen den Palästen, die sie mit so liebevoller Fürsorge pflegen, und ihren eigenen Lebensverhältnissen.

In Puschkins Tagen war das anders, denn obwohl der Dichter nicht reich war, ist seine Wohnung an der Moika 12, im Erdgeschoß des Wolkonsky-Palais, ein elegantes Appartement, das in seinen ursprünglichen Farbtönen von Taubeneierblau, Aprikose und blasser Jade wiederhergestellt ist. Groß genug für eine kleine Familie, war es sicher zu klein für Natalias dumme Schwestern und all ihren Firlefanz. Das entzückende Studio mit Bibliothek – Zuflucht des Dichters – lag gleich neben dem Kinderzimmer, wo vier kleine Kinder zum Frieden und der Stille, die er brauchte, nicht beitrugen. Die Zimmer sind genau so wieder eingerichtet worden wie sie in seinen Tagen gewesen sein mußten, selbst mit originalen Einzelheiten wie seinem Schreibtisch und seinem Tintenfaß. Er trennte sich niemals von dem Protrait des Dichters Zhukowsky, seines Zeitgenossen und Freundes, der mehr als jeder andere den grundsätzlichen Adel und die Güte von Puschkins Charakter verstand. Überempfindlichkeit und unausgeglichenes Temperament zeigten oft ein anderes Bild des Dichters, das von seinen Feinden hervorgehoben wurde. Zhukowsky verbrachte die letzten Tage des Todeskampfes bei ihm, und sein Plan und seine Beschreibung von Puschkins Wohnung waren für die genaue Wiederherstellung ungeheuer wichtig. Er hatte Bulletins über die schwindende Kraft seines sterbenden Freundes an die Tür am Fuße der neun steinernen Stufen geheftet, die zu dem Studio führten, wohin sein Diener Puschkin nach dem schicksalhaften Duell gebracht hatte. Ein Faksimile der Bulletins ist an der Tür unten befestigt, wie es seinerzeit gewesen war. Das letzte von ihnen lautet: »Der Zustand des Kranken ist äußerst ernst.«

Ich überreichte dem besonders sympathischen Direktor den Teil von Dolly Ficquelmonts Memoiren, welcher sich auf Puschkins Duell und Tod bezieht. Als Erwiderung erhielten wir detaillierte Büchlein. Sie waren dort dankbar für jeden Beitrag, obwohl die Puschkin-Forschung keinen Stein unumgedreht gelassen hat.

Wir kehrten am Abend wieder zum Wolkonsky-Palais zu einem Empfang in den schön restaurierten Räumen in den oberen Stockwerken zurück. Sie hatten weitere entfernte Nachkommen von Puschkin mobilisiert – wie Kaninchen aus einem Hut. Die mißtrauische Ania argwöhnte, man hätte sie eigens zu diesem Zweck »erfunden«. Es waren bescheidene junge Leute, fast zu vorsichtig mit dem, was sie sagten. Sascha A. erwiderte perfekt die Begrüßungsansprachen und bezauberte alle mit ihrem Anblick und ihrer natürlichen, herzlichen Art.

Wir wollten noch die Stätte des Duells am Schwarzen Fluß besuchen. Das Denkmal war mit frischen Blumen verziert. Das kleine Wäldchen ist jetzt von Hochhäusern umgeben, aber trotzdem war es ein ernüchternder Gedanke, sich daran zu erinnern, daß sein Schicksal ihn ereilen sollte durch »einen weißen Mann an einem weißen Tag«, wie vorausgesagt, denn der eitle Salonlöwe d'Anthès in der weißen Uniform der Chevaliers Gardes tötete Puschkin am 27. Januar 1837, als Schnee die Stadt verhüllte, und brachte damit »die Sonne der russischen Literatur« in der Blüte seiner Jahre zum Verlöschen.

Auf dem Rückweg führte man uns in das »Literaturnaja Café«, wo Puschkin vor seinem Duell nach seinem Sekundanten Danzas gesucht hatte. Das Café ist wiederhergestellt und wird benutzt, aber man fragt sich von wem? Die Menge draußen wird nicht zugelassen, und es gibt tatsächlich keinen Ort, wo junge Leute hingehen können, keine Cafés, keine Bars. Vielleicht eine versteckte Disco? Wir sahen junge Leute am Newa-Ufer herumlungern oder auf den Straßen Bier trinken, bereit, alles auszutauschen … Es gab keinen anderen Platz, wo sie sich hätten treffen können. Glücklicherweise war das Wetter warm, aber wie mag ihr Leben im Winter aussehen?

Auf dem Rückweg zum Hotel ging ich in den Hof des Stroganow-Palais, eines weiteren Meisterwerkes von Rastrelli, aber es war in einem schrecklichen Zustand des Verfalls. Ich sprach mit einigen der Wächter, und man versicherte mir, daß es Pläne gäbe, das Gebäude zu restaurieren, aber alles hinge von einer Wahl ab, die demnächst stattfinden sollte. Das Gerangel zwischen Gorbatschow und Ligatschow scheint sich überall und auf jedem Niveau fortzusetzen. Alle diese Befürchtungen werden aber ganz offen diskutiert.

Einige von uns nahmen dann die Untergrundbahn zum Alexander-Newsky-Kloster, nur zwei Haltestellen von unserem Hotel entfernt. Der Eingang war hermetisch verschlossen, vielleicht wegen der späten Stunde. Als wir ein Tor nach dem anderen zu öffnen versuchten, erbot sich eine Frau, uns den Weg ins Innere zu zeigen. Wir folgten ihr um die Umfassungsmauer herum, einen engen Kanal entlang, von überhängenden Weiden gesäumt, bei denen gerade das erste Grün ausschlug, und kletterten über einen Stapel von Steinen, eine kleine Brücke und befanden uns im Inneren des Klosters. Während wir weitergingen, erzählte uns die Frau, die uns führte, daß sie die Gräber auf dem Friedhof pflege. Sie hatte kürzlich ein seltsames Erlebnis gehabt: Sie räumte Erde von einem verlassenen und namenlosen Kindergrab, als auf einmal eine schwarzgekleidete Dame neben ihr laut sagte: »Rühr das Grab nicht an! Laß es in Ruhe!« Sie tat die Erde zurück und drehte sich um, aber es war niemand mehr da. »Der Friedhof war ganz leer und der Ausgang weit weg. Sie konnte gar nicht so schnell fortgegangen sein!« – »Wer war sie?« fragte ich. »Das weiß ich nicht. Vielleicht die Mutter? … Aber ich berühre nie wieder das Grab!«

In der Kirche war ein Gottesdienst voll im Gange. Danach fragte ich nach einem Priester und gab ihm zwei von meinen Bibeln. Er schaute mich bewegt an und sagte: »Was! Sie haben sich wirklich an uns hier erinnert?« ganz so, als ob er aus irgendwelchen Tiefen der Verlassenheit spräche. Ich fragte, ob sie nicht zur Tausendjahrfeier der russischen Christenheit Bibeln bekämen. »Sie sind versprochen worden, aber keine ist bis jetzt eingetroffen!«

Ich sollte das noch mehrmals während unserer Reise hören.

Der nächste Morgen sah uns im Michaelovskoye-Palais. Es ist ein Meisterwerk von Rossi. Jetzt beherbergt es eine Gemäldegalerie. George und ich fragten nach dem Direktor, um ihm meine Fotografie von Serow zu geben, wie er Felix Jussupow malt. Sie waren über alle Maßen froh über das Geschenk, denn jede Dokumentation ist für sie ein Schatz.

Da wir versuchten, so viel wie möglich mitzubekommen, trennten wir uns und jeder ging seine eigenen Wege. Ich wählte die Ausstellung der Impressionisten im obersten Stock des Winterpalais, in welchem, wie ich glaube, die Fürstin Juriewskaja und ihre Kinder gelebt hatten. Sie wurde später die morganatische Frau von Alexander II., war aber schon vorher aus Sicherheitsgründen im Palais untergebracht worden. Obwohl sie so diskret war, wie ihre zweideutige Situation es erforderte, muß es für die kränkelnde Kaiserin unangenehm gewesen sein zu wissen, daß sie in dem großen Gebäude mitwohnte.
Die impressionistische Sammlung ist großartig. Es waren nur wenige Besucher da und ich konnte alles in Ruhe anschauen. Dann durchlief ich das Palais mit dem sonderbaren Gefühl, den Weg zu kennen. In der Galerie von 1812 traf ich auf einen »Strickerinnen-Typ« wie die, die vor der Guillotine in Paris saßen.
Sie zeigte mir unwillig, wo meine Ahnen hingen und erklärte dann, sie sei eine überzeugte Bolschewikin. Ich sagte ihr, daß mich ihre Ansichten nicht interessierten und daß sie möglicherweise zu alt wäre, um die Wahrheit zu erfassen, welche das sowjetische Fernsehen heute darlegt. Sie war zu erstaunt, um überhaupt zu reagieren, als ich weiterging. In scharfem Gegensatz dazu versuchte eine andere Frau auf der Etage, die einen entzückenden, von Katharina II. angelegten Dachgarten enthielt, mir zu erklären, daß alle Erzählungen über den »blutigen Nikolaschka« (die sich auf den letzten Kaiser bezogen) erlogen seien, da er der gütigste Mensch gewesen wäre und schon in Zarskoje Selo gelebt hätte, als 1905 die Schießerei auf dem Platz unten stattfand. Ich sagte: »Das ist alles ganz richtig. Ich stimme völlig mit Ihnen überein.«
Nachdem wir am nächsten Tag die überwältigende Schatzkammer und die Skythen-Sammlung besucht hatten, führte man uns zu einer besonderen Besichtigung der Privatgemächer des letzten Kaisers an der Ecke des Palastes, von welcher man sowohl den Platz als auch die Newa überblickt. Seine Unterschrift ist in eine Fensterscheibe eingeritzt, wie in Wolfsgarten, die Heimat seiner Gattin: »Nicky, 17. März 1917.« Es waren die »Iden des März« – ein unheimliches Datum. Die Decke und die Ausstattung des luftigen und sonnigen Ecksalons entwarf die Kaiserin selbst, und dessen romantische Blumengirlanden in Pastellfarben waren sorgfältig restauriert. Die kleinen Mädchen müssen auf Katharinas Dachgarten gespielt haben, und abends versammelte sich die Familie in der gemütlichen Bibliothek.
In dem kleinen Eßzimmer verhafteten die Revolutionäre die gesamte »provisorische Regierung« wie Hühner im Korb. Bei den endlosen Diskussionen in Sowjet-Rußland heute wird Kerensky als Hauptschuldiger betrachtet. Er zerschlug die Disziplin der Armee mit seinem Befehl Nr. 1, die den Mannschaften erlaubte, sich gegen Anweisungen ihrer Offiziere aufzulehnen.
Als der General Korniloff vor Petrograd stand, sandte er ihm einen sehr mutigen

Offizier, General Krimov, um zukünftige Maßnahmen zu vereinbaren. Er ließ diesen kurzerhand in seinem Vorzimmer erschießen, wie es später von einem Kameraden des Mörders berichtet wurde. Damit vernichtete Kerensky die letzte Chance und lieferte Rußland den Bolschewiken aus.

In diesen Eckräumen des gigantischen Palasts hatte sich die kaiserliche Familie ein behagliches Zuhause eingerichtet. Ich bemerkte zu der Führerin: »Der Kaiser und die Kaiserin wollten nur das Beste, und doch waren sie ein Unglück für Rußland, denn sie tragen große Verantwortung für das, was folgte und was uns betrifft, für den Verlust unseres Vaterlandes und die Emigration.«

Sie sagte leise: »Sie haben Glück gehabt!«

Gegen Abend gelang es mir, zu meinem Geburtshaus am Fontanka 7 zu gehen. Es ist ein kleineres Stadtpalais und gehörte der Tante meiner Mutter, Gräfin Sophie Panin. Sie war die erste Frau, die Ministerin wurde, allerdings unter Kerensky, der als junger Anwalt ihr Mitarbeiter bei der Einrichtung des »Narodny Dom« (Haus des Volkes) war. Diese Institution, die vorbildlich für die Zeit galt, bezahlte sie aus eigener Tasche. Als Mitglied der Regierung hoffte sie, Kerensky beeinflussen zu können. Die Ereignisse überstürzten sich jedoch, und sie wurde unter Lenin verhaftet. Daraufhin gingen die Arbeiter ihrer eigenen Fabrik geschlossen zur Tscheka, um sie zu befreien, und setzten sie in einen Zug nach Finnland. Stadtpalais, Schmuck und einige Einkünfte hatte sie meiner Mutter übereignet, da ihre Interessen auf anderem Gebiet lagen.

Eine hufeisenförmige Treppe führte nach oben. Links von der Halle ging eine Tür zu dem Raum, in welchem der Sarg von Onkel Dimitri Wiazemsky, dem Bruder meiner Mutter, gestanden hatte, nachdem er auf der Straße in Petrograd ermordet worden war. Eine alte Frau, die an der Tür saß, ergriff meine Hand und küßte sie beinahe, als sie hörte, daß ich in dem Hause geboren war. Sie rannte, den Direktor zu holen, der mich mit der gleichen Herzlichkeit herumführte und mich mit höflichen Beamten bekanntmachte, die im ersten Stock arbeiteten. Das Haus war eine Versammlungsstätte oder Klub für Offiziere geworden. Obwohl leidlich hergerichtet, war es nicht so großzügig restauriert wie die kaiserlichen Paläste. Der Stuck war mit Goldfarbe angemalt, aber nicht vergoldet. Scheußliche Plakate verschandelten die blaßblauen oder gelben Wände, die von Stuckwerk eingerahmt waren. Immerhin war das Haus intakt und gepflegt.

Im blauen Ballsaal, wo unser hölzerner Rutschberg gestanden hatte und wo an meinem zweiten Geburtstag ein Kasperltheater vorgeführt wurde, fand eine Parteiversammlung vor einem riesigen Leninbild statt. Es war eine typische Ansammlung von Leuten, die die Franzosen »homo sovieticus« nennen, ungewaschen und mit Gesichtern ohne Ausdruck, beunruhigend ähnlich den Fotografien von 1917, die solche Versammlungen abbildeten. Als ob die Uhr stehengeblieben wäre.

»Die haben nichts mit uns zu tun«, sagte man mir. »Sie haben den Raum gemietet, das ist alles.« – »Was diskutieren sie?« fragte ich unschuldig. »Ihren üblichen Blödsinn!« war die bedeutsame Antwort. Sie zeigten mir eifrig jeden Winkel des Hauses, aber ein Teil davon war für andere Zwecke abgetrennt und konnte von innen her nicht erreicht werden.

Die sowjetische Führerin, die mich begleitet hatte, um mir zu helfen in das Gebäude hereinzukommen, war verblüfft über diese Aufnahme. »Ihre Familie muß sehr beliebt gewesen sein«, räumte sie fast widerwillig ein.

Es hatte zum ersten und einzigen Mal auf unserer Reise den ganzen Tag geregnet, aber da es unser Museumstag war, störte es uns nicht im geringsten. Man sagte uns aber, daß es in Leningrad 182 Tage im Jahr zu regnen pflegt.

In einer Buchhandlung auf dem Rückweg zum Hotel fand sich nichts weiter als eine Palme und einige von Lenins ausgesuchten Schriften auf einem rückwärtigen Regal.

Wir zogen uns für eine Ballettvorstellung im Kirow-, dem ehemaligen Marijnsky-Theater eilig um. Es ist in Blau und Gold gehalten, der Vorhang von Golowin allein schon ein Kunstwerk, und war bis zum letzten Platz besetzt, größtenteils von Touristen. Da die erste Besetzung auf einer Auslandstournee war – ich hatte sie in Wiesbaden einmal mit einer wunderbaren Vorführung von Giselle und Schwanensee gesehen –, war jetzt eine Aufführung der berühmten Ballettschule mit Schülern jeden Alters gewählt worden. Die Schönheit und Einfachheit von perfektem klassischen Tanz bewirkt eine Art von traumhafter Verzauberung.

Am nächsten Morgen fuhren wir hinaus nach Peterhof, welches jetzt »Petrodworetz« genannt wird. Nach dem gestrigen Regen war über Nacht der Frühling ausgebrochen. Man konnte buchstäblich das Laub wachsen sehen, denn als wir am Abend zurückkehrten, hatten Bäume, die zuvor von einem grünen Schleier eingehüllt gewesen waren, belaubte Zweige entwickelt, die sich sanft in der Frühlingsbrise wiegten. Wir fuhren an Treibhäusern aus Plastik vorbei, die ein Ansatz zu bescheidenen privaten Unternehmen zu sein schienen. Jedes Radieschen würde sich mit Gewinn in der Stadt absetzen lassen.

Die Restaurierung von Peterhof nach der totalen Zerstörung während des Krieges ist ein Wunder von europäischem Ausmaß. Sie beweist außergewöhnliches Wissen und Hingabe bei der genauen Wiedergabe jeden Details, einschließlich Mobiliar und Ausschmückung. Wir lernten den Direktor kennen, der dank der Arbeit, die hier unter seiner Leitung ausgeführt wurde, weltberühmt geworden ist. Sein Gehalt war jedoch niedriger als das unseres Busfahrers.

Wir erfuhren, daß es eine Restaurierungsschule gibt, mit etwa fünfzehn Spezialisten auf jedem Gebiet, wie Tischlerei, Malerei, Stuckarbeit usw. ... Sie sind alle unterbezahlt, aber die Arbeit selbst muß sie glücklich machen, denn sie streben danach, diese Schönheit wiederherzustellen, für deren Erschaffung meine Standes-

genossen so angegriffen worden waren. Die dafür nötigen Gelder werden nach wie vor der Regierung unter dem einleuchtenden Vorwand entlockt, der »hitlerschen Zerstörung« entgegenzuwirken.
Die Statuen, die die Terrassen der Gärten säumten, die bis zum entfernten Meer hinabführten, schienen zu grell vergoldet zu sein, aber Tante Merika Galitzin, welche als Kind im danebenliegenden Oranienbaum gelebt hatte, sagte, daß sie immer überhell gewirkt hätten und durch die sprühenden Fontänen hindurchleuchteten.
Wir picknickten im nahegelegenen Wald, unter voll aufblühendem Flieder. Im unversehrten Oranienbaum (jetzt Lomonossow) übernahm George Galitzin die Führung, da es die Residenz seines Großvaters gewesen war. Er führte uns durch die herrlichen Räume, wo sie in früheren Tagen manch ein Kammermusikkonzert erlebt hatten. Die Familie hat daneben in dem großartigen Menschikow-Palais mit seiner etwas neureich wirkenden Krone, die wie ein Storchennest auf dem Dach sitzt, gelebt.
Wir gingen zur »Katalnaja Gora«, der berühmten Rutschbahn. Der Pavillon, eine Art Hochzeitskuchen-Palast in Blau und Weiß, war von Revolution und Krieg verschont geblieben, nur der Abhang ist verschwunden, obwohl ein Modell uns einen Eindruck von der atemberaubenden Abfahrt gibt, bei der die Damen kreischten und die Herren sie auf der steilen Rutsche fest umschlossen hielten.
Auf unserem Weg zurück nach Leningrad mußten wir in plötzlichen Schlenkern zickzack fahren, um Brettern mit Nägeln zu entgehen, welche ein Lastwagen vor uns verloren hatte. Sie waren ohne den geringsten Versuch, sie festzubinden, aufgestapelt, und bei jeder Unebenheit der Straße fielen eines oder zwei herunter.
Zarskoje Selo, jetzt Puschkino, war unser Ziel am nächsten Tag (ursprünglich hieß es nach dem Dorf Sarskoje). Es lag während des Zweiten Weltkrieges in der Frontlinie und hat beträchtlich gelitten. Vielleicht hat der Puschkin-Kult geholfen, aber die liebevolle Sorge, die man beim Wiederaufbau auf jede Einzelheit verwendet hat, ist unbezahlbar und liegt jenseits aller Bewertung. Enorme Reserven an Stoffen und Mobiliar wurden in den kaiserlichen Schlössern gefunden, aber abgesehen davon ist die Arbeitsqualität über jedes Lob erhaben.
Nicht nur das riesige Schloß, sondern auch das Lyzeum, wo Puschkin studierte, ist bis hin zu einer perfekten Rekonstruktion jeder einzelnen Studentenkammer – mit dem Namen des Bewohners an der Tür –, der Klassenräume, der Bibliothek der Schulzeitung wiederhergestellt ... Man könnte erwarten, daß Puschkin alles unverändert finden würde, wenn er heute hier einträte, wo er sechs der glücklichsten Jahre seines Lebens verbrachte. Zu seiner Zeit gingen 30 Studenten durch ein Examen in vier Fächern, bevor sie zugelassen wurden. Der Direktor sagte uns, daß er hoffte, eine Schule mit denselben liberalen Grundsätzen wie das Lyzeum gründen zu können und daß über das Vorhaben schon diskutiert würde. Man kann

nicht umhin, sich zu fragen, nach welchen Gesichtspunkten die Schüler ausgewählt würden und was die »wesentlichen« Themen bei der Zulassung sein könnten.
Puschkin bewohnte während seiner Flitterwochen das Haus der Witwe Kitajewa, ein bezauberndes Eckgebäude von großer Eleganz, vielleicht zu reich möbliert, aber es war ja eine Zeit von verfeinertem Geschmack, und die Ausstattung entsprach ganz der des Lyzeums oder Puschkins Wohnung in Petersburg.
Als eine »Puschinskaja Delegazia« gingen wir schamlos an allen wartenden Schlangen vorbei und konnten auch noch Zeit finden, das märchenhafte Pawlowsk zu besuchen. Dieses schöne Palais war das Heim des Großfürsten Konstantin und seiner Familie gewesen. Ein Sohn des Hauses, Igor Konstantinowitsch, wurde in Alapajewsk in Sibirien zusammen mit der Schwester der Kaiserin und anderen Mitgliedern der Familie in einen Minenschacht gestürzt. Nachdem er in einer Umgebung von solcher Schönheit aufgewachsen war, scheint die Scheußlichkeit seines Todes noch entsetzlicher zu sein. Aber der Tod selbst übersteigt jede Form, die er annehmen mag: Sie sangen Hymnen am Boden dieser schrecklichen Grube.
Die Diskrepanz zwischen dem, was wir bei jedem Schritt zu sehen bekamen, als wir von Palast zu Palast gingen, und allem anderen in der Sowjet-Union ist schizophren. Wenn dieses möglich ist, so ist alles möglich; also warum läßt man diese armen Menschen nicht an die Arbeit gehen?
Am Abend gingen wir wieder ins Ballett, um »Don Quixote« zu sehen. Der Tanz war von höchster Vollendung, aber ein Torero, der einen »paso doble« genau so ausführt wie er »Giselle« tanzt, ist kaum zu rechtfertigen. Ich habe das später auch jemandem im »Kultur-Departement« gesagt. In früheren Tagen war die Karsawina nach Spanien gereist, um die richtigen Schritte und Handbewegungen zu lernen. Heutzutage wäre es ganz leicht, einen Tänzer von Antonio Gades' Ballett in Spanien (dessen politische Neigungen sowieso rosa sind) einzuladen, und sie würden die spanische Manier in wenigen Wochen erlernen. Das erklärt auch, warum ihre hervorragendsten Tänzer – Nurejew, Baryschnikow, Godunow, Makarowa – ins Ausland flohen, denn jede Neuerung oder neue Interpretation würde schon von Anfang an erstickt werden.
Wir waren den ganzen Tag über immer wieder mit einer Thai-Delegation zusammengetroffen, die von Motorrädern eskortiert wurde. »Ist ihre reizende Königin Sirikit auch hier?« fragte ich. »Sie haben keinen König oder Königin, nur einen Präsidenten«, war die Antwort. Sie waren ganz erstaunt zu hören, daß das nicht der Fall ist.
Im Kirow-Theater füllte eine Menge von lieblichen und schön angezogenen Thai-Damen die Logen. Zum Schluß mußten wir warten, bis sich die eindrucksvolle Schlange von schwarzen Wagen in Bewegung setzte, dazwischen die Motorräder der Polizei, welche gefährlich auf den Straßenbahnschienen schlitterten. Als sie an der wartenden Menge vorbeifuhren, brach ein letzter, kleiner Thai durch unsere

Reihen und rannte hinter ihnen her. Er mußte sich wohl im Waschraum verirrt und die Abfahrt verpaßt haben. Der Anblick des verzweifelten, kleinen, braunen Mannes, der hinter der abfahrenden Prozession herrannte, verursachte bei der Menge auf dem Gehsteig ein brüllendes Gelächter. Ein offizieller Wagen preschte vor, um ihn aufzusammeln.

Ein spätes Diner erwartete uns im Hotel. Einige sowjetische Bürger waren eingeladen worden. Einer davon war ein Künstler, welcher vorschlug, uns seine Werke zu zeigen, und wir zwängten uns in zwei Taxis.

Wir gingen durch einen eindrucksvollen Torbogen, über unebenes Kopfsteinpflaster, kletterten eine dreckige Treppe in einem ehedem vornehmen alten Haus hinauf und befanden uns in einer Zweizimmerwohnung, die so eingerichtet war wie die Paläste, die wir gesehen hatten, mit karelischer Birke und Bronze- und Malachitverzierungen. Jedes Stück war von unserem Gastgeber in Handarbeit selbst hergestellt. Er muß zu diesem Team bemerkenswerter Kunsthandwerker gehört haben, deren Arbeiten wir bewundert hatten. Ein schöner Kronleuchter hing über dem gedeckten Eßtisch, der den größten Teil des verfügbaren Raumes einnahm. Wir hatten schon gegessen, und es war uns peinlich, ihnen ihre spärlichen Vorräte zu schmälern, die sie uns so großzügig anboten. Der Hausherr zeigte uns seine herrlichen dreidimensionalen Landschaften, die in große »Goldlippen«-Muscheln geschnitten waren. Gegen das Licht gehalten gaben sie einen außergewöhnlichen Eindruck von Tiefe. Er war ein breiter Mann mit großen Händen und war doch fähig, die feinsten Arbeiten auszuführen. Er meinte, westliche Künstler »hätten oft allen Sinn für das Handwerkliche verloren, ohne den kein Künstler einen echten Ausdruck erreichen kann. Solange nicht Kopf, Hände und Herz zusammenarbeiten, kann es so etwas wie Kunst überhaupt nicht geben. Was sie tun, kann nur einem Unwissenden imponieren, denn bestenfalls kopieren sie sich selbst.«

Später suchten wir vorsichtig unseren Weg die dunkle Treppe hinab und durch den Torbogen, um uns an der Newa zu finden. Auf der Straße ging keine Menschenseele und kein Wagen war in Sicht. Nach einem Taxi zu telefonieren war vergeblich gewesen. Der Gedanke an den langen Marsch zurück zum Hotel war in der Tat entmutigend, denn unsere Gruppe von sieben Leuten hätte sowieso nicht in einen Wagen gepaßt. George Galitzin erklärte mit unvermindertem Optimismus und guten Mutes: »Wartet nur! Irgendetwas wird aufkreuzen!« Noch während er sprach, kam ein riesiger Stadtbus das öde Ufer entlanggerast und holperte über die unebenen Pflastersteine. George trat von der welligen Bordkante und winkte ihm stehenzubleiben. Der junge Fahrer hielt sofort mit quietschenden Bremsen und erklärte sich ohne Zögern bereit, uns auf seinem Rückweg zum »Depot« zu unserem Hotel zu bringen. Wir stiegen ein, und er fuhr in einer halsbrecherischen Geschwindigkeit davon, während der Anhänger hinter uns klapperte und krachte. Es war ja Staatseigentum und da brauchte man es nicht zu schonen. Ein hochstehender Mond schien auf die silbrige Newa, und die Stadt mit ihren farbigen Palästen, welche blaß im Mondlicht schimmerten, schien ein großartiger Hintergrund für andere Zeiten zu sein.

»Es war wirklich lieb von Ihnen, uns zu helfen«, sagte ich, als wir ausstiegen. »Warum soll man nicht jemandem einen Gefallen tun?« erwiderte er. »Ohne das kann man nicht leben.« Er hatte um nichts gebeten, aber wir gaben ihm Zigaretten, Kugelschreiber und einige Dollars. Er klapperte fröhlich weiter, den Newski Prospekt hinab. Es war drei Uhr morgens und wir waren wirklich erleichtert, die Ewropeiskaja so leicht erreicht zu haben.

Um 11 Uhr 25 am nächsten Morgen fuhren wir nach Pskow ab. Man hatte uns gewarnt, der Zug wäre schmutzig und man könnte kein Essen oder Wasser bekommen. Das war zwar nicht der Fall, aber unser Lunch-Paket erwies sich trotzdem als nützlich. Der Zug ratterte schwankend durch die Gegend. In Pskow sollten wir im Hotel Riga absteigen, einer Wiedergabe all jener Hotels, die ich auf meiner letzten Reise kennengelernt hatte. Es gab kein heißes Wasser, aber es war sauber, mit hohen Fenstern, die auf einen Platz mit niedrigen Springbrunnen gingen, in denen Kinder glücklich planschten. Der Fahrstuhl hielt an jedem Stockwerk mit einem heftigen Ruck. Wenn etwas in der Sowjet-Union funktioniert, funktioniert es rauh. Auch derselbe Zug sollte kurz danach donnernd entgleisen.

So unwirklich oder so ewig wie in einem russischen Märchen erhebt sich Pskow hoch über den Flüssen Welikaja und ihrem Nebenfluß, der Pskowa. Die 965 gegründete Stadt wurde wie Nowgorod demokratisch regiert und gehörte zur Hanse. Nach dem Abzug der Deutschordensritter gewann die Stadt ihre Unabhängigkeit wieder und kam nie unter mongolische Herrschaft. 1138 ersetzte eine steinerne Kathedrale eine hölzerne Kirche, die von der Großfürstin Olga von Pskow, die den Fürsten Igor von Kiew geheiratet hatte, im Jahre 957 erbaut worden war. 1266 ließ sich hier der litauische Fürst Dowmont mit seiner ganzen Familie und seinem Gefolge taufen. Pskow wurde noch einmal von Stephan Bathory zerstört, aber man baute die Kathedrale 1689 wieder auf. Im Zweiten Weltkrieg wurde sie erneut schwer angeschlagen.

Diese stürmische Vergangenheit steht im Gegensatz zu der eher verschlafenen Stadt, wie sie heute dasteht, mit einem rosa Abendhimmel als lieblichem Hintergrund für die Silhouette der Kathedrale und der Festung hoch über der Welikaja. Die Kirche ist ein stolzes Bauwerk von 78 m Höhe mit einer hochragenden Ikonostasis. Wieder wurden meine Bibeln mit rührender Dankbarkeit angenommen. Es fand ein Gottesdienst statt, nachdem wir durch die alten Bollwerke wanderten. Einige knorrige alte Männer saßen auf einer Bank draußen im milden Sonnenschein. George fing eine Unterhaltung mit ihnen an, und der zerlumpteste von den dreien fing an, Shakespeare und Baudelaire in der Originalsprache zu zitieren. George konnte sich von ihnen kaum losreißen. Unterdessen hatte ich angehalten, um mich mit einer Familie in ihrem besten Sonntagsstaat zu unterhalten, und verliebte mich in einen hinreißenden kleinen Jungen von etwa drei Jahren mit riesigen dunkelblauen Augen unter langen schwarzen Wimpern. Ein junger Mönch gesellte sich zu uns und ich erinnerte mich an das russische Sprichwort: »Das Licht des Himmels ist in seinen Augen noch nicht erloschen.« Sie lächelten entzückt, als der Kleine das Modellauto, welches ich ihm gegeben hatte, in seiner pummeligen kleinen Faust umklammert hielt und es voller Staunen anstarrte.

Wir gaben einer halbblinden Bettlerin Almosen, die wie eine Figur aus einer russischen Oper aussah, und waren erstaunt, sie zwei Tage später in Petschory wieder zu treffen. Sie mußte uns gefolgt sein, aber wie konnte sie dorthin kommen?

Georges Koffer war versehentlich im Zug geblieben, und er mußte ihn später am Abend abholen. Der Milizsergeant, der ihn aushändigte, befahl einem Soldaten, »den Koffer des Fürsten zu tragen!«

Die drei Klöster von Pskow werden als solche nicht mehr benutzt: das Miroschky, das der Gewandniederlegung (Risopoloschenie) und das Uspenski; die schönen kleinen Kirchen sind all ihres Schmuckes entkleidet, aber von außen sorgfältig restauriert.

Der Bahnhof enthielt früher ein berühmtes Restaurant, und wie so viele russische Bahnhöfe ist auch dieser mit einem Anflug von Phantasie in einem Stil gebaut, der für ein Schloß oder einen Tanzsaal geeigneter wäre. In der Nacht vom 2. zum 3. März 1917 unterzeichnete Nikolaus II. seine Abdankung hier in einem Eisenbahnwaggon auf einem Nebengleis. Gutschkow, der dabei war, sagte, er hätte es »mit einem Seufzer der Erleichterung« getan.

Die Gegend von Pskow produziert Kartoffeln, Flachs und Äpfel. In etwa 300 Seen wird viel gefischt.

Um den Spuren Puschkins zu folgen, sollten wir eine Anzahl von Ausflügen zu Stätten machen, die mit seiner Biographie zusammenhängen.

Unsere erste Fahrt führte uns zum Gut Michailowskoje, wo alle Gebäude 1922 und noch einmal während des letzten Krieges unbarmherzig zerstört worden waren. Sie sind bis zum letzten Sommerhäuschen, Brückchen oder Gartenbänkchen sorgfältig wiederhergestellt. Die Stätte ist heute eine Art Wallfahrtsort, wo sich Dichter treffen und ihre Werke vorlesen oder sich der Erforschung auch der fernstliegenden Details von Puschkins Leben widmen. So haben sie z. B. 750 Nachkommen entdeckt! Wir neckten »unsere« damit, daß sie sich vielleicht den ungewöhnlichsten Verwandten gegenübersehen könnten.

Nach seinem turbulenten Leben in Petersburg und Odessa wurde Puschkin für ungefähr sechs Jahre auf sein Gut Michailowskoje verbannt. Das bedeutete, daß er wohl alle seine Nachbarn besuchen konnte, aber in keiner großen Stadt wohnen durfte. Er litt sehr unter dieser Beschränkung, aber sie erwies sich als äußerst segensreich für die russische Literatur. In dieser schönen Umgebung erfuhr er, um seine eigenen Worte zu gebrauchen: »eine zweite Geburt heiliger Inspiration ... und fühlte, worum es im Leben überhaupt ging ... denn hier ist alles Poesie und Wunder ...« Er flirtete beharrlich mit jedem Mädchen und jeder jungen Frau in der Umgebung, verschlang die bemerkenswert umfassenden Bibliotheken, die seine Nachbarn ihm zur Verfügung stellten und schrieb seine schönsten Gedichte.

Man erzählte uns, daß jährlich über 750000 Besucher nach Michailowskoje strömen. Man schenkte uns Buchzeichen, Andenken und ein Faksimile seiner Visitenkarte, auf der nur »Puschkin« stand. Nikolaus I. hatte nur »Nikolaus« auf der seinigen stehen und als er Puschkins Karte sah, sagte er: »Nu i Puschkin!« (Was? Auch Puschkin!) mit einem Lächeln der Würdigung für den Stolz, den es bewies.

Das einstöckige, bescheidene Herrenhaus ist wunderbar restauriert, und auf unserem Weg von Zimmer zu Zimmer fanden wir jedes Ereignis seines Aufenthaltes dort liebevoll wiedergegeben: Wie er den Erzählungen seiner Kinderfrau lauscht; wie er seine seltenen Besucher empfängt – einmal Puschtschin und später Delwig; wie er in ängstlicher Erwartung auf den Klang der Glöckchen von der Straße lauscht; und vor allem die langen Stunden intensiver Arbeit.

Als wir in dem zauberhaften Garten umhergingen, wo jeder Baum und jeder Strauch, den Puschkin erwähnt, wieder angepflanzt worden ist, wurden wir von Schwärmen riesiger Stechmücken angegriffen, die wie Hunde bissen. Puschkin behauptete, daß der Sommer auf dem Lande herrlich wäre, »wenn es da nicht Staub und Mücken gäbe«. Die Führerin sagte, sie schwärmen nur um diese Jahreszeit. Wir schlugen mit Zweigen um uns, um sie in Schach zu halten, aber mit nur geringem Erfolg.

Puschkin war bei seinen Bauern sehr beliebt, denn »er war freundlich und liebte Spaß«. Er nahm an ihren Zusammenkünften teil und hörte auf ihre anschaulichen Reden, welchen er dann mit einem Zauberstab Leben und Gestalt verleihen sollte. Oft besuchte er seinen Großvater im nahegelegenen Petrowskoje. Dieser war der Sohn von Peters des Großen »Araber« oder vielmehr Abessinier hamitischer Abstammung. Der junge Sohn eines Logo-Häuptlings war als Geisel (Amanat) dem Sultan der Türkei übergeben worden, der ihn Peter schickte. Er wurde im Ausland erzogen, kehrte nach Rußland zurück, um General zu werden und begleitete den Zaren bei vielen Gelegenheiten. Außer dem Gut schenkte Peter ihm eine Familienikone, die heute noch im Eßzimmer hängt. Das Haus und der Garten sind nach dem Kriege wiederaufgebaut worden und werden von Boris Michailowitsch Kozmin betreut, der uns erzählte, er stamme vom Sekretär Katharinas II. ab. Als er aber vor der Büste Hannibals (Puschkins Urgroßvater) stand, konnte man eine verblüffende Ähnlichkeit mit Puschkin selbst nicht übersehen. Das gleiche Profil und die feinen Gesichtszüge, honigfarbene Augen und dunkle Haut. Es ist kein negroider Typ, sondern erinnert an die Samburu oder die Massai. Kozmin be-

merkte unser Erstaunen über die Ähnlichkeit, »die begründet ist«, aber er konnte die »Verwandtschaft« nicht verfolgen. Seine Eltern waren nach Sibirien verschickt worden, wo er geboren wurde. Er kam später hierher zurück und wurde der hingebungsvollste Kustos. Nur widerwillig zeigte er uns seine talentvollen Landschaftsmalereien, welche bald darauf ausgestellt werden sollten, aber er wollte keine davon verkaufen. Seine Würde und Bescheidenheit waren eindrucksvoll und die vorherrschende makellose Ordnung ausschließlich seiner Pflege zu verdanken.
Unser nächstes Ziel war Trigorskoje, wo Mme. Ossipow-Wulf und ihr Schwarm von jungen Mädchen den Dichter stets mit offenen Armen aufnahmen. Meistens ritt er herüber und kletterte durch ein Fenster, um sich dann im Musikzimmer, der Bibliothek oder einem privaten Appartement zu befinden. Sie verbrachten manch eine glückliche Stunde mit Gedichtelesen, Spielen oder Tanzen und bereiteten ein leicht fermentiertes Getränk namens »Zhonka«. Puschkin galt als häßlich. Man sagte, »er hätte sowohl etwas von einem Affen wie von einem Tiger«, aber wenn er seine Gedicht vortrug oder eine Geschichte erzählte, war er unwiderstehlich und manch eine Dame verfiel seinem Charme.
Man nimmt an, daß er dieses Haus in seinem Eugen Onegin als das Haus der Larins beschrieben hat, und die Touristen nennen es ganz einfach »das Larin-Haus.« Trigorskoje wurde während der Revolution und nochmals im Zweiten Weltkrieg zerstört, aber alles ist so sorgfältig wieder zusammengebracht, daß man kaum glauben kann, daß es seit Puschkins Tagen nicht immer dagestanden hat.
Dann fuhren wir zum Kloster Swiatigorsk weiter, etwa 4 km entfernt, durch Felder voll blühendem Löwenzahn und Vergißmeinnicht, sowie Flieder in wildem Überfluß um jedes Haus herum, wie bescheiden es auch sein mochte. Die sanft gewellte Landschaft, von Wassertümpeln getupft, war von ihrem Duft erfüllt, den eine milde Frühlingsbrise herübertrug. Abgesehen von den Stechmücken war es die zauberhafteste Landschaft.
Swiatigorsk hat eine schöne Kirche aus dem 16. Jahrhundert, die auf der Spitze eines steilen Hügels steht und sowohl 1922 wie auch im Zweiten Weltkrieg zerstört wurde. Es ist Puschkins letzte Ruhestätte, wie er es gewünscht hatte. Sein Grab befindet sich unter einem kleinen Obelisk auf der Terrasse außerhalb der Kirche neben den Gräbern seiner Eltern und der übrigen Familie. Man betont immer die »bescheidene Beerdigung« mitten im Winter, aber für die Kirche bedeutete ein Duell Selbstmord und eine christliche Bestattung, wie auch in Lermontows Fall, wurde nur gestattet, wenn sie ohne Aufwand vor sich ging. Es lagen frische Blumen auf dem Grab und wir legten unsere dazu. Es war für uns alle ein Augenblick der Verehrung, den wir mit unserer sowjetischen Begleitung teilten.
Im Innern der leeren Kirche sagte ich zum Aufseher: »Wie schade, daß sie nicht für Gottesdienste benützt wird!« – »Sie wird und muß wieder geöffnet werden!« erwiderte er mit tiefer Überzeugung.

Am Tage darauf begaben wir uns zur Festung Izborsk in der Nähe der estnischen Grenze. Sie war der Sitz von Ruriks Sohn Truwer, unserem Vorfahren, der über Pskow herrschte, während sein Brunder Sinäus der Herr von Nowgorod wurde. Die Burg wurde später von dem gleichen litauischen Fürsten Dowmont übernommen, der 33 Jahre in Pskow regierte.
Wir gingen um den ganzen befestigten Höhenzug herum und erreichten eine alte Kirche, in deren Nähe ein gewaltiges altertümliches skandinavisches Kreuz Truwers Grab bezeichnet. Im Tal darunter brach ein Chor von Nachtigallen aus dem Birkenwald zu unseren Füßen hervor, der von Vögeln zu wimmeln schien. Ihre Gesänge vermischten sich, während wir versuchten, die Nachtigallen-Kadenzen zu zählen (»Kalenas« auf russisch). Ein See erstreckte sich hinter dem Wald, und der Duft von Flieder und Gras durchzog den lieblichen Frühlingsmorgen. Unser langer Spaziergang über den weichen Rasen mit Blick auf die weite Landschaft, der Frieden des Ortes, der so viele schreckliche Belagerungen erlebt hatte und die völlig unversehrte Natur um uns herum waren allein schon eine Erholung nach unseren anstrengenden Tagen. Die Leute, welche sorgsam die Gräber pflegten, die den Wald um das Kreuz des Truwer füllten, sprachen eine Mischung aus Russisch und Estnisch.
Die Gegend ist auch der Mittelpunkt der »Cetu«-Sprache, verwandt mit der Sprache der Burjaten an der Wolga, und ist finnisch-ugrischen Ursprungs. Ungefähr 10000 Menschen sprechen sie noch heute.
Wir setzten unseren Weg zum Kloster Petschory fort (von Peschtschera = Höhle). Im 14. Jahrhundert machte es der Mönch Cornelius mit einer Ikonenmalschule, einer Bibliothek und einer Sammlung von Chroniken zu einem Kulturzentrum. Es ist heute eines der achtzehn noch bestehenden Klöster in Sowjet-Rußland. Unter Peter dem Großen bildete es den Mittelpunkt von 320 Dörfern. Es beherbergt 70 Mönche unter ihrem Abt Gabriel, der oft auf Missionen ins Ausland geschickt wird und lange Zeit in Jerusalem verbracht hat.
Wir waren angemeldet, er kam, uns zu begrüßen und kaute dabei an einem Apfel. Meine Bibeln erregten keinerlei Dankbarkeit. Er verstaute sie nur in einer weiten Tasche seiner grauen Soutane. Seine schlauen, schmalen Augen, die dauernd hin und her glitten, vermittelten keine Wärme. Er segnete uns mit einer schwammigen Hand und zog sich zurück. Ich fand ihn zutiefst unsympathisch und hörte später, daß die Mönche beim Patriarchen seine Abberufung erreicht hatten, aber einen Tag später hatte ihn der KGB wieder eingesetzt. Er sollte bald, allerdings als Bischof, nach Sibirien versetzt sein.
Ein verhutzelter alter Mönch jagte uns in halsbrecherischer Geschwindigkeit durch die gewundenen Gänge der Höhlen, und wir stolperten im tiefen Sand hinter ihm her. Es war wie bei einer Schnitzeljagd, als wir von Ecke zu Ecke liefen und auf versteckte Altäre stießen. Die kalte Luft blies unsere Kerzen aus, aber er wollte uns

keine einzige Biegung in dem katakombenartigen Labyrinth ersparen, bis wir endlich wieder in den Sonnenschein hinaustraten. Der alte Mönch kicherte in sich hinein und freute sich an unserem Unbehagen.
Die Kirche Mariä Himmelfahrt aus dem 15. Jahrhundert war in die Felsen oberhalb der Höhlen gebaut. Sie war mit Ikonen überladen und zu klein, um einem das Gefühl von Frieden zu vermitteln. In jedem Gebäude um uns herum wurde entweder gehämmert oder frisch gestrichen. Frauen pflanzten emsig Sträucher – zu nah nebeneinander für ein Gärtnerauge. Alle waren so fleißig wie Bienen, als ob die ganzen Jahre über nichts getan worden wäre und sie jetzt wegen der Tausendjahrfeiern unter großem Zeitdruck ständen. Hoch über uns erinnerte eine Kirche an den Sieg über Napoleon 1812, aber wir durften nicht hinein. Vielleicht war sie noch nicht wiederhergestellt.
Im örtlichen Restaurant waren die WC zu Ehren der tausend Jahre Christentum frisch gestrichen und wir mußten sehr aufpassen, um nicht mit grünen Streifen wieder herauszukommen. Das Essen war überreichlich, wir bekamen sogar drei Desserts. Vielleicht wollten sie zeigen, was sie alles zustande bringen, und wir konnten nur hoffen, daß andere sich über diese Mengen freuen würden.
Auf dem Rückweg sagte unsere harmlose Führerin, sie hätte lange nicht so eine »schwierige« Gruppe zu führen gehabt. Mit »schwierig« meinte sie unabhängig, denn wir schossen wirklich alle in verschiedenen Richtungen auseinander, was sie nicht ohne weiteres kontrollieren konnte. Ihre »neue« Geschichtstheorie war offenbar die, daß die Rurikiden-Dynastie »nicht die Bedeutung besaß, die man ihr früher beigemessen hätte«. Ich konnte nicht widerstehen, ihr zu sagen, daß ich diese »neuen« Fassungen mit der größten Gelassenheit betrachte, nachdem ich eine ganze Serie davon im Laufe meiner Reisen durch die Sowjet-Union erlebt hätte. Ziemlich bestürzt sagte sie: »Was meinen Sie?« – »Als ich zum ersten Mal hierher kam, war unsere Geschichte die von Mördern und Räubern: Bolotnikow, Pugatschow, Stenka Rasin usw. ... Jetzt versucht man, frühere fürstliche Einflüsse für ungültig zu erklären, während man sich etwas mehr an die Tatsachen hält. Warten Sie noch ein Weilchen, und Sie werden hören, wie die Dinge wirklich waren!« Sie seufzte: »Es stimmt, sie ändern vieles ...«
Als wir in Pskow den Zug nach Moskau bestiegen, hörte ich unseren netten, jungen Gepäckträger rufen: »Hier ist massenhaft Gepäck, aber ich möchte die Koffer *unserer* Fürsten tragen.« (Das waren George und ich.) Ich war gerührt, das zu hören. Er wollte vor allem unsere Autogramme, aber wir fügten noch Zigaretten und kleine Geschenke hinzu.
In Moskau erzählte die Führerin stolz, daß Dserzhinsky (unseligen Tscheka-Angedenkens) ein Waisenhaus gegründet hätte. (»Für die Kinder seiner Opfer« murmelte George.) Es ließ einen an Orwells Vorstellung von den Schafen denken, die ihren Schlächter anbeteten.

Es war nicht viel Zeit zum Trödeln, aber wir waren immerhin so früh gekommen, daß wir uns alle zum »Kosmos« begeben konnten – wo Sandra beim letzten Mal ihren Schuh aus dem Fenster des 10. Stockwerks verloren hatte – um zu baden und uns umzuziehen. Wir labten uns dann an einem üppigen Frühstück, das sich seit dem letzten Jahr zu einem beachtlichen westlichen Schmaus entwickelt hatte. Sowjetische Bürger waren jedoch nicht zugelassen. Unser Bus fuhr uns dann zum Arsenal-Museum des Kremls, welches im vorigen Jahr geschlossen gewesen war und das ich gern wiedersehen wollte.

Es war schön wieder hergerichtet und überraschenderweise sprach die Führerin jetzt von »unseren« Zaren. Die Ausstellung war großartig und viel besser dargeboten als das letzte Mal vor fünfundzwanzig Jahren. Als wir herauskamen, fanden wir alle drei Kirchen geöffnet, während es das letzte Mal nur die Uspenski-Kathedrale gewesen war. Ich lief der Reihe nach in alle, ohne die nötigen Eintrittskarten, und murmelte: »Ich suche meine Gruppe.« – Nur eine gräßliche »baba« brüllte mich an, als ich wieder herauskam, aber da machte es nichts mehr aus und ich ging zum Roten Platz und zum Hotel National mit Lady A., die mich zum Danilowsky-Kloster begleiten wollte, während die anderen noch einmal zum Puschkin-Museum gingen, welches ich das letzte Mal schon gesehen hatte.

Ich fragte den jungen Fahrer irgendeines Wagens vor dem Hotel, ob er uns hinfahren würde. Er schlug zehn Dollars für Hin- und Rückfahrt vor, was keine große Summe war. Wir sanken erleichtert zurück, während er uns in voller Geschwindigkeit dorthin fuhr, im Zentimeterabstand an anderen Wagen vorbei, und freundlich den Verkehrspolizisten auf den Straßen zunickte. »Mehrere sind aus meiner Heimatstadt«, lachte er, »aber ich fahre sehr viel umher und kenne die meisten von ihnen.«

Bald waren wir in ein Gespräch vertieft. Er war ganz für Gorbatschow. »Aber er muß mit all diesen anderen Burschen fertig werden«, sagte er, »und die müssen ›doloï‹ ...« Eine Handbewegung, als ob er Brotkrümel vom Tisch fegte, drückte seine Ansicht unmißverständlich aus. »Wieviele halten zu ihm?« fragte ich. »Nicht die, welche gewohnt sind, nichts zu tun, und das ist eine große Zahl«, gab er zu.

Als wir das Kloster erreichten, sagte ich ihm, daß ich nicht sicher sei, ob wir hineinkämen. »Oh, das mache ich schon«, sagte er leichthin, schritt vor uns her und sagte mit einer Handbewegung zu den Wachen am Eingang: »Wichtige ausländische Gäste ...«, stieß sie zur Seite, und wir gingen hinein. In der Kirche war die Messe gerade zu Ende. Wir stiegen eine Treppe empor und befanden uns in einem Raum, in dem eine junge Frau Ikonen restaurierte. Sie waren – vielleicht zu Hunderten – an der Wand gestapelt, und ein schneller Blick sagte mir, daß es alte Tafeln mit Überresten von gerissenen Farben waren, mit Narben und Blasen, durchgebrochen oder mit Schimmel bedeckt, sicher Überbleibsel der Plünderungen. Bei der verblüffenden Restaurierungskunst würde ich mich nicht wundern, wenn es gelänge, auch diese alten Ikonen wieder zum Leben zu erwecken. Die ganze Ikonostasis der Kirche unten wurde zusammengesetzt aus Ikonen, die irgendwo gelagert worden waren, teilweise in Zagorsk.

Sie haben ein Wunder an Wiederherstellung vollbracht, mit dem sie die Behörden überraschten, denn es gelang ihnen, das ganze Kloster in wenigen Jahren vollständig neu aufzubauen. Diese Klöster waren früher befestigte Dörfer, und der leere Raum zwischen den Kirchen wirkte öde. Aber eines Tages, wenn er wieder mit Gebet erfüllt sein wird, kann die Kälte daraus verschwinden. Ich sprach mit mehreren Mönchen und erzählte einem, wir wären in Petschory gewesen und hätten den Abt Gabriel getroffen. Die Gesichter versteinerten: »Wir kennen ihn nicht. Er ist weit weg!«

Dennoch werden die meisten Ikonen in der Ikonenmalschule von Petschory restauriert und zwar von einem Vater Zenon. Ein eindrucksvolles großes Mosaik unseres Erlösers ist hoch in die Außenwand eines Gebäudes im inneren Klosterbezirk eingelassen.

Ist der Patriarch dadurch, daß man ihn aus seiner Sommerresidenz Zagorsk (benannt nach dem Revolutionär, der das Kloster auf Jahre hatte schließen lassen) nach Moskau gebracht hat, mehr unter die Kontrolle der Partei geraten? Oder gibt die Tatsache, daß der Patriarch in Moskau residiert, der Kirche Auftrieb? Diese Fragen bleiben offen, und vielleicht wird erst die Zeit sie beantworten. Jedoch aus was für einem Grunde auch immer etwas Gutes getan wird, wenn es wirklich gut ist, hat es sein eigenes Gewicht, und die Wiedererweckung des Danilowsky-Klosters ist ein glückliches Zeichen. Optina Pustyn wird auch der Kirche zurückgegeben. Hier wurden tausend polnische Offiziere, die zukünftigen Opfer von Katyn, vor ihrer Niedermetzelung 1940 zusammengeführt.

Wir kehrten zu unserem Hotel zurück und trennten uns in großer Freundschaft von unserem netten Fahrer. Er war entzückt von den kleinen Modellautos, welche ich ihm gab und die er sammelte, aber er versicherte mir, daß auch seine Kinder damit spielen dürften.

Wir hatten noch etwas Zeit zu unserer Verfügung. Ich hatte immer gehofft, die »Dworianskoje Sobranie«, den Klub der Adelsgesellschaft, besuchen zu können. Der türkisblaue Palast mit weißen Säulen hat vier Straßenseiten und liegt einen Steinwurf vom Roten Platz entfernt, ist aber von riesigen modernen Gebäuden eingezwängt. In Tolstojs »Krieg und Frieden« tanzte hier Natascha auf ihrem ersten Ball. Nach der Rückkehr der Wolkonskys aus Sibirien gab Alexander Rajewsky einen großen Ball, auf welchem Marie »zu einem dunkelroten Samtkleid ein Collier aus Diamanten und Rubinen trug, ein Hochzeitsgeschenk der Kaiserin Katharina an ihre Mutter«. Puschkin war häufig hier gewesen, als er der schönen Natalia

Gontscharowa den Hof machte, deren unersättlicher Durst nach Bewunderung die Tragödie über sie alle heraufbeschwor. Diese romantischen und wehmütigen Erinnerungen wurden jedoch verdrängt durch die kaltblütigen Prozesse, die dort von Wyschinsky abgehalten wurden, und wo nach entsprechender »Vorbehandlung« die Opfer um ihre Verurteilung »baten«. Der leichtgläubige Westen verkündete daraufhin Theorien über »den rätselhaften Charakter der Slawen«. Erst jetzt wird diese makabre Farce im sowjetischen Fernsehen in Frage gestellt.

Natürlich durfte niemand das Haus betreten. »Durch welche Tür geht *man* herein?« fragte ich unschuldig. Eine Putzfrau, die dort kniete, schaute von ihrem Eimer auf. »Tür Nr. 8 auf der Rückseite des Gebäudes.« Es war ein langer Weg, aber da war auch ein Portier, und ich fragte nach dem Direktor. Es gibt immer und überall Direktoren und dieser erwies sich als eine angenehme junge Frau, die bereitwilligst einen ihrer Mitarbeiter beauftragte, mich herumzuführen. Er befahl, alle Lichter im riesenhaften Ballsaal mit seiner doppelten Reihe von gewaltigen Säulen einzuschalten. In der Ferne erklang Musik. »Sie proben für ein Konzert«, erklärte mein Begleiter. Er geleitete mich durch ein schönes blau-weißes Foyer von eindrucksvoller Größe und einen großen Salon, der wieder zurück in den weiß-roten Ballsaal führte und in welchem man wahrscheinlich in glücklicheren Tagen das Souper serviert hatte.

Unsere Freunde erwarteten mich im Hotel, wo es wegen des Besuchs Präsident Reagans zwei Tage später schon von Journalisten wimmelte. Für das »Volk« sind solche Ereignisse immer noch fern, so als ob es kaum davon betroffen wäre oder zu oft getäuscht wurde, aber ein Hoffnungsschimmer war nicht zu unterdrücken: »Vielleicht endlich ...«

Bei der Zollkontrolle auf dem Flugplatz wurde das Gepäck eines Mitglieds unserer Gruppe bis zur letzten Zahnbürste untersucht, aber es wurde nichts Ungehöriges gefunden. Das mag auf irgendeine Denunziation zurückzuführen sein, denn wir hatten uns ja wirklich sehr freizügig bewegt.

Ich reichte meinen Paß einem Beamten in Uniform. Während wir darauf warteten, daß die langsame Maschine ihn fotokopierte, schaute er auf meine Millenniumsplakette: »Was ist das?« – »Es geht Sie auch an«, sagte ich, »es ist die Gedächtnisplakette zur Tausendjahrfeier der Christenheit in Rußland. Ich hoffe, Sie werden auch bald eine bekommen!« – Er lächelte breit und sagte: »Schön, das zu wissen!« Als er mir meinen Paß zurückgab, reichte er ein Bündel von Fotokopien vorhergegangener Pässe einem wartenden Boten, welcher damit fortrannte. Als wir herumsaßen und warteten, fragte ich mich, was die vielen Ausländer, welche die Sowjet-Union bereisen, von der sowjetischen Wirklichkeit mitbekommen?

Die beträchtlichen finanziellen und sachlichen Hilfen vom Ausland stärken die Partei, die noch nicht von ihrer paralysierenden Ideologie abzuweichen braucht.

Andererseits muß diese Hilfe der feindseligen Propaganda gegen den Westen entgegenwirken.
»Glasnost« – die unglaubliche Offenheit sowohl über Vergangenheit wie Gegenwart hat die vereiste Kruste, die über Sowjet-Rußland lag, aufgebrochen. Aber ein junger Mann sagte mir: »Obwohl man in Sowjet-Rußland ›nein‹ nicht für eine Antwort halten darf, so ist auch ›ja‹ keine Antwort, denn sie kann in einem Augenblick widerrufen werden.« Ein anderer widersprach ihm: »Die Zukunft hängt von uns Jüngeren ab, denn die ältere Generation hat den Virus der Angst im Blut. Wir nicht!«
Von »Perestroika« (Umstrukturierung) ist trotz der mutigen Vorstöße von Gorbatschow noch keine Spur zu bemerken. Man spricht von »arenda« (Ausleihung von Landschaftsparzellen) an einzelne Bauern – aber wo sind Bauern noch zu finden? Es wäre die Vorstufe der Stolypinschen Reformen aus der Zeit vor der Revolution und bekräftigt den sowjetischen Witz: »Was ist Sozialismus?« – »Es ist der beschwerliche, blutige, leidvolle und lange Weg zurück zum Kapitalismus.«
Aber trotz Angst wegen der Erfahrung früherer Rückschläge sind die Menschen voll neuer Hoffnung.
Sie sagen auch: »Er darf nicht zu langsam vorgehen, denn es gibt keine halbe Ohrfeige: Entweder geht man weiter oder man muß zurück.«
In der Tat, es ist mit der Millenniumsfeier ein Wunder geschehen. Wie soll man sonst die Anerkennung der Präsenz des christlichen Glaubens nach jahrelanger, unter Chruschtschow verschärfter Verfolgung bewerten? Wird damit auch die Würde des Menschen eine neue Beachtung finden? Oder will Gorbatschow nur seine Macht mit besseren Mitteln festigen? Nur die Zeit kann uns und vielleicht auch ihm die Antwort geben, aber das Millennium – wie man es auch nimmt – markiert den Wendepunkt.
Präsident Reagan wird in zwei Tagen in Moskau erwartet. Die amerikanische Präsidentenwahl hat wieder das politische Denken ausgeschaltet, und man scheint sich in Wunschträumen zu wiegen und den Realitäten aus dem Weg zu gehen. Er soll auch das Danilovsky-Kloster besuchen, wo Glocken aus dem ganzen Land zusammengetragen wurden. Sie werden die ersten Glocken sein, die in Moskau wieder läuten, und sollte dies nur geschehen, um den Präsidenten zu beeindrucken, so wird der Klang weit über die Mauern des Klosters hinausgetragen.

TEIL VI

»Glasnost« und »Perestroika«

Januar–Februar 1989

»Nur ein großes Genie kann den Staatsmann retten, der es unternimmt, die Lebensumstände seines Volkes nach langer Unterdrückung zu verbessern.« *Toqueville*

»Wer war der Mann, der erfunden hat, daß Menschen sich der Idee anzupassen hätten und nicht die Idee an den Menschen – koste es was es wolle!« *Plechanov über Lenin*

Meine letzte Reise hatte in mir eine Spur von Hoffnung, von Erwartung hinterlassen. Die westliche Begeisterung für Gorbatschow wirkte ansteckend. In der Tat hatte er den Granitblock der kommunistischen Tyrannei porös gemacht, und für dies allein konnte man ihm nur dankbar sein. Dazu kamen die Feierlichkeiten des christlichen Millenniums, der Besuch Reagans und viel Gerede von Kooperativen und Reformen: die »Perestroika«. Acht Monate später, im Februar 1989, war ich überaus neugierig und wollte feststellen, ob irgend etwas aus diesen Ansätzen Wurzel faßte. Wieder unter der Führung meines Verwandten Fürst Georg Galitzin schloß ich mich einer englischen Gruppe von Kunststudenten an. Ich überzeugte eine junge Freundin, Bettina von Hase, mitzukommen, und sie brachte auch noch Camilla (Minnie) Cecil dazu, uns zu begleiten. Sie sollten mit ihrer Schönheit und Jugend unsere Gruppe während des Ausflugs sowohl in die Vergangenheit als auch in die Zukunft Rußlands erfrischen.
Wir wurden so lange am Moskauer Flugplatz »Sheremetevo 2« aufgehalten, daß wir den Anschluß nach Leningrad verpaßten. Man fuhr uns zu einem ärmlichen Abendessen ins »Intourist«-Hotel in die Stadt. Danach brachte uns der Bus zu »Sheremetevo 3« – wie landläufig der Platz genannt wird, wo Rust landete – und wir wanderten dann an der Basilius-Kathedrale vorbei zum Roten Platz hinauf.
Er erstreckte sich vor uns so unwirklich wie das Bühnenbild einer russischen Oper. Vor dem sepiadunklen, von den Scheinwerfern gelblich getönten Himmel funkelten die farbigen Kuppeln und Türme des Kremls durch den leicht rieselnden, vor den Straßenlaternen in schrägen Garben aufblitzenden Schnee, der den weiten Platz wie mit einem Leichentuch überzog. Es eilten nur ein paar unförmige Gestalten den Bürgersteig entlang. Kein Verkehr, kein Laut von Fußstapfen – eine verzauberte Stille.
Rechts, ganz am Ende des Platzes, erhob sich ein gewaltiger roter Bau – das russische historische Museum. Umsonst hatten Georg und ich mehrmals versucht, es zu besuchen. Die Führerin sagte: »Es beherrscht den Platz.« Das ist vielleicht auch der Grund, warum es dem Publikum so oft verschlossen ist. Auf einmal standen die Wachen auf beiden Seiten des Iversky-Tores zum Kreml stramm, dann schlichen einige riesige schwarzglänzende Autos, Vorhänge zugezogen, lautlos aus dem Torbogen heraus. Die höchste »Nomenklatura« begab sich wahrscheinlich zum Abendessen.
Nach dieser unwirklichen Vision surrealistischer Phantasie kehrten wir durch düstere, unbeleuchtete Straßen an schäbigen Häusern und hoffnungslos eintönigen

Alleen entlang zum Flugplatz zurück. Wir erreichten endlich Leningrad um drei Uhr nachts, der Erschöpfung nahe. Das Flughafengebäude, das uns empfing, schien hastig aus Asbestplatten zusammengefügt zu sein, obwohl es wahrscheinlich schon einige Jahre dastand. Ein Bus erwartete uns, aber die Sowjet-Bürger mußten durch den dicken Nebel zum fernen Hauptgebäude abmarschieren. Einer unserer Gruppe lief irrtümlich hinter ihnen her und wurde eiligst zurückgeholt, während Frauen mit kleinen Kindern und schweren Bündeln weitertrabten.

Leningrad

Die Aussicht aus meinem hohen Fenster des stereotypen Zimmers des »Leningrad Hotels«, neben dem ärgerlichen Kreuzer »Aurora«, erstreckte sich weit über den mächtigen Neva-Fluß, eingerahmt auf einer Seite von der Kuppel der Isaakskathedrale und auf der anderen von der hohen Spitze der St. Peter-und-Pauls-Kirche. Es war ein nebliger grau-rosa Tag. Allmählich tauchten in vielfarbiger Pracht die majestätischen Paläste auf, die unsere »Stadt-Tour« säumten, eine wiederkehrende Verzückung in dieser einmalig schönen Stadt.

Anstatt auf der »Aurora« herumzuklettern, ging ich am Ufer entlang, immer wieder von Schwarzhändlern angesprochen, aber die Polizei lauerte in der Nähe und sie verdufteten bald. Eine Schlange Schulkinder zwitscherte wie ein Flug Schwalben an mir vorbei. Sie waren warm und ausreichend angezogen: Pelzmützchen, Stiefel und wattierte Jäckchen. »Die Eltern sind zu jedem Opfer für ihre Kinder bereit«, erklärte später die Führerin. »Aber fast nichts ist in den Läden zu bekommen.«

In der Alexander-Nevsky-Kathedrale fand eine Hochzeit statt, wobei die Braut in einem Tageskleid war. »Sie sind schon seit einigen Jahren zivil getraut und holen jetzt die kirchliche Hochzeit nach«, erklärte die alte Frau am Kerzentisch.

In der Eremitage entführte mich Georg, um seine Freunde zu treffen. Eine Dame erwies sich als ferne Verwandte von mir. Als wir uns zu den anderen gesellten, bat der offizielle Führer entweder Georg oder mich immer wieder, die Erklärungen zu übernehmen: »Ihr seid ja unsere lebende Geschichte!« Wir sollten diese Bemerkung noch öfters hören.

Da andere Karten nicht zu bekommen waren, gingen wir in den Zirkus. Es war alles etwas behelfsmäßig, dafür gab es unglaubliche Kunstfertigkeit und Zauberkünstlereien: Sechs Odalisken kamen eine nach der anderen aus einem vorher flach gefalteten Zelt hervor, später entschwand eines der Mädchen in einer Feuersbrunst und in einem leeren Käfig tummelten sich plötzlich drei große Löwen.

Ein forscher junger Mann wurde aus dem Publikum herausgerufen, um sich zersägen zu lassen. Im letzten Augenblick überfielen ihn Zweifel, er warf seinen Freunden einen flehenden Blick zu und bekreuzigte sich schnell vor der ganzen Prozedur. Die Kinder um uns herum bekreuzigten sich, wenn sie etwas erschreckte. Sie waren fröhlich und vergnügt, aufgeweckt und unverwöhnt, und wurden immer angewiesen zu danken, wenn man sie beschenkte. Ein unternehmendes Bürschlein stürzte vom höchsten Rang herunter, um einige Süßigkeiten vom Ring kurz vor den Hufen der Pferde aufzusammeln.

Der nächste Tag war der 25. Januar, mein Namenstag. Die heilige Tatiana, Tochter eines byzantinischen Centurios, war die Schutzheilige aller Universitäten in Rußland. Ich war erstaunt festzustellen, daß man sich an diesen Tag erinnerte, denn wo auch mein Name erklang, wurde mir herzlich gratuliert.

Wir fuhren nach Tzarskoye Selo hinaus. Offiziell heißt es noch Puschkino, aber man kommt immer mehr zu den alten Namen zurück. Jdanoff ist schon gestrichen, Gorki versucht wieder Nijni-Novgorod zu werden und Leningrad wird immer öfter als »Piter« erwähnt. Wir hörten, daß die Liste solcher Namen sich über ganz Rußland erstreckt.

Es war eine wahre Freude, wieder durch dieses wunderschöne Schloß zu wandern und anschließend im schneebedeckten Park spazierenzugehen. Junge Burschen versuchten uns Lackschachteln zu verkaufen. Ich fragte einen, warum er nicht einen kleinen Laden aufmache, anstatt am Rande des Gesetzes zu handeln. »Es wäre aussichtslos«, meinte er. »Nichts wird uns erlaubt. Ich bin ein Student und kann einfach nicht von dem leben, was uns zugewiesen wird.« Kurz danach sprang unter sie ein Mann, der ihnen gleich mit Pelzmütze und wattierter Jacke angezogen war, und packte einen beim Kragen. Die anderen flüchteten. Wie sie uns sagten, ist der KGB überall gegenwärtig und man kann nie wissen, wer dazugehört. Um so erstaunlicher ist ihre Unvorsichtigkeit oder ihr Wagemut.

Wir besuchten wieder Pavlovsk und Peterhof (Petrodworetz), und ich entdeckte wunderschöne Einzelheiten, die mir beim letzten Mal entgangen waren. Auf dem Heimweg blieben wir kurz vor der Kirche vonTchesma stehen, eine Phantasie in Karmesin und Weiß (1774) – luftig wie ein Hochzeitskuchen –, die in Erinnerung an die von Alexei Orloff gegen die Türken gewonnene Seeschlacht erbaut wurde. Das »Frosch«-Service wurde von Wedgwood für seinen Bruder Grigori, Günstling Katharinas II., erstellt, und bezog sich auf einen Alkovenwitz zwischen beiden.

Obwohl mögliche geschichtliche »Alternativen« in eine Sackgasse führen, ist es doch interessant, sich daran zu erinnern, daß Potemkin, der leidenschaftlich Musik liebte, Mozart nach Rußland bringen wollte. Beide starben im Jahr 1791. Napoleon meinte, seine Karriere sei mit der Revolution zu Ende und bot seine Dienste Katharina II. an. Es sollte anders kommen ...

»Wie fühlt man sich, wenn man zu seinem Familiensitz zurückkehrt?« fragte das hübsche Mädchen – Leningrader Mädchen sind berühmt für ihre Schönheit –, das im Büro des Hotels saß und mir das Taxi nach »Levashovo«, den früheren Besitz meiner Großeltern unweit der finnischen Grenze, bestellte.
»Es war nicht mein Verlust, sondern der meiner Verwandten«, meinte ich. »Auch nicht der meine«, sagte sie, »sondern die Tragödie meiner Mutter und meiner Großmutter. Finden Sie die Leute hier sehr verändert?«
»Gar nicht, so lange es sich um Russen und nicht um den ›homo sovieticus‹ handelt.«
Sie lachte laut auf: »Hier herum gibt es nicht so viele dieser Sorte, aber in Moskau. Auch ich empfinde den Unterschied. Als ob sie fremd wären.« (Tchoujdije.)
»Und auf dem Land?« – »Die haben sich nicht verändert, nur sind sie unendlich arm.« Sie gehörte sichtlich zu den sogenannten »Früheren«.
Bettina hatte sich sehr erkältet, so fuhr Minnie mit mir. Die Nacht brach ein mit einem Graupelregen, dem bald dünner, schleierartiger Schnee folgte. Wir erreichten die Vorstadt-Bahnstation von Levashovo. Kleine Holz-»Datschas« erstreckten sich entlang rechtwinklig angelegten schneebedeckten Landstraßen im kleinen Wald hinter der Bahn. Sie machten einen gemütlichen Eindruck und waren sich nicht durch hohe Palisaden von der Welt abgeschnitten wie in der Umgebung von Moskau.
Unser Fahrer hielt, um alte Frauen um Auskunft zu fragen: »Sagen Sie mal, Baboussia, erinnern Sie sich, wo das Haus der Wiazemsky stand?« – »Das Schloß des Potemkin? Es ist wohlbekannt ...« Darauf folgten komplizierte Anweisungen, die uns wieder ins Ungewisse führten.
Ein Schloß? Ich hatte nur von einem »angenehmen Landhaus« gehört. Wir verirrten uns wieder, aber endlich bot sich ein Mann an, uns zu begleiten und stieg ins Auto hinein. »Es gibt eine Einzäunung. Sie müssen herumfahren.«
»Wer hat es besetzt?« fragte ich.
»Das möchte ich Ihnen nicht sagen!« kam die schwerwiegende Antwort.
Wir kletterten dann über Bretter und einen Graben, unseren Weg suchend über Baureste zwischen Bäumen.
Plötzlich standen wir auf einem kleinen Hügel unter einer an einem Holzpfosten im Wind schwingenden elektrischen Birne. Rechts führte ein Abhang zu einem See, der zwischen schrägen, knotigen Bäumen den Mond spiegelte. Zu unserer Linken, im grau-blauen Licht durch das dünne Geriesel des Schnees schimmernd, erhob sich ein hölzernes Märchenschloß. Vom runden Mittelbau weg erstreckten sich zwei Galerien, die zu kleineren Pavillons führten. Die hohen Fenster gaben

dem Gebäude etwas Luftiges, fast Ätherisches – wie ein gespenstiges nordisches Sanssouci. Heruntergekommen, verlassen, war es doch wunderschön. Die Kaiserin Katharina hatte es Potemkin geschenkt. Später kaufte es mein Urgroßvater Graf Levashov, seine Tochter – meine Großmutter – wurde Fürstin Wiazemsky.

»Die Blumen, die die Fürsten damals pflanzten, kommen alle Jahre wieder«, sagte unser Begleiter. »Welche sind es?« – »Ich kenne viele Namen nicht, aber es sind Massen von Flieder, Azaleen, Lilien ... Niemand pflegt sie und trotzdem sind sie immer wieder da.«

Minnie lugte durch ein Fenster und erspähte ein Aquarium. »Innen ist das Haus nicht zerstört«, sagte der Mann. »Das Treppenhaus und die Zimmer sind noch vorhanden.«

Wir gingen um das Gebäude, wo vor dem Eingang hohe korinthische Säulen auf einigen Stufen standen. Schlagartig überwältigte mich eine Erinnerung. Ich war damals nur ein Baby, aber hatte mich an das Piedestal einer der Säulen geklammert, das mir sehr hoch erschienen war.

Minnie hatte Tränen in den Augen: »Es ist so unsagbar romantisch und mußte doch ein fröhliches Haus gewesen sein.« – »Das war es wohl, mit vielen kleinen Enkeln und Gästen. Dann wurden beide älteren Söhne – meine Onkel – ermordet und alle gingen weg ...«

Auf dem Weg zurück in die Stadt platzte ein Reifen. Der Fahrer, der sich über nichts aufregte, wies uns ins Auto zurück und in zehn Minuten hatte er den Schaden behoben. Er fuhr uns dann geradewegs ins Maly-Theater zu einer Vorführung von »Boris Godunov«. Als wir ankamen, läutete schon die letzte Glocke. Wir hatten gerade Zeit, ihm noch einige Geschenke zu geben, darunter ein Schweizer Allzweckmesser, das ein breites Grinsen auf seinem Gesicht hervorrief. Wir liefen hinein und sagten, daß wir unsere Gruppe verloren und diese unsere Karten hätte, was auch stimmte. Man glaubte es uns, und wir schlichen uns in die ersten leeren Sitze, dann ging der Vorhang auf.

Nach unserem Ausflug war die Umstellung auf Boris Godunov ziemlich überwältigend, obwohl das mandarinen- und silberfarbene Theater ganz im Sinne Ossinevaya Rostchas war. In der Pause holte Minnie eine Flasche Schweppes-Wasser aus ihrer geräumigen Tasche, aber ich hatte meinen Flaschenöffner verschenkt, und so konnten wir es nur im Schlüsselloch der Haupttüre mit einem Trick aufmachen. »So eine gute Idee«, meinte die Programm-Verkäuferin. »Das habe ich noch nie gesehen!«

Die Oper war großartig, aber »Levashovo« (heute wieder Ossinevaya Rostcha) beherrschte unsere Gedanken. Ich beschloß, dafür etwas zu unternehmen, und am nächsten Morgen begann ich mit einer Reihe von Schritten, die erstaunliche Resultate hervorriefen.

Während unsere Freunde ein Museum gewissenhaft durchliefen, suchte ich das

Büro des Direktors auf. Die Verwaltung ließ mich von einer Sekretärin zum »Kulturfonds« begleiten. Es befand sich in bescheidenen Räumen eines Gebäudes auf dem Nevsky Prospekt, das – wie sie mir sagten – früher die Versammlung der Douma beherbergte. Das stimmte mich nachdenklich. Mein Vater war ja jahrelang Abgeordneter der Douma gewesen.
Man hörte höflich mein Anliegen, den Stroganoff-Palast von Rastrelli – unweit dieses Büros, im Zentrum der Stadt – sowie auch das Potemkin-Wiazemskysche Schloß bei Levashovo hoch oben auf die Liste der Restaurierungen zu setzen. »Wir haben so viele davon!« seufzten sie. »Nicht von dieser Qualität und diesem historischen Interesse!« beharrte ich. Vorerst schlug jemand vor, ein Fernseh-Interview vor einem dieser Häuser mit mir zu veranstalten. Die Zeit, die uns zur Verfügung stand, war aber so kurz, daß man schließlich das Interview für den nächsten Morgen im Hotel beschloß. Sie kamen auch an, mit Kameras und Mannschaft. Da er so oft nach Rußland reist, holte ich Georg Galitzin dazu. »Könnten Sie konkret zu dem Wiederaufbau beitragen?« Auf diese kafkaeske Frage konnte ich nur mild erwidern: »Unser Vermögen blieb in diesem Lande.« – »Vielleicht würde eine ausländische Firma eine Stiftung erwägen?« Das schien mir ein beachtenswerter Vorschlag. »Ihre Bücher wären von höchstem Interesse für uns, denn Sie sind unsere Kultur.« Auch mit »Glasnost« in vollen Zügen klang dies überraschend. Sie versicherten uns, daß die abendliche Sendung »Ereignisse Leningrads«, die uns bringen würde, viel Beachtung im ganzen Land fand.
Als unsere Gruppe sich zum Winterpalais begab, wo Georg und ich bereits unsere »Entrées« hatten, gingen wir gleich zum Büro des berühmten Direktors der Ermitage, Piotrovsky. Es befindet sich unten links in schönen hohen Räumen, die früher die engsten Berater des Kaisers, den Staatsrat, beherbergten. Diese Appartements sind erhalten geblieben, prachtvolle Tapisserien zieren die Wände: »Nichts ist schlechter für Tapisserien, als sie gerollt wegzuräumen«, sagte man uns später. Die Sekretärinnen sprachen leise, und waren höflich und hübsch. Wir wurden bald zum Direktor hineingeführt. Ein charmanter älterer Herr von ungeheurem Wissen verzauberte uns mit seinem Gespräch und schenkte uns viel Zeit, wobei wir die Geschichte und Kultur Rußlands streiften. Jede Referenz stand sofort zur Verfügung. Es gab keinen Menschen, kein Ereignis, keinen Gegenstand, worüber er nicht Bescheid wußte. Als Vorsitzender des »Museums-sowjets« versicherte er uns, daß er meine Bitte unterstützen würde, aber es befand sich alles nicht mehr in einer Hand, und vieles komplizierte sich dadurch. Nichtsdestoweniger zeichneten sich Bemühungen ab, zu alten Benennungen zurückzukehren, und vieles, was Jahre der Vernachlässigung und falschen Anwendung zerstört hatten, wieder herzustellen. Beim Abschied überreichte er mir eine erste Ausgabe des Katalogs der Stroganoff-Sammlungen, die unsere russischen Freunde anschließend in atemloser Verehrung durchblätterten.

Nachher gingen wir wieder durch das Winterpalais, wo ich mich langsam zurechtfand. Wir besuchten unsere Vorfahren in der 1812-Galerie. Dann begaben wir uns zum Dachgarten von Katharina II., um nachher in Ruhe die holländische Sammlung – mit neunzehn Teniers und unzähligen Rembrandts – zu betrachten ... Trotz Verkäufen und Verschleuderungen bleibt die Liste unerschöpflich ...
Ich hatte eine Unmenge Kassetten und kirchliche Literatur mitgebracht. Wir wurden nicht durchsucht, und da ich es auch nicht erwartet hatte, verlor ich keinen Gedanken darüber. Bettina und Minnie hatten ebenfalls einiges übernommen. Seit dem Millennium ist es nicht mehr strafbar, aber sollte man sich versteifen, hätte man das Ganze konfiszieren können, und es wäre auf dem schwarzen Markt gelandet. Ich zog es natürlich vor, alles in die richtigen Hände gelangen zu lassen. Während ich mich darum bemühte, entdeckte ich, daß jedes Taxi, das ich anhielt, zuerst sich weigerte, in meine Richtung zu fahren, um dann sofort damit einverstanden zu sein, wenn ich erklärte, daß ich einiges zu einer Kirche bringen wollte. »Ich bin auch ein Christ«, sagten die Fahrer und warteten geduldig, bis ich wieder herauskam, um dann jede Bezahlung zu verweigern, was durch kleine Geschenke, die ich immer in einer schier bodenlosen Tasche herumtrug, wieder ausgeglichen werden konnte. Wir führten dann lange Gespräche: »Was geschah mit Romanoff?« (der abgesägte Generalsekretär von Leningrad). »Er soll Museumsporzellan bei der Hochzeit seiner Tochter zerschlagen haben. Ein Parteikollege namens A. hat ihn denunziert. Aber dann wurde A. auch versetzt.«
»Was denken Sie über ›Glasnost‹ und ›Perestroika‹?«
»Das erste war unentbehrlich, um ›ihr‹ Ansehen zu verbessern und vorzugeben, sie hätten nichts mit der Vergangenheit zu tun. Aber wir wissen ganz genau, daß sie dieselben sind, und einige davon sind sogar die gleichen Leute. Man sagt jetzt, vierzig bis fünfzig Millionen hätte man physisch liquidiert. Wenn man die Fundamente neuer Hochbauten aushebt, finden sie dauernd Massengräber um jede Stadt. Man hört im Fernsehen heutzutage erstaunliche Sachen. Was ›Perestroika‹ angeht, so gibt es einen Witz: Chruschtschow trifft Breschnew in der anderen Welt und fragt ihn: »Was hast denn du gebaut? Ich meinerseits habe nichts gebaut!« »Nichts«, sagt Breschnew. »Was um Himmels willen kann dann Mikhail Gorbatschow umbauen?« – »Was mich betrifft«, fügte der Fahrer hinzu, »mein Privatleben ist glücklich, und das ist das einzige, was zählt, obwohl man zur Zeit nicht viel zu essen hat.«
Ein anderer sagte: »Man kann Ausländern sagen, was man will – sie wissen es immer besser. Vielleicht weil wir so schlecht angezogen sind (und er sah seine abgetragene Jacke mit Verachtung an), meinen sie, daß wir unfähig sind, selbständig zu denken.«
»Man sagte mir, daß Chinesen für den Handel talentiert sind und Russen nicht«, bemerkte ich.

»Da shto vi! Wo denken Sie hin! Unsere ganze Geschichte ist eine Handelsgeschichte: Kiew im 9. Jahrhundert, Novgorod im 14. in Verbindung mit der Hanse, die Erschließung Sibiriens war ein einziges Handelsunternehmen, Potemkin öffnete dem Handel den Süden.«
»Ich habe ein Buch über die Stroganoffs geschrieben«, warf ich ein.
»Haben Sie das? Es könnte denen etwas beibringen. Wenn ›man‹ uns hier nur ein Chance gäbe! Schauen Sie sich um – an jeder Straßenecke versucht jemand etwas zu verkaufen, aber es ist alles verboten, und sie werden entweder von der Polizei am Kragen gepackt oder von Kriminellen im Untergrund eingefangen. Ach, die Ausländer!« sagte er verächtlich. »Früher zogen sie in Mengen hierher und waren unsere Freunde. Jetzt sind sie reich und unwissend, und was sehen sie, wenn sie herkommen? Sie werden an uns wie eine Schafherde vorbeigeführt! (Provodiat mimo nass kak stado baranov!) Aber andererseits kann man auch verstehen, daß anständige Menschen Anständiges glauben wollen.«
Wir fuhren die Neva entlang, die rosa in der untergehenden Sonne leuchtete. Vor der flammenden Kugel leuchteten die Fenster auf beiden Seiten des Flusses hell auf. »Die Schönheit der Stadt tröstet uns«, sagte der Fahrer. »Sie ändert die Leute. So viele sind in der Revolution und während der Belagerung gestorben, aber die, welche aus Pskov oder anderswo herkamen, wurden zu Leningradern oder zu Einwohnern von ›Piter‹, wie wir die Stadt nennen.« (Piterskije jiteli.)
Ein junges Mädchen bemerkte: »Man braucht Monate der Mühe, um sich einen Mantel oder auch nur eine Bluse zu beschaffen. Schuhe sind am schwierigsten ...« Sie hatte sich christlich taufen lassen und bat um irgendwelche religiöse Literatur. »Wir wissen nichts. Wir fühlen es nur.«
Ich gab ihr auch ein Täschchen voll mit Kosmetika, damit sie herausnehme, was sie brauchte. »Wir verstehen uns nicht mehr mit der Generation unserer Eltern, weil sie immer noch hoffen, daß Gorbatschow etwas ändern wird, während wir wissen, daß nichts sich ändern kann, so lange sie nicht ihre Ideologie – an die auch sie nicht glauben – ändern. Niemand glaubt mehr daran, seitdem alles im Fernsehen gesagt wird.«
Eine vielversprechende Fußballmannschaft aus Dnjepropetrovsk durfte sich selbst finanzieren und die Spieler aus dem Erwerb bezahlen. Sie wurde sofort zur besten und ist im Ausland als »Beispiel« der Reform hochgepriesen worden. Dieser Versuch hatte uns allen vor sechs Monaten Hoffnung gemacht, aber er steht nach wie vor allein, ohne Anzeichen von Verbreitung, obwohl angesehene sowjetische Wissenschaftler anfangen, offen zu behaupten, daß die einzige Lösung der wirtschaftlichen Pleite die Rückkehr zu Stolypins Reformen ist.

Unterwegs nach Novgorod fuhren wir an einigen Kirchen vorbei. Die Preobrajenskoye-Kirche wird noch benützt, dank dem beachtenswerten Vater Boris, der während der Belagerung seinen Posten nie verließ. Die meisten Kirchen stehen hinter Baugerüsten und sollen allmählich wieder als »Monumente« hergestellt werden, wie auch die Kirche »des letzten Tropfens«, die von einem Verein von reumütigen Saufbolden errichtet wurde. Das auffallende Aufleben des Glaubens, besonders bei der jüngeren Generation, scheint nicht so sehr von der Kirche gesteuert als vielmehr ein spontaner Ausbruch von unterschwellig Gärendem zu sein. Im Fernsehen soll zu Weihnachten eine drei Stunden dauernde Sendung die Bedeutung des Weihnachtsfestes für Christen erörtert haben. Ähnliches findet alle Tage statt, und fast täglich wird ein Aspekt des Christentums mit einem Hintergrund von Kirchengesang oder Kirchenhandlungen mit jungen Priestern oder Mönchen ausführlich kommentiert, wobei eine »neue Ethik« stark betont wird, die nichts mit der sogenannten »Parteiethik« zu tun hat. Die junge Generation läßt sich taufen oder heiratet oft nachträglich in der Kirche, wie wir es in der Lavra gesehen haben.

Novgorod hat im Krieg schwer gelitten und bleibt noch eine angeschlagene Stadt. Es wurde von Georgs und meinen Waräger-Vorfahren im 9. Jahrhundert gegründet. Vorher bestand eine skandinavische Stadt, die Holmgrad (die Inselstadt) hieß. Jaroslav I., Nachkomme von Rurik (Vater der französischen Königin Anna), vergrößerte die Stadt im 11. Jahrhundert. Sie befreite sich von der Vorherrschaft Kiews und entwickelte eine frühe Form von Republik, regiert von einem Rat, der »Vetche«, der seine Fürsten als Kriegsherrn wählte, wie z. B. Alexander Nevsky. »Herr Novgorod der Große« breitete sein Handelsreich aus, aber kam im 15. Jahrhundert in Konflikt mit der rivalisierenden Expansion der Moskauer Fürsten. Ein Jahrhundert später zerstörte Ivan der Schreckliche Novgorod, und die spätere Vorherrschaft Petersburgs verhinderte jede Rückkehr zu früherem Wohlstand.
Die Versammlungen der Vetche fanden im Kremlin auf einem weiten Platz statt, wo jetzt ein Denkmal für Rurik und die tausendjährige russische Geschichte steht, das 1862 errichtet wurde.
Die Kathedrale der Hagia Sophia ist wiederholt zerstört oder geplündert worden: 1066 vom Fürsten von Polotzk, 1570 von Ivan dem Schrecklichen, 1611 von den Schweden und 1941 von den Deutschen – nach Plünderungen während der Revolution –, so daß man sich wundern muß, noch die berühmten Tore von Cherson auf der Krim von 988 und die von Sigtuna (Schweden 1188) vorzufinden. Ich war in Sigtuna gewesen, wo eine schöne alte Kirche steht, aber die Tore wurden nicht erwähnt. In der Ikonostase der Kirche sind schöne Ikonen eingelassen.

Eingemauert in den Kircheninnenwänden befinden sich riesige eigenartige Tongefäße – »golosniki« –, die akustikfördernd für die tiefen Baßstimmen sind. Feofan der Grieche kam aus Byzanz nach Novgorod und zog dann nach Moskau.
Novgorod und Wladimir wurden nach der mongolischen Invasion zu den Hauptstädten Rußlands, nachdem die Tataren mit ihrer beweglichen, schnellschießenden Kavallerie Kiew besiegt und das Land verwüstet, die Bevölkerung als Sklaven entführt oder unterjocht hatten.
Ihr Angriff auf Novgorod schlug wegen dem außerordentlich milden Winter, der die Sümpfe um die Stadt aufweichte, fehl. Wir erlebten heuer ein ähnliches Klima.
Die Herrschaft der Mongolen dauerte 240 Jahre.
Die kriegerischen Handelsleute von Novgorod entschlossen sich des Friedens wegen dazu, Tribut zu zahlen. Obwohl ihre Handelswege vom Baltikum bis zum Schwarzem Meer und nach Konstantinopel und dem Orient gehemmt wurden (man schleppte die flachen Boote von einem Fluß zum nächsten), kamen die Handels- und Handwerkerbezirke Novgorods am anderen Ufer des Wolchov – gegenüber dem Kremlin – zu großem Reichtum. Unternehmende Leute aus Novgorod wie die Stroganoffs setzten sich nach Norden ab, um ihre Handelsinteressen zu erweitern. Die Vorposten unterlagen Angriffen der nomadischen Stämme, so heuerten sie eine Kosakenheer an und eroberten Sibirien.
Die verehrten Reliquien des Alexander Nevsky wurden von Peter dem Großen von Wladimir zu der Lavra in St. Petersburg gebracht, die seinen Namen bekam.
Allzufrüh war es Zeit zur Rückkehr, vorbei an den traurig anmutenden Dörfern, die jedoch den schäbigen Hochhäusern, von Pfützen und Bauschutt umringt, vorzuziehen waren. Obwohl die kleinen Holzhäuser oft nach einer Seite absackten, waren die Fensterumrandungen wahre Kunstwerke; Blumentöpfe zierten die Fenster und irgendwie baute man kleine Veranden um den Eingang. Die Wasserpumpe befand sich aber immer noch draußen auf der Straße.
Unterwegs erzählte uns die Führerin von der Feier des 27. Januars zu Ehren der Befreiung von der Belagerung im Zweiten Weltkrieg während des unheimlich kalten Winters 1941–1942. Sie forderte eine Million Opfer, meist durch Hungertod. Man hatte die goldenen Pfeiler der Kathedralen grau gestrichen, die Kunstschätze der Ermitage in Sicherheit gebracht und die Statuen vergraben. Später, allzuspät, wurden viele tausend Kinder nach Uzbekistan gebracht, wo auch viele blieben und dort die Gegend zivilisierten, wie wir es auf unserer Reise dorthin feststellen konnten. Von der Führung verlassen, hatten sich die Leningrader heldenhaft verteidigt. Trotzdem hinterließ die Belagerung eine Narbe in ihrem Bewußtsein, und Tränen füllten ihre Augen, wenn sie vom menschlichen Leid erzählten.
Später fand man vorgedruckte Einladungen Hitlers zum Siegesfest im Astoriahotel Leningrads sowie Pläne für die Zerstörung der Stadt, um »Lebensraum« zu schaffen, und vielleicht auch, um die leider noch oft zu hörende Theorie zu bekräftigen,

daß Rußland weder Kultur noch Vergangenheit besäße. Diese Dokumente sollen in einem Kriegsmuseum als Exponate zu betrachten sein.

Am nächsten Tag brachte das Fernsehen Programme, die diese Feier betrafen: Es gab Einzelheiten und Filme aus der schrecklichen Zeit. Alle, die wir trafen, schienen ihre Großeltern bei der Belagerung verloren zu haben, oft auch ihre Eltern. Trotzdem war kein Rachegefühl zu spüren, wie damals 1945, als Stalin »Blut für Blut« ausgerufen hatte, sondern nur tiefe Trauer.
Abends brachen Garben von Feuerwerk – der »Salut« – aus der Peter-und-Paul-Festung neben uns hervor und beleuchteten den Himmel über der herrlichen Aussicht, die wir von unserem Hotel aus hatten.

Irgendwie hatten wir auch Zeit gefunden, die berühmte Festung zu besuchen. Die Kirche verdeckte ein Baugerüst, und die Zarengräber standen in perfekter Ordnung aufgereiht.
Ich verblieb einen Augenblick beim Sarg von Alexander I. Ich wußte, daß er leer ist, so hatten ihn auch die Revolutionäre, die ihn aufbrachen, vorgefunden. Meine Mutter bemerkte in ihren Memoiren, daß ein alter Soldat ihrem Vater anvertraut hatte, daß er unter strengster Geheimhaltung an einer makabren Handlung teilgenommen hatte: In einer Nacht wurde die Leiche, die sich im Sarg, den man Alexander I. zuschrieb, befand, an einem bescheideneren Ort wieder begraben. Man verschloß den leeren Sarg wieder und ließ ihn an seinem Platz.
Der Befehl dazu kam vom Kaiser, und bestätigte die Vermutung, daß Alexander nicht 1825 in Taganrog starb, sondern als der Einsiedler Kouzmitsch in Sibirien lebte und dort im Ruf eines Heiligen verschied. Sein »offizieller« Historiker, Schilder, sagte meinem Großvater, daß er diese Version teile. Es gab diesbezüglich verwirrende Einzelheiten: Alexander litt an Fußflechte und bewahrte immer peinliche Sauberkeit. Er trug nur in Paris bestellte Seidenstrümpfe, die ihm weiter auch 1812 während Napoleons Feldzug nach Rußland zugeschickt wurden. Der Einsiedler Kouzmitsch war ein Mann von hoher Statur und edler Art, der in der größten Armut in einer peinlichst sauberen Hütte lebte und Pakete mit seidenen Strümpfen regelmäßig aus Paris zugeschickt bekam. Im hohen Alter wurde er gesprächig und bewies außerordentliche Kenntnisse der napoleonischen Zeit. Als er starb, wurden seine letzte Habe und eine versiegelte Kassette dem Kaiser persönlich überbracht. Dann wurde sein offizieller Sarg geleert. Der uneheliche Sohn Alexanders, der Generaladjudant des Kaisers Issakoff, Generalinspekteur aller Militäreinrichtungen, besuchte jedes Jahr das Grab des Einsiedlers, wenn er seine Inspektionsreise nach Sibirien unternahm. Er war selbst eine hochgeachtete Persönlichkeit und sehr mit dem Kaiser Alexander II. verbunden. Er sah ihm auffallend ähnlich. Er war der Vater meiner Großmutter Wassiltchikoff.

Das letzte Mal lagen Blumen auf dem Grab von Alexander II.; nun war es leer, vielleicht wegen der Arbeiter. Am Eingang hatte man das Schiff Peters des Großen aus dem kleinen Pavillon in das Marinemuseum gebracht. Das Häuschen wäre ein ideales Modell für eine schöne Villa.
Um die Stufen, die zum schnellfließenden Strom hinunterführen, watschelten Enten friedlich zwischen den Eisschollen. Der perlmuttfarbene winterlich nördliche Himmel wechselte allmählich von aquamarin ins rosa und dann zu einem tiefen orange hinter dem vielschichtigen blauen Horizont von Kirchen und Palästen, die sich im Fluß spiegelten.

Moskau

Im schäbigen Hotel Belgrad in Moskau funktionierten nur einige Aufzüge, alle anderen schienen stillgelegt zu sein. Mein recht kleines Zimmer rühmte sich eines Telefons. Stadtgespräche sind kostenlos. Man kann daher Menschen nur zu merkwürdigen Zeiten oder nachts erreichen, da alle Leitungen ununterbrochen gebraucht werden. Ich besaß auch einen Fernsehapparat. Die Bilder waren zwar gelb und grün umrandet, dafür gab es faszinierende Sendungen.
Es war Sonntag, und Georg und ich bestanden auf Kirchenbesuch. Es gab eine unglaublich schöne Messe im Novodevitchi-Kloster mit hervorragendem Chor, der von einem energischen jungen Mönch ausgezeichnet dirigiert wurde. Leider konnten wir nicht bis zum Schluß bleiben, aber unsere Freunde waren verzaubert. Im Kloster waren die vielen kleinen Holzhäuser sowie mancher Grabstein entfernt worden. Es wirkt dadurch mehr wie ein Museum, weniger lebendig.
Eine junge Frau stand an meiner Seite. Ich fragte sie leise: »Wie sind die Priester?« Ohne zu zögern, antwortete sie fest und bestimmt: »Der Bischof ist ein guter Mann. Vater N. neben ihm ist es auch. Wir kennen den anderen nicht. Der Mönch, der den Chor dirigiert, gehört zu einer neuen energischen Generation ... Aber im Grunde ist es ganz egal, wie sie sind! Sie sollen nur das tun, wozu sie da sind, damit vor allem die Kirche weiter bestehen kann. Jeder soll dann mit seinem Gewissen vor Gott fertig werden ... Und wir unsererseits stehen genau so vor Gottes Gericht ...«

Hl. Sergius in Zagorsk

Die Fahrt nach Zagorsk brachte uns der Orthodoxie näher, denn es bleibt der Sitz des alternden Patriarchen Pimen, der auch das Danilovsky-Kloster in Moskau be-

wohnt, wo der Chor, der erst ein Jahr besteht, schon berühmt ist. Unterwegs sagte ich der Führerin: »Es heißt eigentlich die ›Lavra vom hl. Sergius‹. Zagorsky war der Terrorist, der es schloß.« – »Wen ermordete er denn?« fragte sie unschuldig. »Erst kam die Kirche dran, dann wir. Schließlich sind wir auch Menschen.« Ohne zu zucken, verkündete sie in Englisch: »Zagorsky war ein Terrorist, und dieser Ort heißt in Wirklichkeit St. Sergius.« Mir zugewendet sagte sie: »Es wird ja heute alles im Fernsehen hervorgebracht.« Nach der Revolution wurde das Kloster geschlossen, aber der nie endenwollende Strom von Pilgern erweckte es wieder zum Leben. Es hatte glücklicherweise geschneit und die golden aufblitzenden bunten Türme und Kuppeln über der weißen Mauer des Klosters begegneten uns in der weißen Fläche wie eine Vision, eine Fata Morgana des überlebenden Christentums. Auch hier hatte man alle kleinen Wohnhäuser, die die Anlagen belebten, entfernt, aber dafür alles andere mit sorgfältiger Sachkenntnis restauriert.
In der Kathedrale wurden wie auch das letzte Mal, als ich es 1963 besuchte, ewige Gebete über dem Grab des hl. Sergius gesprochen. Ein uralter Eremit, ein »Skiite«, saß in einem Rollstuhl, von ehrfürchtigen Mönchen umringt.
Am Fernsehen wiederholt man immer wieder die Botschaft des hl. Sergius aus dem 14. Jahrhundert: »Vereinigt euch in liebender Brüderlichkeit gegen die Kräfte des Bösen. Arbeitet in Frieden.« Wahrscheinlich sind es diese letzten Worte, weshalb der Satz genehmigt war, denn der Anfang bleibt aktuell heute wie damals. Man hört auch oft die Parabel: »Ein guter Baum trägt gute Früchte. Ein schlechter Baum kann nicht gute Früchte tragen.« Nach wie vor bringt man jeden Abend einen religiösen Kommentar. Ein Überlebender aus den Lagern wurde gefragt, woher er seine moralische Kraft bezogen hätte. Er meinte, es gäbe kein Rezept, aber er wolle darüber Zeugnis ablegen, und das distanziere ihn von seinen eigenen Leiden. »Um Zeugnis ablegen zu dürfen, muß man dessen auch würdig sein«, fügte er hinzu. »Das hielt mich von jedem Kompromiß zurück.«

Wir sollten noch eines Abends nach Kolomenskoye fahren, wo Peter der Große viele Jahre seiner Jugend verbrachte. Es ist ein traumhafter Ort, voller malerischer Holzbauten. Katharina ließ den alten Holzpalast von Alexei Miachaelovitch (Peters Vater) abreißen, was bedauerlich erscheint, denn die großartige Kirche und der edle Torbogen über dem Eingang vermitteln einen Begriff des früheren Anwesens, das hoch über dem Fluß stand und die ganze weite Landschaft dominierte. Man fühlte sich um Jahrhunderte zurückversetzt.
Fröstelnd stieg ich in unseren Bus und saß eine Weile mit dem Fahrer allein. Plötzlich sagte er: »Sie sind von früher, nicht wahr?« – »Jawohl.« – »Da war doch ein fürchterlicher Bürgerkrieg, als die Revolution ausbrach; *Ihre* Seite kämpfte für Rußland, aber für was die andere kämpfte, ist uns schleierhaft!« – »Das können Sie am besten selber beurteilen«, sagte ich mild.

Noch vor einem Jahr wäre eine solche Bemerkung undenkbar gewesen.
Wir hatten bei unserem letzten Besuch den Kreml um ein Uhr verlassen. Um zwei Uhr versuchte eine Delegation von 6000 Armeniern aus Baku eine Demonstration zu organisieren, um ihre Rückkehr nach Armenien zu erbitten und damit den mörderischen Azerbaidjanis zu entgehen, die ursprünglich sogar vom ansässigen KGB unterstützt wurden. Als die Armenier den Berg hinaufkamen, wurden die letzten Touristen schnell durch einen anderen Ausgang hinausgeschleust, und man hörte nichts mehr von dem »Zwischenfall«. Dieses harte Vorgehen gegen die sogenannten Minoritäten, die de facto andere Völkerschaften sind, wird das Problem nicht lösen. Die einzige Antwort ist »Autonomie in einer Föderation«, wobei Wehrkraft und auswärtige Angelegenheiten von der zentralen Regierung abhängen. Dafür stand auch mein Vater vor der Revolution und wurde in Dankbarkeit von der selbständig gewordenen litauischen Regierung nach 1919 mit einem Sondergesetz bedacht, das es ihm erlaubte, einige Jahre seine Besitzungen zu behalten, um seine Familie zu versorgen. Die deutsche Inflation verschlang aber das Ergebnis.
Nun sind Panzer nach Erivan geschickt und das gesamte Karabakh-Komitee, darunter auch zwei Mitglieder des hohen Sowjets, eingesperrt worden. Große Lager mit Kleidung und Medikamenten aus dem Westen vermodern, anstatt ausgeteilt zu werden. 52 Güterzüge sollen verschwunden sein und keinem Flüchtling aus Azerbaidjan wird es erlaubt, über die Grenze zu kommen.
In Estland versucht man die Grenze für den Export nach Rußland zu schließen. Vorerst läßt man sie gewähren, um festzustellen, wie die Lage sich entwickelt.
Alle »Weihnachtsfressalien« für die »Nomenklatura« wurden von der unternehmerischen Firma »Stockman« aus dem finnischen Helsinki geliefert. Es ist bemerkenswert, sich daran zu erinnern, daß Finnland eine der ärmsten Provinzen des alten Rußlands war.
Ostankino, der palladische Palast der Grafen Sheremetev am Rande von Moskau, lag wie ein Traumschloß rosa und weiß im Schnee eingebettet. Es ist in der Tat ein wunderschönes Haus, bis auf einiges bestens renoviert und erhalten, inklusive des schönen Theaters. Es wurde für uns geöffnet, und wir verbrachten den Morgen damit, langsam durch die Prachträume und den Park zu schlendern. Vor einigen Generationen hatte der Graf seine beste Schauspielerin, das leibeigene Mädchen Praskovia, geheiratet. »Er wurde dann von der Gesellschaft verpönt«, sagte die Führerin. »Aber nein«, widersprach ich. »Wir sind mit ihnen verwandt. Praskovia war ein entzückendes Mädchen, und hinterher gab es in jeder Generation eine ›Praskovia‹.« Beim Hinausgehen fragte ich eine alte Frau am Eingang: »Wie war es denn früher unter dem Grafen zu leben?« – »Sie standen zusammen wie eine große Familie. Und diese waren ja besonders gute Menschen.«
Wir sollten auch Kuskovo, ein Sheremetev-Schloß auf der anderen Seite von Moskau, besuchen. Es war zur Familie durch eine gewisse Barbara Tscherkassky im

18. Jahrhundert gekommen. Es lag ganz unverdorben, umringt von schönen Anlagen, am Rande eines weiten Teiches, auf welchem junge Burschen Langlauf im Schlittschuhschritt übten. Im Sommer werden im Hauptsalon musikalische Abende gehalten.
Ich fragte wieder alte Frauen unterwegs: »Was haben Sie von Stalins Zeiten gewußt?« – »Nichts«, sagten sie. »Wir dachten, wenn Leute verhaftet werden, so wird es wohl wegen etwas sein. Jetzt werden wir ›ihnen‹ nie wieder glauben.«

Zwischen Exkursionen und Besichtigungen fanden George und ich Zeit, Besuche zu machen und Besucher zu empfangen. Das wäre vor einiger Zeit unmöglich gewesen und macht das Leben auf jeden Fall menschlicher. Es gibt aber keine möglichen Treffpunkte, keine Cafés, nicht einmal einen Salon in unserem Moskauer Hotel.
Die Läden in den Straßen sind gähnend leer. Man wird von einem Gefühl der Stagnation unter fremder Herrschaft erdrückt, als ob man sich in einem feindlich besetzten Land befände.
Die Schäbigkeit und Trostlosigkeit Moskaus hat sich seit 1963 nicht gebessert, wenn auch im Sommer farbige Ballons und einige staatlich geführte Cafés das Gesamtbild aufzuheitern versuchen. Am Rande des Roten Platzes zerfallen immer noch historische Bauten. Jedesmal, wenn wir auf die Straße gingen, überfiel uns bedrückend die zunehmende Verarmung. Die ärmliche Kleidung, leere Geschäfte, Schwarzhändler an jeder Straßenecke, wenn auch zwischen ihnen die KGB-Spitzel lauern.
Es gibt viele Witze:
Ein Kunde im Metzgerladen fragt nach Rind. »Haben wir nicht!« »Kalb?« »Auch nicht.« »Schweinefleisch?« »Nein.« »Hammel?« »Nein.« »Vielleicht doch Huhn?« »Ach nein; *Sie* verfügen aber über ein fabelhaftes Gedächtnis!«
»Früher war ein Geschäft ›Rabinovitch‹ bezeichnet, und drin fand man Produkte. Heute steht ›Produkte‹ drauf, aber drinnen gibt es nur Rabinovitch.«
»Ein Moskauer Hund trifft einen englischen diplomatischen Hund, und sie unterhalten sich in Hundesprache. Da fragt der englische Hund: ›Erkläre mir bitte in klarster Hundesprache, was das alles heißt: ›Glasnost‹ und ›Perestroika‹? Der Moskauer Hund sagt dann: ›Früher waren wir an einer kurzen Leine angebunden, der Freßtopf war nicht allzugut, aber befand sich in erreichbarer Nähe. Wir durften aber nicht bellen. Heute ist die Leine länger, der Freßnapf weiter weg, fast außer Reichweite, aber wir dürfen bellen.«
»Was ist Revolution? Eine schreckliche nationale Umwälzung, die eine unsagbare Anhäufung von Trauer für jeden einzelnen bedeutet.«
Ein deutscher Galeriebesitzer wollte eine Ausstellung in Moskau organisieren. Nach Monaten der Verhandlung kam er an, um die Galerie mit anderen Bildern

behängt vorzufinden. Diese räumte er selber mit seinen Helfern weg. Er bat dann um Putzfrauen ... die Bitte mußte durch unzählige Stellen gehen. Der Mann gab schließlich auf und ließ drei Putzfrauen aus Düsseldorf herfliegen, die die Arbeit verrichteten.

Ein Satiriker, Petrossian, genießt den größten Erfolg auf der Bühne des Estrada-Theaters. Er veräppelt das sowjetische Leben mit leichter und beißender Ironie, und seine Zuhörer biegen sich vor Lachen, wie seinerzeit bei Werner Finck in Berlin am Anfang des Krieges.

Eine ältere Dame erzählte mir, daß ihr Sohn immer Jazzmusik hören wolle, was ihr auf die Nerven gehe. Da sagte er: »Mama, höre nicht auf die Musik! Höre auf die Worte.« Diese »Worte« sind überraschend:

»Dieselben, die unsere Väter erschossen haben, entscheiden über den Weg, den unsere Kinder gehen sollen ...«

»Das Land stirbt herrenlos. Es ist unser Land und die Zeit ist gekommen, es wieder zu verlangen.«

»Unser Zug ist ausgebrannt, wir können nirgendwo hin ... aber kriechen werden wir nicht mehr ...«

Vor gar nicht so langer Zeit hatten ihre Dichter gesagt: »Wir sind euer Gewissen: schont uns!« Es war ein Hilfeschrei. Heute ist es eine Forderung.

Ein Bauer sagte: »Früher wurde der ehrwürdigste Mann im Dorf zum ›Starosta‹ (Dorfältesten) oder zu den ›Zemstvos‹ gewählt. Mit der Revolution kam das schlimmste Element dran: Diebe, Mörder oder Parasiten. Und so werden wir seitdem von denen regiert.«

Aber ... Ein westliches Fernsehen fragte eine Frau auf der Straße, was sie von »Perestroika« hielte. Sie brach in Tränen aus: »Mein Sohn ist verhaftet worden. Zehn Jahre hat er bekommen! Für nichts! Niemand hilft mir ... Niemand sagt mir, wo ich mich hinwenden soll ... ›Sie‹ empfangen mich nicht.«

Eine junge Frau sagte mir traurig, daß sie geschieden sei. »Aber warum?« »Er betrank sich. Es ist jammerschade, denn er war talentiert und hatte mit hohen Diplomen sein Studium abgeschlossen. Aber er konnte dann die Erdrosselung jeder Initiative nicht ertragen. Wir Frauen sind stärker. Es sind auch allein die Frauen, die am Ende das Land zusammenhalten.«

Flegelhafte Individuen wohnten auch in unserem Hotel. Eine unserer Damen befand sich auf einmal im Aufzug mit drei Männern, die sie daran hinderten, an ihrer Etage auszusteigen und anfingen, sie »zu bedrängen«. Glücklicherweise wurde der Lift angehalten, und sie konnte entfliehen.

Noch vor kurzem wurden Verbrecher zu den »sozial Nahestehenden« gerechnet, und genossen in den Lagern Vorteile gegenüber den sogenannten »politischen« Häftlingen. Dies ist nicht mehr der Fall, aber es hat sich im ganzen Lande ein Bandentum entwickelt, das die Regierung beunruhigt.

Im Hotel kümmerte sich eine Anzahl Mädchen in lässiger Weise um die Belange der Gäste. Ich fragte, ob eine mir zwei kurze Absätze in Russisch abtippen könnte, aber keine einzige beherrschte Maschinenschreiben. Von einer Kopiermaschine war überhaupt nicht die Rede. »Man ermutigt unsere Touristen, welche aus dem Ausland mitzubringen, ebenso Schreibmaschinen. Aber bald findet man einen Grund, diese zu konfiszieren«, sagte man mir. Endlich wurde eine Schreibmaschine ausgegraben, und auf minderwertigem Papier tippte ein Mädchen mit zwei Fingern mehrere Stunden lang den kurzen Brief ab.
Anläßlich eines Besuchs im Bolschoitheater hatte Georg eine überflüssige Karte extra einem Russen, der auf eine solche Gelegenheit draußen wartete, weitergegeben. Er saß dann neben mir. Er war Chefingenieur einer Autoteile-Fabrik in einer Provinzstadt. Wir kamen leicht ins Gespräch, da er sich natürlich leidenschaftlich für Autos und die Autowelt interessierte. »Da Sie alles davon verstehen, können Sie auch eine Verbesserung an einem Motor durchführen?« fragte ich. »Oh nein, es ist alles für zehn Jahre im voraus vom Gosplan bestimmt. Da läßt sich überhaupt nichts machen, auch wenn man genau weiß, wo es hapert. Wir sind drei Generationen zurück in allem! Und russische Ingenieure waren doch für ihr Erfindertalent berühmt.«
Er wurde nachdenklich und sagte dann: »Ich war in meinen Ferien auf der Krim, und zwei englische Touristen lagen neben mir am Strand. Ich verstand, was sie sagten, denn meine Frau lehrt Englisch in einer Schule. Ich hörte sie bemerken: ›Wie verflucht schade, daß dieses schöne Land in die Hände von solchen Idioten gefallen ist!‹ Zuerst war ich verärgert, daß man so über Rußland spricht, aber dann dachte ich: ›Recht haben sie‹, denn überall, wo es darauf ankommt, sitzt an der Spitze der Dümmere, der nichts von der Sache versteht, nur weil er zu ›denen‹ gehört! Könnte man die Leute nach Leistung und Fähigkeit arbeiten und verdienen lassen, wäre gleich alles anders. Die Techniker haben wir wieder, aber wenn es darauf ankommt, wird alles über ihre Köpfe hinweg von ›oben‹ entschieden. Nun versucht man, vom Absurden wegzukommen, aber es reicht nicht ...«
»Pique-Dame« von Tschaikowsky wurde fabelhaft aufgeführt mit hervorragenden Chören, aber die Solo-Sänger waren nicht auf der Höhe. Vielleicht befanden sich die besten unterwegs, im Ausland nach »valuta« jagend. Bettina und ich hatten uns verspätet und mußten in einer Loge stehend den ersten Aufzug ausharren. Zwei junge Armee-Offiziere gesellten sich zu uns. Sie waren gestriegelt sauber und außerordentlich höflich. Trotz Neugier versuchten sie niemand zu schieben, dabei warfen sie bewundernde Blicke auf Bettina. Sie hätten amerikanische Offiziere aus West-Point sein können, ganz anders als jene, mit welchen wir 1945 konfrontiert wurden. Man sah sie auch oft in den Museen oder auf den Straßen, aber nie erblickte man die KGB-Armee, die angeblich eine über 100000 Mann starke Elite-Truppe ist, ähnlich der SS. Die beiden Armeen scheinen sich auch

gegenseitig wenig zu schätzen, obwohl die normale Armee auch von Kommissaren kontrolliert wird.
Die außerordentliche Gala-Aufführung des Balletts »Aniouta« im Bolschoi, welche 30 Jahre Karriere der berühmten Ballerina Maximova feiern sollte, basierte auf einer Erzählung von Tschechow. Das Ballett zeigte die bezauberndste Folge von Pantomime, Tanz, Ironie und Bühnenbildern, die man sich nur vorstellen kann. Wir waren hingerissen von der ätherischen Grazie der feenhaften Tänzerin – trotz ihres Alters – und dem verspielten Zauber der ganzen Aufführung. Später flogen Blumen über Blumen auf die Bühne. Die Maximova versank hinterher in drei tiefen Reverenzen vor der Loge, in der ihre Lehrerin, die zu ihrer Zeit berühmte Semenova, thronte.
Die »Akademischen Choreographischen Schulen«, um sie beim richtigen Namen zu nennen, sind 1738 begründet worden und feierten ihr 250. Jubiläum. Diese weltberühmten Schulen wurden nach der Revolution nicht geschlossen. Man wirft ihnen vor, zu traditionell zu sein, aber sie pflegen ein so vorzüglich hohes Niveau, daß sie auch für Erneuerung fruchtbaren Boden bieten, wie wir es soeben feststellen konnten. Dies ist um so bemerkenswerter, als jede Initiative dauernd von der Obrigkeit gehemmt wird. Ein berühmter – jetzt dissidenter – Produzent bekam von dem gekränkten Kultusminister zu hören: »Wir haben immer versucht, Ihnen zu helfen!«
»Mir zu helfen? Jeder Schritt wurde in Frage gestellt, streitig gemacht, verhindert. Sie wissen nichts von meiner Arbeit! Ich bin ein Spezialist und doch mußte jede Einzelheit genehmigt werden. Es ist eine ungeheure Belastung der kreativen Tätigkeit!« Ich fragte ihn, wieso das Regime ihn so lange geduldet hatte. »Wir sind der Zirkus«, sagte er. »Sie können uns nicht entbehren.«
Unterwegs zum Theater erlebte Bettina ein Abenteuer mit ihrem Taxifahrer. Sein Motor blieb stehen, und der junge Mann bat sie, das Lenkrad zu nehmen und das Fußpedal zu betätigen, während er im Motor herumfummelte. Mit vereinten Kräften bekamen sie das Auto wieder flott, aber bald wiederholte sich die Panne, und er verkroch sich unter das Vehikel, während Bettina ihm nach wie vor zur Seite stand. Man hatte ihr einen schönen Fuchsmantel für die Reise geborgt, und als sie mir den Vorfall erzählte, konnte man sich vorstellen, daß sie ihm auch unter das Auto gefolgt wäre, hätte sie nicht den schönen Mantel in Gefahr gebracht. Sie trennten sich im besten Einvernehmen.
Spät am Abend rief das Leningrad-Fernsehen an, um zu fragen, ob ich ihnen beim Versuch der Rekonstruktion des früheren Supergeschäftes Elisseev am Nevsky-Prospekt behilflich sein könnte. »Hatte es einen Kronleuchter oder nicht?« Was für eine Frage! Ich wies sie aber weiter an den Baron Falz-Fein in Liechtenstein, denn dessen Familie war vor der Revolution Magnaten des Kolonialwarenhandels.

Diese rührende Bemühung, irgendwelche Überbleibsel aus dem untergegangenen Wrack der Vergangenheit hervorzuholen, ist um so erstaunlicher, wenn man an die ökologischen Desaster der staatlichen Planung zurückdenkt. Es werden erst jetzt hundertachtzig Dörfer aus der Tschernobyl-Gegend evakuiert, wo das atomare Unglück auch nur eine Folge der Fehlplanung war. Das Zugunglück im Frühjahr 1989, das Hunderte von Menschenleben forderte, geschah, weil die Arbeiter eine Prämie erhalten, wenn sie keine Havarie melden. Also wurde Gas zurück in die defekte Röhre gepumpt, anstatt das Loch zu löten. Das wurde die Ursache der gewaltigen Explosion.

Frühere Kommunisten in der Emigration, die oft zu Beratern oder »Sowjetologen« werden, bei denen man im Westen um Information sucht, hoffen auf eine Verbesserung des »Systems«. Ihnen wird von den Russen zu Hause mit Mißtrauen begegnet, denn sie halten sie für Mitläufer und Mitverantwortliche für die Wirtschaftspleite und die Massenmorde, zu denen sie schließlich zu ihrer Zeit beigetragen haben. »Zuletzt wissen sie nur Bescheid über innerparteiliche Zusammenhänge«, wurde mir verächtlich mitgeteilt.

Innerhalb Sowjet-Rußlands meint man, Gorbatschow führe einen Machtkampf. Der neue »Hohe Sowjet« wählt den Präsidenten für fünf Jahre. Er bestimmt die auswärtigen Angelegenheiten und die innere Sicherheit, was die Macht des Zentralkomitees vermindert. Diese innere Machtverschiebung, fern von Reform, verlangt eine freie Hand im Ausland, daher die Bereitschaft Gorbatschows, überall »zu verhandeln« und sogar »die Expansion des Komintern mit dem Ziel der Welt-Revolution«, die man so oft mit sogenannter russischer Expansion verwechselt, zu reduzieren.

Man möchte die Bundesrepublik mit Vorschlägen von der Nato weglocken und ihr eine Wiedervereinigung mit der DDR vorschweben lassen, aber die Sowjet-Armee warnt vor dieser Möglichkeit, und die Erinnerung an die Kriegstage wird wachgehalten, um die Furcht vor Deutschland nicht vergessen zu lassen.

Inzwischen scheint die Zeit zu drängen, denn die Stagnation hat in eine katastrophale Situation geführt, die das ganze Land an den Rand des Abgrunds gebracht hat. Die Administration beschäftigt sich mit inneren Intrigen zwischen Planern, Direktoren und Ministerien, und sie bringen Statistiken hervor, die fern von jeder Realität sind, während sie sich gegenseitigen Schutz im Falle des Mißlingens anbieten. Vor allem aber verhindern sie alles, was ihre persönliche Machtstellung beeinträchtigen könnte.

Diese evidente Ambivalenz, die auch zur blutigen Niederschlagung einer Bewegung in Georgien führte, verstärkt das wachsende Mißtrauen des Volkes und ruft eine Ablehnung der Vergangenheit hervor, die in dieser Stärke noch nicht dagewesen und – ausgenommen bei der sich an ihre Vorteile klammernden Nomenklatura – in allen Schichten zu vernehmen ist.

Gorbatschow hat die Demoralisierung des ganzen Landes gut begriffen und viel zum Wiederaufblühen der Kirche als dem Hort ethischer Werte beigetragen.
Noch nie in der Geschichte hatte es einen solchen Anschlag auf die Seele eines Volkes gegeben, wie ihn der Kommunismus seit siebzig Jahren verübt. Vor der Revolution gab es 65000 Kirchen, heute sind es 6500. (Chruschtschow noch schloß 10000.) Nun macht Gorbatschow 800 wieder auf. Mönche dürfen in Spitälern und Gefängnissen soziale Dienste leisten. Die Kirche war immer karitativ tätig, aber am allerwichtigsten ist ihr die Heilslehre, die auch von älteren Einsiedlern, die es kaum noch gibt, vermittelt wird. Als Wegweiser der neuen Richtung steht der Wiederaufbau des Klosters Danilovsky mitten in Moskau. Neben hervorragenden Geistlichen gibt es auch Vertreter des Regimes, die ein entschlossenes Auftreten der Kirche untermauern. Ihnen schlägt aus allen Schichten des Volkes eine Welle der Suche nach Gott entgegen.
Bis jetzt war das Hinschlachten des letzten Kaisers Nikolaus II. und seiner Familie ein verbotenes Thema gewesen. Falschmeldungen sickerten aus der UdSSR heraus, um abwegige Theorien des Überlebens der Großfürstin Anastasia oder auch ihrer Geschwister in Umlauf zu setzen. Niemand im Lande wagte darüber Fragen zu stellen. Auf einmal ist es in der Tat höchst wahrscheinlich, daß das Grab der elf Ermordeten gefunden worden ist. Artikel in mehreren sowjetischen Zeitungen prangen unter dem Titel: »Tragödie in Ekaterinburg: Grab Nikolaus' II. gefunden.«
»Warum wurde es bis jetzt verschwiegen?« fragte ich.
»Die Gebeine sind für uns Reliquien, denn sie waren ja Märtyrer. Wenn man sie nicht sichert, werden sie durch ganz Rußland verstreut«, wurde mir gesagt. »Deswegen hat man auch das Ipatieff-Haus (das Haus besonderer Verwendung, wie es damals hieß) im Jahre 1977 gesprengt, obwohl es als Monument klassifiziert war. Es kamen zu viele ›Pilger‹ nach Ekaterinburg (Sverdlovsk) ...«
Der sowjetische Dichter Iskander aus Abkhasien im Kaukasus schreibt: »Am Mord des haemophilen Kindes ist ganz Rußland verblutet.«
Die Tat konnte zu der Zeit ohne ausdrücklichen Befehl von Lenin nicht geschehen, und das Entsetzen über dieses Verbrechen – neben allem anderen – faßt symbolisch die Ablehnung des Kommunismus, die das Land ergriffen hat, zusammen.
Dazu kommt die Entdeckung riesiger Massengräber, die bei fast jedem Spatenstich zutage treten – nicht nur rund um Moskau, sondern um unzählige Städte der Sowjet-Union. Es wird auch fortwährend darüber im Fernsehen berichtet, denn Gorbatschow will sich von diesen Verbrechen distanzieren.
Aber das alles ist nicht so lange her gewesen, und die Leute erinnern sich: Sie erinnern sich an die Schreie, die Schüsse, die Angst! Wer waren die Opfer? Jede Art von Menschen: Offiziere der Roten Armee, die man noch Ende 1942 liquidierte, als die Deutschen schon vor Moskau standen, ausländische kommunistische Delegationen – »Frauen noch in Pelzmänteln und hohen Absätzen, also von der Straße

weggeschleppt« – oder potentielle Dissidenten. Sogar Kinder und ganze Bauernfamilien! Jeweils Hunderttausende an der Zahl und mehr.
Im Fernsehen wurde ein Interview mit einem gewissen N. wiedergegeben. Er beschrieb fast gleichgültig die Begebenheiten. Er war ja dabeigewesen. Er holte die Leute ab, erschoß und begrub sie. Hat es ihn gestört? »Oh nein«, sagte er. »Es war eine Arbeit wie jede andere, mit Vorteilen wie Wodkazulagen und Urlaub. Allerdings eintönig.«
»Was geschah, wenn sie schrien?« wurde gefragt. »Man machte dann schneller Schluß damit.«
Dieser Bericht hat die Sowjet-Union zutiefst schockiert. »Kann man denn noch von Naziverbrechen reden?« kommentierte das Fernsehen: »Die Westdeutschen sind sie los. Was die DDR betrifft, ließe sich vieles sagen, denn die haben ja nur die Naziherrschaft verlängert ... letzten Endes waren sie ja dasselbe, das wir hier hatten. Aber die KGB-Mörder sind noch unter uns, behaglich pensioniert, mit Auszeichnungen dekoriert, sie spielen Karten auf den Bänken in den Parks ... Und der ›Apparat‹ ist ja noch vorhanden. Aus fast jeder Familie sind Menschen verschwunden. Man hoffte sie einmal wiederzusehen, aber sie scheinen so unendlich viele einfach umgebracht zu haben!«
Neuerdings kommen einige nach Hause und erzählen auch im Radio die monströsesten Sachen, die all die Jahre über geschehen sind und die man damals nie erwähnen konnte.
Georg Galitzin wurde zu einer Versammlung geführt, wo ein Überlebender des berüchtigten »Solovki«-Lagers bei Archangelsk im hohen Norden über seine Erfahrungen dort in den zwanziger Jahren und später im Gulag erzählte.
Am Ende seiner Ausführungen hatte er laut ausgeschrien: »Einmal müssen wir laut aussprechen, wem wir das alles verdanken, und Lenin nennen!« Es knallte der lauteste Applaus einer 500köpfigen Zuhörerschaft!
Unterwegs im Lande wollte mir eines Tages ein junger Bursche Lenin-Embleme verkaufen. »Ach, laß mich in Frieden mit deinem Lenin!« platzte ich heraus. »Er hat ja Rußland ruiniert.«
»Da haben Sie die Wahrheit ausgesprochen!« rief der Junge. »Lenin hat in der Tat *unser* Rußland ruiniert!«
Als Georg dies später einem mit ihm befreundeten Tanzorchester-Dirigenten erzählte, meinte dieser: »Endlich fängt auch das Land an zu begreifen, daß alles von Lenin stammt!«
Aber offiziell bleibt Lenin noch über jede Kritik erhaben, wenn auch seine Sprüche elastisch gedehnt werden.
Bei dem bestehenden ökonomischen Fiasko und dem drohenden Staatsbankrott kann die westliche oder sogar die Welthilfe nur ein Tropfen auf den heißen Stein sein, der der Partei erlaubt, etwas länger ihre Machtstellung zu behaupten. Die ein-

zige probate Lösung wäre die freie Marktwirtschaft, aber diese kann kaum schmerzlos entstehen, denn sie schließt auch das Recht auf Eigentum und Privatinitiative ein und steht damit im Widerspruch zur Partei-Ideologie. Trotzdem versucht man das westliche »Know-how«, ob mit ehrlichen oder kriminellen Mitteln, zu erheischen, um möglichst wenig Konzessionen zu Hause machen zu müssen. »Gescheite Köpfe brauchen wir nicht!« (Nam Oumniakov ne nujno) wurde laut verkündet.

Der geplagte Sowjet-Bürger drückt seine wachsende Sorge in bildhaften Sprüchen aus:

»Einen todkranken Elefanten kann man mit einem Aspirin nicht heilen« oder »Ein morsches Rohrsystem spuckt die Kloake auf einmal aus mehreren Rissen heraus« und vor allem: »Mit zwei Sprüngen ist kein Abgrund zu überwinden.«

Aber die bösen Greise wehren sich noch. Sie sind es, die das Land niedergedrückt und heruntergewirtschaftet haben, und sie sind durchaus fähig, eine neue Kulturrevolution einzuleiten, die das Land wieder zum Erlahmen bringt.

Gorbatschow hat zwar – aus welchen Gründen auch immer – »Glasnost« zugelassen und damit einer Flut von Informationen freien Lauf gelassen. Dafür gebührt ihm dankbare Anerkennung. Aber reden heißt auch »Dampf ablassen«. Es braucht nicht ein Vorzeichen für Taten zu sein, denn von echten Reformen außerhalb der Umstrukturierung der Partei fehlt noch jede Spur; das System beherrscht noch den Menschen, der es offiziell lenkt. Solche sind daher auswechselbar.

Mit jedem Tag wird die Zukunft bedrohlicher, solange Gorbatschow nicht beweist, daß er das Format hat, das Idol von seinem Podest zu stürzen, wie es Chruschtschow mit Stalin getan hat, und laut auszurufen:

»Wer war der Mann, der erfunden hat, daß Menschen sich der Idee anzupassen haben und nicht die Idee an den Menschen?« (Plechanow über Lenin)

Oktober 1989

Acht Monate später begleitete ich meinen Mann, der eine kurze geschäftliche Reise nach Moskau unternahm. Zwei Kollegen mit ihren Frauen ergänzten unsere kleine Gruppe. Aus Platzmangel wurden wir vom Handelsministerium im Hotel des Zentral-Komitees der Partei »Oktiabrskaya« untergebracht. Gorbatschow versuchte die Finanzierung des Hotels, das bis jetzt umsonst der hohen Nomenklatura zur Verfügung stand, mit Gästen zu sichern, die mit Devisen zahlen.
Das wenig einnehmende Gebäude war umringt von einem hohen Gitter, dessen Eingang von vier Wachen in Zivil kontrolliert wurde. Eine riesige Treppe führte zu einem hallenartigen Vestibül. Die leeren Gänge, mit dunklem Holz vertäfelt, die mattroten Vorhänge und eine bedrückende Stille paßten zu dem »Krematorium-Stil«, der solche Systeme bezeichnet. Im untersten Stockwerk befand sich eine hochmoderne Poliklinik. Am Tag unserer Ankunft stand auch ein Leichenwagen vor dem Eingang.
Schon am ersten Abend wurden wir in einem neuen devisenpflichtigen Restaurant bewirtet, das sich in dem früheren Stadthaus der Familie Trubetzkoy befand. Ich mußte es auch gleich besichtigen. Unser Hotel löste bei neueren Bekanntschaften kein Vertrauen aus und man mußte schnell erklären, warum und wieso wir dort einquartiert waren. In den nächsten Tagen sollten Taxichauffeure sich oft weigern, dort hinzufahren, oder blieben höchstens an der Straßenecke stehen. Eines Abends (es regnete in Strömen) zögerten die Wachen, uns zu Fuß hineinzulassen. Ich mußte insistieren, aber als Paul mit den Frauen unserer Kollegen aus dem zweiten Wagen draußen ausstieg, ließen sie ihn nicht durch. Im Hotel sagte ich schroff: »Befehlen Sie Ihren Leuten sofort, Kunden, die hier wohnen, das Gitter aufzumachen!« Wie vom Blitz getroffen gehorchten sie. Sie mußten mich für eine hochgestellte Person gehalten haben, was mir alles andere als angenehm war.
Einige unwahrscheinliche Wagen standen uns zur Verfügung: Es waren riesige Lincoln mit außen verdunkelten Fenstern, so daß keiner hineinschauen konnte, mit Ledersitzen, Fernsehen und einer Bar sowie auch Telefon. Der Fahrer fuhr uns eines Tages mit versteinertem Gesicht herum und mußte sich eine Weile in der Nähe des Roten Platzes aufhalten. Ein Offizier der Stadtmiliz bat ihn mehrmals höflich ein wenig vorzufahren, um andere Autos herausfahren zu lassen. Er reagierte in keiner Weise. Nach der dritten Bitte des Offiziers ließ er seine dunkle

Scheibe herunter und sagte eisig, jedes Wort betonend: »Mit *Ihnen* rede *ich* nicht!« Der andere verduftete ohne ein Wort dazu zu sagen.
Wie wir es uns gedacht hatten, befanden wir uns in einem besetzten Land, in welchem wir zufällig hinter die Barriere, die die Besatzung vom Volk trennte, geraten waren. Als der Fahrer des Busses, der uns am nächsten Tag nach Zagorsk fuhr, nicht vorfahren durfte, murmelte er verächtlich: »Merkwürdige Baracke!«

Während dieses kurzen Aufenthalts hörte man viele Kommentare zur allgemeinen Lage.
Sie fragten nach den sich überstürzenden Ereignissen in Ungarn, die kurz danach in einer endgültigen Ablehnung der Vorherrschaft der kommunistischen Partei mündeten; vor allem aber fragten sie nach dem beeindruckenden Exodus der DDR-Jugend. Wegen ihrer unvollkommenen Information waren diese Nachrichten für sie von ungeheurer Wichtigkeit. Es reisen heutzutage viele Ausländer in die UdSSR; Visas sind auch für Sowjetbürger erreichbarer geworden, so daß eine, wenn auch teleskopische Sicht Westeuropas entstanden ist, die vor ganz kurzer Zeit undenkbar gewesen wäre. Vor meiner Reise waren fünfzig litauische Studenten aus Vilnius zu einer Wallfahrt in unserer Nähe bei Johannisberg gekommen.
»Die DDR-Deutschen waren doch am besten von uns allen dran«, sagten sie. »Und sie verlassen alles: ihre Häuser, ihre Wagen, ihre Berufe! Bekommen sie denn wirklich gleich Pässe und Arbeit? ... Wieviel könnt Ihr noch aufnehmen?« Ich hatte gelesen, daß die Industrie der Bundesrepublik noch unzählige Stellen für gelernte Kräfte anzubieten hätte. »Es muß bei Euch das reinste Paradies sein!« seufzten sie.
Die Umstände in Rußland haben sich in den letzten Monaten noch verschlechtert. Die Läden sind leer, aber man kann alles zu horrenden Preisen am schwarzen Markt bekommen. Der Durchschnittsbürger muß sich mit dem zufrieden geben, was er findet – vom Yoghourttopf zur Konservenbüchse. Wählen kann er nicht.
»Radovatza nétchevo!« – »Es bleibt nichts, worüber man sich freuen kann, und die Zukunft ist noch so ungewiß! Gorbatschow scheint in der richtigen Richtung gehen zu wollen, aber vielleicht will er nur die Sowjet-Macht am Leben erhalten, denn alle Änderungen finden nur innerhalb der Partei statt. Was die eine Hand gibt, nimmt die andere wieder weg. Man rät uns, sich in Geduld zu fassen, aber wir haben ja nur dieses eine Leben!«
Allerdings sind seit meinem letzten Besuch die übergroßen Leninporträts aus dem Straßenbild Moskaus verschwunden. Das Mißtrauen gegenüber Gorbatschow ist etwas gewichen, seitdem »bessere Maßnahmen« angekündigt worden sind. Man sagt, auch er wäre getauft und seine Mutter wäre eine gläubige Christin. »Vielleicht ist er wirklich guten Willens, aber uns geht es schlechter und nicht besser!«

Er sollte bald danach in Berlin erklären, wer nicht mit dem Leben gehe, werde vom Leben überholt. Dieser weise Spruch wird sicher zum Vertrauen beitragen, aber inzwischen ist die Auflösung in jeder Richtung schneller als jedes neue Vorhaben. Man sagt, daß Gorbatschow außerordentlich geschickt Auswege aus den schwierigsten Situationen findet, aber die Zeit für entscheidende Reformen ist längst gekommen, denn die Lage ist bedrohlicher denn je.

Nichtsdestoweniger blitzen unter diesem bleigrauen Himmel Hoffnungsstrahlen. Das Kloster des Heiligen Sergius in Zagorsk ist für alle ein Brennpunkt des Glaubens. Trotzdem, oder gerade deswegen, plant der »Gosplan« eine Deponie für chemische (vielleicht auch radioaktive) Abfälle in nächster Nähe. Glücklicherweise wettern viele dagegen, und die Kirche hofft, das Vorhaben abfangen zu können.

Auf dem Heimweg erzählte man mir, daß es nur so von Gaunern (Schéromischniki) wimmelt. Das Wort stammt von »Cher ami«, als 1812 die napoleonischen Plünderer recht höflich ihre Beute verlangten: »Cher ami, reich mir das Zeug.« Dieses »Volkserinnerungsvermögen« überrascht mich immer wieder.

Man fragte mich, ob ich nicht Wut empfinde »für all das Scheußliche, das Euch geschehen ist«. – »Mir ist es nicht geschehen, und Sie waren nicht die Täter«, wiederhole ich immer wieder. »Das Land hat auch nachher so unendlich gelitten!«

Elche überqueren oft die Straße nach Moskau, und der Fahrer schaute trotz des eher dichten Verkehrs in alle Richtungen. »Es hält sie nicht auf«, sagte er. »Wir kreuzen nämlich ihren gewohnten Wechsel.« Es ist tröstlich festzustellen, daß Mensch und Tier zäh jedem unnatürlichen Zwang widerstehen.

Vor unserer Abfahrt besuchte ich noch einen hohen kirchlichen Würdenträger. Er zeigte mir seine Zukunftspläne für das berühmte Kloster des Hl. Josif Wolozki zu Wolokolamsk, 120 Kilometer von Moskau, das bereits fast aufgebaut und der Kirche freigegeben ist. Er hofft, daraus ein Lehrzentrum und eine Begegnungsstätte zu machen, sowie ein Entwicklungsprojekt für die Landwirtschaft zu gestalten, in dem ganze Familien in der Umgebung angesiedelt werden. Dieses fabelhafte Vorhaben wird auch von Deutschland aus unterstützt, da Wolokolamsk im Krieg sehr gelitten hat.

Man hat mir gegenüber immer wieder betont, daß nur konkrete Projekte, auch am Rande von großen Staatsinvestitionen wie Entwicklungsvorhaben, Museen, Kirchen, Monumente, Spitäler oder Schulen Rußland helfen würden wieder zu genesen. »Das bleibt uns erhalten«, sagen sie. »Alles andere fließt in ein bodenloses Faß.« Es ist durchaus möglich, daß Wolokolamsk zu einem Modell für das ganze Land werden kann. Man sagte mir auch, daß eine große Anzahl von Kirchen wieder für den Kult freigegeben werden, 45 davon allein in Moskau. Man plant sogar den Wiederaufbau der 1812 erbauten Kathedrale des Erlösers, die Stalin in die Luft

sprengte. Es wird viel restauriert und diesbezüglich spielt Frau Gorbatschow eine wohltuende Rolle.
Ein tiefdröhnender Chor von Männerstimmen drang aus einem Raum, wo etwa zwanzig junge Männer unter der Leitung eines energischen jungen Priesters Kirchengesang übten. Neben der Treppe zeigte man mir die kleine Hauskirche, die mit den schönsten Ikonen geschmückt ist. Die bereits winterliche Sonne ließ sie in goldenen Strahlen aufleuchten. Es scheint eine Welt, die sich zu einer anderen Zukunft wendet.

Dieser Brief wurde einem reisenden Weiß-Russen 1982 in die Hand gedrückt:

Offener Brief an die Teilnehmer der Weißgardistischen Bewegung

Ich bin nicht sicher, daß dieser Brief sein Ziel erreichen wird. Immer weniger von Euch sind noch am Leben. Aber ich schicke ihn dennoch, vielleicht entgegen jedem gesunden Menschenverstand, in der großen Hoffnung, daß er doch irgend jemand erreichen möge.

Ich bin 22 Jahre alt und lebe in Moskau, wo ich auch geboren bin. Wie alle meine Altersgenossen, so habe ich auch von meiner Kindheit an gehört, wie die heldenhafte Rote Armee die Weißgardisten zerschlagen und dem Volke die Freiheit gebracht habe. Wie alle anderen, so habe auch ich dies geglaubt. Denn so hat man uns hier erzogen: im Sinne des Heroismus der Roten und der Niedertracht der Weißen. Und dennoch haben sich in letzter Zeit merkwürdige Dinge ereignet. Im Kreise meiner Freunde sind die gewohnten Wertvorstellungen ins Wanken geraten. In unseren Gesprächen und in den Liedern, die wir singen, erscheinen nicht die Roten als die Helden, unsere Mitgefühle sind auf seiten der Weißen.

Die Rote Armee hat die Freiheit errungen, aber wo ist sie? (Nicht die Armee, natürlich – sie ist ja da, aber die Freiheit?)

Diejenigen von uns, die noch nicht dem Trunke verfallen sind, beginnen kräftig nachzudenken. Man liest die Zeitung – alles scheint in Ordnung: Glück, Gleichheit, Begeisterung, Freiheit. Man schaut sich um – alles ist anders: Trunksucht, Ungleichheit, Lüge und Sklaverei. Natürlich sind bei weitem nicht alle bei uns bereit, darüber laut zu sprechen, ja sogar sich selbst diese Dinge einzugestehen ist nicht leicht. Aber irgendwo denken alle, wenigstens im Unterbewußtsein, ebenso. Schon die Generation unserer Eltern hat aus dem Helden des Bürgerkrieges, dem roten Divisionskommandeur Vassili Ivanovitch Tchapaiev, einen Gegenstand des Spotts gemacht, einen Helden der unzüchtigen Anekdoten. Das ist das Urteil des Volkes.

Im Gegensatz dazu werden für uns die Offiziere der Weißen Armee immer mehr zu Vorbildern von Ehre und Edelmut. Natürlich wissen wir sehr wenig über Euch. Es ist sehr schwer, die Bücher von Michail Bulgakov zu erlangen. Die Zeitungen jener Jahre werden in den Bibliotheken nicht herausgegeben. Die Geschichtslehrbücher sagen zweifellos die Unwahrheit. Doch ungeachtet dieses Mangels an Information (oder dank dieses Mangels) entsteht in der städtischen jugendlichen Folklore die romantische Vorstellung vom Weißen Offizier, der weiß, daß er dem Untergang entgegengeht. Ihr könnt Euch sicher nur schwer ein solches Bild vorstellen: Die achtziger Jahre des 20. Jahrhunderts. Ein Abend. Eine enge Moskauer Wohnung. In einem Zimmer versammelt sich die Jugend. Ein Jugendlicher nimmt die Gitarre in die Hand und beginnt leise zu singen. Die übrigen drängen sich um ihn. Das kann ein neues Untergrundlied sein oder sogar ein legales, erlaubtes Lied aus einem alten Film, dem man einen neuen Sinn gegeben hat ...

»Wir sind in jedem Glied schon nicht mehr acht geblieben,
Und die Helden sind des Soldatenjargons überdrüssig,
Und die Sterne stickt der letzte Herbst
Auf dem verschlissenen Gold unserer Achselstücke.«

Eure Ränge und Namen klingen in unseren Ohren erhaben und bewegend. Diese sind die Helden des neuen Liedes, eines der jetzt auf unseren Abenden beliebtesten Lieder:

»Verzagt nicht, Leutnant Galitzin.
Cornet Obolensky, schenkt Wein ein! ...«

Es ist Mode geworden, daß man, nachdem man etwas unterzeichnet hat, ans Ende des Familiennamens das Härtezeichen setzt oder ein »i« schreibt.

Ich habe mich aus folgenden Gründen entschlossen, Euch zu schreiben: Vielleicht wird es Euch am Ende Eurer Tage angenehm sein zu erfahren, daß Ihr nicht vergessen seid, daß die langen Jahrzehnte der sowjetischen Propaganda nicht vermochten, Euch aus dem Gedächtnis des Volkes auszumerzen; daß die Jugend in Rußland in Euch Ritter ohne Schuld und Tadel sieht und der Ansicht ist, daß Ihr nicht vergebens gekämpft habt.

Wir sind die Enkel der Rotarmisten und Kommissare (ich selbst bin der Enkel eines Kommandeurs eines roten Regiments). Wenn wir um uns schauen und nachdenken, beginnen wir mit Schrecken gewahr zu werden, in welchen Abgrund die Bolsheviki das Volk gerissen haben. Wenn wir zurück in die für uns dunkle, von Lügen verstellte Vergangenheit sehen, gelangen wir zum folgenden Schluß:

Die Zeit, die Geschichte und vielleicht sogar die Mehrheit des russischen Volkes waren auf der Seite der Kommunisten.

Die Wahrheit, die Ehre und Rußland waren auf Eurer Seite.

Wir bedauern, daß Ihr nicht gesiegt habt. Wir klagen Euch nicht an. Gewiß habt Ihr alles getan, was in Eurer Macht stand. Wir sind euch dafür dankbar.

Wenn Ihr an Gott glaubt, betet für uns.

Ortsregister